# A Cidade de Deus

## Parte I
## (Livros I a X)

CIP-Brasil. Catalogação-na-fonte.
Sindicato Nacional dos Editores de Livros, RJ

A221c
    Agostinho, Santo, Bispo de Hipona, 354-430A221c
    A Cidade de Deus: (contra os pagãos), parte I / Santo Agostinho; introdução de Emmanuel Carneiro Leão. Trad. Oscar Paes Leme. 14. ed. – Petrópolis, RJ: Vozes; São Paulo : Federação Agostiniana Brasileira; Bragança Paulista, SP: Editora Universitária São Francisco, 2013. – (Coleção Pensamento Humano)
    Tradução de: De civitate Dei
    Conteúdo: Livros I a X.

    5ª reimpressão, 2020.

    ISBN 978-85-326-0053-0
    1. História (Teologia). 2. Fé. 3. Teologia – Igreja primitiva – 30-600.
I. Título. II. Federação Agostiniana Brasileira. III. Série.
                                                     CDD – 230.042
                                                            234.2
                                                     CDU – 23(091)
                                                            230.1
89-0857                                                               234.2

Ficha catalográfica elaborada pelas bibliotecárias do Setor de Processamento Técnico da Universidade São Francisco.

Santo Agostinho

# A Cidade de Deus

### Contra os pagãos
### Parte I
### (Livros I a X)

Tradução de Oscar Paes Leme

Petrópolis

EDITORA UNIVERSITÁRIA
SÃO FRANCISCO

Bragança Paulista

Título do original em latim: *De Civitate Dei*

© desta tradução:
1989, Editora Vozes Ltda.
Rua Frei Luís, 100
25689-900  Petrópolis, RJ
www.vozes.com.br
Brasil

Editora Universitária São Francisco – Edusf
Avenida São Francisco de Assis, 218
Jardim São José
12916-900  Bragança Paulista, SP
www.saofrancisco.edu.br/edusf
edusf@saofrancisco.edu.br
Brasil

Todos os direitos reservados. Nenhuma parte desta obra poderá ser reproduzida ou transmitida por qualquer forma e/ou quaisquer meios (eletrônico ou mecânico, incluindo fotocópia e gravação) ou arquivada em qualquer sistema ou banco de dados sem permissão escrita da editora.

### CONSELHO EDITORIAL

**Diretor**
Gilberto Gonçalves Garcia

**Editores**
Aline dos Santos Carneiro
Edrian Josué Pasini
Marilac Loraine Oleniki
Welder Lancieri Marchini

**Conselheiros**
Francisco Morás
Ludovico Garmus
Teobaldo Heidemann
Volney J. Berkenbrock

**Secretário executivo**
João Batista Kreuch

*Diagramação*: Sheilandre Desenv. Gráfico
*Capa*: WM design

ISBN 978-85-326-0053-0

Editado conforme o novo acordo ortográfico.

Este livro foi composto e impresso pela Editora Vozes Ltda.

# SUMÁRIO

*Introdução*
Fé cristã e história (Emmanuel Carneiro Leão), 19

**LIVRO PRIMEIRO:**
Em defesa da religião cristã, 27

Prólogo: Motivo e plano da presente obra, 29

Cap. I: Adversários do nome de Cristo, a quem durante a devastação de Roma os bárbaros em reverência a Cristo perdoaram, 29

Cap. II: Em tempo algum houve guerra em que, em reverência aos deuses dos vencidos, os vencedores os perdoassem, 31

Cap. III: Imprudência grande a de os romanos crerem que os deuses penates, incapazes de guardar Troia, haviam de ser-lhes úteis, 31

Cap. IV: O templo de Juno em Troia a ninguém livrou das mãos dos gregos; as basílicas dos apóstolos, entretanto, protegeram do furor dos bárbaros todos quantos nelas se abrigaram, 33

Cap. V: Parecer de César sobre o estilo comum dos inimigos destruidores de cidades vencidas, 34

Cap. VI: Nem os próprios romanos tomaram cidade alguma em que houvessem perdoado os vencidos refugiados nos templos, 34

Cap. VII: O que houve de crueldade na destruição de Roma aconteceu de acordo com os costumes bélicos; o que houve de clemência procedeu do poder do nome de Cristo, 35

Cap. VIII: Graças e desgraças comuns, na maioria, a bons e maus, 36

Cap. IX: Causas dos corretivos que flagelam por igual bons e maus, 37

Cap. X: Prejuízo algum causa aos santos a perda das coisas temporais, 40

Cap. XI: Fim da vida temporal, prolongada ou breve, 42

Cap. XII: O sepultamento do corpo humano de nada priva o cristão, embora lhe seja negado, 43

Cap. XIII: Razão do sepultamento do corpo dos santos, 44

Cap. XIV: Cativeiro dos santos, a quem jamais faltou consolo divino, 46

Cap. XV: Régulo, de quem fica exemplo de cativeiro espontaneamente sofrido por motivos religiosos, que, apesar de tudo, não lhe puderam ser de proveito, porque adorava os deuses, 46

Cap. XVI: Puderam contaminar-lhes a virtude do ânimo os estupros que sem consentimento da vontade, acaso durante o cativeiro padeceram as santas virgens?, 48

Cap. XVII: Morte voluntária por medo à desonra ou à pena, 49

Cap. XVIII: Violência e libido alheia que em seu corpo, forçado, contra a vontade sofre a mente, 49

Cap. XIX: Lucrécia, que se matou por haverem-na estuprado, 51

Cap. XX: Não existe autoridade alguma que, seja qual for o caso, conceda ao cristão o direito de matar-se voluntariamente, 53

Cap. XXI: Homicídios não considerados criminosos, 54

Cap. XXII: A morte voluntária jamais pode atribuir-se à grandeza de ânimo, 55

Cap. XXIII: Espécie a que pertence o exemplo de Catão, que, não podendo suportar a vitória de César, se matou, 56

Cap. XXIV: Na virtude em que Régulo se avantajou a Catão, os homens de Cristo são muito mais eminentes, 56

Cap. XXV: Pecado algum deve ser evitado por outro, 58

Cap. XXVI: Por que motivo devemos crer hajam os santos feito coisas que sabemos ilícitas?, 58

Cap. XXVII: Deve alguém, para esquivar-se de pecado, querer morte voluntária?, 59

Cap. XXVIII: Por que juízo de Deus se permitiu que a libido do inimigo se cevasse no corpo dos castos?, 61

Cap. XXIX: Que deve responder aos infiéis a família de Cristo, quando lhe lançam em rosto não havê-la Cristo livrado do furor dos inimigos?, 62

Cap. XXX: Inconfessável prosperidade que deseja gozar quem se queixa dos tempos cristãos, 63

Cap. XXXI: Gradação de vícios com que foi crescendo nos romanos a paixão de reinar, 64

Cap. XXXII: Instituição dos jogos cênicos, 65

Cap. XXXIII: Vícios dos romanos que a destruição da pátria não emendou, 65

Cap. XXXIV: A clemência de Deus amenizou a destruição da urbe, 66

Cap. XXXV: Filhos da Igreja que há encobertos entre os ímpios. Falsos cristãos existentes na Igreja, 67

Cap. XXXVI: De que se falará no discurso subsequente?, 67

**LIVRO SEGUNDO:**
Os deuses e a degradação de Roma, 69

Cap. I: Norma que, por necessidade, é preciso seguir neste tratado, 71

Cap. II: Coisas tratadas no Livro Primeiro, 71

Cap. III: Emprego a fazer-se da história para demonstrar os males sobrevindos aos romanos, quando prestavam culto aos deuses, antes de propagar-se a fé cristã, 73

Cap. IV: Preceito algum de virtude recebeu dos deuses quem lhes tributava culto, representando para eles, em suas festas, verdadeiras desonestidades, 73

Cap. V: Obscenidades com que os devotos da mãe dos deuses a honram, 74

Cap. VI: Os deuses dos pagãos nunca estabeleceram doutrina relativa, 76

Cap. VII: São inúteis os inventos filosóficos sem a autoridade divina, porque a quem quer que seja propenso ao vício mais incita o que fizeram os deuses que o averiguado pelas lucubrações dos homens, 76

Cap. VIII: Jogos cênicos, em que a narrativa das sem-vergonhices dos deuses os aplaca, ao invés de ofendê-los, 77

Cap. IX: Opinião dos antigos romanos sobre a repressão das ciências poéticas, que os gregos, seguindo o parecer dos deuses, queriam livres, 78

Cap. X: Finura da malícia com que os demônios querem que deles se contem crimes verdadeiros ou falsos, 80

Cap. XI: Autores e atores, que entre os gregos eram admitidos ao governo da república, porque lhes pareceu não haver motivo para desprezar homens por intermédio de quem aplacavam os deuses, 80

Cap. XII: Tirando dos poetas a liberdade contra os homens e deixando-lhes a liberdade que contra os deuses lhes haviam outorgado, os romanos pensaram melhor de si que dos deuses, 81

Cap. XIII: Deveriam os romanos haver entendido serem indignos de culto divino deuses que se regozijavam com serem honrados por meio de jogos de tal maneira torpes, 82

Cap. XIV: Melhor foi Platão, não dando em sua cidade bem morigerada lugar aos poetas, que esses deuses que quiseram ser honrados com jogos cênicos, 84

Cap. XV: Os romanos criaram para si alguns deuses, não por sadio juízo, mas por adulação, 85

Cap. XVI: Se os deuses se preocupassem com a justiça, deles os romanos deveriam receber preceitos relativos ao bem-viver, ao invés de tomarem de empréstimo leis a outros homens, 86

Cap. XVII: Rapto das sabinas e outras iniquidades que na cidade de Roma reinaram naqueles mesmos dias, classificados elogiosamente de bons, 87

Cap. XVIII: Que ensina a história de Salústio acerca dos costumes romanos, tanto dos que o medo coarctara como dos que a segurança deixava livres?, 88

Cap. XIX: Corrupção da república romana antes de Cristo proibir o culto aos deuses, 90

Cap. XX: De que felicidade querem gozar e com que moralidade querem viver os que inculpam os tempos da religião cristã, 91

Cap. XXI: Opinião de Cícero sobre a república romana, 93

Cap. XXII: Os deuses dos romanos jamais cuidaram de que o desregramento dos costumes não corrompesse a república, 96

Cap. XXIII: As mudanças das coisas temporais não dependem da assistência ou da oposição dos demônios, mas do ditame do verdadeiro Deus, 97

Cap. XXIV: Feitos de Sila em que os demônios aparecem como auxiliares seus, 99

Cap. XXV: Grau em que os espíritos malignos incitam os homens à maldade, interpondo o próprio exemplo, à guisa de autoridade divina, para cometerem velhacarias, 101

Cap. XXVI: Enquanto conselhos secretos dos deuses se referiam aos bons costumes, publicamente se aprendia, em suas solenidades, todo gênero de torpezas, 103

Cap. XXVII: Menoscabo da moralidade pública com que os romanos consagraram as suas divindades para aplacá-las as torpezas dos jogos, 105

Cap. XXVIII: Caráter salutar da religião cristã, 106

Cap. XXIX: Conselho aos romanos sobre o dever de renunciar ao culto aos deuses, 107

**LIVRO TERCEIRO:**
Os deuses e os males físicos em Roma, 109

Cap. I: Adversidades de que somente os maus têm medo e o culto aos deuses nunca preservou o mundo, 111

Cap. II: Tiveram os deuses, a quem de igual modo rendiam culto os romanos e os gregos, motivos para permitir a destruição de Troia?, 112

Cap. III: Não poderiam os deuses sentir-se ofendidos pelo adultério de Páris, porque se tratava de procedimento muito comum entre eles, 113

Cap. IV: Parecer de Varrão, segundo o qual é útil que os homens se finjam nascidos dos deuses, 114

Cap. V: Não é crível hajam os deuses punido o adultério de Páris e deixado impune o da mãe de Rômulo, 114

Cap. VI: Parricídio de Rômulo, não vingado pelos deuses, 115

Cap. VII: Destruição de Ílion, levada a cabo por Fímbria, general de Mário, 116

Cap. VIII: Devia Roma confiar-se aos deuses de Troia?, 117

Cap. IX: Deve ser considerada como dom dos deuses a paz havida no reinado de Numa?, 118

Cap. X: Seria desejável o crescimento do Império Romano à custa de guerras tão violentas, quando podia ter paz e segurança com a mesma sorte com que acreditais pôde tê-las durante o reinado de Numa?, 119

Cap. XI: A estátua de Apolo de Cumas, cujas lágrimas, segundo a lenda, prognosticavam a destruição dos gregos, a quem não pôde socorrer, 120

Cap. XII: De nada lhes serviram os inúmeros deuses que os romanos acrescentaram aos instituídos por Numa, 121

Cap. XIII: Aliança e direito usados pelos romanos nos primeiros casamentos, 122

Cap. XIV: Guerra injusta que os romanos fizeram aos albanos e vitória conseguida pela paixão de dominar, 124

Cap. XV: Vida e morte dos reis romanos, 127

Cap. XVI: Primeiros cônsules romanos. Um deles expulsou outro da pátria e logo morreu, ferido pelo inimigo a quem ferira, depois de haverem-se perpetrado em Roma atrocíssimos parricídios, 130

Cap. XVII: Males que afligiram a república romana depois do começo do governo consular, porque os deuses a quem se rendia culto se mostraram remissos em prestar-lhe auxílio, 132

Cap. XVIII: Narrativa dos inúmeros infortúnios que atormentaram os romanos no tempo das guerras púnicas, apesar de pedida com insistência, mas inutilmente, a proteção dos deuses, 136

Cap. XIX: Aflição causada pela segunda guerra púnica, em que se esgotaram as forças de ambas as partes, 138

Cap. XX: Destruição dos saguntinos, a quem, apesar de morrerem por conservar a amizade com os romanos, os deuses destes não auxiliaram, 139

Cap. XXI: Ingratidão da cidade de Roma para com Cipião, seu libertador, e costumes em que vivia, quando Salústio a descreveu ótima, 141

Cap. XXII: Decreto de Mitridates em que se mandava matar todos os romanos encontrados na Ásia, 143

Cap. XXIII: Males internos que afligiram a república romana e foram precedidos por fenômeno consistente em tornarem-se hidrófobos todos os animais a serviço do homem, 143

Cap. XXIV: Discórdia civil provocada pelas sedições dos Gracos, 144

Cap. XXV: Templo edificado à Concórdia por decreto do senado, no mesmo lugar das sedições e das mortes, 145

Cap. XXVI: Diversas guerras que seguiram à ereção do templo da Concórdia, 146

Cap. XXVII: Guerras civis entre Mário e Sila, 146

Cap. XXVIII: Vitória de Sila, vingador da crueldade de Mário, 147

Cap. XXIX: Paralelo entre a invasão dos godos e as calamidades que os romanos receberam dos gauleses ou dos autores das guerras civis, 149

Cap. XXX: Enlace das gravíssimas e inúmeras guerras que precederam o advento de Cristo, 149

Cap. XXXI: Significa deslavada sem-vergonhice atribuir a Cristo os atuais desastres porque não se lhes permite o culto aos deuses, quando é certo haverem tamanhas calamidades existido no tempo em que lhes tributavam culto, 150

**LIVRO QUARTO:**
A grandeza de Roma como dom divino, 153

Cap. I: Recapitulação do que se disse no Livro Primeiro, 155

Cap. II: Resumo dos Livros Segundo e Terceiro, 156

Cap. III: Deve a grandeza do império, que não se adquire senão mediante guerras, ser enumerada entre os bens de sábios ou felizes?, 157

Cap. IV: Semelhança entre reino sem justiça e pirataria, 159

Cap. V: O poderio dos gladiadores fugitivos chegou quase a igualar a dignidade real, 159

Cap. VI: Cobiça do Rei Nino, que, para estender ainda mais seus domínios, foi o primeiro a declarar guerra a vizinhos, 160

Cap. VII: Depende o apogeu ou a decadência dos reinos terrestres de assisti-los ou abandoná-los os deuses?, 161

Cap. VIII: A que deuses atribuem os romanos o erguimento do império, se acreditam dever-se confiar a cada um deles apenas a defesa de uma coisa só e determinada?, 163

Cap. IX: Devem a grandeza e duração do Império Romano ser atribuídas a Júpiter, a quem seus adoradores consideravam deus supremo?, 164

Cap. X: Opiniões a que se ativeram os que a diversas partes do mundo impuseram deuses diferentes, 165

Cap. XI: Opinião dos doutores do paganismo, segundo a qual muitos deuses não passam de um só e mesmo Júpiter, 167

Cap. XII: Opinião dos que pensam ser Deus a alma do mundo e o mundo o corpo de Deus, 169

Cap. XIII: Referências aos que afirmam que somente os animais racionais constituem partes do Deus uno, 170

Cap. XIV: É incongruência tornar Júpiter responsável pelo crescimento dos reinos, posto ser Vitória, como querem, deusa até para esse mister, 170

Cap. XV: Convém aos bons desejar engrandecer-se?, 171

Cap. XVI: Por que os romanos, que a cada coisa e a cada movimento deram deus peculiar, quiseram ficasse fora das portas da cidade o templo da Quietude?, 172

Cap. XVII: Se Júpiter é a autoridade suprema, também Vitória devia ser considerada deusa, 172

Cap. XVIII: Por que distinguem entre a Felicidade e a Fortuna os que as consideram deusas?, 173

Cap. XIX: A Fortuna feminina, 174

Cap. XX: A Virtude e a Fé, que os pagãos honram com festividades e templos, deixando de lado outros bens a que lhes cumpria render culto, do mesmo modo que a outros corretamente atribuem caráter de divindade, 175

Cap. XXI: Quem não conhecia os dons de Deus devia haver-se contentado com a virtude e com a felicidade, 176

Cap. XXII: Ciência do culto aos deuses, que Varrão se preza de haver ensinado aos romanos, 177

Cap. XXIII: Os romanos, veneradores de muitos deuses, permaneceram longo tempo sem tributar honras divinas a Felicidade, única bastante para todos, 178

Cap. XXIV: Por que razão os gentios sustentam que se devem adorar os dons de Deus, como se deuses fossem, 181

Cap. XXV: O único Deus a quem se deve culto e que, embora lhe ignorem o nome, sabem, todavia, ser dispensador da felicidade, 181

Cap. XXVI: Os jogos cênicos e a celebração que os deuses exigiam dos que os adoravam, 182

Cap. XXVII: Três gêneros de deuses que constituíam objeto das discussões do pontífice Cévola, 183

Cap. XXVIII: Na obtenção e dilatação do Império Romano teve alguma influência o culto aos deuses?, 185

Cap. XXIX: Falsidade do augúrio que pareceu índice da estabilidade e fortaleza do Império Romano, 186

Cap. XXX: Coisas que os deuses gentios confessam sentir de quem os adora, 187

Cap. XXXI: Pensamento de Varrão, que, rechaçando a crença popular, embora não chegasse ao conhecimento do Deus verdadeiro, pensou dever-se tributar culto a um Deus apenas, 189

Cap. XXXII: O porquê do interesse dos chefes dos gentios na manutenção das falsas religiões entre os povos a eles sujeitos, 191

Cap. XXXIII: A ordenação da permanência dos reis pende dos juízos e do poder do verdadeiro Deus, 191

Cap. XXXIV: O reino dos judeus instituiu-o e conservou-o o único e verdadeiro Deus, enquanto permaneceram na verdadeira religião, 192

**LIVRO QUINTO:**
O destino e a Providência, 195

Prólogo, 197

Cap. I: A causa do Império Romano e a de todos os reinos não é fortuita, nem consiste na posição das estrelas, 197

Cap. II: Igual e desigual saúde de gêmeos, 199

Cap. III: Argumento da roda do oleiro, que o matemático Nigídio aduz para a questão dos gêmeos, 200

Cap. IV: Os gêmeos Esaú e Jacó, de costumes e ações tão diferentes, 201

Cap. V: Como da futilidade da ciência que professam convencer os matemáticos?, 202

Cap. VI: Gêmeos de sexo diferente, 204

Cap. VII: Escolha de dia para se unir à mulher ou para semear ou plantar algo no campo, 205

Cap. VIII: Trata dos que dão o nome de fatalidade não à posição dos astros, mas à conexão de causas pendentes da vontade de Deus, 206

Cap. IX: A presciência de Deus e a livre vontade do homem, contra a definição de Cícero, 207

Cap. X: Está sujeita a alguma necessidade a vontade humana?, 212

Cap. XI: Providência universal de Deus, cujas leis abrangem todas as coisas, 214

Cap. XII: Costumes por que os antigos romanos mereceram que o Deus verdadeiro, mesmo sem adorá-lo, lhes acrescentasse o império, 215

Cap. XIII: Amor ao elogio, que, embora vício, é considerado virtude, porque coíbe vícios maiores, 219

Cap. XIV: Obrigação de cercear o amor ao elogio dos homens, porque toda a glória dos justos está em Deus, 220

Cap. XV: Galardão temporal dado por Deus aos bons costumes dos romanos, 222

Cap. XVI: Galardão dos santos cidadãos da cidade eterna, a quem são úteis os exemplos de virtudes dos romanos, 222

Cap. XVII: Fruto com que os romanos travaram guerras e utilidade que trouxe para os vencidos, 223

Cap. XVIII: Como devem ser alheios os cristãos à jactância, se fizerem algo por amor à pátria eterna, desde que os romanos tanto fizeram pela glória humana e pela cidade terrena, 224

Cap. XIX: Em que diferem o desejo de glória e o desejo de domínio, 229

Cap. XX: Tão torpe é sujeitar as virtudes à glória humana como ao deleite do corpo, 231

Cap. XXI: O Império Romano foi disposto pelo verdadeiro Deus, de quem procede todo poder e cuja providência rege todas as coisas, 232

Cap. XXII: A duração e o desenlace das guerras dependem do juízo de Deus, 233

Cap. XXIII: Guerra em que Radagásio, rei dos godos e adorador dos demônios, em um só dia foi vencido com suas imensas hostes, 234

Cap. XXIV: Qual e quão verdadeira é a felicidade dos imperadores cristãos, 236

Cap. XXV: Prosperidades que Deus concedeu a Constantino, imperador cristão, 237

Cap. XXVI: Fé e piedade de Teodósio Augusto, 237

**LIVRO SEXTO:**
A teologia mítica segundo Varrão, 241

Prólogo, 243

Cap. I: Dos que dizem adorar os deuses, não pela vida presente, mas pela eterna, 243

Cap. II: Que cumpre pensar do parecer de Varrão acerca dos deuses dos gentios, de quem descobriu tais gêneros e cerimônias, que os teria tratado com reverência maior, se os houvesse em absoluto silenciado, 246

Cap. III: Qual a divisão dada por Varrão aos livros que compôs sobre as "Antiguidades das coisas humanas e divinas", 248

Cap. IV: Da dissertação de Varrão decorre serem mais antigas que as divinas as coisas humanas, 249

Cap. V: Três gêneros de teologia, segundo Varrão: um, fabuloso, outro, natural e o terceiro, civil, 251

Cap. VI: Da teologia mítica, ou seja, da fabulosa, e da teologia civil, contra Varrão, 253

Cap. VII: Semelhança e concordância entre a teologia fabulosa e a civil, 255

Cap. VIII: Interpretações das razões naturais que os sábios pagãos se esforçam por fazer vistas em prol de seus deuses, 258

Cap. IX: Ofícios de cada um dos deuses, 260

Cap. X: Liberdade de Sêneca, que repreende mais acremente a teologia civil que Varrão a fabulosa, 263

Cap. XI: Pensamento de Sêneca acerca dos judeus, 266

Cap. XII: Descoberta a vaidade dos deuses gentios, torna-se impossível pôr em dúvida que a ninguém podem dar a vida eterna deuses incapazes de auxiliar a temporal, 267

**LIVRO SÉTIMO:**
A teologia civil e seus deuses, 269

Prólogo, 271

Cap. I: Provado não haver divindade na teologia civil, é crível poder encontrá-la nos deuses seletos?, 271

Cap. II: Quais são os deuses escolhidos e se devem ser excluídos dos ofícios dos deuses plebeus, 272

Cap. III: Nulidade da razão aduzida para mostrar a escolha de alguns deuses, se é mais excelente o encargo a muitos inferiores, 273

Cap. IV: Procederam melhor com os deuses inferiores, infamados com invectivas, que com os seletos, cujas torpezas celebram, 276

Cap. V: Doutrina mais secreta dos pagãos. As razões físicas, 277

Cap. VI: Opinião de Varrão, segundo a qual Deus é a alma do mundo que em suas partes tem outras muitas almas; a natureza delas é divina, 278

Cap. VII: É razoável fazer de Jano e Término dois deuses?, 279

Cap. VIII: Por que motivo os adoradores de Jano lhe fingiram bifronte a imagem, se também a quiseram de quatro rostos?, 280

Cap. IX: Paralelo entre o poder de Júpiter e o de Jano, 281

Cap. X. É razoável a distinção entre Jano e Júpiter?, 283

Cap. XI: Sobrenomes de Júpiter. Não fazem referência a muitos deuses, mas a um mesmo, 283

Cap. XII: A Júpiter dá-se também o nome de Pecúnia, 285

Cap. XIII: Ao explicar-se que é Saturno ou que é Gênio, ensina-se que são um e outro o mesmo Júpiter, 285

Cap. XIV: Ofícios de Mercúrio e Marte, 286

Cap. XV: Algumas estrelas a que os pagãos deram os nomes dos deuses, 287

Cap. XVI: Apolo, Diana e demais deuses seletos que quiseram fossem partes do mundo, 288

Cap. XVII: O próprio Varrão considera ambíguas suas opiniões a respeito dos deuses, 289

Cap. XVIII: Causa mais crivelmente inspiradora do erro do paganismo, 290

Cap. XIX: Interpretações em que se apoia a razão de tributar-se culto a Saturno, 291

Cap. XX. Os mistérios de Ceres Eleusina, 292

Cap. XXI: Torpezas dos sacrifícios celebrados em honra de Líbero, 293

Cap. XXII: Netuno, Salácia e Venília, 294

Cap. XXIII: Da Terra afirma Varrão que é deusa, pois a alma do mundo, que se considera Deus, corre também por essa parte mais inferior de seu corpo e lhe comunica sua virtude divina, 295

Cap. XXIV: Sobrenomes de Télus e suas significações. Embora signos de muitas coisas, não deveriam confirmar as opiniões do politeísmo, 297

Cap. XXV: Interpretação que a ciência dos sábios gregos encontrou para o castramento de Átis, 299

Cap. XXVI: Torpeza dos mistérios da grande mãe, 300

Cap. XXVII: Quimeras dos fisiólogos, que não rendem culto à verdadeira Divindade nem rendem o culto devido à Divindade verdadeira, 301

Cap. XXVIII: A doutrina de Varrão sobre a teologia contradiz-se a si mesma, 303

Cap. XXIX: Os fisiólogos deveriam referir ao Deus uno e verdadeiro tudo quanto referiram ao mundo e a suas partes, 304

Cap. XXX: Distinção entre o Criador e as criaturas, com que se evita a tributação de culto a tantos deuses quantas as obras do Autor, 304

Cap. XXXI: Benefícios que, além da abundância geral e comum a todos os seres, Deus concede aos seguidores da verdade, 306

Cap. XXXII: Não faltou nos tempos passados o sacramento da redenção de Cristo e sempre o anunciaram diversas significações, 306

Cap. XXXIII: Apenas a religião cristã pôde revelar a falácia dos espíritos malignos que gozam do erro dos homens, 307

Cap. XXXIV: Aparecimento dos livros de Numa Pompílio que continham as causas dos mistérios. Mandou queimá-los o senado, para não se tornarem conhecidas, 308

Cap. XXXV: A hidromancia era o encanto de Numa, porque via algumas imagens de demônios, 309

**LIVRO OITAVO:**
Teologia natural e filosofia, 311

Cap. I: Questão sobre a teologia natural a discutir com os filósofos mais excelentes, 313

Cap. II: Duas escolas filosóficas, a itálica e a jônica. Seus autores, 314

Cap. III: A doutrina de Sócrates, 315

Cap. IV: Platão, principal discípulo de Sócrates, dividiu toda a filosofia em três partes, 316

Cap. V: Sobre teologia a gente deve discutir principalmente com os platônicos, cujo pensamento deve antepor-se aos dogmas de todos os filósofos, 318

Cap. VI: Parecer dos platônicos na parte da filosofia denominada física, 320

Cap. VII: A quanto ascende a excelência dos platônicos na lógica, ou seja, na filosofia racional, 322

Cap. VIII: Também na filosofia moral os platônicos levam a palma, 322

Cap. IX: A filosofia que mais se aproxima da verdade da fé cristã, 324

Cap. X: Excelência do cristão piedoso sobre a ciência filosófica, 324

Cap. XI: De que meios pôde servir-se Platão para adquirir visão próxima da ciência cristã?, 326

Cap. XII: Apesar de pensarem com acerto sobre o Deus Uno e verdadeiro, os platônicos supuseram que se deviam sacrifícios a muitos deuses, 328

Cap XIII: Pensamento de Platão acerca dos deuses. Define-os como bons amigos das virtudes, 329

Cap. XIV: As almas racionais são de três gêneros: celestes nos deuses, aéreas nos demônios e terrestres nos homens. Opinião dos platônicos, 330

Cap. XV: Os demônios não são superiores aos homens, quer por terem corpo aéreo, quer por habitarem regiões mais elevadas, 332

Cap. XVI: Pensamento do platônico Apuleio sobre os costumes e atividades dos demônios, 333

Cap. XVII: É digno tribute o homem culto ao espírito de cujos vícios convém se liberte?, 335

Cap. XVIII: Qual a religião que ensina deverem os homens, para granjear os deuses bons, usar os demônios como advogados?, 336

Cap. XIX: Impiedade da arte mágica, que se estriba no patrocínio dos espíritos malignos, 337

Cap. XX: Cumpre acreditar que os deuses bons se comunicam com melhor disposição com os demônios que com os homens?, 338

Cap. XXI: Os deuses usam os demônios como mensageiros e intérpretes e ignoram que são enganados ou querem enganá-los?, 339

Cap. XXII: Obrigação de renunciar ao culto dos demônios. Contra Apuleio, 341

Cap. XXIII: Pensamento de Hermes Trismegisto sobre a idolatria e como pôde conhecer que se deviam suprimir as superstições egípcias, 342

Cap. XXIV: Hermes confessa o erro dos antepassados e, contudo, deplora tenha de ser abolido, 345

Cap. XXV: Coisas comuns aos santos anjos e aos homens, 349

Cap. XXVI: A religião dos pagãos reduziu-se a adorar homens mortos, 349

Cap. XXVII: De que modo honram os cristãos os seus mártires?, 351

**LIVRO NONO:**
Cristo, Mediador, 355

Cap. I: Ponto a que chegou o debate e que resta dizer sobre a questão, 357

Cap. II: Entre os demônios, a quem os deuses são superiores, existem alguns bons, sob cuja proteção possa a alma humana chegar à verdadeira felicidade?, 358

Cap. III: Atribuições que Apuleio confere aos demônios, a quem, sem subtrair-lhes o entendimento, não lhes reconhece virtude alguma, 358

Cap. IV: Perturbações que ocorrem ao ânimo. Pensamento dos peripatéticos e dos estoicos, 359

Cap. V: As paixões que afetam o ânimo dos cristãos não conduzem ao vício, mas exercitam a virtude, 362

Cap. VI: Paixões de que são objeto os demônios, segundo confissão de Apuleio, que afirma que seu auxílio favorece os homens junto aos deuses, 363

Cap. VII: Segundo os platônicos, os poetas atribuíram aos deuses afetos que não convêm senão aos demônios, 364

Cap. VIII: Apuleio define os deuses celestes, os demônios aéreos e os homens terrenos, 365

Cap. IX: Podem os homens, por intercessão dos demônios, granjear a amizade dos deuses celestes?, 367

Cap. X: Segundo o modo de pensar de Plotino, os homens são menos miseráveis no corpo mortal que os demônios no eterno, 368

Cap. XI: Opinião dos platônicos, segundo a qual as almas dos homens depois da morte são demônios, 368

Cap. XII: Termos contrários, que, segundo os platônicos, distinguem entre a natureza dos demônios e a dos homens, 369

Cap. XIII: Como os demônios, sem serem felizes com deuses nem miseráveis com os homens, ficam entre ambas as partes, sem comunicar-se com estes nem com aqueles, 370

Cap. XIV: Podem os homens, sendo mortais, ser felizes de felicidade verdadeira?, 372

Cap. XV: Jesus Cristo, homem, mediador entre Deus e os homens, 373

Cap. XVI: É racional a definição dada pelos platônicos sobre os deuses celestes, ao dizer que, furtando-se aos contágios da terra, não se misturam com os homens, a quem os demônios sufragam, para granjear a amizade dos deuses?, 374

Cap. XVII: Para a consecução da vida feliz, que consiste na participação do sumo bem, o homem não necessita de mediador tal qual é o demônio, mas tal qual é Cristo, 377

Cap. XVIII: A falácia dos demônios, ao prometerem com sua intercessão o caminho até Deus, tem o único objetivo de desviar os homens do caminho da verdade, 378

Cap. XIX: Mesmo entre os que os adoram a denominação de demônios tem sentido pejorativo, 378

Cap. XX: Qualidade da ciência que torna soberbos os demônios, 379

Cap. XXI: A que ponto o Senhor quis descobrir-se aos demônios, 380

Cap. XXII: Diferenças entre a ciência dos santos anjos e a dos demônios, 380

Cap. XXIII: O nome de deuses, comum, por autoridade das Divinas Escrituras, aos santos anjos e aos homens justos, aplica-se falsamente aos deuses dos gentios, 381

**LIVRO DÉCIMO:**
O culto ao verdadeiro Deus, 385

Cap. I: Os platônicos definiram também que somente Deus dá a verdadeira felicidade, tanto aos anjos como aos homens. Mas pergunta-se se os anjos, que acreditam dever-se-lhes culto por causa da felicidade, querem se sacrifique a Deus apenas ou também a si mesmos, 387

Cap. II: Pensamento do platônico Plotino sobre a iluminação soberana, 389

Cap. III: O verdadeiro culto a Deus. Embora entendessem o Criador do universo, os platônicos desviaram-se desse culto, tributando-o com honras divinas aos anjos bons e aos anjos maus, 390

Cap. IV: O sacrifício é devido ao Deus Uno e verdadeiro, 392

Cap. V: Sacrifícios não solicitados por Deus, que, entretanto, quis fossem observados para significar os solicitados, 392

Cap. VI: O sacrifício verdadeiro e perfeito, 394

Cap. VII: O amor dos santos anjos reduz-se a quererem sejamos adoradores, não deles, mas do Deus Uno e verdadeiro, 396

Cap. VIII: Milagres que Deus se dignou dar a suas promessas para alentar a fé dos piedosos, ainda por ministério dos anjos, 396

Cap. IX: Artes ilícitas usadas no culto aos deuses. Indecisões do platônico Porfírio sobre elas, 398

Cap. X: A teurgia promete às almas falsa purificação por invocação dos demônios, 400

Cap. XI: Epístola de Porfírio ao egípcio Anebonte, em que lhe pede ser instruído na diversidade de demônios, 401

Cap. XII: Milagres que por ministério dos santos anjos o verdadeiro Deus pratica, 404

Cap. XIII: Deus, invisível, às vezes se mostrou visível, não tal qual é, mas de acordo com a capacidade de quem o vê, 405

Cap. XIV: Ao Deus único se deve culto não apenas pelos benefícios eternos, mas também pelos temporais, porque todas as coisas subsistem e pendem de sua Providência, 405

Cap. XV: Ministério dos anjos, instrumentos da Providência de Deus, 406

Cap. XVI: Para alcançarmos a vida feliz, devemos acreditar nos anjos que exigem se lhes renda culto com honras divinas ou nos que mandam servir com santa religião não a si mesmos, mas ao Deus Uno?, 407

Cap. XVII: A arca do Testamento. Milagres divinamente realizados para encarecer a autoridade da lei e de suas promessas, 410

Cap. XVIII: Contra os que negam fé aos livros eclesiásticos com que Deus instruiu seu povo, 411

Cap. XIX: Fundamento do sacrifício visível que, segundo a verdadeira religião, deve-se oferecer a Deus, único, verdadeiro e invisível, 412

Cap. XX: Supremo e verdadeiro sacrifício efetuado pelo Mediador entre Deus e os homens, 413

Cap. XXI: Modo do poder dado aos demônios para glorificar os santos pela tolerância para com as paixões. Os santos venceram os espíritos aéreos, não aplacando-os, mas permanecendo fiéis a Deus, 414

Cap. XXII: Donde lhes vem aos santos o poder contra os demônios e donde a verdadeira purificação do coração?, 415

Cap. XXIII: Princípios em que, segundo os platônicos, baseia-se a purificação da alma, 416

Cap. XXIV: Princípio uno e verdadeiro, único que purifica e renova a natureza humana, 417

Cap. XXV: Todos os santos, quer no tempo da Lei, quer nos primeiros séculos, foram justificados no sacramento e na fé em Cristo, 418

Cap. XXVI: Inconstância de Porfírio, indeciso entre confessar o verdadeiro Deus e o culto aos demônios, 420

Cap. XXVII: A impiedade de Porfírio transcende até mesmo o erro de Apuleio, 421

Cap. XXVIII: Que convencimentos cegaram Porfírio, cegueira que não lhe permitiu conhecer a verdadeira sabedoria, Cristo?, 423

Cap. XXIX: A impiedade dos platônicos envergonha-se de confessar a encarnação de nosso Senhor Jesus Cristo, 425

Cap. XXX: Que refuta e em que dissente Porfírio do pensamento platônico?, 428

Cap. XXXI: Contra o argumento com que os platônicos afirmam ser a alma humana coeterna com Deus, 430

Cap. XXXII: O caminho universal para a libertação da alma. Por não saber buscá-lo, Porfírio não deu com ele. Somente a graça cristã o descobriu, 431

## INTRODUÇÃO
## Fé cristã e história

Em 14/08/410, Alarico conquistou Roma. Foi um breve domínio. A falta de provisões forçou o rei dos Visigodos a retirar-se para o sul, onde, no mesmo ano, morreu perto de Cosenza. A queda de Roma abalou o império. Todos, cristãos e não cristãos, acusavam o cristianismo: o Deus do amor e da caridade não serve para institucionalizar, isto é, organizar e defender uma civilização e uma cultura. 410 é a demonstração prática da fraqueza política do Deus dos cristãos.

Pela primeira vez, a Cristandade se confronta com a história. Uma série de perguntas se impõe: o que a fé cristã diz do tempo? Como a fé cristã se comporta com a história? Em que medida a fé cristã é e sente-se histórica? De que modo a fé cristã lida com o poder em si e fora de si mesma?

Para tratar deste confronto entre fé e história, Santo Agostinho escreveu de 413 a 426 sua obra de maior influência: *De Civitate Dei – A Cidade de Deus*. É uma interpretação do mundo à luz da fé cristã. Trata-se da primeira teologia e filosofia da história. A história humana é a história da salvação dos homens. O fenômeno histórico do cristianismo dispõe certamente de instituições e ritos, é ordem e repressão, tem império e poder, mas tudo isto a serviço da economia da salvação. De início, foi o acontecimento pascal no reino da Igreja Primitiva em diferentes comunidades de crentes, com reivindicações, exigências e carências múltiplas e diversas. O desafio das muitas perguntas e a urgência das respostas foram domesticando aos poucos as resistências iniciais à secularização e descobriram na cultura helenista instrumentos e meios para uma ampla síntese doutrinária, uma padronização moral das atitudes e uma liturgia sacramental do culto. Soa a hora e a vez da teologia. Nos moldes da Halachá e da Hagadá e com os recursos sobretudo do neoplatonismo se foi construindo aos poucos e por séculos uma elaboração de toda a vida cristã, tal como a fé e o batismo a experimentam e reconhecem nas peripécias das diversas comunidades. Em, relativamente, pouco tempo, toda a terra habitada, a *oikoumene*, torna-se cristã. Há de certo hereges e heresias, há sínteses doutrinárias e decisões conciliares, há movimentos gnósticos e seitas pentecostais, há polêmicas e condenações, há mártires, torturas e perseguições, mas tudo isto pertence ao mundo cristão e faz parte, de uma maneira ou de outra, do cristianismo.

Para a visão de mundo e a interpretação da história de Santo Agostinho, *A Cidade de Deus* é toda e somente a ordem da fé. Tudo que surge no mundo e aparece na história provém e pertence à fé; é, de acordo com o uso antigo e amplo da palavra, ciência da fé, tanto em sentido subjetivo – a ciência que a fé dá e concede – como em sentido objetivo – a ciência, que cultiva e cuida da fé. É neste duplo sentido que n'*A Cidade de Deus* se dá e acontece uma leitura de toda a existência dos homens à luz da fé. Somente num mundo dessacralizado, como o nosso, é que cristãos podem imaginar que as lutas pela libertação do homem da exploração pelo homem possam substituir a fé e dar à teologia o antigo prestígio e o poder de outrora. A teologia ou é toda e somente ciência da fé ou não é nada. Pois, para Santo Agostinho, a fé cristã não constitui apenas um setor da existência histórica do crente. Banhado na sua luz, todo o mundo se transfigura. Desdobramento desta universalidade de transfiguração, a história não só retira da fé seu sentido como edifica dentro da esfera da graça todas as realizações. Edificar a fé não significa preparar-lhe as vias de acesso. Significa sobretudo que toda a vida do cristão já pressupõe a fé e que é exclusivamente pela fé que se entra e vive a história da libertação.

Contra toda esta radicalidade da fé, levantou-se em todos os tempos a acusação de determinismo, estereotipia e irresponsabilidade. Para poder elevar a graça, o cristão tem de rebaixar a liberdade. Não somente no Livro V, como em todos os livros de *A Cidade de Deus*, Santo Agostinho desfaz tal acusação, fazendo aparecer através de situações concretas não apenas uma harmonia, mas sobretudo uma complementaridade entre graça e liberdade na história dos homens. É que uma ligação estranha entre libertação e dependência acompanha sempre o desenrolar da união da graça com a liberdade. Pois a "liberdade dos filhos de Deus" se conquista num contínuo desprendimento de todo poder e numa incessante ultrapassagem das satisfações. A liberdade da fé cresce na vida do cristão enquanto e à proporção que se desfazem suas pretensas familiaridades com a libertação e se rompem hábitos inveterados que nós não somente temos, mas que nos têm, por nos deter a serenidade com as coisas, os bens e valores. São tais hábitos que nos impedem hoje de sentir também nas lutas pela independência um mau caminho, uma obstrução de passagem ou mesmo uma errância sem retorno, que nos seduzem com ódios, inimizades e condenações de nossos irmãos.

Um desafio acompanha sempre os esforços de Santo Agostinho em *A Cidade de Deus*. É o desafio da vida de todo cristão: libertar o homem em si e nos outros das lutas pela independência para a liberdade da Fé e as obras da graça. Pois que necessidade prende as obras da graça aos esforços de independência? Será que a libertação da fé brota mesmo de um feixe de vencilhos econômico-políticos? Será que desvencilhar-se das dependências constitui deveras o caminho para as obras da salvação? Realizar a liberdade da fé não significa antes ultrapassar a independência e passar adiante para a graça das obras? Ou será continuar lutando numa revolução sem fim para controlar a gratuidade da fé? Ou muito pelo contrário, a independência não traz consigo a mais grave ameaça à vigência da graça nas obras da liberdade?

Santo Agostinho não espera de certo assegurar-nos liberdade, discutindo as relações entre fé e história em *A Cidade de Deus*. O que certamente espera é nos dispor a reatar relações com a graça nas obras da liberdade, é retornar à origem e ao princípio de toda disposição, de toda aceitação, de toda crença na liberdade da verdade. Mas o que significa toda esta esperança? Numa primeira aproximação, significa que, para ser cristão, o cristão não depende de lutas pela independência nem precisa de modelos de libertação. Nenhuma história de fatos ou de feitos tem importância nas peripécias da fé, a não ser que falte graça à libertação. É o que nos recorda à esperança uma antiga estória cristã sobre as primícias da liberdade na verdade da fé:

> Quando a fé liberta a vida, não se presta atenção nas pessoas dignas nem se procuram homens fiéis. Os superiores são como os galhos mais altos das árvores e os inferiores são como os animais da floresta. Honestos e

sinceros, os homens nem têm ideia de que são cumpridores de seus deveres. Amam-se uns aos outros, sem saber quem é o próximo nem imaginar que estão cumprindo o maior de todos os mandamentos. Não enganam ninguém e não se têm em conta de pessoas confiáveis. Convivem na liberdade de dar e receber e não se sentem generosos. Pode-se fiar deles e ignoram o que seja fidelidade. Seus feitos não deixam vestígios e suas obras não são alardeadas. A história nem suspeita de suas vidas.

No Ocidente *A Cidade de Deus* ocupa um lugar central no desenvolvimento de uma teologia e filosofia da história. Em todas as tentativas de pensar o homem em sua humanidade, o ocidental tem procurado articular a dinâmica de desprendimento da liberdade com a realização sempre histórica da realidade. Com A CIDADE DE DEUS, esta procura se tornou cairológica, isto é, a força de reunião da história não provém de problemas, respostas ou sistemas. A CIDADE DE DEUS se reúne na e pela originariedade da fé, que somos em nossos empenhos de realização e desempenhos de libertação. É que problemas, respostas, sistemas nos chegam de fora e nos mantêm sempre por fora, enquanto a liberdade da graça nos questiona e impele por dentro. A vida da fé não é um problema para ser resolvido, mas um mistério para ser vivido. Santo Agostinho nos lembra, provocando-nos em nossa liberdade: "Não vás para fora, volta-te para dentro. É no interior do homem que mora a verdade". São palavras de convite para a revolução copernicana da fé. O crente não se deixa dispersar na variedade das vicissitudes e peripécias da história, na conjuntura das lutas, dos sistemas e movimentos de independência. Tem de retornar para dentro da fé. Pois é no interior da graça que atenda a libertação da Verdade. Numa poesia do início deste século, o poeta grego contemporâneo, Kostis Palamás (1859-1943), nos recorda ao pensamento a conjunção essencial entre liberdade e verdade em todo processo histórico, com as seguintes palavras: "A verdade não é para escravos. O escravo já renunciou à liberdade da verdade, ao escolher o poder, a riqueza ou a fama para amo e senhor. A verdade é daqueles que nunca cessam de libertar-se da escravidão para a liberdade de uma verdade redentora".

Este vigor de verdade instala a transcendência da Fé nas obras da liberdade. Transcendência da fé não tem o sentido metafísico de ultrapassar níveis, de transpor dimensões. A transcendência da fé nas obras da liberdade é toda escuta e concentração no tempo propício das realizações. A transcendência possui aqui função de revelador: sua força não está na interpretação em si, mas na graça, isto é, no advento gratuito da fé que deixa a verdade afirmar-se na, pela e como interpretação da história e assim acolhe na história dos homens a libertação da verdade. Em segundo lugar, a transcendência da fé nas obras da liberdade visa a repudiar operativamente qualquer sistema. Pois todo sistema é uma pretensão absoluta, a pretensão de produzir tudo, de não carecer de coisa alguma, de não depender do dia da salvação para se realizar. A liberdade na transcendência da graça recupera para a história dos homens a obra da fé no tempo das realizações, antes de cair nas malhas de um sistema de instituições. Talvez, então, possamos resgatar, embora desfigurado pelos sistemas e "travestido" pelas tramas das instituições, algo da surpresa e um pouco da gratuidade da fé nos próprios mecanismos, esquemas e funções da sistematização. *A Cidade de Deus* é, na verdade, uma interpretação concreta da história à luz da fé porque, de um lado, nos faz sentir o quanto a "liberdade dos filhos de Deus" nos desprende de opiniões, respostas e sistemas; de outro lado, liberta nosso empenho de viver de toda colagem a coisas e realizações, a bens e valores; e, por fim, desvencilha nossa libertação das lutas pela independência, seja de comunidades seja de indivíduos.

"A liberdade dos filhos de Deus" não é algo que se dá e acontece conosco e nos atinge e afeta, como seres humanos em nossos empenhos de realização. A liberdade da fé é um dom gratuito dentro de um empenho de conquista. De certa feita, um jovem entrou para um mosteiro a fim de alcançar a libertação pelos rigores do claustro e pela disciplina da meditação. O mestre saiu para o pátio, apanhou um caco de telha e se pôs a esfregá-lo numa pedra de esmeril. Passou dias inteiros concentrado no esforço de esmerilar a argila. O recém-chegado se aproximou e indagou o que o monge pretendia com todo aquele trabalho. O monge respondeu que, raspando com todo o cuidado, ia transformar o caco de telha num espelho. O noviço retrucou: então, pode desistir. Caco de telha, por mais que se raspe, não vira espelho. O monge comentou apenas: pensei que você não sabia. Como não, disse o jovem. Todo mundo sabe que espelho é metal e não barro. O monge concluiu: libertação também não é esforço de meditação.

É o que nos conta Santo Agostinho em cada página de *A Cidade de Deus*.

Rio de Janeiro, 1989.
*Emmanuel Carneiro Leão*

# A CIDADE DE DEUS

# LIVRO PRIMEIRO

*O autor censura os gentios, que à religião cristã e ao banimento do culto aos deuses atribuem as calamidades do mundo e a recente assolação de Roma pelo ferro godo. Agita o caso dos bens e dos males, comuns, então e sempre, a bons e maus. Rebate as cínicas objeções colhidas nas violências dos soldados às mulheres cristãs.*

# PRÓLOGO
## Motivo e plano da presente obra

A gloriosa Cidade de Deus prossegue em seu peregrinar através da impiedade e dos tempos, vivendo cá embaixo, pela fé, e com paciência espera a firmeza da mansão eterna, enquanto a justiça não se converte em juiz, o que há de conseguir por completo, depois, na vitória final e perfeita paz. Nesta obra, que estou escrevendo, conforme promessa minha, e te dedico, caríssimo filho Marcelino, empreendo defendê-la contra esses homens que a seu divino fundador preferem as divindades. Trata-se de trabalho imenso e árduo, mas conto com o auxílio de Deus.

Não ignoro o esforço necessário para convencer os soberbos de todo o poderio da humildade. A humildade! Faz a celsitude concedida pela divina graça, não usurpada pelo orgulho humano, transcender a todas as culminâncias do mundo, volúveis joguetes do tempo. O rei e fundador de tal cidade revelou a seu povo esta norma da suprema lei: Deus *resiste aos soberbos e concede graça aos humildes*. A alma inflada de presunçoso orgulho apropria-se, porém, desse atributo soberano e deleita-se neste elogio: *Perdoar os vencidos e reprimir os soberbos*. Falarei, pois, da cidade terrena, senhora dos povos escravos e, por sua vez, dominada pela paixão de dominar, e coisa alguma calarei do que a razão determinante deste escrito pede e minha inteligência permite.

# CAPÍTULO I
## Adversários do nome de Cristo, a quem durante a devastação de Roma os bárbaros em reverência a Cristo perdoaram

Não é, com efeito, da cidade terrestre que saem os inimigos contra quem se torna preciso defender a cidade divina? Alguns, sem dúvida, abjurando o erro de sua impiedade, nela reentram e voltam a ser cidadãos muito fiéis, mas, por outro lado, quantos ódios acesos, quantos corações fechados pela ingratidão aos benefícios do Redentor, benefícios de tal maneira evidentes, que essas línguas estariam hoje mudas para a blasfêmia, se os ímpios, acossados pelo gládio inimigo, não houvessem encontrado nos santos refúgios a vida que seu orgulho tão mal emprega! Não são esses adversários do nome de Jesus Cristo aqueles mesmos romanos que em nome de Jesus Cristo os bárbaros pouparam?

Atestam-no as capelas dos mártires e as basílicas dos apóstolos, que em plena desolação de Roma abriram o seio a quantos, cristãos ou gentios, nele buscavam refúgio. Até o sagrado limiar o furioso inimigo banhava-se em sangue, mas nessa barreira a raiva assassina expirava. Para esses lugares alguns vencedores, tocados de compaixão, levavam aqueles que, mesmo fora de tais recintos, haviam poupado, para subtraí-los a mãos mais ferozes, eles próprios também cruéis e impiedosos pouco mais longe, desarmados quando se aproximavam dos lugares em que lhes era interdito o que o direito da guerra permitira alhures. Detinha-se, nos santuários, a ferocidade que faz vítimas, embotava-se a cupidez que quer cativos. Assim escapou à morte a maioria desses caluniadores de nossa era cristã, que atribuem ao Cristo os males que Roma sofreu; o benefício da vida, por eles devido ao nome do Cristo, não é a nosso Cristo, porém, que atribuem, e sim ao destino, quando, se maduramente refletissem, no que suportaram de infortúnios poderiam reconhecer a Providência, que se vale do flagelo da guerra para corrigir e pulverizar a corrupção humana e, atormentando com semelhantes aflições almas justas e meritórias, faz que, depois da prova, passem a melhor destino ou as retém na Terra para outros desígnios. Quanto, porém, à milagrosa proteção de que o nome do Cristo os cercou em toda parte e nos mais divinos e amplos edifícios, designados à multidão como oferecedores de maior espaço ao refúgio e à clemência, clemência nova, até então desconhecida por vencedores, por bárbaros ferozes, não deveriam atribuí-la ao cristianismo, dar graças a Deus e acorrer-lhe ao nome com sincera fé, para fugirem aos suplícios do fogo eterno? Esse nome vários não o usurparam senão para evitar as angústias da morte presente, porque de todos quantos vês insultarem com cínica desfaçatez os servidores do Cristo muitos não escapariam ao gládio ensanguentado, se não se acobertassem com o falso título de servidores de Jesus Cristo. E agora, com soberba ingratidão, delirantes de impiedade e de coração perverso, correm ao suplício das trevas eternas, insurgindo-se contra esse nome, em que se refugiaram, mentindo, para fruir da luz temporal.

## CAPÍTULO II
**Em tempo algum houve guerra em que, em reverência aos deuses dos vencidos, os vencedores os perdoassem**

Abri as histórias de todas as guerras, quer anteriores à fundação de Roma, quer posteriores a seu nascimento e à organização de seu império, lede-as e mostrai-nos estrangeiros, inimigos, senhores de cidade conquistada, que tenham poupado aqueles que sabiam estar refugiados nos templos de suas divindades, mostrai-nos algum chefe bárbaro que, em cidade por ele forçada, haja ordenado se poupasse toda pessoa surpreendida neste ou naquele templo. Não vê Eneias *Príamo, imolado no altar, extinguir com o próprio sangue o fogo por ele mesmo consagrado?* Diomedes e Ulisses *degolaram os guardas da cidadela e, apoderando-se da estátua da deusa, ousaram tocar-lhe com as mãos ensanguentadas as fitas virginais*. Não é verdade, porém, que, *depois, as esperanças dos filhos de Dânao esvaneceram ou lhe escaparam das mãos*, porque, depois, triunfam, depois entregam Troia à espada e às chamas, depois, ao pé dos altares em que se refugia, degolam Príamo. E de modo algum Troia pereceu por haver perdido Minerva. Para que Minerva perecesse, nada perdera? Quem sabe se os guardas? Sim, com certeza, porquanto, mortos os guardas, puderam roubá-la. Não era a estátua que velava pelos homens, mas os homens que velavam pela estátua. E o culto público punha a pátria e os cidadãos sob a guarda dessa deusa, impotente para guardar seus próprios guardas.

## CAPÍTULO III
**Imprudência grande a de os romanos crerem que os deuses penates, incapazes de guardar Troia, haviam de ser-lhes úteis**

Eis, por conseguinte, a que deuses os romanos se felicitavam de confiar a tutela de Roma. Erro digno de imensa compaixão. E insurgem-se contra nós, quando assim falamos de suas divindades, e não se insurgem contra seus poetas. Longe disso, pagam para aprendê-los; honras e salário público a seus olhos não passam de justa recompensa de tais professores. Pois bem, o grande poeta Virgílio, entregue às mãos da infância por ser o mais excelente e sábio, a fim de as crianças, imbuídas em sua leitura, não a esquecerem com facilidade, porque, uma *vez penetrado pelo primeiro perfume, o vaso conservará por longo tempo o aroma*, Virgílio, como íamos dizendo, mostra-nos Juno, inimigo dos troianos, sublevando contra eles Éolo, rei das tempestades: *Raça que odeio, exclama, navega no Tirreno; para a Itália conduz Ílion e seus penates vencidos.* É, pois, a penates vencidos que a prudência devia recomendar a cidade de Roma, a fim de assegurar-lhe a vitória? Mas Juno fala como mulher irritada, não sabe o que diz. Se é assim, escutai, então, o próprio Eneias, o piedoso Eneias: *Panto, filho de Ótris, sacerdote da cidadela do templo de Apolo, encarregado das coisas sagradas, de nossos deuses vencidos, arrastando pela mão o neto, chega, desvairado, à porta de minha casa.* Esses deuses, que o herói não receia dizer vencidos, não lhe são confiados à tutela mais do que ele próprio à deles, quando lhe dizem: Troia *confia-te seu culto e seus penates.*

Assim, esses deuses (e que deuses!) Virgílio os declara vencidos e, para escaparem aos vencedores, não importa por que meio, confiados a ser humano! E Roma, sabiamente confiada (que loucura!) a semelhantes protetores? E não poderia, então, ser devastada, se não os perdesse? Honrar como tutores e patronos esses deuses vencidos, que é, senão votar seus destinos a nefastos auspícios e não a divindades benfazejas? Não é, porventura, infinitamente mais sábio acreditar não que Roma, evitando perdê-los, conjurasse a própria ruína, e sim que estariam de há muito perdidos, caso Roma não os tivesse generosamente posto sob a proteção de seu poder? Quem não vê, depois de breve exame, como é fútil a presunção de ser invencível sob a tutela de defensores vencidos e de à perda de suas divindades atribuir a própria, quando, para perecer, basta haver querido protetores perecíveis? Oh! Não! Quando em seus versos assim nos falam dos deuses vencidos, esses poetas já não são caprichosos artesãos de mentira, mas homens dotados de coração, cuja sinceridade tal confissão exprime. Deixemos, todavia, para tempo e lugar mais convenientes o desenvolvimento dessas considerações. Volto, agora, ao assunto de que estava tratando, impaciente de com derradeiro argumento rebater a ingratidão desses blasfemadores que ao Cristo atribuem os males que sua perversidade sofre com tamanha justiça, tão indignos de perdão e perdoados por amor ao Cristo, sem que o advirtam, e cuja arrogante demência aguça, agora, contra o nome divino as línguas sacrílegas que, para salvá-los da morte, falsamente o usurparam, pusilânimes línguas, mudas até há pouco nos lugares santos, seguros refúgios, invioláveis muralhas que os preservaram, os ingratos, do furor inimigo e donde se lançam, inimigos furiosos e repletos de maldição, contra seu libertador.

## CAPÍTULO IV
**O templo de Juno em Troia a ninguém livrou das mãos dos gregos; as basílicas dos apóstolos, entretanto, protegeram do furor dos bárbaros todos quantos nelas se abrigaram**

Troia, como afirmei, Troia, mãe do povo romano, não pôde, nos templos das divindades, defender seus próprios cidadãos contra as chamas inimigas, contra o gládio dos gregos adoradores dos mesmos deuses. Na *casa da própria Juno, o terrível Ulisses e Fênix, sentinelas escolhidas, velam os despojos. Amontoam-se, no lugar, vindos de toda parte, os tesouros de Troia, roubados aos santuários em chamas, as credências dos deuses, as taças de ouro maciço e mais presa tomada ao inimigo. Em torno, de pé, crianças e trêmulas mães.* Assim, o local consagrado a deusa tão importante não é escolhido para servir de refúgio, mas de prisão aos vencidos.

O santuário dedicado não a qualquer obscura divindade, confundida no rebanho da plebe divina, mas à irmã, à mulher de Júpiter, à rainha de todos os deuses, compara-o agora com as basílicas dos apóstolos. Para aqueles lugares eram levados os despojos dos deuses e de seus templos consumidos pelas chamas, não para devolvê-los aos vencidos, e sim para dividi-los entre os vencedores. Para estes santos lugares é reconduzido, com veneração e honras, qualquer objeto que reconheçam pertencer-lhes. De um lado, liberdade perdida, grilhões; doutro, liberdade salva, não mais escravos. Lá, rebanho humano amontoado pelo inimigo; aqui, prisioneiros conduzidos à liberdade pelo inimigo compassivo. Lá, finalmente, o templo de Juno, escolhido de preferência pela soberba cupidez dos civilizados gregos; aqui, as basílicas do Cristo, preferidas pela misericordiosa piedade desses bárbaros ferozes. Mas será que os gregos, vitoriosos, não respeitam os templos das divindades a que rendem culto? Esses templos talvez constituam refúgio em que o gládio, o cativeiro não tenha o atrevimento de atingir os desgraçados troianos... Quem sabe se a narrativa de Virgílio não passa de poética mentira? Não, não. É o fiel retrato da costumeira desolação de cidade em poder do inimigo.

## CAPÍTULO V
### Parecer de César sobre o estilo comum dos inimigos destruidores de cidades vencidas

O próprio César, segundo testemunho de Salústio, verídico e famoso historiador, César, em discurso contra os conspiradores proferido no Senado, expõe este selvagem costume: *Virgens raptadas, crianças arrancadas aos braços das mães, mulheres entregues aos ultrajes dos vencedores, casas e templos saqueados, armas em toda parte, cadáveres em toda parte, em toda parte sangue e luto!* Se não falasse dos templos, acreditaríamos que de ordinário a vitória respeitasse as moradas divinas. Agora não é vencedor estrangeiro que templos romanos devem recear, mas Catilina e seus cúmplices, as pessoas mais nobres de Roma e do senado. Cidadãos perversos, dirão, e parricidas, porque assassinos da pátria.

## CAPÍTULO VI
### Nem os próprios romanos tomaram cidade alguma em que houvessem perdoado os vencidos refugiados nos templos

Mas por que nos perdermos em meio de tantos povos que se guerrearam, sem jamais pouparem os vencidos refugiados nos templos de suas divindades? Fixemos os olhos e a lembrança nos romanos, esses mesmos romanos de quem, conforme dizem, o grande merecimento reside em *perdoar os vencidos e reprimir os soberbos* e relevar injúrias, de preferência a vingá-las. Depois de tomarem e destruírem tantas cidades florescentes, para o império estender-se ao longe, a que templos, salvos da ruína geral, costumavam conceder a vida e a liberdade dos vencidos? E faziam-no? E os historiadores de suas façanhas calam semelhante clemência! Qual nada! Procuram tanto o que louvar e deixariam no olvido testemunhos de piedade a seus olhos de tal modo recomendáveis! Marco Marcelo, ilustre nome romano, vencedor da cidade de Siracusa, chora, dizem, a extraordinária vítima a quem vai ferir e, antes de derramar-lhe o sangue, derrama lágrimas por ela.

Que digo? Até cuida de salvaguardar a honra do inimigo, porquanto, antes de ordenar o vitorioso assalto, proíbe de maneira expressa qualquer violência contra os corpos. No entanto, a cidade foi destruída, como sói acontecer na guerra, e narrativa alguma nos assegura tenha vencedor tão virtuoso e clemente designado este ou aquele templo para inviolável abrigo. Seria semelhante fato esquecido pela história, que não lhe esquece as lágrimas, nem o edito protetor da castidade? Fábio, destruidor de Tarento, é louvado por haver-se abstido de pilhar os deuses. Havendo-lhe seu escriba perguntado o que decidira fazer da rica presa, deu-lhe resposta cujo sal lhe temperou a moderação do procedimento. Perguntou ao escriba como eram as estátuas a que se referia. Quando soube que várias eram colossais e armadas: *Deixemos aos tarentinos*, disse, *seus irritados deuses*. Ora, os fastos de Roma conquistadora não omitem as lágrimas e a virtuosa compaixão de Marco Marcelo nem o comedimento espirituoso e irônico de Fábio. Como silenciariam sobre a clemente piedade que houvesse permitido aos templos deste ou daquele deus subtraírem alguns homens à escravidão ou à morte?

## CAPÍTULO VII
### O que houve de crueldade na destruição de Roma aconteceu de acordo com os costumes bélicos; o que houve de clemência procedeu do poder do nome de Cristo

Assim, ruínas, homicídios, pilhagem, desolação, incêndio, horrores cometidos no recente desastre de Roma, tudo se deve às usanças guerreiras. Mas o fato estranho, o fato novo, a ferocidade dos bárbaros transformada nesse prodígio de clemência que escolhe, que designa ao povo as mais amplas basílicas como refúgio onde ninguém será ferido, donde pessoa alguma será arrancada, para onde os vencedores mais humanos levarão os cativos a fim de assegurar-lhes a liberdade, donde os mais cruéis não poderão tirá-los a fim de reduzi-los a escravos, devem-no ao nome do Cristo, à era cristã. Quem não vê é cego; quem o vê em silêncio, ingrato; quem se insurge contra as ações de graças, louco. Ninguém de bom-senso o atribui aos costumes ferozes dos bárbaros. Quem lhes assombrou, freou, admiravelmente abrandou as mentes assim truculentas e ferozes foi Ele, que por boca do profeta há longo tempo dissera: *Castigar-lhes-ei as iniquidades com o cajado e os pecados com os flagelos, mas não os privarei de minha misericórdia.*

## CAPÍTULO VIII
### Graças e desgraças comuns, na maioria, a bons e maus

1. Mas alguém perguntará por que, nesse caso, estendeu-se aos ímpios, aos ingratos a misericórdia divina. Por quê?! Sem dúvida porque emanou de quem, todo dia, faz o Sol erguer-se sobre os bons e os maus e chover sobre os justos e os injustos. Embora vários deles, pensando nisso, corrijam-se da impiedade pelo arrependimento e outros, *na dureza impenitente do coração, desprezando as riquezas de sua bondade e paciência, entesourem cólera para o dia da vingança e do juízo, em que a infalível justiça recompensará cada qual segundo suas obras,* a paciência de Deus convida os maus à penitência, como os flagelos adestram os bons na paciência. E como a misericórdia de Deus abraça os bons para auxiliá-los, sua severidade apodera-se dos maus para castigá-los. Com efeito, prouve à Divina Providência preparar para os justos, no futuro, bens de que os injustos não gozarão e para os ímpios males pelos quais os bons jamais serão atormentados. Quanto aos bens e males temporais, a Providência quis fossem comuns a uns e outros, a fim de o homem não apetecer com demasiada avidez os bens que vê também nas mãos dos maus e não evitar vergonhosamente os males que, de ordinário mesmo, afligem os bons.

2. Há muita diferença, entretanto, no uso do que se chama boa ou má sorte. Quem é virtuoso não se orgulha de uma, nem se deixa abater pela outra. Para o mau a infelicidade temporal não é castigo, senão porque a felicidade o corrompeu. Com frequência, porém, na dispensação dos bens e dos males, mostra Deus de modo evidente seus desígnios. De fato, se agora aplicasse pena visível a todo pecado, nada ficaria reservado, segundo pensamos, para o juízo final; por

outro lado, se hoje todo pecado escapasse a castigo manifestamente imposto pela divina justiça, ninguém acreditaria, em absoluto, na Providência. Diga-se o mesmo quanto à prosperidade temporal. Se, algumas vezes, Deus, por liberalidade visível, não a concedesse a quem, orando, lha pede, diríamos não estar a seu alcance distribuí-la; se jamais a negasse, a gente ficaria pensando não dever servi-lo, senão para ser assim recompensado e semelhante culto não seria, de forma alguma, escola de piedade, mas de avareza e interesse. Assim, malgrado partilharem das mesmas angústias, bons e maus não se misturam, por estarem confundidos nas provações. A semelhança dos sofrimentos não elimina a diferença entre os sofredores e a identidade dos tormentos não estabelece identidade alguma do vício e da virtude. Sob a ação da mesma chama, o ouro brilha, fumega a palha; o mesmo debulhador quebra a espiga de trigo e separa o grão; azeite e lia não se misturam de jeito nenhum, embora espremidos no mesmo lagar. Assim como o mesmo cadinho testa, purifica e funde no amor as almas virtuosas, e dana, extermina e devasta as ímpias, assim também, na mesma aflição, os maus protestam e blasfemam contra Deus e os bons rezam e o bendizem. Não interessa tanto o que a gente sofre, mas como sofre. Remexidos de igual maneira, o lodo exala horrível mau cheiro, o unguento, suave perfume.

## CAPÍTULO IX
### Causas dos corretivos que flagelam por igual bons e maus

1. Em semelhante calamidade pública, que sofreram os cristãos que, no tocante à fé, não reverta em seu progresso? Se, antes de mais nada, pensassem humildemente em seus pecados, de que a cólera divina se vinga, enchendo o mundo de espantosas catástrofes, embora muito longe de serem criminosos, dissolutos ou ímpios, julgar-se-iam de tal modo isentos de culpa, que não tivessem necessidade de expiá-la por meio de alguma pena temporal? Dado não haver fiéis, cuja vida, por irrepreensível que seja, às vezes não ceda aos instintos carnais e, sem cair na enormidade do crime, no abismo da libertinagem, não se abandone a certos pecados, raros ou cometidos com frequência inversamente proporcional à gravidade, onde encontrar quem, dian-

te de tais monstros de avareza, orgulho e luxúria, cuja iniquidade, cuja impiedade execrável constrange Deus a flagelar a Terra, conforme antiga ameaça, quem, volto a perguntar, seja perante eles o que deve e com eles conviva como é preciso conviver com semelhantes almas? Quando se trata de esclarecê-los, censurá-los e, mesmo, repreendê-los e corrigi-los, com bastante frequência, funesta dissimulação nos detém, ou preguiçosa indiferença, ou respeito humano incapaz de afrontar alguém já de si perturbado, ou temor a ressentimentos que poderiam causar-nos prejuízo e prejudicar-nos no tocante a esses bens temporais cuja posse nossa cupidez cobiça, cuja perda nossa fraqueza receia. Embora as pessoas de bem odeiem a vida do mau e tal aversão as preserve do abismo que espera os réprobos, à saída deste mundo, essa fraqueza indulgente com as mortais iniquidades, por medo a represálias contra as próprias faltas, faltas leves e veniais, diga-se de passagem, essa fraqueza, salva da eternidade dos suplícios, é de justiça que seja com o crime castigada pelos flagelos temporais, é de justiça que, no envio providencial das aflições, sinta o amargor da vida que, embriagando-a com doçuras, a dissuadiu de oferecer aos maus a taça de salutar amargura.

2. Se, todavia, a reprimenda e correção dos pecadores forem transferidas para época mais favorável, no interesse deles mesmos, de medo a que se tornem piores ou impeçam a iniciação dos fracos nas práticas da piedade e da virtude, oprimindo-os, desviando-os da fé, nesse caso já não se trata de cupidez, e sim de prudência e caridade. O mal reside em que aqueles cuja vida testemunha profundo horror aos exemplos dos maus poupem os pecados dos irmãos, porque lhes receiam a inimizade, porque temem ser lesados em interesses, é verdade que legítimos, mas demasiado caros a homens em viagem neste mundo, guiados pela esperança na pátria celeste. Não é, com efeito, somente dos mais fracos, integrados na vida conjugal, com filhos ou desejosos de tê-los, pais e chefes de família (a quem o apóstolo se dirige, para ensinar-lhes os deveres cristãos dos maridos para com as mulheres, das mulheres para com os maridos, dos pais para com os filhos, dos filhos para com os pais, dos empregados para com os patrões, dos patrões para com os empregados), não é somente deles que o amor a certos bens temporais ou terrestres, cuja posse ou perda lhes é dolorosa em demasia, tira a cora-

gem de afrontar o ódio dos homens cuja vida criminosa e infame detestam. Os próprios fiéis, elevados a grau superior de vida, livres do vínculo conjugal, sóbrios no comer e no vestir, sacrificam muito frequentemente a reputação, a segurança, quando, para evitarem os ardis ou a violência dos maus, abstêm-se de censurá-los e, sem se deixarem intimidar por ameaças, por mais terríveis que sejam, ao extremo de lhes seguirem os sinistros exemplos, não se abalançam, porém, a repreender o que se recusariam a imitar. Talvez salvassem muitos, se cumprissem o dever de censurar, que deixam ceder ao medo de expor a reputação e a vida; já não se trata agora da prudência que ambas mantêm em reserva para instrução do próximo, mas da fraqueza que se compraz em palavras lisonjeiras e, no falso dia dos julgamentos humanos, receia a opinião do mundo, os sofrimentos e a morte da carne, fraqueza agrilhoada pela cupidez e não por dever de caridade.

3. Eis por que (e parece-me razão muito forte), quando apraz a Deus punir a corrupção dos homens com penas mesmo temporais, os bons são castigados de mistura com os maus, castigados como eles, não por viverem como eles, mas por gostarem como eles, embora menos, da vida temporal que deveriam desprezar. Graças a tal desprezo, suas reprimendas possivelmente conseguiriam a vida eterna para os maus. Se não pudessem tê-los como companheiros nos caminhos da salvação, pelo menos saberiam suportá-los e querer-lhes como inimigos, pois, enquanto vivem, a gente sempre ignora se podem ou não mudar para melhor. Mais culpados ainda aqueles a quem pela boca do Profeta se diz: *Esse homem morrerá em seu pecado, mas de sua vida pedirei contas a quem deve olhar por ele.* Com efeito, as atalaias, os pastores dos povos não são constituídos na Igreja senão para tratar os pecados com inflexível rigor; mas, embora estranho ao santo ministério, não é por completo isento de falta o fiel que vê muito a repreender nos que lhe estão ligados por laços sociais e, não obstante, lhes poupa advertência ou censura, por medo de que seu ressentimento o perturbe nos bens de que faz legítimo emprego, mas com ilegítimo agrado do coração. Outra causa de serem as pessoas de bem submetidas aos flagelos temporais (Jó serve de exemplo) é querer o Senhor revelar ao espírito humano a força de sua piedade e permitir ao homem demonstrar o amor desinteressado que lhe tem.

## CAPÍTULO X
### Prejuízo algum causa aos santos a perda das coisas temporais

1. Reflete nessas considerações e vê se a homens de piedade e fé aconteceu algum mal que não possa tornar-se verdadeiro bem. Em caso afirmativo, não teriam sentido estas palavras apostólicas: *Sabemos que tudo concorre para o bem dos que amam a Deus.* Mas perderam tudo quanto possuíam. Perderam a fé? Perderam a piedade? Perderam os bens do homem interior, rico aos olhos de Deus? Eis a opulência do cristão, a opulência do Apóstolo, que nos diz: *É de grande proveito a piedade que se faz acompanhar de prudência. Nada trouxemos para este mundo; dele nada devemos levar. Se temos com que viver e vestir-nos, fiquemos contentes, porquanto quem quer ficar rico cai nas ciladas do tentador, perde-se nos desejos insensatos e funestos que precipitam o homem no abismo da morte. A cupidez é a raiz de todos os males. Escravos de tal paixão, vários desviaram-se da fé e enveredaram por caminhos dolorosos.*

2. Ora, quem, na ruína de Roma, perdeu as riquezas terrenas, se as possuía conforme o ensinamento desse pobre por fora, mas rico por dentro, isto é, usando o mundo como se não o fizesse, pôde exclamar com o homem invulnerável às tentações mais rudes: *Nu saí do seio de minha mãe e nu voltarei para o da terra. O Senhor deu-me tudo, o Senhor tirou-me tudo. O que me aconteceu aconteceu porque aprouve a Deus. Bendito seja seu nome.* Servo fiel, sua riqueza é a vontade do Senhor. Tal submissão aumenta-lhe a reserva espiritual; não se aflige por ser abandonado, em vida, pelas coisas que logo mais, ao morrer, deve abandonar. Quanto aos mais fracos, que, sem ao Cristo preferirem esses bens, lhes tiram certo apego, a dor de semelhante perda fê-los perceberem o pecado. Sofreram na proporção do percurso por eles feito nos caminhos da dor, conforme as palavras do Apóstolo, que há pouco lembrei. Não convinha que o ensinamento da experiência vingasse o longo desprezo à palavra? Com efeito, dizendo: *Os que querem tornar-se ricos caem na tentação,* o Apóstolo não censura o emprego das riquezas, mas o desejá-las, tanto assim que noutra passagem recomenda *aos ricos do mundo não serem altivos, nem porem as esperanças na*

*instabilidade das riquezas, mas em Deus vivo, que em abundância nos dá todas as coisas, para delas gozarmos, e serem benfeitores, ricos em boas obras, generosos, darem esmolas e erguerem sobre esses tesouros de caridade o sólido fundamento do futuro, a fim de alcançarem a vida eterna.* Grandes benefícios consolaram de perda insignificante os fiéis que assim se utilizavam de seus bens. A fácil distribuição de esmolas causou-lhes alegria maior que a tristeza provocada pela perda, ainda mais fácil, das magras poupanças da cupidez. A terra podia consumir o que não quiseram tirar-lhe. Com efeito, os cristãos que ouviram este mandamento do Senhor: *Não amontoeis para vós tesouro escondido na terra, onde o verme e a traça o devoram, donde os ladrões o tiram e roubam, mas amontoai para vós tesouros no céu, onde o ladrão, em absoluto, não penetra, onde o verme nada pode corromper, pois onde estiver teu tesouro, aí estará também teu coração,* ficaram sabendo, no dia das tribulações, como foram inteligentes, não desprezando o mestre verdadeiro, o mais fiel e invencível guardião de seu tesouro. Se muitos se aplaudiram de haver confiado seu ouro a certos esconderijos que o acaso preservou da visita do inimigo, quais não devem ter sido a segurança e alegria dos crentes que, por depositarem fé na palavra divina, os transportaram para os lugares cujo acesso é impossível? Eis por que nosso caro Paulino, bispo de Nola, que pela pobreza voluntária trocou seus bens e pela opulência espiritual a opulência do mundo, do fundo do coração, quando cativo dos bárbaros, durante o saque de Nola, dirigia esta prece a Deus, segundo ele próprio nos disse: *Senhor, não deixeis que, por causa de ouro e de prata, me submetam a torturas, pois sabeis onde tudo quanto possuo de meu se encontra.* Tudo estava escondido onde o divino Profeta das calamidades do mundo lhe recomendara esconder e entesourar. Assim, portanto, os fiéis, dóceis aos mandamentos do Senhor, que lhes ensina onde e como devem entesourar, souberam desviar das mãos dos próprios bárbaros seus haveres temporais. Quanto àqueles que tiveram de arrepender-se de sua desobediência, aprenderam o emprego a dar aos referidos bens, senão pela sabedoria, capaz de prevenir-lhes a perda, ao menos pela experiência que a seguiu.

3. Mas, dir-se-á, bons cristãos foram torturados, para revelarem o esconderijo de seu tesouro. Não puderam revelar, nem perder o bem que os tornava bons. Se a revelarem onde haviam ocultado as

riquezas preferiram sofrer, não eram bons. Tais homens, capazes de tantos sofrimentos pelo ouro, precisavam ser advertidos de quantos mais necessitariam padecer por Jesus Cristo, a fim de aprenderem a amar quem enriquece de felicidade eterna aqueles que sofrem por Ele, preferindo-o ao ouro e à prata, deploráveis causas de sofrimento, salvos pela mentira e deitados a perder pela verdade. Nas torturas ninguém perdeu Jesus Cristo, confessando Jesus Cristo, ninguém salvou o ouro, senão negando o ouro. Assim, ensinando-os a amar bens incorruptíveis, as torturas lhes eram, quem sabe, mais úteis que os bens, cujo amor consumia de estéreis angústias seus miseráveis possuidores. Mas vários, embora nada tivessem, foram torturados, isso porque ninguém acreditava neles. Talvez desejassem ter; não escolheram a santa pobreza e necessitariam aprender que tais suplícios não são impostos às riquezas, mas à paixão pelas riquezas. Houve alguém que, fazendo profissão de vida melhor, não tendo ouro, nem prata escondidos, mas passando por ter, haja sido torturado? Ignoro. Pois bem, mesmo que tenha havido quem, nos tormentos, confessasse a santa pobreza, confessava, sem dúvida alguma, Jesus Cristo. Vítima de bárbara incredulidade, nenhum confessor da santa pobreza poderia sofrer, sem alcançar celeste recompensa.

## CAPÍTULO XI
### Fim da vida temporal, prolongada ou breve

Prolongada fome, dizem, consumiu grande número de cristãos. Não é outra provação que a piedosa paciência dos verdadeiros fiéis transforma em vantagem sua? Para aqueles que mata, a fome representa, como a doença, completa libertação dos males desta vida; para os que poupa, lição de abstinência mais rigorosa e jejuns mais prolongados. Quantos outros cristãos porém, trucidados, engolidos pela inexorável morte que se multiplica de maneira espantosa! Sorte cruel, mas comum a todos os destinados a esta vida. O que sei é não haver morrido pessoa alguma que não devesse morrer um belo dia. Ora, o fim da vida reduz a igual medida a mais longa e a mais curta, pois coisa nenhuma é melhor, ou pior, ou mais longa, ou mais curta na igualdade do nada. Que importa, pois, de que espécie de morte morremos, se, depois de mortos, não podemos ser constrangidos a morrer de novo? Como as peripécias diárias da vida suspendem, por assim dizer, sobre cada cabeça mortal a ameaça de número infinito de mortes, não é melhor, pergunto, enquanto perdura a incerteza da que há de vir, sofrer apenas uma e morrer do que continuar vivo e recear todas? Não ignoro que nossa covardia prefere viver longo tempo no temor de tantas mortes a morrer uma vez para não continuar receando nenhuma. Uma coisa, entretanto, é o que causa horror aos sentidos e à imbecilidade da carne, e outra, a convicção esclarecida e profunda do entendimento. A morte não representa nenhum mal, sucede-se a vida santa; não pode ser mal, senão pelo acontecimento que a segue. Que importa, por conseguinte, a seres necessariamente votados à morte o acidente de que morrem? Importa, isso sim, o lugar para onde vão, depois da morte. Ora, os cristãos sabem que a morte do pobre bom entre os cães que lhe lambem as feridas é incomparavelmente melhor que a do rico que expira na púrpura e no linho. Pois bem, como poderiam essas mortes horrendas prejudicar os mortos, se viveram bem?

## CAPÍTULO XII
### O sepultamento do corpo humano de nada priva o cristão, embora lhe seja negado

1. Nessa espantosa messe de cadáveres, quantos fiéis ficaram privados de sepultura? Trata-se de infortúnio pouco temido por fé viva, que tem por certo nada poder a sanha dos animais contra a ressurreição dos corpos de suas vítimas, das quais não perecerá um só cabelo da cabeça. Teria afirmado a Verdade: *Não temais, em absoluto, quem mata o corpo e não pode matar a alma*, se a engenhosa crueldade dos assassinos pudesse sufocar nos cadáveres inimigos o germe da vida futura? Salvo se houver alguém bastante insensato para pretender não deverem os assassinos do corpo ser temidos antes de o matarem, antes da morte, mas depois da morte, depois de o haverem matado, porque podem privá-lo de sepultura. Se ainda lhes fosse possível fazer algum mal a cadáveres, seriam falsas estas palavras do Cristo: *Quem mata o corpo e nada mais pode*. Quê?! Falsas as palavras da Verdade?! Longe de nós semelhante blasfêmia! Está escrito disporem os assassinos de certo poder no momento de mata-

rem, por ser o corpo sensível ao golpe que o mata, mas, em seguida, nada mais poderem, por ser o cadáver desprovido de sensibilidade. A terra, é verdade, não recebeu o corpo de grande número de cristãos, mas, em tal caso, quem os tirou do céu e da Terra, cheios por completo da presença daquele que sabe donde chamar à vida tudo aquilo que criou? Diz bem o salmista: *Derramaram-lhes o sangue, como água, em redor de Jerusalém e não havia quem os enterrasse*. Mas assim fala mais para exagerar a crueldade dos carrascos do que para deplorar a infelicidade das vítimas. Dura e cruel aos olhos dos homens, essa morte de seus santos é preciosa aos do Senhor. O resto, com efeito, providências relativas aos funerais, escolha da sepultura, pompa do enterro, tudo isso é consolo dos vivos, não dos mortos. Quê?! Honras fúnebres aproveitariam a esse ímpio?! Então, para o justo seria verdadeiro infortúnio a mediocridade ou ausência de sepultura. Numeroso cortejo de escravos fez ao voluptuoso rico exéquias magníficas aos olhos dos homens; muito mais brilhantes, porém, aos olhos de Deus, as que o ministério dos anjos ofereceu ao pobre coberto de úlceras. Não lhe erguem aos restos mortais túmulo de mármore, mas levam-no para o seio de Abraão.

2. Vejo rirem aqueles contra quem defendo a divina cidade; entretanto, seus próprios filósofos menosprezam a preocupação com o sepultamento e, frequentemente, exércitos inteiros pouco se incomodam, ao morrerem pela pátria terrena, com o lugar em que jazerão seus cadáveres e a que animais servirão de pasto. Assim, puderam dizer os poetas com gerais aplausos: *O céu cobre o sem túmulo*. Que loucura, portanto, essa, de ultrajar os cristãos por causa de cadáveres deixados insepultos, se aos fiéis foi prometido que a própria carne e todos os membros, acordados do profundo sono no seio da terra, no mais secreto abismo dos elementos, hão de, num abrir e fechar de olhos, tornar à vida e ser restituídos à primitiva integridade?

## CAPÍTULO XIII
### Razão do sepultamento do corpo dos santos

Isso, contudo, não é motivo para deixar com desdém ao abandono os despojos dos mortos, em especial os dos justos e dos fiéis, órgãos e instrumentos do Espírito Santo para toda boa obra. Se a roupa do pai, o anel ou objeto semelhante é mais precioso para os filhos na medida em que sua piedade filial é mais terna, que cuidados não nos merece nosso corpo, que nos está mais intimamente ligado que a roupa, seja qual for? Com efeito, o corpo não é apenas ornamento do homem, adjutório exterior; faz parte de sua natureza. Essa a causa dos derradeiros deveres de piedade solenemente prestados aos justos dos velhos tempos, a pompa de suas exéquias, os cuidados com sua sepultura e as ordens que eles mesmos, durante a vida, confiavam aos filhos, para sepultamento ou trasladação de seus restos mortais. O cuidado para com os mortos, segundo o testemunho do anjo, atrai sobre Tobias as bênçãos de Deus. E Nosso Senhor mesmo, que vai ressuscitar no terceiro dia, divulga a boa ação da santa mulher que lhe ungiu os membros com precioso perfume, como para sepultá-lo por antecipação. E o Evangelho lembra com louvores aqueles que, à descida da cruz, lhe recebem piedosamente o corpo, o cobrem com sudário e o depositam no sepulcro.

Tais exemplos em absoluto não provam que os cadáveres conservam qualquer sensibilidade, e sim que a Providência de Deus vela os despojos dos mortos e esses deveres de piedade lhe são agradáveis, por demonstrarem fé na ressurreição. No caso há, demais, salutar ensinamento para nós, a saber, quão grande pode ser a paga das esmolas feitas a pobre, enquanto dotado de sensibilidade e vida, se aos olhos de Deus nada se perde dos caridosos tributos que lhe prestamos aos restos inanimados. Há outras recomendações relativas ao sepultamento, à trasladação de seus corpos, em que os santos patriarcas quiseram deixar entrever inspiração profética. Mas não é oportuno aprofundar, agora, semelhantes mistérios; basta o que acabamos de dizer. Se, por conseguinte, a falta de coisas necessárias ao sustento da vida, como o alimento e o vestuário, provação cruel, mas impotente contra a inalterável paciência do homem virtuoso, longe de desarraigar-lhe do coração a piedade, a exercita e fecunda, não é bem mais verdadeiro que não poderia a falta das solenidades fúnebres perturbar o repouso da alma na santa e bem-aventurada mansão? Que, na desolação de Roma ou de outras cidades, os últimos deveres tenham, pois, faltado aos cristãos pouco importa; não foi falta dos vivos, que nada puderam fazer, nem infortúnio para os mortos, que nada puderam sentir.

## CAPÍTULO XIV
### Cativeiro dos santos, a quem jamais faltou consolo divino

Mas cristãos foram levados cativos! Foi o cúmulo da infelicidade, se puderam levá-los para alguma parte onde não tenham, em absoluto, encontrado Deus. Apresentam-nos as santas Escrituras consolo também a tal adversidade. As três crianças, Daniel e outros profetas foram cativos, porém Deus jamais deixou de consolá-los. Não abandonou os fiéis sob a opressão dos bárbaros, que também eram homens, quem não abandonou o profeta nas entranhas mesmas do monstro. Aqui nossos adversários preferem rir a crer; entretanto, acreditam, fiando-se em seus autores, que o célebre músico Ario de Metimne, precipitado do navio no mar, foi recebido e levado à margem no dorso de um delfim. É, porventura, menos crível a história de nosso profeta? Sim, por ser mais maravilhosa; e é mais maravilhosa porque nela intervém mais poderosa mão.

## CAPÍTULO XV
### Régulo, de quem fica exemplo de cativeiro espontaneamente sofrido por motivos religiosos, que, apesar de tudo, não lhe puderam ser de proveito, porque adorava os deuses

1. Têm estes, contudo, mesmo entre seus homens ilustres, nobilíssimo exemplo de cativeiro voluntário, por causa de religião; trata-se de Marco Atílio Régulo, comandante dos exércitos do povo romano e cativo em Cartago. Os cartagineses preferem recuperar seus soldados a conservar presos os soldados romanos; enviam-no, pois, a Roma, em companhia de embaixadores, para propor a troca, mas obrigam-no, por juramento, a retornar a Cartago, caso não merecesse acolhida a proposta que ia fazer. Parte, julga, porém, desvantajosa à república a pretendida troca e dissuadiu o senado de aceitá-la. Depois, sem que a isso o forçassem os concidadãos, fiel à palavra empenhada, regressou a Cartago, onde o esperava a morte em meio a suplícios atrozes, inventados para ele. Encerram-no em estreito caixão de madeira, todo eriçado de agudos pregos, em que, obrigado a manter-se de pé, sem encontrar apoio algum, senão à custa de horríveis dores, morre, extenuado, além de tudo, por não dormir. É, sem

dúvida, a justo título que se exalta a virtude desse homem, maior ainda que seu infortúnio.

Entretanto, jurara pelos deuses cujo culto, hoje proibido, e, conforme dizem, a causa de todas as calamidades do mundo. Se por conseguinte, os deuses venerados por interesse na felicidade temporal, quiseram ou permitiram sofresse tal suplício o generoso observador da fé jurada, poderia a cólera deles algo pior contra perjuro? Seja-me permitido tirar dupla indução desse raciocínio. Tal o respeito de Régulo aos deuses, que a fidelidade que, segundo acredita, deve ao juramento não lhe permite permanecer na pátria, nem retirar-se para qualquer outra parte; não hesita em retornar ao meio de seus mais cruéis inimigos. Parece-lhe resolução vantajosa à presente vida? O horrendo fim que teve prova-lhe o erro. Por seu exemplo mostra de nada servir para a felicidade temporal o culto aos deuses, pois, em recompensa de seu devotamento a ele, é vencido, levado cativo e, como prêmio da fidelidade com que guardou o juramento feito pelo nome deles, encontra a morte, morte horrível, e suplícios até então desconhecidos.

Se a piedade para com os deuses não recebe, senão depois desta vida, o correspondente salário de felicidade, por que motivo caluniar o cristianismo? Por que dizer que Roma não deve a ruína senão à infidelidade, pois, malgrado o mais inviolável apego a seus altares, veio a tornar-se desafortunada como Régulo? Talvez haja insensato que, em face de verdade tão clara, leve o orgulho e a cegueira ao extremo de pretender não possa a cidade inteira, que honra tais deuses, ser infeliz, mas um homem apenas sim, como se o poder deles fosse mais interessado na conservação de vários que na de um só, como se a multidão pudesse alguma vez deixar de ser composta de indivíduos.

2. Dirão que Régulo, cativo, torturado, é feliz por causa da virtude interior? Pois bem, procurem, então, a verdadeira virtude, que possa, também, tornar feliz determinada cidade. Uma coisa não é a ventura da cidade e outra a do homem, pois toda cidade não passa de sociedade de homens que vivem unidos. Ainda não quero, em absoluto, discutir a virtude de Régulo. Basta semelhante exemplo obrigá-los à confissão de que não devem servir os deuses por interesse nos bens corporais, nas vantagens passageiras, exteriores ao homem, porque Régulo prefere renunciar tudo isso a trair-lhes o nome tomado por testemunha.

Que esperar, por conseguinte, dos insensatos que se gloriam de um cidadão assim, mas receiam se pareça com ele a cidade? Se não receiam, reconheçam que infelicidade como a de Régulo pode acontecer a cidade fiel como ele ao culto dos deuses e parem de caluniar o cristianismo. Como, porém, agitou-se o caso dos cristãos levados cativos, que os imprudentes e impudentes escarnecedores da religião salvadora reflitam em tal exemplo e se calem. Se para os deuses não é vergonhoso que adorador seu dos mais escrupulosos tenha, para observar o juramento feito pelo nome deles, renunciado à pátria, sem esperar outra, e em mãos dos inimigos esgotado, em prolongada agonia, todos os refinamentos de inaudita crueldade, com que direito exprobar a fé cristã pelo cativeiro de vários fiéis, que, à espera infalível da pátria celeste, *sabem-se estrangeiros no próprio lar?*

## CAPÍTULO XVI
### Puderam contaminar-lhes a virtude do ânimo os estupros que, sem consentimento da vontade, acaso durante o cativeiro padeceram as santas virgens?

Acreditam, sem dúvida, cobrir de opróbrio os cristãos, quando ao sombrio quadro do cativeiro acrescentam o das violências feitas a mulheres, mocinhas e até mesmo religiosas. Ora, no caso não é a piedade, nem a fé, nem a virtude chamada castidade, mas apenas o nosso pensamento que se abandona a inquietações entre o desassossego do pudor e a calma da razão. Assim, ao invés de responder a nossos inimigos, cuidemos de consolar nossas irmãs.

Logo de início, fique assentado que a virtude, princípio essencial de vida santa, de sua sede, a alma, comanda os membros do corpo e o corpo é santificado pelo uso de vontade santa. Enquanto essa vontade permanecer constante e firme, advenha o que advier ao corpo ou do corpo, se impossível evitá-lo sem pecado, somos inocentes do que lhe acontece. Das violências, porém, de que o corpo é passível algumas há capazes de nele produzirem outra sensação, diferente da dor. Ora, tal atentado não priva a alma da castidade por ela abraçada, mas aumenta-lhe o pudor. Treme acreditarem em certa adesão do espírito a ato em que talvez tenha sido impossível à carne manter-se indiferente. Assim, pois, que coração se recusaria a perdoar as infortunadas que se mataram para não sofrerem semelhantes ultrajes? Quanto às que não quiseram matar-se, para não se defenderem do crime alheio praticando outro próprio, quem poderia acusá-las, sem incorrer na acusação de estar louco?

## CAPÍTULO XVII
### Morte voluntária por medo à desonra ou à pena

Se a ninguém é permitido matar, por sua própria autoridade, nem mesmo criminoso, pois nenhuma lei concede semelhante direito a quem quer que seja, toda pessoa que se mata é homicida, mais culpado, matando-se, quanto menos o é na causa por que se condena a morrer. Com efeito, se o crime de Judas nos é justamente odioso e a Verdade afirma haver-lhe o desespero acrescido e não expiado o parricídio, pois seu abominável arrependimento, incrédulo à misericórdia de Deus, lhe fechou todas as vias de salutar penitência, não deve a pessoa abster-se ainda mais do assassínio de si mesma quando a consciência nada tem que expiar de maneira assim cruel? Judas mata-se; entretanto, não é da morte de Jesus Cristo apenas, mas também da sua que morre culpado; por causa de seu crime, mas do segundo crime, é que se mata.

## CAPÍTULO XVIII
### Violência e libido alheia que em seu corpo, forçado, contra a vontade sofre a mente

1. Por que, pois, alguém que não faz mal absolutamente nenhum a quem quer que seja haveria de fazê-lo a si mesmo? Matando-se, por conseguinte, mataria pessoa inocente, a fim de prevenir crime alheio? Cometeria atentado pessoal contra si mesma, para evitar que pecado alheio se cometesse nela? Talvez receie ser manchada pela impureza alheia. Tal impureza não pode manchá-la; se a mancha, já lhe não é estranha. Como, porém, a pudicícia é virtude da alma e a fortaleza, sua constante companheira, a torna capaz de suportar todos os males, de preferência a consentir no mal, e ninguém, apesar de perseverante e casto, pode responder pelos acidentes de que a carne

é passível, mas somente pela adesão ou recusa da vontade, quem seria insensato ao extremo de acreditar-se decaído da castidade porque em sua carne se exerce e farta paixão que lhe é estranha? Se a castidade se perde assim, com certeza já não é virtude da alma, já não se conta no número dos bens constitutivos da vida santa, mas no dos bens temporais, como as forças, a saúde, a beleza e outras vantagens semelhantes, cuja alteração nada tira à sabedoria, nada à inocência dos costumes. Se a castidade é semelhante a esses frágeis bens, por que dar-se a gente ao trabalho de salvá-la, mesmo com perigo da vida? Se é bem da alma, encontra-se à mercê da violência exercida sobre o corpo? Que digo? Resistindo aos assaltos da volúpia, a santa continência santifica o próprio corpo e, com a inquebrantável perseverança da intenção, a santidade do corpo conserva-se íntegra, pois à vontade perseverante de usar de maneira santa o corpo, o corpo, tanto quanto dele dependia, deixa o poder de fazê-lo.

2. A santidade corporal, com efeito, não consiste na integridade dos membros preservados de todo contato, porque em muitas circunstâncias ficam expostos a violências, ferimentos e com frequência sua saúde exige operações horríveis de ver. Por malícia, ignorância ou casualidade, mão de parteira desvirgina determinada moça. Não é insensato julgá-la profanada na santidade do corpo, visto haver perdido o hímen? Enquanto a alma persiste na resolução pela qual o corpo se tornou merecedor de ser santificado, a violência de paixão alheia nada tira ao corpo da santidade a que protegia perseverante continência. Se, todavia, mulher, cuja vontade seduziram, viola a fé que votou a Deus e corre a entregar-se ao sedutor, dir-se-á que, no caminho, conserva ainda a santidade exterior, quando perdeu, quando sufocou a santidade interior que lhe santificava tudo? Longe de nós semelhante erro.

Concluamos, ao contrário, que, enquanto a alma permanece pura, o corpo oprimido pela violência nada perde da santidade, o que não acontece, quando, apesar de íntegro, a santidade da alma é violada. Mulher alguma tem o que em sua pessoa punir com morte voluntária, quando o pecado alheio a reduziu à força; tem menos ainda, antes de sucumbir, pois cometeria homicídio certo, embora incerta ainda sobre o crime, sobre o crime alheio. Sustentamos, por conseguinte, que, se a vontade permanece casta, quando o corpo sucumbe, o crime não é da vítima, mas do opressor. É claro o argumento? Ousarão resistir-lhe aqueles contra quem defendemos a santidade interior e a santidade corporal das mulheres cristãs ultrajadas no cativeiro?

## CAPÍTULO XIX
### Lucrécia, que se matou por haverem-na estuprado

1. Exaltam, porém, a castidade de Lucrécia, nobre dama da velha Roma. Profanada, quanto ao corpo, pela nefanda paixão do filho de Tarquínio, revela o crime do infame jovem a Colatino, seu marido, e a Bruto, seu parente, ambos nobres de nascimento e coração, liga-os por juramento de vingança e depois, não resistindo à dor, não podendo suportar semelhante ultraje, mata-se. Que diremos de Lucrécia? Adúltera? Casta? Quem suspeitaria dificuldade em tal caso? *Eram dois, mas apenas um praticou adultério.* Frase sublime de verdade, admirável frase de certo declamador. Do obsceno desejo do filho de Tarquínio distingue, no vergonhoso caso, a casta vontade de Lucrécia. Impressionado não pelo congresso dos corpos, mas pelo divórcio das almas, exclama: Eram *dois, mas apenas um praticou adultério.* Mas a vingança cai mais terrível sobre a cabeça inocente. O criminoso parte para o exílio, em companhia do pai; Lucrécia padece o último suplício. Se a impudicícia não reside na afronta sofrida, é justo seja a castidade punida? É para vós que apelo, juízes e leis de Roma. Seja qual for o crime, deixais morrer impunemente o culpado, se não o condenam? Seja este crime entregue ao julgamento de vosso tribunal: determinada mulher recebe a morte, mas a mulher não foi condenada e trata-se de mulher casta, inocente; tudo isso está mais do que provado.

Que castigo vossa severa justiça não reserva ao assassino? Mas o assassino é Lucrécia, tão elogiada Lucrécia. Foi ela quem derramou o sangue da casta e infortunada Lucrécia. Agora, dai a sentença. Não podeis fazê-lo. Sua ausência subtraiu-a a vosso julgamento. Então, por que os elogios prodigados à matadora da virtuosa mulher?

Poderíeis defendê-la perante os juízes do inferno, tais como vossos poetas os representam? Não está Lucrécia no lugar para que descem os infortunados *que com as próprias mãos arrancaram de si vida inocente e por desamor à luz atiraram para longe a alma?* Não deseja voltar à vida? O *destino é inflexível e as águas paradas do pântano sinistro retêm-na para sempre.* Talvez não se encontre lá, pois, matando-se, não cedeu ao desespero do pudor, mas à secreta censura da consciência. Com efeito, quem sabe (só Lucrécia pode sabê-lo) se, vítima de violência irresistível, todavia acabou consentindo no prazer e depois, atormentada pelo remorso, quis expiar com o próprio sangue a falta cometida?

Contudo, não devia matar-se, se lhe era possível sacrificar a falsos deuses por sincero arrependimento. Mas se não é assim, se não é verdade que de ambos apenas um praticou adultério, se ambos são culpados, um de violência declarada, o outro de consentimento secreto, não foi nenhuma Lucrécia inocente que ela matou e seus argutos defensores podem afirmar que não está nos infernos *com os infortunados que pelas próprias mãos arrancaram de si vida inocente.* Surge, agora, inevitável dilema: posto de lado o homicídio, prova-se o adultério; absolvida do adultério, é homicida confessa. Não há como escapar a estes extremos: se cometeu adultério, por que os elogios, se casta, por que a morte?

2. Basta-nos, entretanto, o célebre exemplo da referida mulher para refutar os homens que, alheios a todo sentimento de santidade, nos insultam as irmãs ultrajadas no cativeiro, basta-nos haverem sido louvadas assim: *Eram dois, mas apenas um praticou adultério.* Jamais quiseram acreditar, com efeito, que assentimento criminoso haja manchado a virtude de Lucrécia. Se, por conseguinte, matou-se, vítima e não cúmplice do adultério, já não se trata de amor à castidade, mas de fraqueza da vergonha. Pejou-se do crime cometido em si, não consigo.

A nobre romana, por demais desejosa de louvor, receia que o fato de sobreviver a exponha à suspeita, e a resignação a incrimine de cúmplice. Apresenta, pois, a morte como testemunha de sua alma, que não pode desvelar aos olhos dos homens. Na cruel provação as mulheres cristãs não lhe imitaram o exemplo; souberam viver. Não vingaram em si mesmas crime alheio, praticando outro crime, nem creram que deviam abandonar-se à vergonha homicida, por haverem sido presa de concupiscência adúltera. A glória da castidade, o testemunho de sua consciência patenteiam-se nelas, patenteiam-se aos olhos de Deus; nada mais as preocupa, pois nada mais podem fazer de legítimo. Fugirem, matando-se, à injúria das suspeitas humanas, não seria declinar da autoridade da lei divina?

## CAPÍTULO XX
### Não existe autoridade alguma que, seja qual for o caso, conceda ao cristão o direito de matar-se voluntariamente

Não é sem motivo que em parte alguma, nos livros sagrados e canônicos, poder-se-ia encontrar que, mesmo em relação à imortalidade, para prevenir ou conjurar algum mal, tenha Deus ordenado ou permitido que alguém se matasse. Proibição, isso sim, devemos ler na lei que nos diz: *Não matarás*, sem acrescentar: o *próximo*, como acontece com a proibição de falso testemunho: *Não levantarás falso testemunho contra o próximo*. Entretanto, o falso testemunho contra si mesmo deveremos acreditá-lo isento de crime, se o amor ao próximo está contido na regra do amor a si mesmo? Com efeito, está escrito: *Amarás o próximo como a ti mesmo*. Se, por conseguinte, ninguém é menos culpado por falso testemunho contra si mesmo do que contra o irmão, embora a lei, por falar apenas do próximo, pareça não estender a proibição ao falso testemunho levantado a si mesmo, razão muito mais forte existe para pensar que ao homem não é permitido matar, pois a injunção absoluta *Não matarás* não excetua pessoa alguma, mesmo quem a recebe. Assim, vários procuram compreender no mandamento os próprios animais. E por que não as plantas e tudo quanto, preso à terra, através de raízes *recebe* alimento? Apesar de privados de sensibilidade, de tais seres não se diz que vivem? Então, é possível dizer-se que morrem e, se morrem por violência, são assassinados?

Por isso, diz o Apóstolo, falando de sementes: *Nada do que semeais poderia viver, se antes não morresse*. E lemos no salmo:

*Matou-lhes os vinhedos por meio do granizo.* Quer dizer que a palavra da lei *Não matarás* transforma em crime para nós o arrancarmos qualquer arbusto? E seremos insensatos ao extremo de perfilhar o erro de Mani? Se, por conseguinte, rejeitando semelhantes devaneios, não aplicamos o preceito às plantas desprovidas de sensibilidade, nem aos animais faltos de inteligência, aos quais a carência da razão interdiz qualquer sociedade conosco (donde se segue que justo desígnio da Providência pôs a vida e a morte deles à disposição de nossas necessidades), já não teremos de entender senão do homem a palavra da lei: *Não matarás* pessoa alguma nem mesmo a ti. Com efeito, quem se mata não é matador de homem?

## CAPÍTULO XXI
### Homicídios não considerados criminosos

A mesma autoridade divina estabeleceu, porém, certas exceções à proibição de matar alguém. Algumas vezes, seja como lei geral, seja por ordem temporária e particular, Deus ordena o homicídio. Ora, não é moralmente homicida quem deve à autoridade o encargo de matar, pois não passa de instrumento, como a espada com que fere. Desse modo, não infringiu o preceito quem, por ordem de Deus, fez guerra ou, no exercício do poder público e segundo as leis, quer dizer, segundo a vontade da razão mais justa, puniu de morte criminosos; assim também não acusam Abraão de crueldade, mas gabam-lhe a piedade, quando, assassino por obediência, quer matar o filho. E há razão para perguntar se é de reconhecer-se ordem divina na morte da filha de Jefté, ao correr ao encontro do pai, que fizera voto de imolar a Deus o primeiro ser com que deparasse ao retornar do combate e da vitória. Se perdoam a Sansão o haver-se sepultado com os inimigos sob as ruínas do templo de Dagon, é que obedecia à ordem interior do Espírito que por seu intermédio fazia milagres. Exceto as referidas exceções, em que o homicídio é ordenado por lei geral e justa ou por ordem expressa de Deus, fonte de toda justiça, quem mata o irmão ou a si mesmo é réu do crime de homicídio.

# CAPÍTULO XXII
## A morte voluntária jamais pode atribuir-se à grandeza de ânimo

1. De todos quantos o perpetraram contra si podemos admirar a grandeza de ânimo, não, porém, louvar a sabedoria. Mais diligentemente consultada, a razão mal permite chamar grandeza de ânimo o desespero incapaz de suportar as aflições ou os pecados alheios. É antes fraqueza de alma a incapacidade de sofrer a dura servidão do corpo ou o desvario da opinião. Não é mais nobre suportar que fugir às misérias da vida e desprezar, à luz de consciência pura, as trevas de erro que envolvem de ordinário o julgamento humano e em especial o do vulgo? Se, todavia, é impossível não reconhecer certo heroísmo no suicida, devemos admirar é Cleombroto. Depois de ler o livro em que Platão discute a imortalidade da alma, precipitou-se, dizem, de alto muro, para passar desta vida a outra por ele julgada melhor. Nada, entretanto, o leva ao desespero, nem infelicidade, nem crime real ou imaginário cujo peso o oprima, nada o decide a abraçar a morte, a romper os doces laços desta vida, nada além da grandeza de ânimo. Contudo, no testemunho do próprio Platão, a quem acabava de ler, trata-se de ação mais grande que boa. Platão haveria sido o primeiro a praticá-la, tê-la-ia prescrito, se a mesma intuição que lhe revelou a imortalidade da alma não o houvesse feito compreender que o suicídio não deve ser evitado apenas, mas também proibido.

2. Muitos, dizem por aí, mataram-se para não caírem em poder de inimigos. Ora, não estamos procurando saber o que se fez, mas o que devia ter sido feito, pois a reta razão é preferível aos exemplos e há exemplos, concordes com ela, mais dignos de imitação quanto de mais sublime piedade vêm. Nem os patriarcas, nem os profetas, nem os apóstolos dispuseram assim de si mesmos. Nosso Senhor Jesus Cristo, que os aconselha a, em caso de perseguição, fugirem de cidade para cidade, não podia também recomendar-lhes que por meio de morte violenta escapassem aos perseguidores? Se saírem assim da vida jamais ordenou, nem aconselhou aos seus, que esperam, no dia em que migrarem, as eternas moradas pelo Senhor prometidas e preparadas, é evidente, sejam quais forem os exemplos opostos pelos gentios, ignorantes de Deus, que nada igual é permitido aos adoradores do único e verdadeiro Deus.

## CAPÍTULO XXIII
### Espécie a que pertence o exemplo de Catão, que, não podendo suportar a vitória de César, se matou

Todavia, depois de Lucrécia, de quem já falei suficientemente o que sinto, não lhes é fácil invocar outra autoridade senão a do famoso Catão, que se mata em Útica. Não que o exemplo dele seja o único, mas acontece que o renome de seus conhecimentos e honestidade parece abonar a opinião de que a gente pôde e ainda pode imitá-lo.

Que direi, pois, em particular, da ação de tal homem, senão que os amigos, não menos esclarecidos, porém mais avisados, pensavam, dissuadindo-o de semelhante resolução, que, ao invés de coragem, indica pusilanimidade e nela não se descobre princípio de honra em guarda contra a vergonha, mas fraqueza incapaz de suportar a adversidade? Catão mesmo, em conselhos ao filho, revela igual sentimento. Com efeito, se é vergonhoso viver sob a vitória de César, por que aconselha semelhante vergonha ao filho, ordenando-lhe tudo esperar da clemência do vencedor? Se Torquato é louvado porque enviou ao suplício o filho vencedor, mas vencedor contra as ordens paternas, por que motivo Catão, vencido, poupa o filho, também vencido, e não se poupa? E mais vergonhoso, então, ser vencedor, apesar da proibição, que sofrer o vencedor, apesar da vergonha? De modo algum. Catão não acha vergonhoso viver sob o império de César; caso contrário, de tal infâmia o gládio paterno libertaria o filho. Mas tanto gosta do filho, para quem espera e quer a clemência de César, quanto inveja a César (disse-o César mesmo) a glória de perdoá-lo ou, para falar mais moderadamente, sente vergonha do perdão.

## CAPÍTULO XXIV
### Na virtude em que Régulo se avantajou a Catão, os homens de Cristo são muito mais eminentes

Nossos adversários não nos permitem preferir a Catão o santo homem Jó, que prefere sofrer na carne os mais cruéis tormentos a desafiar todos os males, matando-se, nem os demais santos que a Escritura, livro tão sublime de autoridade e tão digno de fé, nos representa mais resignados a suportar os grilhões e o domínio dos inimigos que a livrar-se deles voluntariamente. Pois bem. De livros profanos em punho, a Marco Catão ousemos preferir Marco Régulo. Catão jamais vencera a César e acha indigno submeter-se a César vencedor; para não curvar-se diante dele, resolve matar-se. Régulo, já vencedor dos cartagineses, comandante dos exércitos romanos para glória de Roma, vencedor de inimigos e não de compatriotas. Régulo alcançara vitória dessas que fazem o estrangeiro, não a pátria, derramar lágrimas. Vencido mais tarde, prefere pesada escravidão ao suicídio libertador. Sob o jugo de Cartago não lhe minguam a resignação, nem o inviolável amor a Roma. Deixa aos inimigos o corpo vencido, reserva para os romanos o invencível ânimo. Se não renuncia à vida, não é de modo algum por ter-lhe apego. Prova-o quando, fiel ao juramento, sai sem hesitar do senado e retorna para os inimigos, mais mortalmente feridos por sua palavra que por sua espada. Resolvido a esgotar todos os requintes de crueldade engenhosa em suplícios e não a fugir-lhes pela morte, o generoso desprezador da vida sem dúvida considerava grande crime o atentado do homem contra si mesmo. Entre os maiores, entre os mais virtuosos dos concidadãos poderiam os romanos citar alguém melhor? Incorruptível na prosperidade, tal vitória deixa-o pobre; invencível na adversidade, tais suplícios não lhe retardam a intrépida volta. Assim, esses ilustres e magnânimos defensores da pátria terrestre, adoradores, mas adoradores em verdade, de deuses de mentira, cujo nome não juram em vão, apesar das usanças e do direito de guerra permitirem matar o inimigo vencido, não querem, vencidos pelo inimigo, matar-se e preferem as humilhações do cativeiro à morte, que abordariam sem temor. Não é, por conseguinte, grande dever do cristão, servidor do verdadeiro Deus e suspiroso pela celeste pátria, abster-se de tal crime, quando, seja como provação, seja como castigo, a Providência o entrega por algum tempo ao poder dos inimigos? Ignora que nessa humilhação jamais o abandona o Senhor, que veio, tão humilde, de tão alto? Depois, não está isento da disciplina bárbara, do direito selvagem desejoso do sangue do vencido?

## CAPÍTULO XXV
### Pecado algum deve ser evitado por outro

Por conseguinte, que erro pernicioso é esse? Para expiar ou prevenir crime alheio, de que é ou deve ser vítima, determinado homem mata-se, quando, por temer ou para vingar semelhante ultraje, não se atreveria a sacrificar o próprio inimigo? Mas é de temer, dizem, que, ganho pela volúpia brutal que o domina, o corpo leve o espírito a consentir no pecado. Não é, portanto, para evitar pecado alheio, mas o próprio, que deve matar-se. Não, é impossível que em vergonhosos movimentos da carne, excitados por brutalidade alheia, jamais consinta um coração escravo de Deus e de sua sabedoria e não dos instintos carnais. Se é odioso e nefando crime o do homem que, matando-se, mata alguém, como a Verdade exclama, quem seria insensato ao extremo de dizer: *Pequemos agora, de medo de pecarmos depois. Cometamos homicídio, para não cairmos em adultério.*

Quê? Se a iniquidade de tal maneira domina que já não ficamos reduzidos a escolher entre a inocência e o crime, mas apenas entre crimes, à certeza de homicídio atual não é preferível a incerteza de adultério vindouro, a pecado que desafia o arrependimento não é preferível o que a penitência pode curar? Dirijo essas palavras aos fiéis que, no receio de sucumbir à própria fraqueza, sucumbindo à brutalidade alheia, julgam que devem entregar-se a violência assassina de si mesmos. Longe, entretanto, de alma cristã, que tem a confiança, a força e a esperança postas em Deus, longe dela a sombra sequer de impuro consentimento à volúpia dos sentidos. Com efeito, se a rebelde concupiscência, que nos habita os membros de morte, como que por lei própria se move contra a lei do espírito, não deixa de ter culpa na recusa da vontade, como não tem culpa no sono?

## CAPÍTULO XXVI
### Por que motivo devemos crer hajam os santos feito coisas que sabemos ilícitas?

Mas, no tempo da perseguição, dizem, santas mulheres, a fim de escaparem à desonra, no rio em que pereceram procuraram seu raptor e assassino; todavia, a Igreja Católica celebra-lhes com devoção a solenidade do martírio. Abstenho-me de todo julgamento. A autoridade divina, por certas comunicações dignas de fé, inspirou à Igreja honrar-lhes a memória assim? Ignoro-o; talvez tenha sido assim. Que dizer, com efeito, se não cederam à sedução humana, mas à ordem de Deus, à obediência, não ao erro, como Sansão, de quem não podemos pensar de modo diferente? Ora, quando Deus ordena e intima claramente sua vontade, quem se atreve a insurgir-se contra a obediência? Quem ousa acusar piedosa submissão? Quer dizer que podemos pensar, sem crime, em sacrificar nosso filho a Deus, porque Abraão o fez santamente? O soldado que mata por obediência à autoridade legítima não é considerado homicida por nenhuma lei civil.

Que digo? Se não mata, é culpado de traição e revolta, se age por conta própria, deve responder pelo sangue que derramou; punido pelo mesmo ato, que pratica sem ordem ou não pratica, apesar da ordem. Se assim acontece quando algum chefe ordena, que dizer quando o Criador manda? Mate-se, pois, o fiel que, sabedor da proibição de matar-se, se mata por obediência àquele cuja ordem não é permitido menosprezar. Baste-lhe assegurar-se de que a evidência da vontade divina não lhe permite dúvida alguma. Quanto a nós, o ouvido é nosso único guia na direção da consciência; não nos propomos julgar coisas ocultas. *Ninguém sabe o que se passa no homem, senão o espírito do homem que há nele.* Este, porém, é nosso pensamento, nossa convicção, nossa doutrina: Ninguém deve matar-se, nem para fugir das aflições temporais, para não cair nos abismos eternos, nem por causa dos pecados alheios, porquanto a fuga a crime alheio que nos deixa puros vai arrastar-nos a crime pessoal, nem por causa de pecados antigos, pois a penitência, ao contrário, tem necessidade da vida para curá-los, nem pelo desejo de vida melhor, cuja esperança está depois do falecimento, porque o porto de vida melhor no além-túmulo não se abre para os suicidas.

## CAPÍTULO XXVII
### Deve alguém, para esquivar-se de pecado, querer morte voluntária?

Finalmente, derradeiro argumento em que já tocamos, há quem julgue útil matar-se, de medo que o atrativo do prazer ou o excesso da dor o precipite no pecado. Se fosse possível admitir semelhante argumento, seríamos sucessivamente levados a aconselhar de preferência o assassinato de si mesmo no momento em que, purificado pela santa água do sacramento regenerador, o homem acaba de receber a remissão de todos os pecados; com efeito, quando o passado é abolido, esse é o momento de conjurar as iniquidades futuras. Se a morte voluntária é recurso permitido, por que adiá-la? Por que se prende à vida o fiel saído do batismo? Por que vai continuar oferecendo a todos os perigos do mundo a fronte novamente limpa? Para ele é fácil fugir-lhes pela morte. Não está escrito: *Quem gosta do perigo nele cairá?* Por que, pois, gostar tanto de tamanhos perigos? Por que não evitá-los, se a gente não gosta deles? Por que continuar nesta vida, se é permitido abandoná-la? Estaria nossa alma tão cheia das trevas de nossos crimes e, em sua baixeza, de tal modo desviada da face da verdade, que reconheça como obrigação morrer, para que a tirania de alguém não a leve à prática de crime, e como obrigação viver, para suportar o mundo, sempre repleto de tentações que tememos sob um senhor apenas e de infinidade doutras, inevitáveis companheiras de nossa peregrinação?

Por que, por conseguinte, perder tempo em exortações aos batizados, em inspirar-lhes amor à pureza virginal, à continência na viuvez ou à fidelidade ao leito conjugal, quando se insinua caminho mais curto, mais seguro, ao abrigo do pecado, a morte, em que toda a nossa eloquência deve interessar o zelo dos recém-nascidos da graça, para enviá-los ao Senhor, mais puros e mais sãos? Mas, não: acreditar possível fazê-lo e aconselhá-lo não é escárnio apenas, mas também loucura. E com que desplante dizer a qualquer homem: "[...] Morre, porque, escravo de bárbaro impudico e brutal, corres o perigo de acrescentar a faltas veniais ofensa capital [...]", se é impossível dizer sem abominação: "[...] Morre, aproveita a recente absolvição, para evitares terríveis recaídas, vivendo neste mundo, que não passa de volúpias impuras, crueldades inauditas, erros, terrores, sedução, furor e ameaça eterna [...]". Sim, é crime falar desse modo; portanto, matar-se é crime. Se houve alguma vez razão legítima para a morte voluntária... Mas nem mesmo nesse caso há; logo, não há nunca. Assim, ó santas filhas de Cristo, não vos seja penosa a vida, se os inimigos fizeram de vosso pudor motivo de escárnio. Tendes grande e verdadeira consolação, caso vossa consciência vos dê sincero testemunho de não terdes consentido no pecado que se permitiu contra vós.

## CAPÍTULO XXVIII
## Por que juízo de Deus se permitiu que a libido do inimigo se cevasse no corpo dos castos?

1. Mas, perguntareis, por que se permitiu? Abismo da Providência, que criou e governa o mundo! Seus julgamentos são incompreensíveis e seus caminhos, impenetráveis. Entrementes, interrogai com sinceridade vossas almas. Não vos inflaram o orgulho os dons de pureza, continência e castidade? Vossa complacência com os louvores humanos não teria invejado em vossas irmãs iguais virtudes? Não acuso, em absoluto, ignoro, não ouço o que, interrogado, o coração vos responde; se vos diz ser assim, não vos admireis de terdes perdido o que vos tornava tão ciosas de agradar aos homens e conservado o que lhes escapa aos olhos. Se não sois cúmplices no pecado, é que divino socorro se junta à graça divina para guardar-vos de perdê-la; mas o opróbrio humano sucede à glória humana para evitar que gosteis dela. Que ambos vos consolem, almas débeis; de um lado, é provação que justifica; doutro, castigo que ensina.

Quanto àquelas cuja consciência assegura jamais haverem cedido ao orgulho da virgindade ou da continência, inclinadas de coração à humildade completa, que gozam com temor o dom de Deus e, indiferentes aos louvores humanos, de ordinário mais vivos quanto menos comum a virtude que os merece, longe de invejar a pessoa alguma a posse de igual tesouro de inocência e castidade, preferiram à proeminência na solidão das santas almas confundir-se com elas, se algumas sofreram a brutalidade bárbara, não acusem Deus, que o permitiu, nem lhe ponham em dúvida a providência, que permite o que ninguém comete impunemente, pois o Senhor com frequência relaxa, nesta vida, as correntes das paixões nocivas, reservando-as para a justiça final. Essas mesmas mulheres, vítimas da violência inimiga, embora a consciência não lhes censure o orgulho da virtude, talvez alimentassem qualquer secreta fraqueza, capaz de degenerar em soberba altivez, se no desastre público semelhante humilhação lhes fosse poupada. Alguns são roubados pela morte, de medo que a corrupção lhes seduza a vontade; algo lhes roubam, violentando-as, de medo que a prosperidade lhes altere a modéstia. Assim, nem as mulheres demasiado orgulhosas da integridade da própria honra, nem as irmãs que o infortúnio preservou de semelhante orgulho perderam a castidade, mas foram persuadidas à humildade. Por um lado, cura; pelo outro, prevenção.

2. Não esqueçamos, afinal, haverem muitas podido considerar a continência como dom corporal desses que duram enquanto o corpo se conserva puro de toda mancha estranha, não como bem dependente da força de vontade apenas, auxiliada pela graça divina, santificadora da carne e do espírito, não como bem cuja perda se torne impossível, sem consentimento interior. Talvez devam ser libertadas de tamanho erro. Quando pensam, com efeito, na sinceridade de coração com que serviram a Deus, inquebrantável fé guarda-as de acreditarem possa Ele abandonar quem o serve e invoca assim; sabem quanto lhe agrada a castidade e concluem, com evidente certeza, que jamais permitiria adviesse às santas semelhante infortúnio, se a santidade que lhes deu e nelas ama pudesse perder-se assim.

## CAPÍTULO XXIX
### Que deve responder aos infiéis a família de Cristo, quando lhe lançam em rosto não havê-la Cristo livrado do furor dos inimigos?

Toda a família do soberano e verdadeiro Deus tem, pois, consolo, consolo não enganoso, não fundado na esperança de coisas efêmeras. Tem motivo para desgostar-se da própria vida temporal, desta vida, noviciado da eternidade, em que usa os bens terrestres, porém, como estrangeira, sem deixar o coração deter-se neles, em que nos males apenas vê corretivo ou provação. Aos que lhe insultam o sofrimento, gritando-lhe nos dias de provação: "Onde está teu Deus?", perguntem por seu turno: "Onde estão teus deuses?", quando sofrem como a família. Entretanto, para conjurar semelhantes males é que servem ou pretendem que a gente deva servir os deuses. Quanto à família, eis a resposta: "Meu Deus está presente em toda parte, todo inteiro em toda parte. Ele, cuja presença é secreta e cuja ausência independe de movimento, não conhece limite. Quando me aguilhoa com o ferrão da adversidade, é que me põe a virtude à prova ou me castiga as ofensas e, porque sofro piedosamente esses males temporais, me destina recompensa eterna. Mas vós, quem sois para vos falarem mesmo que seja de vossos deuses, para vos falarem de meu Deus, Deus terrível e superior a todos os demais, por serem demônios todos os deuses dos gentios e Senhor quem fez os céus?"

## CAPÍTULO XXX
### Inconfessável prosperidade que deseja gozar quem se queixa dos tempos cristãos

Se estivesse vivo o ilustre Cipião Nasica, vosso pontífice outrora, que, em pleno terror da guerra púnica, o senado, em busca do cidadão mais virtuoso, escolheu por unanimidade para ir receber a deusa frígia, se estivesse vivo esse grande homem, cujo rosto quem sabe não vos atreveríeis a fitar, se estivesse vivo, seria o primeiro a reprimir-vos a impudência. Então, por que em vossa desgraça vos queixais do advento do Cristo? Não é, com efeito, por desejardes gozar sem incômodo vossos vícios e, livres de toda geena importuna, mergulhar à vontade na corrupção? Paz, abundância, os bens que avidamente desejais, não é para usá-los honestamente, quer dizer, com moderação, piedade, temperança? Qual nada! Variedade inesgotável de prazeres, louca prodigalidade, enfim, prosperidade fecunda em ruína moral, bem mais terrível que o gládio inimigo, eis o que buscais.

Previa-o Cipião, Cipião, vosso sumo pontífice e o mais virtuoso dos romanos, de acordo com o julgamento do senado, quando se opunha à destruição de Cartago, então rival do império, contra o parecer de Catão, impaciente de vê-la destruída. Receava outro inimigo das almas fracas, a segurança, e não queria do necessário tutor, o medo, emancipar a pupila romana. Os acontecimentos justificam-lhe a previsão. Destruída Cartago, sufocado e sepulto em suas ruínas o eterno terror de Roma, então é que o destino engendra lamentável série de calamidades. O jugo da concórdia quebra-se e voa em pedaços; depois, sanguinolentas sedições e, por encadeamento de causas funestas, as guerras civis, desastres espantosos, o sangue corre em torrentes; sede cruel de proscrições e rapinas aviva-se; os romanos, que, quando virtuosos, nada receavam senão dos inimigos, agora, decaídos dos costumes hereditários, tudo têm a sofrer dos concidadãos. E o apetite ao domínio, de todas as paixões do gênero humano a que mais embriaga qualquer alma romana, depois de vencer alguns dos mais poderosos, encontra acabrunhados e abatidos os restantes e oprime-os com o jugo da escravidão.

## CAPÍTULO XXXI
### Gradação de vícios com que foi crescendo nos romanos a paixão de reinar

Infalível paixão, acaso podia esta repousar nesses corações soberbos, antes de chegar, através de honrarias contínuas, ao poder real? E teria sido possível a continuidade de honrarias, se deixasse de prevalecer a ambição? Ora, a ambição apenas podia prevalecer em povo corrompido pela avareza e pela libertinagem, filhas da prosperidade de que a prudência de Nasica pretendia salvar Roma, conservando-lhe a temível e poderosa rival. Queria que o medo reprimisse a libido, o mesmo freio contivesse a luxúria e o freio da luxúria fosse o da avareza, enfim, que a repressão do vício deixasse florir e desenvolver-se a virtude necessária à república e a liberdade necessária à virtude. É ainda o previdente amor à pátria que inspira o soberano pontífice, unanimemente reconhecido pelo senado do tempo (não é demais repeti-lo) como o homem mais virtuoso, quando dissuade os colegas do corruptor projeto de construir-se anfiteatro em Roma e os persuade, com enérgica eloquência, a impedirem, cúmplices da licenciosidade estrangeira, que a volúpia grega se insinue nos antigos costumes, para desfibrar e corromper a austera virilidade da virtude romana. O predomínio e as palavras de Cipião Nasica despertam a solicitude do senado, que no mesmo instante proíbe até mesmo o uso de cadeiras de que os cidadãos começavam a utilizar-se para assistir aos jogos cênicos. Com que zelo o grande homem teria abolido tais jogos, se ousasse insurgir-se contra a autoridade daqueles que acreditava serem deuses e não sabia serem demônios. Talvez soubesse, mas a desprezá-los julgasse preferível aplacá-los, pois ainda não fora revelada às nações a celeste doutrina que eleva ao céu, até mesmo acima dos céus, o coração humano purificado pela fé, lhe transforma o amor em humilde piedade e o liberta da soberba tirania dos espíritos de malícia.

## CAPÍTULO XXXII
### Instituição dos jogos cênicos

Ficai sabendo, vós que o ignorais, vós que fingis ignorar e, livres de semelhantes tiranos, murmurai de vosso libertador, ficai sabendo que os jogos cênicos, espetáculos de infâmia, libertinagem de vaidades, não foram instituídos em Roma pelos vícios dos homens, mas por ordem de vossos deuses. Não valeria mais decretar honras divinas a Cipião que tributá-las a deuses assim? Tinham o mesmo valor do pontífice? Escutai, se a razão, de há muito embriagada pelas beberagens do erro, ainda vos permite alguns instantes de lucidez, escutai: é para aplacar a peste, assassina dos corpos, que vossos deuses reclamam os jogos cênicos; para conjurar a peste moral é que vosso pontífice se opõe à construção de teatro. Se ainda vos resta algum vislumbre de inteligência para preferir a alma ao corpo, escolhei vossas divindades. Retirou-se dos corpos o contágio, porque o contágio mais sutil das representações teatrais se insinuou nos espíritos guerreiros até então exclusivamente acostumados à rudeza dos jogos do circo? Não, mas a malícia dos espíritos infernais, prevendo que dos dois contágios um devia acabar em breve, aproveitou-se com medonha alegria da ocasião, para dar assalto mais perigoso não à vida, mas aos costumes. Que espessas trevas de cegueira! Que horrenda corrupção! Acreditará a posteridade que, livres do desastre de Roma, essas almas doentes, apenas refugiadas em Cartago, vão todos os dias ao teatro, explodir, cada qual mais, em frenético entusiasmo por histriões?

## CAPÍTULO XXXIII
### Vícios dos romanos que a destruição da pátria não emendou

Ó espíritos em delírio, que prodígio de erro é esse? Digo mal. Que prodígio de loucura é esse? Todos os povos orientais choram a perda de Roma. Nas maiores cidades dos mais remotos rincões da Terra, há profunda consternação, luto público. E vós? Correis aos teatros, entrais, enchendo-os por completo, e vossa loucura aumenta-lhes a malignidade da influência. Essa peste, esse labéu das almas, essa total subversão de probidade e honra é que Cipião vos receava, quando se opunha aos teatros, quando previa a facilidade que a boa sorte encontraria para corromper-vos e perder-vos, quando não queria libertar-vos do medo a Cartago, pois não acreditava na ventura de cidade em que as muralhas estão de pé e os costumes em ruínas. Mas os espíritos de perversidade tiveram mais ascendência sobre vós, para seduzir-vos, que os homens previdentes, para salvar-vos. Desse modo, não deixais que vos imputem o mal que fazeis e atribuís ao cristianismo o mal que padeceis, pois na segurança não vedes a paz da república, mas a impunidade da desordem; a prosperidade depravou-vos e a adversidade encontra-vos incorrigíveis.

Queria o grande Cipião que o temor ao inimigo vos preservasse do desfalecimento no vício; entretanto, apesar de oprimidos pelo inimigo, nem mesmo vos insurgistes contra o vício. Tornados os mais miseráveis, sem deixardes de ser os mais perversos dos homens, perdeis o fruto da má sorte. Mas viveis por mercê de Deus, cuja clemência vos convida a vos corrigirdes pela penitência, de Deus, que já permitiu a vossa ingratidão escapar, sob o nome de servidores seus, nos monumentos de seus mártires, à sanha de vossos inimigos.

## CAPÍTULO XXXIV
### A clemência de Deus amenizou a destruição da urbe

Rômulo e Remo, diz-se, instituíram abrigo que garantia impunidade a quem quer que nele procurasse refúgio. Queriam povoar a cidade recém-criada. Maravilhoso precedente da clemência não há muito proclamada em honra do Cristo! Reproduzem os destruidores de Roma o antigo edito de seus fundadores. Mas é de causar assombro tenham estes ordenado, para aumentar o número de cidadãos, o que aqueles ordenaram para salvar a multidão de seus inimigos? Responda assim aos adversários, responda mais eloquente ou mais adequadamente, se possível, a família resgatada de Jesus Cristo, nosso Senhor, nosso Rei, e sua cidade peregrina cá na Terra.

## CAPÍTULO XXXV
### Filhos da Igreja que há encobertos entre os ímpios. Falsos cristãos existentes na Igreja

Lembre-se, todavia, de que seus próprios inimigos em suas fileiras têm latentes vários de seus futuros concidadãos, para não julgar estéril, quanto a eles, a paciência que os suporta como inimigos, à espera da ventura de recebê-los como confessores. Lembre-se, também, de que, enquanto neste mundo peregrina, vários que lhe estão unidos pela comunhão dos sacramentos não estarão associados à sua glória na eterna felicidade dos santos. Conhecidos ou desconhecidos, tais homens, marcados pelo selo divino, não receiam reunir-se aos inimigos de Deus para murmurar contra Ele e ora lotam os teatros em companhia deles, ora as igrejas conosco. Não é, pois, caso de desesperar do retorno de vários deles, se entre nossos mais declarados inimigos se encontram latentes predestinados amigos, embora sejam os primeiros a ignorá-lo. Com efeito, ambas as cidades enlaçam-se e confundem-se no século até que o juízo final as separe. A respeito da origem, progresso e do fim que as aguarda é que quero desenvolver meus pensamentos, com a divina assistência e para glória da Cidade de Deus, que o cotejo de tantos contrastes há de tornar mais resplandecente.

## CAPÍTULO XXXVI
### De que se falará no discurso subsequente?

Mas ainda me resta dizer algumas palavras contra aqueles que atribuem à nossa religião os infortúnios de Roma, porque proíbe se ofereçam sacrifícios a suas divindades. Lembremos, por conseguinte, segundo a extensão de nossas lembranças ou a necessidade do tema que nos propusemos, todos os desastres que, antes da proscrição de tais sacrifícios, acabrunharam Roma ou as províncias dependentes de seu império, desastres que sem dúvida nos atribuiriam, se nessas oportunidades nossa religião lhes tivesse feito brilhar aos olhos sua luz e lhes houvesse proibido as sacrílegas cerimônias. Mostremos a que virtude e com que propósito Deus se dignou prestar assistência, para engrandecimento do império, mas o verdadeiro Deus, que tem na mão todos os impérios, e não as pretensas divindades, cuja sedução e prestígio foram, ao contrário, tão funestos.

É preciso, enfim, insurgir-nos contra os que, refutados e convencidos pelos mais evidentes testemunhos, obstinam-se em sustentar a necessidade de servir os deuses no interesse não da vida presente, mas da vida que sucede à morte. Questão laboriosa, se não me engano, controvérsia das mais elevadas, em que entramos em luta contra os filósofos, os mais célebres filósofos, de posse da glória mais legítima, de acordo conosco sobre a imortalidade da alma, sobre o único e verdadeiro Deus criador do mundo e sobre sua providência que lhe governa a obra. Mas como, por outro lado, professam sentimentos contrários aos nossos, é necessário combatê-los; trata-se de obrigação a que não poderíamos fugir; depois de havermos refutado todas as objeções da impiedade, de acordo com as forças que Deus conceder-nos, poderemos consolidar a cidade santa, a verdadeira piedade e o culto a Deus, em que apenas a beatitude eterna nos é prometida em verdade. Aqui pomos fim a este livro, para introduzir por novo começo a sequência dessas considerações.

# LIVRO SEGUNDO

*Males que desolaram o império antes do advento de Jesus Cristo e o culto aos falsos deuses não conjurou. Males da alma, os maiores de todos ou, melhor, os únicos com que os falsos deuses acabrunharam seus adoradores, ao invés de livrá-los deles.*

## CAPÍTULO I
## Norma que, por necessidade, é preciso seguir neste tratado

Se a razão humana, fraca e enferma cá na Terra, ao invés de atrever-se a resistir ao brilho da verdade, submetesse a sua languidez ao tratamento de salutar doutrina, à espera de que pela fé e pelo amor obtivesse da graça divina sua cura, sentido exato e faculdade de exprimir-se bastariam, sem prolongada argumentação, para de sua insignificância convencer todo erro. Mas a moléstia que trabalha os espíritos extraviados é ainda mais perniciosa hoje, quando, depois de todas as razões possíveis e tais como o homem deve esperar do homem, seja por causa da profunda cegueira que já não vê a evidência, seja por indomável obstinação, incapaz de suportá-la, defendem os arroubos de seu delírio como a razão e a própria verdade.

Há, pois, frequente necessidade de a gente estender-se em fatos manifestos, não para mostrá-los a quem vê, mas para fazê-los tocados com os dedos, para ferir os olhos que não querem vê-los. Quando, porém, terminariam os debates e discussões, se nos julgássemos obrigados a dar sempre resposta às respostas? Com efeito, a falta de inteligência ou a teimosia rebelde respondem, como diz a Escritura, *com palavras de iniquidade* e sua *vaidade não os fatiga, em absoluto.* Se, por conseguinte, quiséssemos refutar-lhes as opiniões tantas vezes quantas obstinadamente tomaram o partido de pouco ligar ao que eles mesmos dizem, desde que nos contradigam, que trabalheira interminável, desesperante, estéril! Desse modo, não quererei para juiz de meus escritos nem a ti mesmo, caro Marcelino, nem pessoa alguma daquelas a quem, por amor a Jesus Cristo, consagro este fruto de minhas vigílias, se estiverdes sempre a reclamar resposta a cada contradição que se formule, parecidos com as mulheres de que fala o Apóstolo *que não param de aprender e jamais chegam ao conhecimento da verdade.*

## CAPÍTULO II
## Coisas tratadas no Livro Primeiro

No livro precedente abordei esta obra a respeito da santa cidade, que me proponho erguer com o auxílio de Deus; pensei que, preliminarmente, devia responder aos ímpios que à religião cristã, porque lhes proíbe o abominável culto aos demônios, atribuem os flagelos da guerra que devastam o mundo, em especial a recente calamidade acontecida a Roma, quando, ao contrário, deveriam dar graças ao Cristo pela inaudita clemência dos bárbaros que, exclusivamente por amor a seu nome, para refúgio da liberdade dos vencidos abre os mais santos, os mais amplos asilos e em vários respeita a profissão do cristianismo, sincero ou usurpado pelo medo, ao extremo de considerar ilícito exercer-se neles o direito da guerra. Aqui se apresenta a seguinte questão: Por que se estendeu a ímpios e ingratos esse divino privilégio? Por que as calamidades da guerra envolveram no mesmo infortúnio os justos e os ímpios?

Misturada com as vicissitudes diárias do mundo, em que os favores divinos e as aflições humanas parecem tocar em partilha, indiferentemente, a bons e maus, essa questão, perturbadora de grande número de espíritos, detive-me algum tempo a resolvê-la de acordo com a finalidade desta obra, mas principalmente para consolar as santas mulheres, feridas no pudor e não na castidade, a fim de a vida não ser-lhes, em absoluto, motivo de remorso, quando sua alma não tem necessidade de conhecer o arrependimento. Depois, em poucas palavras, me dirigi aos covardes cuja cínica impudência insulta as aflições dos fiéis e em especial o ultrajado pudor de nossas santas e castas irmãs, apesar de serem os mais depravados, os mais impudentes dos homens, raça degenerada dos mesmos romanos cuja história tantas nobres lembranças conservou e, por cima, inimigos mortais da glória dos antepassados. Com efeito, Roma, fundada e engrandecida pela coragem dos ancestrais, haviam-na feito, na grandeza, mais horrenda que na queda. Não passa agora de ruína de madeira e pedras, mas na vida deles a beleza moral é que se desmoronou; o coração ardia-lhes de paixões mais funestas que as chamas que lhes devoraram os tetos. Assim terminei o livro primeiro; quero, agora, lembrar todos os males que Roma sofreu, seja no interior, seja nas províncias submetidas a seu império, males que infalivelmente atribuiriam à religião cristã, se na devida ocasião a liberdade da palavra evangélica houvesse erguido poderoso protesto contra seus enganadores e falsos deuses.

## CAPÍTULO III
### Emprego a fazer-se da história para demonstrar os males sobrevindos aos romanos, quando prestavam culto aos deuses, antes de propagar-se a fé cristã

Mas lembra-te de que, assim, continuo pelejando contra aqueles cuja ignorância fez nascer este provérbio: *Se não chove, a culpa é dos cristãos.* Encontram-se, entre eles, vários cujo espírito culto gosta da história, em que sem dificuldade aprenderam os fatos que vou referir. Mas, a fim de levantar contra nós a multidão ignorante, fingem ignorá-los e procuram persuadir o povo de não terem semelhantes desastres, que a certas distâncias de tempo e lugar necessariamente afligem o gênero humano, outra causa senão o cristianismo, que, para ruína dos falsos deuses, propaga por toda parte seu imenso renome, sua brilhante popularidade. Pois remontem aos tempos anteriores à encarnação do Cristo, à gloriosa propagação de seu nome, de que tão futilmente se mostram invejosos, lembrem-se de quantas calamidades diferentes afligiram a república romana e, se possível, defendam os deuses que é preciso servir para evitar males cujo sofrimento hoje nos atribuem. De fato, por que permitiram tais aflições de seus servidores, antes de a glória do nome de Jesus Cristo ofender-lhes a majestade e interditar-lhes os altares?

## CAPÍTULO IV
### Preceito algum de virtude recebeu dos deuses quem lhes tributava culto, representando para eles, em suas festas, verdadeiras desonestidades

Primeiro, por que a indiferença dos deuses à prevenção do desregramento dos costumes? É com justiça que o verdadeiro Deus negligenciou quem não o serve; esses deuses, porém, que homens profundamente ingratos se queixam de não poder servir, por que deixam seus adoradores sem leis, sem a luz necessária para bem viverem? Se os homens velam pelo culto aos deuses, não é justo que os deuses velem pelas ações dos homens? Mas, dir-se-á, ninguém é mau senão porque quer. Quem o nega? Era, contudo, dever de providência para esses deuses não ocultar aos fiéis os preceitos da virtude, mas professá-los em voz alta e, por intermédio dos pontífices, repreender, acusar os pecadores, apresentar ao crime a ameaça dos castigos, à justiça a promessa das recompensas. Ressoou alguma vez em vossos templos o eco de iguais ensinamentos? Também eu, quando adolescente, assistia a esses espetáculos, a essas sacrílegas farsas. Causavam-me prazer esses furores estranhos, esses concertos, esses jogos infames celebrados em honra dos deuses e das deusas.

No dia da solene ablução da celeste virgem Berecíntia, mãe de todos os deuses, em público, diante de sua liteira, os histriões mais vis cantavam tais obscenidades que seria vergonhoso ouvi-las, já não digo para a mãe dos deuses, mas para a mãe de qualquer senador, para a mãe de cidadão honesto, para a mãe dos próprios bufões, porque nem a última depravação poderia extinguir o sentimento de pudor que no fundo do coração o homem conserva em relação aos parentes. Com efeito, qual desses bufões mesmos não se envergonharia de repetir em casa, diante da mãe, os estribilhos cínicos, as atitudes lascivas com que, em presença da mãe dos deuses e diante de inúmeras testemunhas de ambos os sexos, afligia sem pudor olhos e ouvidos? A imensa e confusa multidão que fora atraída pela curiosidade não devia retirar-se com o desgosto e a confusão da vergonha? Se isso é cerimônia sagrada, que é, então, sacrilégio? Se isso é ablução, que é, então, sujeira? E isso tudo se chamava festim, festim com efeito, em que se ofereciam à fome dos demônios os alimentos de que gostavam. Quem não sabe que espíritos se comprazem em tais infâmias, a menos que ignore a própria existência dos espíritos imundos, que sob o nome de deuses seduzem os homens, a menos que viva tal vida que despreze o verdadeiro Deus e lhes busque as graças ou lhes receie a cólera?

## CAPÍTULO V
### Obscenidades com que os devotos da mãe dos deuses a honram

E não são esses insensatos que, ao invés de lutarem contra os excessos do vergonhoso costume, neles se comprazem com delícia, é o ilustre Cipião Nasica, que o senado enviou, como cidadão mais virtuoso de todos, ao encontro do impuro ídolo, é Cipião que eu agora quereria por juiz. Ficaríamos sabendo se gostaria que a mãe houvesse prestado à república serviços tão eminentes que a tornassem merecedora de honras divinas, honras que romanos, gregos e outros povos concederam, reconhecidos, a vários de seus benfeitores mortais, que, segundo julgavam, tinham-se tornado imortais e admitidos no número dos deuses. Não há dúvida que, se fosse possível, desejaria à mãe essa gloriosa felicidade, mas quereria que essas honras divinas fossem celebradas por meio de semelhantes infâmias? A essa pergunta gritaria, sem dúvida, esta resposta: "Não! Que minha mãe continue falta de sensibilidade e vida, mas não viva, deusa, para prestar ouvidos a semelhantes horrores!"

Longe, longe de nosso pensamento que tal senador romano, de entendimento magnânimo ao extremo de proscrever o teatro em cidade de almas viris, deseje à mãe culto em que, como deusa, a invoquem por meio de preces que poderiam ofendê-la, simples mortal, como se fossem palavras obscenas. Não, não acreditaria que a apoteose corrompesse a tal ponto os sentimentos de virtuosa mulher, que acolhesse como piedosas homenagens essas obscenidades infames, a que durante a vida fecharia os ouvidos e se furtaria, fugindo, a menos que quisesse que por causa dela se envergonhassem os parentes, o marido, os filhos. Assim a mãe dos deuses, que o último dos homens não teria reconhecido como mãe, querendo apossar-se das almas romanas, reclama o cidadão mais virtuoso. É para, com efeito, fazê-lo assim por seus conselhos e assistência? Não, quer apenas seduzi-lo, parecida com aquela mulher *caçadora das almas preciosas*, como diz a Escritura. Quer que esse magnânimo coração, orgulhoso de testemunho tido por divino, considerando-se de virtude eminente, não se ponha em busca da piedade, da verdadeira religião, sem que os mais nobres caracteres caem na insignificância do orgulho. E, pedindo um homem de bem, que pretende, senão induzi-lo em erro, essa deusa que em suas solenidades exige divertimentos que as pessoas de bem repeliriam com horror de seus banquetes?

## CAPÍTULO VI
### Os deuses dos pagãos nunca estabeleceram doutrina relativa

Esse o motivo da negligência dos deuses em regular a vida e os costumes dos povos, das cidades devotadas a seu culto, em conjurar por terríveis ameaças os horrendos males que não devoram o campo e a vinha, nem a casa e as riquezas, mas o próprio homem, a carne submissa à alma, a alma e o espírito que rege a carne. Longe disso, permite à malícia humana encher as medidas. Reprimiram-na alguma vez? Demonstrem-no, então; provem-no. Mas não me venham alegar fúteis cochichos, segundo os quais uma espécie de misteriosa tradição sopra aos ouvidos de alguns raros iniciados não sei que princípios de probidade e pudor. Citem, apontem os lugares consagrados a piedosas reuniões, onde não se celebrem jogos, com canções e atitudes cínicas, nem as solenes fugálias em que se soltam as rédeas a todas as infâmias, verdadeiras fugálias do pudor e da honestidade, mas o povo receba os ensinamentos dos deuses para conter a avareza, reprimir a ambição, refrear a luxúria e o miserando homem aprenda o que Pérsio quer que aprenda, conforme o poeta exclama com amargura: *Aprendei, infeliz, remontai às causas, procurai saber o que somos, para que vida recebemos o ser, qual a ordem imposta, onde e de que ponto deve a roda descrever a curva que dá volta molemente à pista, a miséria das riquezas e a dos desejos, a utilidade desta moeda tão rude ainda, que parte se deve à pátria e a parentes amados, o que Deus quer que sejas e em que condição da humanidade marcou teu lugar.* Que nos digam onde professavam tais máximas em nome dos deuses, onde se reunia o povo para ouvir esses divinos preceitos, em que lugares parecidos com nossas igrejas, que mostramos haverem sido instituídas para semelhantes reuniões, onde quer que a religião cristã se tenha difundido.

## CAPÍTULO VII
### São inúteis os inventos filosóficos sem a autoridade divina, porque a quem quer que seja propenso ao vício mais incita o que fizeram os deuses que o averiguado pelas lucubrações dos homens

Será que vão citar-nos as escolas e as discussões dos filósofos? Primeiro, não são de origem romana, mas grega; depois, devem ser considerados romanos, por haver-se a Grécia tornado província do Império Romano, não publicam os preceitos dos deuses, mas as invenções dos homens, cujo gênio penetrante e sutil se propôs descobrir racionalmente o que a natureza encerra de mais secreto, o que é preciso buscar ou evitar na conduta da vida, que indução certa a arte de raciocinar exprime por encadeamento rigoroso, o que não conclui ou repugna às conclusões tiradas. Alguns descobriram grandes verdades, enquanto Deus lhes prestou auxílio, mas, enquanto escravos da fraqueza humana, caíram no erro; a Providência divina resistiu-lhes justamente ao orgulho, para mostrar, com o próprio exemplo desses homens, o caminho da piedade que do fundo da humildade se eleva ao céu, questão que com a graça do verdadeiro Deus e Senhor teremos oportunidade de aprofundar e discutir. Se, todavia, os filósofos descobriram o segredo de por meio de santa vida encaminhar-se à vida bem-aventurada, não seria bem mais justo conceder a tais homens as honras divinas?

Não seria melhor e mais conforme à honestidade ler os livros de Platão em seu templo que assistir, no templo dos demônios, a voluntárias mutilações dos sacerdotes galos, a consagrações cínicas, a ferimentos extravagantes, a todas as cruéis torpezas, enfim, a todas as crueldades vergonhosas, mas solenemente praticadas nas festas das infames divindades? À educação moral da juventude não seria bem mais útil a leitura pública de código de leis divinas que os estéreis elogios das leis e instituições de nossos ancestrais? Com efeito, não sentem os adoradores dos deuses fermentar-lhes na alma o veneno de culpável desejo, segundo a expressão de Pérsio, quando pensam no procedimento de Júpiter, ao invés de pensarem nas lições da Academia e na disciplina austera de Catão? Assim, em Terêncio, jovem libertino vê, *em pintura na muralha, como Júpiter faz cair certa chuva no regaço de Danae* e, protegendo com tamanha autoridade sua torpeza, jacta-se de haver seguido as pegadas de um deus. *Que deus? Aquele cujo trovão sacode a profunda abóbada dos céus. Pigmeu que sou, teria vergonha de imitá-lo? Não! Não! Imitei-o e com muito gosto!*

## CAPÍTULO VIII
### Jogos cênicos, em que a narrativa das sem-vergonhices dos deuses os aplaca, ao invés de ofendê-los

Não é, dir-se-á, às festas dos deuses, mas à ficção dos poetas que devem ser reportados esses ensinamentos. Quem me impede de responder serem mais torpes os mistérios da religião que os desregramentos do teatro? Limito-me, todavia, a dizer (e ninguém pode negá-lo, sem que a história o convença do contrário) não haverem tais jogos, em que reina a ficção dos poetas, sido introduzidos nas cerimônias religiosas pela ignorante superstição dos romanos; pelo contrário, os próprios deuses, imperiosamente e quase com ameaça, ordenaram fossem solenemente representados, como lembrei em poucas palavras no Livro Primeiro. De fato, durante o flagelo de desastroso contágio é que os jogos cênicos foram primitivamente instituídos em Roma pela autoridade dos pontífices. Quem, por conseguinte, não se proporia seguir como regra de vida as ações representadas nesses jogos de instituição divina, de preferência aos artigos escritos nos códigos da sabedoria humana? Se o senhor dos deuses jamais foi adúltero, senão na culpável ficção dos poetas, não é a omissão, mas a sacrílega licenciosidade dos referidos jogos que a justa cólera das castas divindades deve vingar. Entretanto, esse divertimento é o mais tolerável, pois essas tragédias, essas comédias, imaginação dos poetas, expostas no palco, sabem pelo menos velar a obscenidade do assunto por certa decência de expressão; assim, fazem parte dos chamados estudos honestos e liberais e os velhos obrigam as crianças a lê-las e aprendê-las.

## CAPÍTULO IX
### Opinião dos antigos romanos sobre a repressão das ciências poéticas, que os gregos, seguindo o parecer dos deuses, queriam livres

Entretanto, que pensavam das representações teatrais os antigos romanos? É o que Cícero nos explica em sua obra *A República*, em que Cipião, discutindo, se exprime assim: *Se os costumes privados não o tolerassem, a comédia jamais faria com que no teatro lhe aplaudissem a libertinagem.* Quanto aos gregos, mais antigos, talvez tivessem escusa para a licenciosidade dos conceitos, porque a lei permitia à comédia falar nomeada e livremente de tudo e de todos. Assim, na mesma obra, Cipião, o Africano, acrescenta: *Quem não foi atingido por ela, ou melhor, contra quem não se encarniçou? A quem perdoou? Que tenha vibrado golpes em aduladores do povo, cidadãos perversos e sediciosos, como Cleon, Cleofon, Hipérbolo, ainda passa; tenhamos paciência, muito embora seja preferível que não o note o poeta, mas o censor. Que Péricles, entretanto, depois de durante tantos anos governar a república com soberana autoridade na paz e na guerra, seja ultrajado em versos e os recitem no palco não é menos indecente que seria, entre nós, Plauto ou Névio, se pretendessem falar mal dos Cipiões, ou Cecílio, de Catão. E pouco depois: Nossas leis das Doze Tábuas, ao contrário, tão avaras da pena capital, decretaram-na para todo cidadão que manchasse a honra alheia por meio de poesias ou representações ultrajantes. É, com efeito, ao julgamento, à censura legítima dos magistrados, não ao capricho dos poetas, que nossa vida deve ser submetida; devemos estar ao abrigo da injúria, se não nos é permitido responder e defender-nos em juízo.*

Essa a passagem do livro quarto de *A República* de Cícero, que julguei dever extrair literalmente, salvo algumas omissões ou ligeiras alterações para facilitar-lhe a inteligência, pois importa muito ao objetivo que me propus. Seguem-se outras considerações cuja conclusão mostra que os antigos romanos não suportavam de bom grado fosse alguém, enquanto vivo, elogiado ou censurado em cena. Por admitirem tal desregramento, os gregos, como já declarei, não eram menos cínicos, porém mais consequentes, pois viam os deuses aplaudirem o opróbrio com que a cena cobria não somente os homens, mas os próprios deuses, quer se tratasse de mera ficção dos poetas, quer fossem narrativa ou representação verdadeira dos crimes divinos; prouve ao céu que os homens se contentassem em considerá-los simples divertimento, não modelos. Seria demasiado orgulho, com efeito, poupar a reputação dos maiorais da cidade e dos outros cidadãos, se os deuses não queriam fosse poupada a sua própria reputação. Quanto à escusa habitualmente alegada, a saber, que os crimes atribuídos aos deuses não passam de imaginação e mentira, existe algo mais criminoso, se consultamos a verdadeira piedade, algo mais artificioso, algo mais pérfido, se levamos em conta a malícia dos demônios? De fato, se a difamação de cidadão virtuoso e devotado à pátria é mais indigna ainda porque não lhe calunia apenas os costumes, mas também a verdade, que suplícios poderão bastar, quando injúria tão horrível, tão criminosa, atinge a própria divindade?

## CAPÍTULO X
**Finura da malícia com que os demônios querem que deles se contem crimes verdadeiros ou falsos**

Que importa, porém, a espíritos malignos, tomados por deuses, lhes atribuam crimes imaginários, se nas redes de opiniões extravagantes envolvem as almas humanas e as arrastam consigo a inevitável suplício? Que esses crimes tenham sido praticados por homens cuja apoteose rejubila tais amigos dos erros humanos, sutis artesãos de malfeitorias e impostura, hábeis em substituírem os próprios objetos do culto idólatra, ou que ninguém seja responsável por eles, que importa? Querem que a ficção os atribua aos deuses, a fim de que tais exemplos autorizem toda atrocidade, toda infâmia, como se houvesse comércio de crimes entre o céu e a Terra! Assim, os gregos, sentindo-se escravos de tais divindades, não achavam que em cena assim reboante de ultrajes os poetas devessem poupá-los; quer por ambição de serem assimilados aos deuses, quer por medo de irritá-los, elevando-se acima deles pela procura de reputação melhor.

Por causa desse princípio é que admitiam os atores às mais altas dignidades; com efeito, esse mesmo livro da obra *A República* refere que Ésquines, eloquente orador de Atenas, depois de haver representado tragédias na juventude, chegou ao governo do Estado e Aristodemo, outro ator trágico, foi com frequência enviado pelos atenienses em missão a Filipe, para tratar dos mais importantes negócios da guerra e da paz. Se a arte e os jogos cênicos eram, com efeito, agradáveis aos deuses, era razoável relegar os atores ao plano dos cidadãos infames?

## CAPÍTULO XI
**Autores e atores, que entre os gregos eram admitidos ao governo da república, porque lhes pareceu não haver motivo para desprezar homens por intermédio de quem aplacavam os deuses**

Tratava-se de verdadeira vergonha para os gregos, mas acomodavam-se à fantasia dos deuses. Não se atreviam a subtrair a vida dos cidadãos à língua homicida dos poetas e dos histriões que desacreditavam a vida dos deuses, com permissão, com agrado dos próprios deuses; e, longe de desprezarem os atores de ficções tão agradáveis às divindades, julgaram-nos dignos das maiores honras. Com efeito, por que honrar os sacerdotes que tornam os deuses propícios, graças ao sangue das vítimas, e apontar como infames os atores, instrumentos dos prazeres cênicos reclamados pelos deuses como honra cuja omissão, segundo suas próprias ameaças, provocaria a cólera celeste? Outrossim, não quer o célebre Labeão, profundo conhecedor da ciência sagrada, que a diferença de culto estabeleça distinção entre divindades boas e más? Às más, libações sangrentas, preces fúnebres; às boas, homenagens repletas de alegria e prazer como, diz ele, jogos, festins, lectistérnio.

Mais tarde discutiremos, com o auxílio de Deus, o fundamento dessas opiniões todas. Quanto à presente questão, quer tais honras sejam tributadas indiferentemente a todos os deuses, todos considerados bons (não fica bem serem maus os deuses ou, melhor ainda, são todos maus, pois não passam de espíritos impuros), quer, segundo o parecer de Labeão, estabeleça-se alguma diferença entre as homenagens, é sempre com muita razão que os gregos honram ao mesmo tempo os sacerdotes que oferecem os sacrifícios e os atores que celebram os jogos. Não ficariam, com efeito, convencidos de que injuriavam todos os deuses, se a cena constituísse prazer para todos, ou, coisa ainda mais indigna, os deuses bons, se apenas os bons neles se comprazessem?

## CAPÍTULO XII
**Tirando dos poetas a liberdade contra os homens e deixando-lhes a liberdade que contra os deuses lhes haviam outorgado, os romanos pensaram melhor de si que dos deuses**

Quanto aos romanos (e Cipião na mesma *A República* mostra-se orgulhoso disso), não quiseram deixar a vida e a reputação de ninguém entregues à injuriosa malignidade dos poetas e chegaram até mesmo a decretar a pena capital contra todo cidadão responsável por versos difamatórios. Nobre respeito do homem por si mesmo, mas orgulho, mas impiedade para com os deuses! Ignorava que sofriam com paciência, digo mais, com prazer que os dilacerasse o dente envenenado dos poetas; acreditava-se mais digno de respeito que os próprios deuses e a muralha da lei protegia o homem contra os ultrajes, que acabrunhavam os deuses nos jogos celebrados em honra deles!

Quê?! Louvas, Cipião, o proibir-se aos poetas de Roma que insultassem cidadão romano e vês como nenhum dos deuses é poupado! Fazes, portanto, mais caso da dignidade do senado que da glória do Capitólio, de Roma apenas que de todo o céu? E os poetas não poderão vibrar contra os cidadãos os dardos da língua maldizente; proíbe-o a lei. Mas, livres em relação aos deuses, sem receio, nem senador, nem príncipe do senado, nem censor, nem pontífice, poderão ultrajá-los impunemente! Não é mesmo verdadeira indignidade que Plauto ou Névio maldigam dos Cipiões ou Cecílio de Catão? Mas é justo que vosso Terêncio exacerbe a incontinência da juventude com o exemplo de Júpiter Ótimo e Máximo?

## CAPÍTULO XIII
### Deveriam os romanos haver entendido serem indignos de culto divino deuses que se regozijavam com serem honrados por meio de jogos de tal maneira torpes

Se fosse vivo, Cipião talvez me respondesse: "Como recusar impunidade ao que os próprios deuses consagraram? Não introduziram nos costumes romanos os jogos cênicos, em que se representa, se diz, se faz tudo isso? Não ordenaram que lhos consagrassem e celebrassem em sua honra". Quê?! Tal ordem não os convenceu de que não passavam de deuses de mentira, absolutamente indignos de receberem honras divinas em semelhante república? Não era contrário à decência e à razão adorá-los, reclamavam-se representações injuriosas aos romanos? Como, então, em nome do céu, puderam tomá-los por deuses dignos de adoração, em lugar de reconhecê-los como espíritos dignos de ódio, quando, desejosos de enganar os homens, quiseram que seu próprio culto lhes publicasse os crimes?

Todavia, embora já dominados por funesta superstição, ao extremo de honrar divindades que pediam à cena a homenagem de semelhantes torpezas, os romanos conservaram dignidade e pudor suficientes para não honrar os atores, a exemplo dos gregos; mas, de acordo com as palavras que Cícero diz proferidas pelo próprio Cipião, *tendo por infames a arte e os jogos cênicos, não somente julgaram inadmissíveis nos empregos as pessoas que exerciam tal profissão, como, por cima, queriam fossem, por nota censorial, excluídas da própria tribo.* Admirável sabedoria, digna de figurar entre as verdadeiras virtudes de Roma! Mas por que a si mesma não serve de modelo e guia? Algum cidadão romano escolhe a profissão de ator; fecham-se para ele todas as vias de acesso às dignidades, digo mais, a severidade do censor não o tolera nem mesmo na própria tribo; isso é justo. Nobre instinto da glória! Inspiração ingenuamente romana! Mas respondam-me se há motivo de colocar à margem das dignidades a gente de teatro e, ao mesmo tempo, introduzir os jogos cênicos nas homenagens prestadas aos deuses.

Desconhecida por longo tempo da virtude dos romanos, a arte teatral apenas é querida para divertimento do homem e somente se insinua no seio da corrupção. Como, pois, é que os deuses lhe reclamam a homenagem? E rejeita-se com desprezo o ator, um dos ministros do culto divino! Ousam detestar quem representa as referidas infâmias, ao mesmo tempo que adoram quem as exige? Entre gregos e romanos há questão a solucionar-se. Os gregos acham razoável honrar os homens de teatro, pois adoram deuses que solicitam jogos cênicos; os romanos, ao contrário, não consentem que a presença deles desonre a assembleia do senado, digo mais, nem mesmo a tribo, em que a plebe é admitida. Nessa pendência, porém, o seguinte raciocínio resolve qualquer dificuldade. Os gregos erigem em princípio: Se se deve culto a tais deuses, devem-se honras a tais homens. Mas é impossível honrar semelhantes homens, objetam os romanos. E os cristãos concluem: Logo, é impossível adorar deuses assim.

## CAPÍTULO XIV
### Melhor foi Platão, não dando em sua cidade bem morigerada lugar aos poetas, que esses deuses que quiseram ser honrados com jogos cênicos

1. Os poetas, pergunto agora, autores de semelhantes fábulas, a quem a lei das Doze Tábuas proíbe que atentem contra a reputação dos cidadãos, quando cobrem de opróbrio e ultraje os deuses, por que não são considerados infames como os comediantes, censurados como os que representam essas ficções poéticas, essas ignominiosas divindades? É justo exprobrar os atores e honrar os autores? Não é, porventura, ao grego Platão que se deve conceder a palma da equidade, quando, concebendo segundo a razão o Estado ideal, julga necessário dele banir os poetas, como inimigos da verdade, porquanto não poderia tolerar insultos sacrílegos, nem fábulas corruptoras e enganosas? E é Platão, é homem que, proscrevendo os poetas, da cidade bane a mentira, ao passo que os deuses reclamam, como verdadeira honra, os jogos cênicos. Agora, compara o homem com a divindade. O homem não quer nem mesmo que se escrevam tais infâmias e de fazê-lo dissuade, sem persuadir, a leviandade e efeminação gregas; a divindade quer até que as representem, e uma ordem sua arranca à modéstia e gravidade dos romanos tais representações e, além disso, exige que esses jogos lhe sejam dedicados, consagrados, solenemente celebrados em sua honra. Quem, afinal, seria mais honroso divinizar: o sábio que proíbe tantos obscenos delírios ou os demônios encantados com o erro dos homens, a quem Platão não pôde persuadir da verdade?

2. Labeão julgou dever elevar Platão à categoria dos semideuses, como Hércules, como Rômulo. Aos heróis prefere os semideuses, mas coloca uns e outros no número das divindades. Quanto a mim, não somente aos heróis, mas aos próprios deuses, acho preferível Platão, a quem Labeão chama semideus. As leis romanas aproximam-se do pensamento de Platão, porque, condena-se todas as ficções poéticas, os romanos pelo menos aos poetas recusam licença para maldizer dos homens; interdiz-se até mesmo que permaneçam na cidade, banem da sociedade civil os atores e talvez os banissem por completo, se ousassem insurgir-se contra esses deuses que lhes impõem os jogos cênicos. Por conseguinte, os romanos jamais poderiam obter,

nem esperar, para regular-lhes ou corrigir-lhes os costumes, lei alguma desses deuses que a lei romana humilha e confunde. Os deuses reclamam jogos cênicos em sua honra, a lei proíbe que gente de teatro ascenda às dignidades; os deuses exigem que as ficções poéticas lhes proclamem as infâmias, a lei proíbe que a impudência dos poetas difame os homens.

O semideus Platão insurgiu-se contra a vergonhosa paixão de tais deuses. Que deuses! Mostrou o que a índole romana devia realizar, exilando de toda cidade bem-dirigida os poetas, artesãos de mentiras ou sedutores dos fracos mortais a quem convidam a imitar, como ações divinas, os mais odiosos crimes. Quanto a mim, sem ter Platão por deus, nem por semideus, sem compará-lo a nenhum dos santos anjos do soberano Deus, a nenhum dos profetas de verdade, a nenhum apóstolo, a nenhum mártir do Cristo, nem mesmo a simples cristão (com a graça do Senhor desenvolverei, em lugar oportuno, as razões desse modo de pensar), tal semideus, segundo o parecer de Labeão, prefiro-o, contudo, a Hércules, senão a Rômulo, embora nenhuma narrativa, nenhuma ficção de historiador ou de poeta lhe atribuam fratricídio ou qualquer outro crime; mas prefiro-o, sem sombra de dúvida, a Priapo, a Cinocéfalo, à Febe, enfim, divindades que Roma tomou por empréstimo aos altares estrangeiros ou foi a primeira a consagrar.

E como semelhantes deuses teriam o cuidado de prevenir ou desarraigar, por meio de preceitos ou leis, tal corrupção do espírito ou dos costumes, se se interessam no desenvolvimento, na propagação dos vícios, pedindo ao teatro a solene publicidade de seus crimes reais ou imaginários, a fim de os vergonhosos instintos do homem se inflamarem espontaneamente, como se autorizados pelos deuses? Cícero exclama em vão, a respeito dos poetas: *Quando se sentem amparados pelas aclamações e sufrágios do povo, sábio e maravilhoso preceptor, sem dúvida alguma, que trevas espalham, que terrores inspiram, que paixões inflamam!*

## CAPÍTULO XV
### Os romanos criaram para si alguns deuses, não por sadio juízo, mas por adulação

E que razão decidiu a escolha dos deuses, desses falsos deuses? Razão ou, antes, lisonja? Com efeito, o sábio que erigem em semideus, o próprio Platão, que, através de valiosos trabalhos, tanto lutou com os males tão funestos da alma e sua desastrosa influência nos costumes humanos, não o julgam digno do mais humilde templo e a vários deuses preferem Rômulo, embora a doutrina secreta não lhe atribua culto de deus, mas de semideus. Para ele não instituíram flâmine, tão eminente dignidade sacerdotal nos antigos ritos, conforme o testemunho da altura da mitra, que não existiam senão três flâmines: o *dialis* para Júpiter, o *martialis* para Marte e o *quirinalis* para Rômulo? De fato, como esse rei foi admitido no céu por benevolência de seus concidadãos, recebeu o nome de Quirinus. Assim, vê-se Rômulo elevado, no que diz respeito a honras, acima de Netuno, acima de Plutão, irmão de Júpiter, acima até de Saturno, pai deles, porquanto aos altares de Rômulo atribuem grão-sacerdote reservado a Júpiter e talvez concedido a Marte, pai de Rômulo, como homenagem ao filho.

## CAPÍTULO XVI
### Se os deuses se preocupassem com a justiça, deles os romanos deveriam receber preceitos relativos ao bem-viver, ao invés de tomarem de empréstimo leis a outros homens

Se de suas divindades houvessem os romanos podido receber leis morais, não teriam ido, alguns anos depois da fundação de Roma, tomar de empréstimo aos atenienses as leis de Sólon. Não as observam exatamente como as receberam; procuram torná-las melhores e mais perfeitas, deixando à Lacedemônia as leis de Licurgo, embora esse legislador as apresente como instituídas pela autoridade de Apolo. Mas, sabiamente incrédulos, os romanos de modo algum as querem. Numa Pompílio, sucessor de Rômulo, passa por autor de certas leis insuficientes para regulamentar o Estado. Embora os deuses lhe devessem a instituição de várias cerimônias sagradas, não se diz, em absoluto, houvesse em troca recebido essas leis. Assim, males da alma, desregramento da vida, contágios morais, flagelos de tal modo terríveis que, no testemunho das pessoas mais sábias do paganismo, arruínam as cidades cujos muros permanecem de pé, esses deuses pouco se incomodam com deles preservar seus adoradores; longe disso, trabalham, como já dissemos, em agravá-los ainda mais.

## CAPÍTULO XVII
**Rapto das sabinas e outras iniquidades que na cidade de Roma reinaram naqueles mesmos dias, classificados elogiosamente de bons**

Mas talvez os deuses não tenham dado leis ao povo romano, porque em Roma, segundo Salústio, o *honesto e o justo reinavam tanto na consciência como na lei*. Deve-se atribuir, sem dúvida, a essa equidade natural o rapto das sabinas? Moças estrangeiras deixam-se prender na armadilha de espetáculo adrede preparado; a violência rouba-as aos parentes; cada romano apodera-se, como pode, de uma sabina. Que há de mais legítimo? Que há de mais justo? Se, todavia, os sabinos foram injustos, recusando, não o foram mais ainda os romanos, raptando? Não teria sido mais justo combater vizinhos que recusavam as filhas a pelejar contra pais que as pediam de volta aos raptores? Quem retinha, pois, o filho do deus Marte, certo da assistência paterna? Por que não procurava pelas armas a vingança, a reparação da injúria das esposas recusadas? A guerra podia oferecer ao vencedor algum direito de apoderar-se do objeto de injusta recusa; a paz, entretanto, não concedia nenhum e a guerra foi injusta com pais justamente indignados. Mas a perfídia teve resultado feliz e, muito embora o espetáculo dos jogos do circo tenha perpetuado a lembrança do rapto, Roma não aprovou semelhante exemplo. O erro dos romanos pôde chegar ao extremo de fazer de Rômulo um deus, porém não ao de autorizar, pelo costume ou pela lei, a imitação de tal crime.

Não foi também por esse senso natural de equidade que, depois da expulsão do Rei Tarquínio, cujo filho desonrara Lucrécia, o cônsul Júnio Bruto obrigou o colega Tarquínio Colatino, marido da vítima, homem virtuoso e sem mácula, a abdicar do consulado e não lhe permitiu continuar vivendo em Roma? Estranha injustiça, que tem por fautor ou cúmplice o mesmo povo de que Colatino e o próprio Bruto haviam recebido o poder consular.

E quando, depois da guerra de dez anos, em que o exército romano travou tantos combates desastrosos contra os veientinos, quando Roma, aterrorizada, duvidava da própria salvação, não é esse mesmo sentimento que se rebela contra Marco Camilo, o herói da época, rápido vencedor desses terríveis inimigos e de sua poderosa cidade? A inveja, que agride sua virtude, e a insolência dos tribunos do povo acusam-no; tal a ingratidão da cidade por ele recém-salva que, certo da condenação, a evita por meio de voluntário exílio; condenam-no, ausente, a pagar dez mil libras de cobre, condenam a ele, predestinado vingador da pátria ingrata que dentro em pouco iria arrancar aos gauleses! Precisarei lembrar tantas cenas de injustiça e violência que agitavam Roma, quando os patrícios punham todo o esforço em sujeitar o povo, quando o povo se rebelava contra a servidão e de parte a parte os chefes não eram inspirados pela razão e equidade, mas possuídos pela paixão de vencer?

## CAPÍTULO XVIII
### Que ensina a história de Salústio acerca dos costumes romanos, tanto dos que o medo coarctara como dos que a segurança deixava livres?

1. Dou-me por satisfeito, pois, e quero apenas o testemunho de Salústio. Proferiu em louvor dos romanos as seguintes palavras, que servem de texto ao presente discurso: *Entre eles, o honesto e o justo reinavam tanto na consciência como na lei,* designando a época em que, livre dos reis, Roma cresceu com rapidez inaudita. Entretanto, no Livro Primeiro de sua história, no começo do livro, confessa que *desde os tempos em que a república passou dos reis aos cônsules, as injustiças dos poderosos provocaram a separação entre senado e povo e outras lutas intestinas.* A seguir, lembra que, *entre a segunda e a última guerra púnica, o povo romano viveu na união e na virtude,* mas não atribui ao amor à justiça a feliz harmonia, e sim, enquanto Cartago esteve de pé, ao temor à paz infiel, temor salutar, porque reprimia a desordem, preservava os costumes, continha os vícios, o que decidia o sábio Nasica a rebelar-se contra a destruição de Cartago.

E o historiador acrescenta logo depois: *Mas a discórdia, a avareza, a ambição, inevitáveis filhas da prosperidade, desenvolveram-se de modo exorbitante após a destruição de Cartago.* Di-lo para dar-nos a entender que também antes costumavam nascer e agigantar-se. Explicando logo o porquê do que disse, escreve: *Porque injustiça dos poderosos e, por causa dela, separação entre senado e povo e outras discórdias domésticas houve desde o princípio e não apenas depois de expulsos os reis. Enquanto duraram o medo a Tarquínio e a difícil guerra sustentada contra a Etrúria, viveu-se com equidade e moderação.* Adverte como, no breve espaço de tempo que sucedeu à exação, quer dizer, ao banimento dos reis, viveram com certa equidade e moderação, mas acrescenta que a causa disso foi o medo. Causava-lhes receio a guerra que Tarquínio, posto fora do reino e de Roma e aliado aos etruscos, fazia aos romanos.

Repare bem no que acrescenta a seguir: *Depois os patrícios se empenharam em tratar o povo como escravo, dispor da vida e pessoa do plebeu, à maneira dos reis, removê-lo do campo e governar sozinhos, sem para nada contar com os demais. Oprimindo por semelhantes sevícias e, em especial, pela usura, tolerando, entre guerras contínuas, não apenas tributos escorchantes, mas também o serviço militar, o povo, armado, ocupou os montes Sagrado e Aventino; obteve, assim, o direito de eleger tribunos chamados da plebe, e outras garantias. A segunda guerra púnica pôs termo às discórdias e debates entre ambas as partes.* Eis como, pouco tempo depois de proscrita a realeza, eram os romanos cujo historiador nos diz: *Entre eles, o honesto e o justo reinavam tanto na consciência como na lei.*

2. Se, por conseguinte, averiguou-se que era assim tal época, celebrada como a da máxima excelência e formosura da república romana, que nos parecerá se deva pensar ou dizer da época seguinte? *Então, mudando pouco a pouco,* para usar palavras do mesmo historiador, *de ótima e formosíssima se transformou em dissolutíssima e péssima.* Isso, porém, como o historiador observa, depois da destruição de Cartago. O modo como Salústio refere abreviadamente esses tempos e os descreve a gente pode ver em sua história. Nela põe à mostra os inúmeros males que se originam da prosperidade, até chegar às guerras civis. Diz assim: *Desde esse tempo, os costumes dos antepassados não iam despenhando-se lentamente, como antes, mas de modo torrentoso. Tanto assim que o luxo e a cobiça corromperam a mocidade e chegaram a dizer, com razão, haverem nascido pessoas que não podiam ter patrimônio, nem tolerar que os demais tivessem.* Conta Salústio, a seguir, muitas coisas dos vícios de Sila e outras vergonheiras da república. Vários escritores concordam com ele, embora não se lhe igualem na eloquência.

3. Você, contudo, vê, segundo penso, e quem quer que repare nisso perceberá com bastante clareza em que lodaçal de péssimos costumes Roma se atolou antes do advento de nosso Rei celeste. E isso aconteceu não apenas antes de Cristo, já presente na carne, haver começado a ensinar, mas antes mesmo de nascer de Maria. Se tantos e tamanhos males desses tempos, toleráveis a princípio, intoleráveis e horrendos após a destruição de Cartago, não se atrevem a imputar a suas divindades, que nas mentes humanas semeavam com infernal astúcia opiniões de que brotavam tais vícios, por que os presentes males atribuem a Cristo, cuja salutaríssima doutrina proíbe, por uma parte, o culto aos deuses falsos e enganadores e, por outra, detestando e condenando com divina autoridade a vergonhosa e nociva cupidez do homem, deste mundo, que corre, com tantos males, a precipitar-se na ruína, vai insensivelmente subtraindo sua família? Com base nessa família constituirá, não por aplauso da vaidade, mas por juízo da verdade, sua própria, eterna e gloriosíssima cidade.

## CAPÍTULO XIX
### Corrupção da república romana antes de Cristo proibir o culto aos deuses

Eis que a república romana (saiba-se não ser eu o primeiro a dizê-lo; seus autores, que por dinheiro no-lo ensinaram, já o disseram muito antes do advento de Cristo), *mudando pouco a pouco, de ótima e formosíssima se transformou em dissolutíssima e péssima.* Eis que, antes do advento de Cristo e após o desaparecimento de Cartago, *os costumes dos antepassados não iam desempenhando-se lentamente, mas de modo torrentoso, ao extremo de o luxo e a cobiça corromperem a mocidade.* Leiam-nos os preceitos que em favor do povo romano os deuses promulgaram contra a cobiça e o luxo. Oxalá se houvessem limitado a dar-lhe mandamentos relativos ao pudor e à modéstia, sem exigir-lhe vergonhosas obscenidades, que lhes harmonizassem a falsa divindade e a perniciosa autoridade! Leiam, leiam-nos os preceitos, dados em tamanho número pelos profetas, pelo santo Evangelho, pelos Atos dos Apóstolos e pelas Epístolas, contra a cobiça e a luxúria, tão divina e tão excelentemente comunicados aos povos de todas as partes, reunidos para ouvi-los sem o estrépito dos debates filosóficos, mas com o ribombar de trovão procedente dos oráculos e nuvens de Deus.

Entretanto, não atribuem aos deuses o haver-se a república romana, antes do advento de Cristo, tornado dissolutíssima e péssima por culpa do luxo, avareza e demais torpes e licenciosos costumes. Em troca, às costas da religião cristã põem, gritando, as recentes calamidades, justo salário do orgulho e da libertinagem. Se *os reis da Terra e os povos todos, os príncipes e todos os juízes da Terra, moços e virgens, velhos e crianças*, todos os de idade capaz de ambos os sexos e aqueles, publicanos e soldados, a quem João Batista se dirige lhe ouvissem e ao mesmo tempo pusessem em prática os preceitos relativos aos costumes justos e santos, a república não apenas ornaria de felicidade os páramos da presente vida, mas ascenderia ao próprio cimo da vida eterna, para ali reinar em beatitude imorredoura. Mas, porque este ouve e aquele despreza e a maioria é mais amiga do encanto dos vícios que da útil aspereza das virtudes, aos servos de Deus, quer sejam reis, quer sejam príncipes, ricos ou pobres, livres ou escravos, de qualquer sexo, é mandado que tolerem, se necessário, essa república ainda péssima e dissolutíssima. Manda-se-lhes, além disso, que por essa tolerância conquistem lugar bastante glorioso na muito santa e muito augusta corte dos anjos, na repúplica celeste, em que a lei é a vontade de Deus.

## CAPÍTULO XX
### De que felicidade querem gozar e com que moralidade querem viver os que inculpam os tempos da religião cristã

Mas os adoradores e amigos de tais deuses, cuja velhacaria e maldades se gloriam de imitar, de maneira alguma se esforçam para que a república não seja dissolutíssima e péssima. *Subsista*, dizem, *floresça, repleta de riquezas, gloriosa em vitórias ou, felicidade maior, tranquila na paz. Que nos importa? Importa-nos mais é que cada qual acrescente suas riquezas, a fim de bastarem às prodigalidades cotidianas, que deixam o fraco à mercê do poderoso. Que os pobres obedeçam aos ricos, para saciarem a fome e sob sua proteção gozarem de tranquila ociosidade. Que os ricos abusem dos pobres, instrumentos de faustosa clientela. Que os povos não aplaudam quem lhe serve os interesses, mas quem os provê de prazeres. Que não lhes ordenem coisa difícil, nem proíbam coisa impura. Que os reis não se preocupem com a excelência, mas apenas com a servilidade dos vassalos. Que as províncias sirvam os reis, não como dirigentes dos costumes, e sim como donos de seus bens e provedores de seus deleites, e não os honrem sinceramente, porém os temam com dobrez e servilismo. Que as leis castiguem mais quem prejudica a vinha alheia que o causador de dano à sua própria vida. Que ninguém seja levado a juízo, salvo aquele que prejudique ou importune os bens alheios, a casa ou a saúde ou, então, alguém que não o queira. Que, no mais, faça quanto lhe agrade, com os seus, dos seus ou de quem quiser. Que haja muitas mulheres públicas, tanto para quem quiser fruí-las como, de maneira especial, para aqueles que não podem manter concubina. Que se edifiquem amplos e suntuosos palácios, que se realizem com frequência opíparos banquetes e, onde a cada qual pareça melhor ou seja mais conveniente, jogue-se, beba-se, coma-se, gaste-se. Que reine em toda parte o estrépito de bailes. Que os teatros desabem com os clamores de luxuriante alegria e de toda espécie de prazeres bestiais e torpes. Seja considerado inimigo público quem não gostar de semelhante felicidade; se alguém tentar modificá-la ou acabar com ela, afaste-o a multidão licenciosa, expulse-o da pátria, tire-o do número dos vivos. Tenham-se por verdadeiros deuses os que puseram ao alcance dos povos a referida felicidade e, uma vez alcançada, a mantiveram. Sejam adorados como quiserem; peçam, como bem lhes pareça, jogos que possam obter com ou de seus adoradores contanto que se esforcem para tamanha prosperidade não ser perturbada pelo inimigo, pela peste ou qualquer outra calamidade.*

Que homem sensato compara essa república, já não digo ao Império Romano, mas ao palácio de Sardanapalo? Esse rei de antigamente de tal maneira se entregou aos prazeres que em sua sepultura mandou escrever que, morto, apenas possuía aquilo que, enquanto vivo, sua libido possuíra. Se tivessem semelhante rei, que contemporizasse com eles nessas coisas, não os contrariando em coisa alguma com nenhuma severidade, consagrar-lhe-iam templo e sacerdote, com maior gosto que o dos antigos romanos, quando os dedicaram a Rômulo.

# CAPÍTULO XXI
## Opinião de Cícero sobre a república romana

1. Mas, se não fazem caso de quem disse que a república romana era péssima e sumamente dissoluta, nem lhes importa que se encontre repleta de máculas e vergonheiras, de péssimos e desbragados costumes, mas apenas que subsista e se mantenha em pé, ouçam. Ouçam não, segundo refere Salústio, como chegou a ser péssima e dissoluta, porém como já então perecera e não se conservava rasto algum de república, conforme Cícero demonstra. Introduz Cipião, o mesmo que arrasou Cartago, no debate sobre a república, quando a corrupção descrita por Salústio já fazia pressentir-se iminente decadência.

O debate realizava-se precisamente no tempo em que acabava de ser assassinado um dos Gracos, em quem, segundo Salústio, tiveram início graves sedições, visto como no mesmo livro lhe menciona a morte. Dissera Cipião no fim do Livro Segundo que, *assim como na cítara, nas flautas, no canto e nas próprias vozes se deve guardar certa consonância de sons diferentes, sob pena de a mudança ou a discordância ferirem ouvidos educados, e tal consonância, graças à combinação dos mais dessemelhantes sons, torna-se concorde e congruente, assim também igual tonalidade na ordem política admitida entre as classes alta, média e baixa suscitava o congraçamento dos cidadãos. E aquilo que no canto os músicos chamam harmonia era na cidade a concórdia, o mais suave e estreito vínculo de consistência em toda república, que sem justiça não pode, em absoluto, subsistir.* A seguir disserta larga e belamente sobre a necessidade que a cidade tem de justiça e sobre os prejuízos que sua ausência lhe acarreta. Depois, Filo, um dos presentes ao debate, começou a falar e pediu que se tratasse mais detidamente a questão e se falasse mais extensamente da justiça, por causa do aforismo já comum entre o vulgo: *Sem injustiça é impossível governar a república.* Cipião assentiu em que se discutisse e ventilasse tal ponto. E replicou que, *segundo lhe parecia, não era nada o que* até aquele momento se discutira acerca da república e se tornava impossível passar adiante, sem primeiro deixar bem-assentado que *não somente era demasiado falso dizer-se impossível governar a república sem injustiça, como, ao contrário, era impossível governá-la sem muitíssima justiça.*

Aprazada para o dia seguinte a explanação do tema, no livro seguinte discutiu-se com animados debates. Filo em pessoa fez as vezes dos que opinavam ser impossível governar sem injustiça a república, pedindo, em especial, que não o julgassem de tal parecer. Dissertou com calor em prol da injustiça contra a justiça, esforçando-se por demonstrar, com argumentos e exemplos verossímeis, a utilidade daquela para a república e a inutilidade desta. Então, Lélio, a pedido de todos, assumiu a defesa da justiça e com todas as forças afirmou não existir para a cidade inimigo pior que a injustiça e ser de todo em todo impossível que a república subsista ou seja governada, se não tem por fundamento indiscutível justiça.

2. Como lhes parecesse estar a questão suficientemente discutida, Cipião retorna ao interrompido discurso, recorda e encarece uma vez mais a breve definição que dera de república, que se reduzia a dizer que é coisa do povo. E determina o que é povo, dizendo não ser toda concorrência multitudinária, mas associação baseada no consenso do direito e na comunidade de interesses. Fincou-se, depois, na utilidade da definição para os debates. Além disso, infere, das definições que dá, existir república, quer dizer, coisa do povo, quando bem e justamente administrada, por um rei, alguns magnatas ou pela totalidade do povo. Por conseguinte, quando injusto o rei, a quem, à moda dos gregos, chamou tirano, ou injustos os magnatas, cuja conjura disse ser facção, ou injusto o povo, para o qual não encontrou nome apropriado, salvo se também chamá-lo de tirano, a república não era viciosa, como se elucidara no dia anterior. Segundo os ensinamentos que lhe decorriam das definições, era em absoluto nula ou inexistente a república. Isso pelo simples motivo de já não tratar-se de coisa do povo, pois dela o tirano ou a facção se apoderara. Mesmo o povo, se injusto, já não seria povo, porque não seria multidão associada pelo consenso do direito e pela comunidade do bem comum, segundo a definição que se dera de povo.

3. Quando, por conseguinte, a república romana era tal qual a descreveu Salústio, já não era dissolutíssima e péssima, como ele diz, porquanto, na realidade, não existia. O debate sobre a república, travado entre os maiores homens daqueles tempos, o pôs em evidência. O próprio Túlio, falando não por boca de Cipião ou de algum outro, mas por si mesmo, no começo do Livro Quinto, depois de citar o verso do poeta Ênio, que diz: *A república romana subsiste por causa de seus antigos costumes e de seus heróis antigos,* escreve: *Esse verso,*

*porque verdadeiro e breve, parece-me a expressão de verdadeiro oráculo, porquanto nem os heróis, caso a cidade não fosse morigerada, nem os costumes, se não a houvessem governado semelhantes homens, poderiam fundar, nem conservar por tanto tempo república tão grande, que em tantos lugares e com tanta justiça dominava. Assim, em tempos passados, o costume do país colocava a serviço dele homens insignes, que mantinham os costumes antigos e as instituições dos antepassados. Mas, havendo recebido a república como pintura de mestre, já descolorida, porém, pela antiguidade, nosso século não apenas descuidou de reavivar-lhe as cores que ostentara, como nem mesmo se preocupou, por menos que fosse, em conservar-lhe sequer a forma e os últimos contornos. Que resta, pois, dos velhos costumes, que, segundo Ênio, garantiam a continuidade da república romana? Agora vemos que se encontram em desuso e de tal maneira relegados ao esquecimento, que não apenas ninguém os estima, como até nem os conhece. Que direi dos homens, se por falta de homens os costumes feneceram? De tamanha calamidade não nos incumbe apenas dar a razão, mas também defender-nos, como réus de crime capital, porque por causa de nossos vícios, não por casualidade, da república nos fica o nome apenas, pois na realidade tempo faz que a perdemos.*

4. Confessa-o Cícero, embora muito depois da morte do Africano, de quem fez em seus livros interlocutor nos debates sobre a república, mas, sem dúvida alguma, antes do advento de Cristo. Se isso fosse ouvido e divulgado, depois de propagada e florescente a religião cristã, quem deles não julgaria devê-lo atribuir aos cristãos? Assim, por que suas divindades não se esforçaram para não perecer e perder-se a república cuja perda Cícero, tanto tempo antes de Cristo vir em carne mortal, com acentos assim lúgubres deplora? Vejam seus panegiristas como era no tempo desses homens antigos e desses costumes. Vejam se porventura nela floriu a verdadeira justiça ou, talvez, nem mesmo então viveu nos costumes, mas pintada em cores. Isso o próprio Cícero, sem percebê-lo, disse, ao representá-la assim. Mas, se Deus quiser, noutro lugar trataremos esse caso. Esforçar-me-ei, no devido tempo, para mostrar, de acordo com as definições do próprio Cícero, em que resumidamente consignou que era a república e que era o povo, pela boca de Cipião (conformando-se com ele outros muitos pareceres, quer o seu, quer o daqueles a quem fez participar no debate), que a romana jamais foi república, porque jamais

conheceu a verdadeira justiça. Segundo as definições mais prováveis e a seu modo, foi república, mais bem-administrada pelos antigos romanos que pelos modernos. Verdadeira justiça existe apenas na república cujo fundador e governo é Cristo, se nos agrada chamá-la república, porque não podemos negar que seja também coisa do povo. Se, porém, tal nome, que em outros lugares tem significado diferente, aparta-se muito de nossa linguagem corrente, pelo menos na cidade de que diz a Escritura: *Coisas gloriosas disseram-se de ti, cidade de Deus*, encontra-se a verdadeira justiça.

## CAPÍTULO XXII
### Os deuses dos romanos jamais cuidaram de que o desregramento dos costumes não corrompesse a república

1. Mas, quanto à presente questão, por mais louvável que digam haja sido ou seja a citada república, segundo seus mais competentes autores, já muito antes do advento de Cristo se tornara dissolutíssima e péssima ou, por melhor dizer, inexistente e de todo em todo perdida, por causa de seus depravadíssimos costumes. Por conseguinte, a fim de evitarem que perecesse, os deuses que a protegiam estavam na obrigação de, primeiro, dar normas de bom procedimento e moralidade ao povo que lhes rendia culto e os festejava com tantos templos, com tantos sacerdotes e tamanha variedade de sacrifícios, com tantas e tão diversas cerimônias, com tantas e tão festivas solenidades e com tantas celebrações de jogos.

E nisso tudo os demônios apenas faziam seu negócio, sem preocupar-se de como viviam. Cuidavam só de que levassem vida bem desregrada, contanto que, embora de medo, os súditos fizessem tudo isso em honra deles. Se deram, digam, mostrem, deem-nos a ler que leis, dadas pelos deuses, quebrantaram os Gracos, quando perturbaram a república com sedições. Que leis infringiram Mário, Cina e Carbon, para lançarem-se a guerras civis começadas com as causas mais injustas, prosseguidas com crueldade e mais cruelmente ainda terminadas? Por fim, quais transgrediu Sila, cuja vida, feitos e costumes, conforme os descrevem Salústio e outros historiadores, a todos causam horror? Quem negará que a república já não existia?

2. Ousarão, porventura, como costumam, alegar a corrupção dos costumes e o seguinte pensamento de Virgílio, que de ordinário citam para defesa dos deuses: *Foram-se, abandonando templos e altares, todos os deuses que mantinham de pé tal império?*

Em primeiro lugar, se assim é, não têm motivo de queixa contra a religião cristã, pretendendo que, por causa dela, os deuses, ofendidos, os desampararam. De há muito os depravados costumes de seus ancestrais haviam enxotado dos altares da cidade, como a moscas, deuses tão numerosos e tão plebeus. Mas onde se encontrava o enxame de divindades, quando, muito antes de se corromperem os costumes antigos, os gauleses tomaram e incendiaram Roma? Nessa ocasião, havendo-se os inimigos apoderado da cidade toda, apenas ficou a colina do Capitólio; até essa tomariam, se, enquanto os deuses ressonavam, os gansos não estivessem acordados. Roma esteve, por isso, na iminência de cair na superstição dos egípcios, que cultuavam animais e aves, dedicando ao ganso festividade solene.

Agora não estou tratando, porém, dos males adventícios, mais do corpo que da alma, ocasionados por inimigos ou qualquer outra calamidade, e sim da corrupção dos costumes que descolorindo, no começo, pouco a pouco, depois se precipitaram de modo torrentoso, causando tamanho estrago, que seus mais autorizados escritores não hesitaram em dizer que os tetos e os muros sobreviveram à república. E, para que perecesse, os deuses fizeram muito bem de *fugir, abandonando templos e altares*, se a cidade lhes desprezara os preceitos relativos ao bem-viver e à justiça. Agora pergunto: que deuses eram esses, que não quiseram viver com o povo que os adorava e o deixaram viver mal, sem jamais ensiná-lo a bem-viver?

## CAPÍTULO XXIII
**As mudanças das coisas temporais não dependem da assistência ou da oposição dos demônios, mas do ditame do verdadeiro Deus**

1. Que mais, se parece que os assistiram na satisfação de seus vícios e se demonstra não os haverem auxiliado a refreá-los? Ajudaram Mário, homem novo e plebeu, crudelíssimo promotor e comandante de

guerras civis, a ser cônsul sete vezes e a durante o sétimo consulado acabar seus dias, já ancião, a fim de não cair nas mãos de Sila, seu imediato e futuro vencedor. Se para tanto não o ajudaram os deuses, não é ninharia reconhecer que, apesar de os deuses não lhe serem propícios, possa alguém alcançar essa diga-se de passagem, tão desejada felicidade temporal. Não é ninharia, tampouco, possam homens como Mário ser cumulados de bens e desfrutar saúde, força, riqueza, honras, dignidades e vida longa e possam também, como Régulo, que estava em graça dos deuses, padecer cativeiro, servidão, pobreza, noites em claro, dores, torturas e morte. Se admitem ser assim, em poucas palavras confessam que não lhes aproveitam coisa alguma e lhes rendem culto inutilmente.

Com efeito, insistiram-se em que o povo aprendesse as coisas mais contrárias às virtudes da alma e à honestidade da vida, cujo prêmio se deve esperar depois da morte, e, quanto a esses bens temporais e transitórios, não podem prejudicar a quem odeiam, nem aproveitar àquele de quem gostam, por que lhes rendem culto? Para que com tamanho afã os importunam? Por que nos tempos laboriosos e tristes murmuram, como se, de ofendidos, houvessem-se retirado, e com injúrias imerecidas lastimam a religião cristã?

Se, contudo, nessas coisas podem favorecer ou prejudicar, por que beneficiaram Mário, homem tão mau, e não auxiliaram Régulo, homem tão bom? Acaso desse modo não demonstram ser muito injustos e maus? Se por semelhante motivo haja quem considere deverem ser mais temidos e reverenciados, saiba havê-los Régulo reverenciado menos que Mário. Nem, tampouco, lhe pareça que a gente deve escolher a vida pior, porque pensa que os deuses mais favoreceram Mário que Régulo. De fato, Metelo, o mais louvado de todos os romanos, que teve cinco filhos cônsules, foi ditoso até nas coisas temporais, enquanto Catilina, deles o mais detestado, foi desditoso, viveu acabrunhado pela pobreza e se viu batido na guerra que sua maldade acendeu. Muito verdadeira e certa é a felicidade em que superabundam os bons que adoram Deus, o único que pode outorgá-la.

2. Quando a perversão dos costumes ia acabando com a república, suas divindades nada fizeram por endireitá-los ou corrigi-los, a fim de não perder-se; ao contrário, prestaram auxílio para deprává-los e corrompê-los, que, assim, despenharia-se de uma vez. Não se finjam

bons, como se, ofendidos pela iniquidade dos cidadãos, houvessem-se exilado. É certo que permaneceram em Roma; delatam-se, convencem-nos, não puderam auxiliá-los com preceitos, nem esconder-se, calando. Omito dizer haverem os minturnenses, compadecidos, encomendado Mário à deusa Marica, em bosque a ela consagrado, para que tivesse bom êxito em todas as coisas. Regressando incólume do desesperado lance, entrou em Roma à testa de verdadeiro exército de bandidos. Nesse transe, como foi sangrenta a vitória que obteve contra concidadãos, vitória mais implacável que a de qualquer inimigo, leia quem quiser sabê-lo naqueles que a escreveram. Isso, porém, como já declarei, vou passar por alto.

Não quero atribuir a não sei que deusa Marica a sangrenta felicidade de Mário, mas especialmente à oculta Providência de Deus, para tapar-lhes a boca e livrar do erro os que tratam esse ponto sem parcialidade, mas com prudência e tino. Com efeito, se algum poder os demônios têm nessas coisas, não é mais do que o permitido pela secreta vontade do Onipotente. Isso para não termos grande estima à felicidade terrena, que fartas vezes, como aconteceu com Mário, se concede a pessoa má, nem a consideremos verdadeiro mal, por vermos gozarem-na, mesmo contra a vontade dos demônios, muito piedosos e bons adoradores do único Deus verdadeiro. Nem acreditemos que, por causa desses bens ou desses males terrenos, devamos aplacar ou temer esses imundíssimos espíritos, porque assim como os maus não podem fazer na Terra o que desejarem, assim também os demônios, se não o consente a vontade do Senhor, cujos pensamentos ninguém compreende plenamente e ninguém repreende com justiça.

## CAPÍTULO XXIV
### Feitos de Sila em que os demônios aparecem como auxiliares seus

1. Certo é que ao próprio Sila, cujos tempos foram tais, que os passados, de que parecia ser o reformador, em comparação com os seus deixaram muito a desejar, ao impelir suas hostes para a cidade, contra Mário, os augúrios se mostraram muito propícios. Tanto assim, que o arúspice Postúmio se comprometeu a sofrer a pena

capital, caso Sila, auxiliado pelos deuses, não levasse a cabo o que intentava. Veja como os deuses não se haviam retirado, quando vaticinavam os acontecimentos futuros e não se preocupavam coisa alguma em corrigir o próprio Sila. Pressagiavam-lhe grande ventura e não lhe quebrantavam com ameaças a sórdida cupidez. Pouco depois, na Ásia, quando guerreava Mitridates, por intermédio de Lúcio Tício, lhe chegou mensagem de Júpiter, anunciando-lhe que venceria a Mitridates. Pois foi o que sucedeu.

Mais tarde, enquanto maquinava retornar a Roma e no sangue dos compatriotas vingar-se de injúrias feitas a ele mesmo e a seus amigos, em mãos de obscuro soldado da sexta legião lhe chegou nova mensagem de Júpiter, que, depois de lembrar-lhe que antes já lhe anunciara a vitória sobre Mitridates, prometeu dar-lhe poder para das mãos do inimigo arrebatar a república, não sem muito derramamento de sangue. Então, Sila pergunta ao soldado que visão tivera; em face do que lhe foi respondido, veio-lhe à memória a que antes ouviu de quem lhe trouxera a mensagem referente à vitória contra Mitridates. Que resposta darão à seguinte pergunta: por que cuidaram os deuses de anunciar como faustos semelhantes acontecimentos e nenhum deles tratou de corrigir Sila, fazendo-o sabedor dos inúmeros males que ocasionariam suas furiosas guerras civis, não apenas capazes de desonrar a república, mas até mesmo de acabar com ela? É óbvio, com efeito, como já declarei tantas vezes e as Letras Sagradas nos mostram, que esses deuses não passam de demônios. Os próprios acontecimentos demonstram suficientemente que trabalham porque os considerem e reverenciem como deuses e lhes façam oferendas que, perante o tribunal de Deus, em idêntica e péssima causa os associem com aqueles que os adoram.

2. Depois, em chegando a Tarento, Sila oferece sacrifício aos deuses; vê, na parte superior do fígado do bezerro, a imagem de cintilante coroa de ouro. Então, o arúspice Postúmio lhe explicou que a coroa significava insigne vitória e o mandou comer, sozinho, as entranhas da vítima. Dali a pouco, um dos escravos de certo Lúcio Pôncio gritou, em tom de presságio: *Sou mensageiro de Belona; a vitória é tua, Sila*. Em seguida, acrescentou que o Capitólio pegaria fogo. Disse-o e no mesmo instante saiu do acampamento. No dia seguinte voltou mais espiritado, gritando que o Capitólio ardera. Realmente, o Capitólio fora presa das chamas. Para qualquer demônio isso era fácil de antever e anunciar com a máxima celeridade possí-

vel. Interessa-me, acima de tudo, é você observar o que diz mais de perto ao objeto que nos propusemos, isto é, a que deuses querem estar sujeitos aqueles que blasfemam contra o Salvador, que da servidão aos demônios exime a vontade dos fiéis. O homem de quem já falamos gritou em tom de vaticínio: *A vitória é tua, Sila!* E, para acreditarem que o fazia por inspiração divina, anunciou a iminência de acontecimento que no mesmo instante sucedia, longe dele, por boca de quem o espírito falava. Não exclamou, entretanto: *Abstém-te, Sila, de crimes.* Cometeu-os, incrivelmente horrendos, o vencedor a quem no fígado do bezerro, como claríssimo prenúncio de vitória, apareceu coroa de ouro.

Caso semelhantes sinais costumassem dar os deuses bons e não os ímpios demônios, nas entranhas das vítimas apareceriam sem dúvida prognósticos de futuros males abomináveis e nocivos em extremo a Sila. Nem o proveito que a vitória lhe carreou à dignidade foi maior que o prejuízo por ela causado à sua cupidez, pois deu em resultado que, anelando a coisas fora de propósito e ensoberbecido e despenhado pelas prósperas, acabasse por ser mais carrasco da própria alma que do corpo dos inimigos. Isso, triste de verdade e na verdade digno de lástima, não anunciavam os deuses nas entranhas das vítimas, nem por augúrios, nem por sonho algum, nem por espécie alguma de adivinhação. É que a vê-lo corrigido prefeririam vê-lo derrotado. Mais ainda, trabalhavam em excesso para o glorioso vencedor dos próprios concidadãos render-se, vencido e cativo, a seus nefandos vícios e, assim, poderem tiranizá-lo bem mais estreitamente.

## CAPÍTULO XXV
### Grau em que os espíritos malignos incitam os homens à maldade, interpondo o próprio exemplo, à guisa de autoridade divina, para cometerem velhacarias

1. Depois disso, quem não entende, quem não vá, se não é dos que a separar-se, com a graça divina, da companhia de tais deuses preferem imitá-los, como se afanam em acreditar com o próprio exemplo, à guisa de autoridade divina, as velhacarias que cometem? Foi o que se evidenciou, quando, em extensa planura da Campânia, onde pouco depois se entrechocaram em nefária peleja as tropas civis, os viram pelejar entre si.

Ouviu-se, primeiro, grande tropel; depois, muitas pessoas contaram que durante alguns dias viram dois exércitos em luta. Finda a batalha, encontraram vestígios como que de homens e cavalos, em quantidade a esperar de semelhante encontro. Se, por conseguinte, é verdade haverem os deuses pelejado entre si, merecem desculpa as guerras civis dos homens. Mas considere-se a malícia ou a vileza de tais deuses. Se fingiram haver batalhado, não fizeram apenas que aos romanos, que se debatiam em guerras civis, parecesse não estarem cometendo crime algum, pois seguiam o exemplo dos deuses? Já se haviam iniciado as guerras civis, precedidas pelo execrável estrago de alguns nefandos choques. Já excitara a curiosidade de muitos o caso de certo soldado que com o morto que ia despojar identificou, ao desnudá-lo, irmão seu. Então, abominando as discórdias civis, uniu-se ao corpo do irmão; matou-se ali mesmo. Para não pesar-lhes tamanha maldade e inflamar-se mais e mais a paixão abominável pelas armas, os daninhos demônios, a quem, julgando-os deuses, pensavam dever veneração e culto, houveram por bem, pelejando entre si, aparecer aos homens.

O objetivo perseguido pelos deuses era que o amor apaixonado à pátria não recesse imitar semelhantes encontros, mas a velhacaria humana encontrasse justificativa no exemplo divino. Com a mesma astúcia mandaram os espíritos malignos que lhes dedicassem e consagrassem os jogos histriônicos, de que já falei bastante. Neles o canto e o drama celebravam tantas infâmias dos deuses, que tanto quem acreditasse haverem-nas praticado como quem não acreditasse haveria de, confiado, imitá-los, vendo que lhes agradava a exibição de tais façanhas. E, para ninguém pensar, quando os poetas contam as lutas de deuses contra deuses, que antes escrevem injúrias contra os deuses que algo digno deles, são os primeiros a confirmar os versos dos poetas. Para isso, aos olhos humanos mostram-se em combate, não apenas em cena, por meio de atores, mas em pessoa, no campo de batalha.

2. Vimo-nos obrigados a dizê-lo, porque, em face da imoralidade dos concidadãos, seus próprios historiadores não duvidaram em dizer que muito antes do advento de Nosso Senhor Jesus Cristo a república romana se perdera e já não existia. Mas não atribuem a suas

divindades a perdição de Roma. Fazem nosso Cristo responsável pelos males transitórios, que não podem deitar a perder quem é bom, quer vivo, quer morto. Trata-se de verdadeiro contrassenso, pois ninguém ignora que nosso Cristo é frequente em preceitos em prol dos bons costumes e contra os maus, ao passo que os deuses nenhum preceito assim deram ao povo que os adorava para que a república não perecesse. Ao contrário, iam, com a autoridade do mau exemplo que davam, corrompendo os costumes e fazendo a república perecer.

Penso que ninguém se atreverá, daqui por diante, a dizer que sucumbiu porque, *abandonando templos e altares, os deuses se foram*, como amigos das virtudes, ofendidos pelos vícios dos homens. Tantos sinais de entranhas de vítimas, augúrios e vaticínios, com que tanto se compraziam em jactar-se e ter-se em conta de conhecedores do futuro e auxiliares nas batalhas, convencê-lo-ão da presença deles. Se deveras se houvessem ausentado, o furor dos romanos seria fermento de guerras civis menos terríveis que suas pérfidas instigações.

## CAPÍTULO XXVI
**Enquanto conselhos secretos dos deuses se referiam aos bons costumes, publicamente se aprendia, em suas solenidades, todo gênero de torpezas**

1. Desse modo e havendo-se aberta e publicamente manifestado torpezas, de mistura a crueldades, opróbrios e crimes, reais ou imaginários, dos deuses, que pediam, agastando-se, quando não atendidos, lhos consagrassem e dedicassem em solenidades certas e estabelecidas, exibindo-os, nos teatros, aos olhos de todos, como que lhes oferecendo exemplo a ser imitado, pergunto: Como é que esses mesmos demônios, que em meio de semelhantes torpezas se confessam espíritos imundos, cujas velhacarias e maldades, verdadeiras ou simuladas, e cuja celebração, pedida aos dissolutos e arrancada à força aos honestos, os apontam como autores da vida licenciosa e torpe, como é, repito, que em seus templos e secretos retiros ditam, segundo se diz, alguns sadios preceitos de moral a determinadas pessoas a eles consagradas, como se fossem eleitas?

Se isso é verdade, há razão suficiente para nos advertirmos e convencermos de ser essa a mais refinada malícia de tais espíritos daninhos. Tamanha é a força da bondade e da castidade, que todo ou quase todo ser humano se mostra sensível a semelhante louvor e jamais a torpeza o embota ao extremo de fazê-lo perder o senso de honestidade. Portanto, se a malignidade dos demônios em parte alguma se transfigurasse em anjos de luz, como está escrito em nossas Escrituras, não realizaria sua obra de sedução. Assim, fora, aos ouvidos de todos, com muito grande estrépito ressoa a impura impiedade; dentro, apenas nos de alguns, soa a simulada castidade. Dá-se publicidade ao vergonhoso e clandestinidade ao louvável. O decoro oculta-se, o desdouro exibe-se. O mal que se faz convoca inúmeros espectadores, mas o bem que se prega encontra poucos ouvintes apenas, como se a honestidade causasse vergonha e a desonestidade, glória. Mas onde procedem desse modo, senão nos templos dos demônios? Onde, senão nos refúgios do engano? Aquilo se faz para enredar os mais honestos, que são poucos, e isto, para os demais, os dissolutos, não se emendarem.

2. Onde e quando os iniciados aprendiam de Celeste os preceitos relativos à castidade? Ignoramo-lo. Víamo-la, porém, diante do mesmo templo em que todos quantos concorríamos ao local contemplávamos também, junto à deusa, aquele famoso simulacro; acomodando-se cada um de nós como podia, assistíamos, superexcitados, aos jogos que se representavam, observando alternadamente a pompa das meretrizes e a virgem deusa. Notávamos, além disso, que a adoravam com humildade, mas ante ela representavam semelhantes vergonheiras.

Nesse lugar jamais vimos representações honestas, jamais atriz alguma casta. Todos desempenhavam bem o papel obsceno que lhes competia. Sabia-se o que agradava à deusa virginal e representava-se o que a matrona, mais instruída, levasse do templo para o lar. Não faltavam algumas que, mais recatadas, desviavam o rosto dos impuros meneios dos histriões e, olhando às furtadelas, aprendiam a arte da obscenidade. Coravam dos homens e não se atreviam a demorar os olhos nos impudicos trejeitos. Muito menos, porém, ousavam condenar, com castidade de coração, as cerimônias sacras da deusa que veneravam. Representava-se publicamente no templo o que no lar se reveste de profundo segredo. E com sobrada admiração, por certo, do pudor dos mortais, se é que ali restava algum, de que os homens não cometessem livremente as lubricidades humanas que de maneira religiosa aprendiam perante os deuses, capazes de ficarem zangados se não as representassem.

Que outro espírito, de oculto instinto, agitando as mentes mais perversas, não apenas insta ao cometimento de adultérios, mas também se apascenta nos cometidos? Que outro espírito, senão o que se alegra em cerimônias tais, colocando nos templos simulacros dos demônios, amando nos jogos os simulacros dos vícios, sussurrando em segredo palavras de justiça, para sedução dos poucos bons, e frequentando em público as blandícias da maldade, para assenhorear-se dos maus, que não têm conta?

## CAPÍTULO XXVII
### Menoscabo da moralidade pública com que os romanos consagraram as suas divindades para aplacá-las as torpezas dos jogos

Túlio, homem grave, pretenso filósofo e futuro edil, exclamava no fórum que um dos deveres de sua magistratura consistia em aplacar mãe Flora por meio da celebração dos jogos que costumavam realizar-se com devoção apenas superada pela torpeza. Alhures, já cônsul, reduzida a cidade a desesperadora situação, diz que se haviam celebrado jogos durante dez dias e tudo se fizera para aplacar os deuses. Como se não fora melhor irritar semelhantes divindades com o comedimento que aplacá-las com a libertinagem e provocar-lhes a inimizade por meio da modéstia que apaziguá-las com tamanha dissolução! Não iria prejudicá-los tanto, por mais atroz que fosse a desumanidade dos homens em favor de quem os aplacavam, como os prejudicavam os próprios deuses, quando os apaziguavam com vícios tão repelentes. A razão é que, para evitar o que se temia pudesse o inimigo fazer no corpo, de tal modo se granjeava a amizade dos deuses, que a virtude se arruinava nas mentes. E semelhantes deuses não se aprestariam à defesa contra quem combatia os muros, sem que antes se fizessem expugnadores dos bons costumes.

Esse apaziguamento de tais divindades, por demais desonesto, impuro, impudente, dissoluto e torpe, cujos ministros a louvável índole da virtude romana privou das dignidades, expulsou da própria tribo, reconheceu como torpes e declarou infames; esse apaziguamento, repito, de semelhantes deuses, vergonhosos, repulsivos e abomináveis para a religião verdadeira; essas fábulas repugnantes e passíveis de vitupério, essas ações ignominiosas dos deuses, malvada e torpemente praticadas e mais malvada e torpemente ainda representadas, aprendia-os a cidade toda pelos olhos e pelos ouvidos. Via serem de agrado dos deuses tais coisas; por isso acreditava que não apenas deviam ser-lhes exibidas, mas também deviam ser imitadas. Mas não via aquele não sei que de honesto e bom que a tão poucos e tão em segredo se dizia (se é que se dizia), cujo conhecimento, segundo parece, era mais receado que a própria observância.

## CAPÍTULO XXVIII
### Caráter salutar da religião cristã

Queixam-se e murmuram os maus, os ingratos e aqueles que se acham mais profunda e estreitamente possuídos por esse abominável espírito de que pelo nome de Cristo os homens se veem livres do jugo infernal das imundíssimas potências e da parceria com elas nos suplícios. Queixam-se, também, de que da noite da mais perniciosa impiedade são transferidos para a luz da mais salutífera piedade, porque o povo acode às igrejas com diligência casta e honesta separação entre homens e mulheres. Nelas ouvem como cumpre viverem bem no tempo, para que, depois desta vida, mereçam viver bem-aventurada e eternamente; nelas a Santa Escritura e a doutrina de justiça ressoam do púlpito, à vista de todos, de maneira que as ouçam como prêmio os que as praticam e como condenação aqueles que não o fazem. Chegam-se-lhes alguns que zombam de tais preceitos; repentinamente, porém, mudam de pensar e depõem a insolência ou a refreiam por medo ou pudor. Nelas não se lhes propõe coisa torpe ou má, a fim de que a presenciem ou imitem. A eles são ensinados os preceitos do verdadeiro Deus, narradas todas as suas maravilhas, enaltecidos os dons ou pedidas mercês.

# CAPÍTULO XXIX
## Conselho aos romanos sobre o dever de renunciar ao culto aos deuses

1. Prefere essas coisas, ó nobre natureza romana, ó progênie dos Régulos, Cévolas, Cipiões e Fabrícios, prefere-as e repara nas diferenças que há entre elas e a torpe vaidade e a engenhosa malícia dos demônios. Se algo em ti naturalmente desponta como digno de louvor, não se purifica, nem se aperfeiçoa, senão com a verdadeira piedade. Somente a impiedade a dissipa e deita a perder. Escolhe desde já teu caminho, a fim de poderes ter glória verdadeira, não em ti, mas em Deus. Houve tempo em que não te faltou a glória mundana, por oculto desígnio da Divina Providência; faltou-te, porém, a verdadeira religião a escolher. Desperta! É dia! Desperta, como despertaram alguns dos teus, de cuja perfeita virtude e de cujos padecimentos pela fé nos gloriamos. Pelejando contra os irreconciliáveis poderes hostis e vencendo-os com sua morte valorosa e com seu sangue, deram-nos esta pátria.

Nós te convidamos, nós te exortamos a vir a esta pátria, para que te contes no número de seus cidadãos, cujo asilo é, de certo modo, a verdadeira remissão dos pecados. Não prestes ouvidos aos que degeneram de ti. Infamam a Cristo e aos cristãos e acusam de calamitosos os tempos que correm. É que nos tempos não buscam o repouso da vida, mas a segurança do vício. Tempos semelhantes jamais quiseste, mesmo para tua pátria terrena. Volve-te, agora, para a pátria celeste. Por ela trabalharás pouco e nela terás eterno e verdadeiro reino. Não encontrarás o fogo de Vesta, nem a pedra do Capitólio, mas Deus, uno e verdadeiro, *que não te porá limites ao poder, nem duração ao império.*

2. Não andes à caça de deuses falsos e enganadores! Despreza-os e afasta-os de ti, elevando-te à verdadeira liberdade! Não são deuses, são espíritos malignos, para quem é suplício tua eterna felicidade. Não parece que Juno jamais tenha invejado aos troianos, teus ancestrais terrestres, a glória da cidade romana, como esses demônios, que te obstinas em considerar deuses, invejam ao gênero humano a felicidade das eternas moradas. Tu mesma bem soubeste julgá-los assim, quando os aplacaste com jogos, mas quiseste considerar infames os homens por intermédio de quem os celebraste.

Consente em assegurar tua liberdade contra os imundos espíritos que te puseram no pescoço o jugo de sua ignomínia, para consagrá-la a si mesmos e celebrá-la em sua honra. Excluíste do acesso às dignidades os intérpretes dos crimes divinos. Suplica, pois, ao Deus verdadeiro, que afaste de ti esses deuses que se comprazem em suas próprias velhacarias, quer verdadeiras, o que é o cúmulo da ignomínia, quer falsas, o que é o cúmulo da malícia. Está bem que espontaneamente negues o direito de cidadania a histriões e comediantes. Acaba de abrir os olhos! A Majestade Divina jamais aplacam as artes que empanam a dignidade humana.

Como, pois, no número das santas potestades do céu pensas incluir deuses que se satisfazem com semelhantes agrados, depois de haveres pensado que os homens por quem lhes dedicas esses obséquios não deviam contar-se no número de meros cidadãos romanos? A cidade soberana é incomparavelmente mais luminosa. Nela, a vitória é a verdade, a honra é a santidade, a paz é a felicidade e a vida é a eternidade. Em sua sociedade não tem, com certeza, tais deuses, a partir do momento em que te envergonhaste de ter semelhantes homens na tua. Evita, por conseguinte, comunhão com os demônios, se queres chegar à cidade bem-aventurada. É verdadeira indignidade que pessoas honestas rendam culto a quem pessoas torpes conseguem aplacar. Sejam afastados de tua piedade, por meio da regeneração cristã, para tão longe como aqueles o foram do acesso às dignidades públicas, por meio da nota censória.

Está faltando tocar no ponto referente aos bens carnais, que somente os maus querem gozar, e os males carnais, únicos que não querem padecer. Nem mesmo sobre esses têm os demônios o poder que lhes atribuem; embora tivessem, deveríamos desprezá-los, não adorá-los por causa deles e, adorando-os, ficarmos impedidos de poder alcançar os bens que nos invejam. Mais tarde veremos, para encerrar aqui este livro, que mesmo nisso não têm a influência imaginada pelos que sustentam que, por causa deles, é preciso adorá-los.

# LIVRO TERCEIRO

*Como o precedente se refere aos males relativos à alma e aos costumes, este livro trata dos que tangem ao corpo e às coisas externas. Agostinho mostra que os romanos, desde a fundação da cidade, têm sido constantemente angustiados por esses males e que os falsos deuses, a quem, antes do advento de Cristo, renderam culto espontâneo, têm sido incapazes de evitá-los.*

# CAPÍTULO I
## Adversidades de que somente os maus têm medo e o culto aos deuses nunca preservou o mundo

Creio haver falado o suficiente sobre os males dos costumes e das almas, contra os quais o homem deve, em especial, precaver-se, e de como os falsos deuses não cuidaram coisa alguma de prestar auxílio ao povo que lhes rendia culto para não ser sepultado pela avalancha desses males, mas, ao contrário, fizeram o impossível para que fosse oprimido. Agora vou tratar de tais males, únicos que os adoradores dos falsos deuses não querem padecer, como é o caso da fome, da enfermidade, da guerra, da espoliação, do cativeiro, da morte e de alguns outros assim, já enumerados no Livro Primeiro. De males os maus apenas conceituam esses, que não os fazem maus; não se envergonham, outrossim, de ser maus, entre os bens que seus próprios gabadores gabam, incomodando-os mais ter má vila que má vida, como se o supremo bem do homem fosse ter boas todas as suas coisas, menos a si mesmo. Nem mesmo semelhantes males, os únicos que eles temiam, os deuses impediram que sobreviessem, quando livremente lhes tributavam culto.

Com efeito, antes do advento de nosso Redentor, quando em diferentes épocas e lugares o gênero humano se viu afligido por várias calamidades, algumas delas incríveis, que outros deuses, senão esses, adorava o mundo, exceto o povo hebreu e algumas outras pessoas a ele estranhas, onde quer que oculto e justo desígnio de Deus as tenha julgado merecedoras de tal graça divina? Mas a fim de não ser prolixo, silenciarei sobre os gravíssimos males doutros povos e apenas falarei dos que se referem mais de perto a Roma e ao Império Romano, quer dizer, à própria cidade e àquelas regiões do mundo confederadas com ele ou sujeitas a seu domínio, antes do advento de Cristo, quando de certo modo já participavam do corpo da república.

## CAPÍTULO II
### Tiveram os deuses, a quem de igual modo rendiam culto os romanos e os gregos, motivos para permitir a destruição de Troia?

Em primeiro lugar, por que foi vencida, tomada e assolada pelos gregos a famosa Troia ou Ílion, berço do povo romano (pois não há por que silenciar e dissimular o que já apontamos no Livro Primeiro), que tem e adora os mesmos deuses? Príamo, dizem, pagou os perjúrios do pai, Laomedonte. É verdade, por conseguinte, haverem Apolo e Netuno prestado a Laomedonte serviços a soldo, porque se refere haver-lhes prometido remuneração e jurado falso. Maravilho-me de haver Apolo, adivinho de renome, trabalhado em tamanha empresa, sem saber que Laomedonte lhe negaria o prometido. Surpreende-me, outrossim, que Netuno, tio dele, irmão de Júpiter e rei do mar, ignorasse o porvir. Homero o introduz, vaticinando algo de grande sobre a estirpe de Eneias, cujos descendentes fundaram Roma.

Dizem que o mesmo poeta viveu antes da fundação da cidade e a Eneias o arrebatou numa nuvem, para não matá-lo Aquiles, *desejando, por outra parte, arrancar pela raiz* (o que se encontra em Virgílio) *a obra de minhas mãos que eram as muralhas de Troia, a perjura*. Não sabendo tão eminentes deuses, como Netuno e Apolo, que Laomedonte lhes negaria o salário prometido, edificaram gratuitamente e para ingratos as muralhas de Troia. Tomem cuidado, pois receio que em relação a estes deuses a credulidade seja mais perigosa que o perjúrio. Isso nem o próprio Homero julgou fácil, porquanto nos apresenta Netuno lutando com os troianos e, a favor deles, Apolo, embora a fábula mostre ambos ofendidos pelo referido perjúrio. Se, por conseguinte, dão crédito às ficções poéticas, caia-lhes o rosto de vergonha, pois rendem culto a semelhantes deuses; se não creem, não aleguem os perjúrios de Troia ou admirem-se de haverem os deuses punido os perjúrios troianos e simpatizado com os romanos. Como é que em cidade tão grande e corrupta conseguiu a conjuração de Catilina tão grande número de partidários, cujos atos e palavras se nutriam em perjúrios ou em sangue romano? Que outra coisa faziam os senadores, tantas vezes subornados em seus juízos, que outra coisa fazia o povo nos comícios e nas causas perante ele pleiteadas, senão pecar, perjurando também? Em meio de tal corrupção dos costumes conservava-se o antigo hábito de jurar, não a fim de por causa de temor religioso se absterem da maldade, mas para às demais culpas acrescentarem os perjúrios.

## CAPÍTULO III
### Não poderiam os deuses sentir-se ofendidos pelo adultério de Páris, porque se tratava de procedimento muito comum entre eles

Assim, pois, não há motivo algum para que os deuses, que, segundo se diz, mantiveram de pé o Império Romano, vendo-se vencidos pelos gregos, que assentaram praça de poderosos, finjam-se aborrecidos com os troianos por haverem quebrado o juramento. Muito menos os exasperou, como alguns sustentaram, o adultério de Páris, pretensa causa de haverem abandonado Troia, porque entre eles não é uso ser vingador, mas autor e conselheiro de crimes. *A cidade de Roma*, escreve Salústio, *segundo entendo, fundaram-na e habitaram a princípio os troianos fugitivos que, sob a direção de Eneias, vagavam de cá para lá.* Portanto, se os deuses acreditassem que deviam vingar o adultério de Páris, ser-lhes-ia forçoso castigá-lo mais nos romanos ou pelo menos também neles, porque obra da mãe de Eneias. Como, entretanto, detestaria nele semelhante infâmia quem não detesta (para omitir outros) em Vênus o cometido com Anquises, de que nasceu Eneias? Acaso foi porque aquele se perpetrou com indignação de Menelau e este com assentimento de Vulcano? Os deuses, suponho, não têm muito ciúme das esposas, pois chegam ao extremo de partilhá-las com os homens.

Talvez pareça que vou ridicularizando as fábulas e não trato a sério de causa de tamanha transcendência. Não creiamos, se vos agrada, ser Eneias filho de Vênus, mas também deixemos de acreditar que Rômulo o seja de Marte. Se um deles é, por que não o outro? Seria porventura permitido aos deuses terem comércio carnal com as mulheres dos homens e proibido que os homens o mantivessem com as deusas? Dura, melhor diríamos, incrível condição esta: o que por direito de Vênus foi lícito a Marte em sua união carnal se tornou, assim, ilícito em seu próprio direito à mesma Vênus. Entretanto, a autoridade romana ratifica ambos os casos, porque com igual fé o moderno César considerou Vênus como avó e o velho Rômulo considerou Marte como pai.

## CAPÍTULO IV
### Parecer de Varrão, segundo o qual é útil que os homens se finjam nascidos dos deuses

Alguém perguntará se porventura creio nisso. Na realidade, não creio, porquanto o próprio Varrão, o mais sábio dentre eles, embora hesite em pronunciar-se categoricamente, lhe reconhece alguma falsidade. É vantajoso para as cidades, afirma ele, que seus homens proeminentes se julguem, mesmo falsamente, de sangue de deuses, porque desse modo o coração humano, portador de confiança na linhagem divina, concebe com maior audácia grandes decisões, as realiza com maior energia e as leva com essa segurança a feliz termo. Semelhante parecer de Varrão, expresso, como pude, com palavras minhas, vede que larga porta abre à falsidade. E é fácil compreender que podem ser inventadas muitas falsidades relativas ao ritual e à religião, onde quer que o homem entenda que as mentiras, mesmo as referentes aos próprios deuses, causam grandes vantagens aos cidadãos.

## CAPÍTULO V
### Não é crível hajam os deuses punido o adultério de Páris e deixado impune o da mãe de Rômulo

Deixemos de lado a questão de saber se foi possível a Vênus, como resultado da união com Anquises, dar à luz Eneias e se Marte, do comércio carnal com a filha de Numitor, pôde gerar Rômulo. Dificuldade parecida surge em nossas Escrituras, quando se pergunta se os anjos prevaricadores se uniram com as filhas dos homens, deles nascendo gigantes, isto é, homens demasiado grandes e fortes, que na época povoaram a Terra. Por enquanto, porém, limitemos a questão a esses dois fatos. Se é verdade o que entre eles com tamanha frequência se lê da mãe de Eneias e do pai de Rômulo, como é possível desagradarem aos deuses os adultérios dos homens, se com tanta conformidade toleram mutuamente os próprios? Se falso, é de igual modo impossível que lhe causem aborrecimento os verdadeiros adultérios dos homens, que se deliciam com os seus, embora falsos. Daí se deduz que, se não se dá crédito ao adultério de Marte, a fim de não dá-lo também ao de Vênus, sob pretexto de nenhum ajuntamento divino pode ser defendida a causa da mãe de Rômulo. Sílvia era sacerdotisa vestal e, por isso, os deuses tinham mais razão para, nos romanos, vingar-se da sacrílega infâmia que, nos troianos, do adultério de Páris. Os antigos romanos enterravam vivas as sacerdotisas de Vesta surpreendidas em estupro, ao passo que às mulheres adúlteras, embora lhes impusessem alguma pena, não era de morte. Vingavam de modo mais inexorável o que supunham sacrários divinos que os leitos humanos!

## CAPÍTULO VI
### Parricídio de Rômulo, não vingado pelos deuses

Chego a dizer que, se tanto desgosto causaram aos deuses os crimes dos homens, que, ofendidos pelo delito de Páris, deixaram Troia abandonada ao gládio e ao fogo, mais os irritaria com os romanos a morte do irmão de Rômulo que com os troianos a injúria feita ao esposo grego, mais os irritaria o parricídio da cidade nascente que o adultério da já florescente. Não tem a menor importância para o presente caso saber se se executou por mandado de Rômulo ou se Rômulo o executou com as próprias mãos, coisa que muitos imprudentemente negam, outros por pudor põem em dúvida e muitos com mágoa dissimulam. Para não nos determos a investigar mais a fundo a questão, ponderando os testemunhos de muitos escritores, diremos constar claramente haver o irmão de Rômulo sido morto, mas não por inimigos ou estranhos. Executou-o ou mandou executá-lo Rômulo, mais chefe dos romanos que Páris dos troianos. Por que, pois, o raptor da mulher alheia provocou a cólera dos deuses contra os troianos e esse, que matou o irmão, atraiu sobre os romanos as boas graças dos mesmos deuses? Se o referido crime Rômulo não cometeu com as próprias mãos, nem mandou cometer, cometeu-o a cidade toda, porque a cidade toda não lhe deu importância, pois sem dúvida alguma deveu castigá-lo e deu morte não ao irmão, mas ao pai, o que é ainda pior.

Ambos foram fundadores, embora a um deles criminosa mão tenha impedido reinar. Não há, creio, por que dizer de que mal Troia se fez merecedora, para que os deuses a abandonassem, podendo, assim, perecer, e de que bem Roma foi credora, para que nela os deuses fixassem residência, podendo, assim, crescer, senão porque, vencidos, fugiram dali, e se trasladaram para cá, a fim de seduzirem de igual modo os romanos. Mais ainda, ali permaneceram para enganar, segundo usavam, os que tornaram a habitar naquelas terras e aqui se inflaram de orgulho, pondo em prática de maneira mais intensa os ardis de sua própria falácia.

## CAPÍTULO VII
### Destruição de Ílion, levada a cabo por Fímbria, general de Mário

Que mísero crime cometera Ílion para que, ao estalarem as guerras civis, a destruísse Fímbria, o homem mais feroz do partido de Mário, muito mais sangrenta e cruelmente que o fizeram noutro tempo os gregos? Nessa ocasião, muitos fugiram dali e muitos, perdendo a liberdade, conservaram a vida. Em troca, Fímbria primeiro tornou público, em edito, que não perdoaria ninguém, e depois mandou reduzir a cinzas a cidade e quantos nela residiam. Esse foi o tratamento que deram a Ílion, não os gregos, indignados por causa de suas iniquidades, mas os romanos, nascidos de suas desgraças, sem que os deuses, comuns a uns e a outros, aprestassem-se para repeli-los ou, esta é a verdade, pudessem fazê-lo. Acaso, então, *se foram, abandonando templos e altares,* todos os deuses que mantinham firme a cidade, restaurada após o incêndio e destruição dos gregos? Se se foram, procuro a causa; quanto melhor acho a dos troianos, tanto pior a dos deuses. Para conservarem a cidade íntegra para Sila, os troianos fecharam as portas a Fímbria, que por esse motivo se enfureceu contra eles, lhes pôs fogo ou, melhor dizendo, quase os nivelou com o solo. Então, ainda era Sila o general dos melhores partidos civis; então, ainda se esforçava em recuperar a república pelas armas.

Desses bons começos ainda não haviam surgido os maus acontecimentos. Que coisa melhor puderam fazer os cidadãos da referida urbe? Que de mais honesto? Que mais conforme com as relações mantidas com Roma que manter a cidade para o melhor partido romano e fechar as portas ao parricida da república romana? Mas ponderem os defensores dos deuses em quanta destruição se transformou isso. Que os deuses desamparassem os adúlteros e deixassem Ílion ser presa das chamas dos gregos, para que das cinzas Roma surgisse mais casta, está bem. Mas por que depois desampararam a própria cidade mãe dos romanos, não rebelando-se contra Roma, nobre filha, mas guardando a seus mais justos partidos fé constante e inquebrantável, e deixaram que fosse confundida com o pó, não pelos destemidos gregos, mas pelo mais obsceno dos romanos? Se desagradava aos deuses a causa do partido de Sila, para quem, desditosos, reservavam a cidade, quando lhe fecharam as portas, por que prometeram e auguravam a Sila tamanhas prosperidades? Não é prova de que antes se reconhecem aduladores dos felizes que defensores dos infelizes?

A destruição de Ílion não é, pois, devida ao desamparo por parte dos deuses, porque os demônios, sempre prontos para enganar, fizeram quanto esteve em suas mãos. Na destruição e incêndio de todos os simulacros, juntamente com a cidade, refere Lívio que apenas o de Minerva ficou de pé e intacto em meio das enormes ruínas do templo, não para que se dissesse em seu louvor: *Ó deuses pátrios, sob cujo poder Troia sempre esteve!*, mas para que não se dissesse em sua defesa: *Todos os seus deuses se foram, abandonando templos e altares*. E permitiu-se-lhes isso precisamente para acusar-lhes a presença e não para poder demonstrar-lhes o poder.

## CAPÍTULO VIII
### Devia Roma confiar-se aos deuses de Troia?

Com que prudência se confiou aos deuses de Ílion a proteção de Roma, depois da experiência adquirida em Troia? Alguém dirá que estavam cansados de viver em Roma, quando às investidas de Fímbria se rendeu Ílion. Por que, pois, ficou em pé a estátua de Minerva? Mas, se estavam em Roma, quando Fímbria voou para Ílion, sem dúvida também estavam em Troia, quando os gauleses tomaram Roma e lhe puseram fogo. Como, todavia, têm ouvido muito fino e se deslocam com enorme rapidez, assim que os gansos grasnaram, acudiram pressurosos a defender pelo menos a colina do Capitólio, que ficara em pé. Para defenderem o resto, chegou-lhes tarde o aviso.

## CAPÍTULO IX
### Deve ser considerada como dom dos deuses a paz havida no reinado de Numa?

A crença generalizada de haverem os deuses favorecido Numa Pompílio, sucessor de Rômulo, dando-lhe ter paz durante todo o seu reinado e fechar as portas de Jano, de costume abertas em tempo de guerra, baseia-se precisamente no fato de que entre os romanos estabeleceu muitas cerimônias sagradas. Tal homem fora digno de felicitação, caso houvesse sabido empregar seus lazeres em coisas salutares e sacrificar sua perniciosa curiosidade à procura do verdadeiro Deus com verdadeira piedade. Mas não foram os deuses que lhe deram o necessário ócio. Talvez o enganassem menos, se não o houvessem encontrado tão ocioso, porque quanto menos ocupado o achassem, tanto mais ocupação lhe dariam. Qual a pretensão de Numa e com que artifícios pôde granjear para si e para a cidade a simpatia de semelhantes deuses, di-lo Varrão. Se prouver a Deus, no devido lugar trataremos mais amplamente do caso. Por enquanto, como a questão versa sobre os benefícios dos deuses, admitamos ser a paz grande benefício, não, porém, benefício do verdadeiro Deus, comum, como o Sol, como a chuva e como outros subsidiários à vida, a ingratos e pecadores.

Mas, se os deuses proporcionaram a Roma e a Pompílio tão grande bem, por que a seguir jamais o prestaram ao Império Romano, nem mesmo nas épocas de fastígio? Será que as cerimônias sagradas eram de maior utilidade ao serem instituídas que quando as celebravam, depois de instituídas? Não existiam, antes de Numa, que as acrescentou ao culto, com vistas a sua existência; depois, já existentes, passaram a observá-las, com vistas à sua utilidade. Qual a causa de haverem, durante o reinado de Numa, passado quarenta e três anos ou, como querem outros, trinta e nove de contínua paz? Qual a causa de, estabelecidos os ritos sagrados e atraídos os deuses pelas cerimônias a serem tutores e chefes, mencionar-se, depois de tantos anos (desde a fundação de Roma à época de Augusto), um ano apenas, esse mesmo como coisa excepcional, o seguinte à primeira guerra púnica, durante o qual os romanos puderam fechar as portas da guerra?

## CAPÍTULO X
### Seria desejável o crescimento do Império Romano à custa de guerras tão violentas, quando podia ter paz e segurança com a mesma sorte com que acreditais pôde tê-las durante o reinado de Numa?

Responderão, porventura, que o Império Romano não podia estender ao mundo todo seus domínios e expandir por toda parte sua glória, sem contínuas e sucessivas guerras? Razão idônea, por certo! Devia nadar na agitação o império, para ser grande? Quanto aos corpos humanos, não é melhor, porventura, ter estatura mediana e saúde que talhe de gigante e perpétuas dores e, havendo-a alcançado, não sossegar, mas viver em meio de sofrimentos tanto maiores quanto maiores os membros? Que mal seria ou, melhor, que imenso bem, se perdurassem os tempos que Salústio lembra deste modo: *No começo, os reis (esse o primeiro nome usado para designar a autoridade) eram diferentes: uns exercitavam o espírito; outros, o corpo. Os homens ainda viviam sem cobiça, contente cada qual com a própria sorte.* Será que, para o império chegar a semelhante grandeza, tornou-se preciso o que, por outra parte, Virgílio deplora nos seguintes versos: *Pouco a pouco sobreveio a idade pior e descolorida, a fúria da guerra e o amor ao ouro?*

Não há dúvida que é escusa justa para os romanos, por causa de tantas guerras empreendidas e guerreadas, dizer que se viram obrigados a resistir aos inimigos e a suas contínuas arremetidas, não por avidez de conseguir louvores humanos, mas por necessidade de defender a vida e a liberdade. Vá lá! Muito bem! *Depois que sua república*, segundo escreve Salústio, *graças ao desenvolvimento das leis, dos costumes e dos campos, parecia gozar da prosperidade e poder, de acordo com lei geral das coisas humanas, da opulência nasceu a inveja. Reis e nações limítrofes declararam-lhes guerra e poucos aliados vieram socorrê-la, porque a maioria, acovardada, fugiu ao perigo. Mas os romanos, solícitos na paz e na guerra, apressam-se, preparam-se, animam-se uns aos outros, saem ao encontro do inimigo e defendem, de armas nas mãos, a liberdade, a pátria e a família. Depois de o seu valor haver afastado o perigo, deram de socorrer os aliados e amigos, granjeando amizades mais por fazer benefícios que por obtê-los.*

É por esses meios decorosos que Roma se desenvolve. Agradar-me-ia saber, entretanto, se no reinado de Numa, quando houve tão prolongada paz, os acometiam os inimigos e os provocavam à guerra ou nada faziam para perturbá-la. Se Roma ainda se deixava seduzir pelas guerras e não resistia às armas com as armas, dos mesmos meios de que se servia para apaziguar os inimigos, sem vencê-los em batalha alguma e sem descarregar neles seu ímpeto guerreiro, servir-se-ia sempre, e sempre reinaria em paz, fechadas as portas de Jano. Se não esteve em suas mãos, Roma não teve paz pelo tempo que os deuses quiseram, mas pelo que os vizinhos quiseram, deixando de provocá-la à guerra, salvo se o atrevimento de tais deuses fosse tal que vendesse a determinado homem o que não depende do querer ou do não querer de outro. É verdade que importa ao vício próprio saber em que grau se permite aos demônios intimidar e instigar os espíritos perversos. Se isso, todavia, sempre lhes fosse possível e poder secreto e superior não agisse frequentemente contra seus planos, sempre teriam em suas mãos a paz e as vitórias, resultado, quase sempre, das paixões humanas. Acontecem, porém, na maioria dos casos, contra a vontade dos deuses, como provam não apenas as fábulas, que mentem com frequência e nos oferecem pequenina dose de verdade, mas também a história de Roma.

## CAPÍTULO XI
### A estátua de Apolo de Cumas, cujas lágrimas, segundo a lenda, prognosticavam a destruição dos gregos, a quem não pôde socorrer

Não há outro motivo, senão esse, para explicar as lágrimas que Apolo Cumano derramou durante quatro dias, enquanto guerreavam os aqueus e o Rei Aristônico. Aterrados por semelhante prodígio, os arúspices julgaram que a estátua devia ser arrojada ao mar; mas interpuseram súplicas os anciãs de Cumas e contaram prodígio semelhante operado na mesma estátua durante a guerra sustentada contra Antíoco e contra Perseu. Asseguraram, outrossim, que, por haver a boa sorte sorrido aos romanos, o senado decretara o envio de oferendas a Apolo. Fizeram, por isso, vir outros adivinhos mais hábeis; responderam que as lágrimas da estátua de Apolo eram sinal de ventura para os romanos, justamente porque, sendo Cumas colônia grega, Apolo, banhado em lágrimas, exprimia calamidade e pranto para as terras de que o haviam trazido, isto é, para a própria Grécia. Pouco tempo depois chegou a notícia de que o Rei Aristônico fora vencido e feito prisioneiro. Essa vitória era evidentemente contrária ao querer de Apolo, que dela se doía. É o que as lágrimas da estátua indicavam. Daí se deduz não serem de todo incongruentes as narrativas dos poetas, que, embora fabulosas, aproximavam-se da verdade, a respeito dos costumes dos demônios. Em Virgílio, Diana condói-se de Camila; Hércules chora a iminente morte de Palante. Talvez por isso Numa Pompílio, banhado em paz e não sabendo, nem procurando saber quem lha concedia, quando pensava a que deuses confiaria a defesa da salvação de Roma e do império e na convicção de que o Deus verdadeiro, supremo e onipotente, não se preocupa com essas coisas terrenas, lembrou-se de haverem os deuses troianos, trazidos por Eneias, demonstrado impotência para conservar por longos anos o reino de Troia e até mesmo o de Lavínio, fundado pelo próprio Eneias. Desse modo, julgou que devia prover-se de outros deuses, para juntá-los aos primeiros (quer aos que com Rômulo já haviam passado a Roma, quer aos que após a destruição de Alba, passariam), pondo-os como guardiães dos fugitivos ou coadjutores dos incapazes.

## CAPÍTULO XII
### De nada lhes serviram os inúmeros deuses que os romanos acrescentaram aos instituídos por Numa

Roma, porém, não se dignou contentar-se com essas divindades, em tão grande número instituídas por Pompílio. É que Júpiter ainda não tinha na urbe seu templo principal. Foi o Rei Tarquínio quem ergueu o Capitólio. Esculápio transferiu-se de Epidauro para Roma para, como peritíssimo médico, exercer mais gloriosamente medicina em tão nobre cidade. A mãe dos deuses veio não sei de onde, de além de Pessenunte, pois era censurável que, sendo o filho senhor da colina do Capitólio, continuasse oculta em lugar de tão pouca nomeada. Se é verdade que é mãe de todos os deuses, veio para Roma depois de alguns dos filhos e precedeu os que haviam de ir. Maravilho-me, se é verdade que é mãe do Cinocéfalo, que veio muito mais tarde do Egito. Se dela nasceu também a deusa Febe, verifique-o Esculápio, seu bisneto. Mas, seja qual for sua origem, tenho para mim que não se atreverão essas divindades exóticas a chamar plebeia deusa que é cidadã romana.

Ao abrigo de tantos deuses (quem poderá enumerá-los?), naturais, adventícios, celestes, terrestres, infernais, marinhos, fontais, fluviais e, como diz Varrão, certos e incertos, deuses de todo gênero, machos e fêmeas, como entre os animais, posta Roma, torno a dizer, ao abrigo de tais divindades, não deveriam persegui-la tamanhas e tão horripilantes calamidades das quais mencionarei algumas. Com tamanha fumarada, como por meio de sinal, convocava essa grande multidão de deuses a defendê-la, construindo e dedicando-lhe templos, altares, sacrifícios, sacerdotes e ofendendo assim o supremo e verdadeiro Deus, a quem se devem, com exclusividade, semelhantes honras. Sua vida correu mais feliz com menos deuses; mas, quanto mais se ia desenvolvendo, tantos mais julgava dever instituir, como navio requer marinheiros, desconfiando, segundo penso, que aqueles poucos sob os quais vivera melhor, em comparação com a vida pior, não fossem suficientes para manter-lhe a grandeza. Contudo, sob os próprios reis, exceção feita de Numa Pompílio, de quem falei acima, não foi medonha desgraça a discórdia ensanguentada pelo assassínio de Rômulo?

## CAPÍTULO XIII
### Aliança e direito usados pelos romanos nos primeiros casamentos

Como nem Juno, que com Júpiter *protegia a grei romana, que ostentaria a toga e seria dona do mundo,* nem a própria Vênus puderam socorrer os descendentes de Eneias para merecerem casar-se em boa e justa lei? Chegou a tal extremo e escassez, que roubaram com dolo as mulheres, vendo-se logo depois forçados a lutar com os sogros para dotá-las, apesar de o sangue dos pais ainda não havê-las reconciliado com a injúria feita pelos maridos. Nessa pendência a vitória esteve ao lado dos romanos. Mas quantos feridos e quantas vidas, de ambos os lados, de parentes e vizinhos deve ter custado! Por causa de César e Pompeu, apenas um sogro e apenas um genro, já morta a filha de César, esposa de Pompeu, exclama Lucano com muito justo sentimento de dor: *Cantamos as batalhas mais do que civis dos campos de Emátia e o direito promulgado em prol da maldade.*

Os romanos venceram e com as mãos banhadas no sangue dos sogros obrigaram as filhas deles a abraçá-los; elas não se atreveram a chorar os pais mortos, para não ofenderem os maridos vencedores. Durante o combate, não sabiam por quem fazer votos. Tais bodas oferendou ao povo romano não Vênus, mas Belona ou, talvez, Alecto, fúria infernal que, a despeito do favor de Juno, usou contra eles de maior licença que na oportunidade em que fora, com seus rogos, instigada contra Eneias. Mais venturoso foi o cativeiro de Andrômaca que os matrimônios dos romanos, porque Pirro, depois de haver-lhe gozado os abraços, não matou nenhum troiano. Os romanos, todavia, em seus recontros davam morte aos sogros, cujas filhas já haviam abraçado em seus leitos conjugais. Aquela, joguete do vencedor, somente pôde condoer-se da morte dos seus, mas não temê-la; estas, casadas com os guerreiros, temiam a morte dos pais, quando os maridos iam ao combate, e, vendo-os de volta, deploravam-na, sem liberdade para o temor, nem para a dor. É que pela morte dos concidadãos, familiares, irmãos e pais se atormentavam ou com alegria infernal se alegravam das vitórias dos maridos.

Acrescente-se que, como a sorte das guerras é eventual, umas, por causa da espada dos pais, perdiam os maridos; outras, por causa das espadas de ambos, se viam despojadas dos pais e dos esposos. E não foram de pouca monta, entre os romanos, semelhantes reveses, pois chegaram a pôr cerco à cidade e defendiam-se a portas fechadas. Abertas dolosamente e entrados os inimigos muros adentro, deu-se no próprio foro demasiado sangrenta e medonha refrega entre genros e sogros. Ao verem-se vencidos, os raptores fugiam em bandos para casa, pondo nota de fealdade inda maior nas primeiras vitórias, dignas também de rubor e pranto. Então, Rômulo, desesperando já do valor dos seus, rogou a Júpiter que se detivessem; nessa conjuntura Júpiter ganhou o cognome de Estator. Não sobreviria o fim de tamanha catástrofe, se, de cabelos em desalinho, as raptadas não se houvessem apresentado aos pais e, prostrando-se-lhes aos pés, não lhes aplacassem a justíssima ira, não com armas vitoriosas, mas com suplicantes súplicas.

Enfim, Rômulo, que não quisera tolerar a companhia do irmão, se viu obrigado a partilhar a regência com Tito Tácio, rei dos sabinos. Quanto tempo, porém, o toleraria quem não tolerou o irmão, gêmeo por cima? Esse o motivo de, assassinado Tácio também, permanecer sozinho no reino, para ser um dia maior deus. Que direitos matrimoniais são esses, que razões para guerra, que modos de constituir irmandade, afinidade, sociedade, divindade? Que vida essa de cidade constituída sob a tutela de tantos deuses? Podes imaginar a quantidade de coisas que se poderiam dizer a partir desse ponto, não fosse que nossa intenção se dirige ao restante e nossas palavras se encaminham rápido para outras veredas.

## CAPÍTULO XIV
### Guerra injusta que os romanos fizeram aos albanos e vitória conseguida pela paixão de dominar

1. Que aconteceu depois de Numa, sob o mando dos outros reis? Quantas desgraças, não somente aos seus, mas também aos próprios romanos, ocasionou o provocarem os albanos à guerra! É que a prolongada paz de Numa se mudara em vilania. Quão frequentes os estragos dos exércitos rivais e quanto menoscabo de uma e outra cidade! Alba, fundada por Ascânio, filho de Eneias, mãe de Roma, muito mais próxima que a própria Troia, combateu provocada pelo Rei Túlio Hostílio, e, em combate, afligiu e foi afligida, até que, depois de muitas refregas, cansaram-se das perdas. Prouve-lhes, nesse transe, tentar o desenlace da guerra por meio de combate de três irmãos gêmeos de cada lado. Saíram a campo, da parte dos romanos, três Horácios; da parte dos albanos, três Curiácios. Os três Curiácios

venceram e mataram dois Horácios, mas o Horácio sobrevivente derrotou e deu morte aos três Curiácios. Desse modo, Roma venceu, com tal baixa, porém, na contenda final, que de seis vivos que foram apenas um voltou do combate. A quem se causou o prejuízo em ambos os casos? A quem se deve o luto, senão à estirpe de Eneias, aos descendentes de Ascânio, aos filhos de Vênus, aos netos de Júpiter?

Essa guerra foi, sem dúvida, mais do que civil, pois a cidade filha combateu contra a cidade mãe. Acrescente-se-lhe outro mal horrendo e cruel que seguiu à luta dos trigêmeos. Como os dois povos foram, a princípio, amigos, quer dizer, vizinhos e aparentados, uma irmã dos Horácios estava casada com um dos Curiácios. Em vendo em poder do irmão vitorioso os despojos, prorrompeu em lágrimas e foi morta pelo próprio irmão. Tenho para mim haver sido mais humano o sentimento dessa mulher que o de todo o povo romano. Creio que não chorava culpavelmente o esposo, a quem a unia a fidelidade jurada, e talvez chorasse o irmão coberto pelo sangue do homem a quem prometera a irmã. Por que se aplaudem as lágrimas que, segundo Virgílio, o piedoso Eneias derrama sobre o inimigo a quem matara? Por que Marcelo, recordando o esplendor e a glória de Siracusa, por ele mesmo esfumada pouco antes, deixou, pensando na sorte comum, escapar lágrimas de compaixão? Trata-se de pedido meu. Exijamos do sentimento de humanidade possa a esposa, sem nota de culpabilidade, chorar o marido morto pelo irmão, se é verdade haverem os homens podido chorar, louvavelmente, os inimigos por eles vencidos. Enquanto essa mulher chorava a morte que o irmão dera ao esposo, Roma nadava em júbilo por haver combatido ferozmente contra a cidade mãe e vencido com tamanha efusão de sangue irmãos de ambos os lados.

2. Louvor! Glória! Não venham alegar-me esses nomes vazios de sentido. Removidas as sombras de insensata opinião, considerem-se os acontecimentos em sua nudez, em sua nudez ponderem-se, sejam em sua nudez julgados. Citem-nos a causa de Aba, como se referia o adultério de Troia, e não se encontrará nenhum parecido, nenhuma semelhança. Túlio somente o fez para chamar *às armas os homens adormecidos na inação e as tropas, pouco habituadas ao triunfo*. Esse vício foi a causa de enorme crime, a saber, a guerra entre parentes e amigos. De vício tão descomunal trata, embora de passagem, Salústio,

quando após mencionar em resumo e celebrar os tempos antigos, em que os homens viviam vida sem cobiça e cada qual se contentava com o que lhe pertencia, acrescenta: *Depois de começarem Ciro na Ásia e os lacedemônios e atenienses na Grécia a senhorear-se de cidades e nações, a ter, por motivo de guerra, apetite de mando e a pensar que a glória máxima consistia em dilatado império* etc. Basta-me haver citado até aqui suas palavras. Tal apetite de mando fatiga e açoita com grandes males o gênero humano. Roma, então vencida por esse apetite, congratulava-se por haver derrotado Alba e dourava a própria velhacaria com o nome de glória, porque, como dizem nossas Escrituras, o *pecador se gloria dos desejos de sua alma e quem suporta a iniquidade é bendito*.

Despojem, pois, as coisas de seus enganosos paliativos, de seu ilusório verniz, para examiná-las com sinceridade. Ninguém me diga: fulano é grande, porque se bateu com beltrano e sicrano e os venceu. Também os gladiadores lutam e vencem; também a crueza deles tem como prêmio o louvor. Mas estimo ser melhor recompensa o aborrecimento de qualquer inação que a busca de glória com semelhantes armas. Se, contudo, descessem à arena dois gladiadores, um deles o pai e o outro o filho, quem suportaria tal espetáculo? Quem não o impediria? Como, pois, pôde ser glorioso o combate havido entre duas cidades, mãe uma e filha a outra? Acaso foi diferente esse combate porque não houve arena ou porque campos mais extensos se abarrotaram de cadáveres, não de dois gladiadores, mas de muitos de ambas as nações? Ou acaso porque tais combates tinham por palco o orbe inteiro, não apenas o anfiteatro, e por espectadores os contemporâneos e os pósteros a quem chegar a fama de tão ímpio espetáculo?

3. Todavia, os deuses tutelares do Império Romano, que a esses combates assistiam, como se não passassem de espetáculo teatral, foram vítimas violentadas por sua própria afeição, até a irmã dos Horácios, em respeito aos três Curiácios mortos, somada pela espada irmã aos dois irmãos, completar o número três do outro partido, para não serem menos as mortes de Roma, que vencera. Em seguida, para maior eficácia da vitória, desmantelaram Alba, onde, depois de Ílion, destruída pelos gregos, e depois de Lavínio, onde Eneias constituíra estrangeiro e fugitivo reino, os deuses troianos encontraram

asilo pela terceira vez. Mas como é usança deles, talvez houvessem emigrado também dali, sendo essa a causa de haverem-na destruído. Quer dizer, haviam-se ido *todos os deuses que mantinham de pé o império, abandonando templos e altares*. Haviam-se ido, sim, e pela terceira vez, a fim de Roma julgar-se providencialmente a quarta. Desagradava-lhes Alba porque reinava Amúlio, expulso o irmão, e agradava-lhes Roma, onde Rômulo, após matar o irmão, reinará outrora. Mas antes da destruição de Alba, dizem, toda a população se trasladara a Roma, para as duas cidades fundirem-se em apenas uma. Suponhamos que fosse verdade; mas a cidade, reino de Ascânio e terceira morada dos deuses troianos, sendo sua mãe, viu-se destruída pela cidade filha. E, para fazer mistura tão desafortunada dos destroços da guerra havida entre os dois povos, houve de derramar-se, primeiro, muito sangue de ambos os lados.

Que direi, em particular, das guerras a que pareciam pôr fim as vitórias tantas vezes renovadas sob os outros reis, concluídas vez por outra com tamanhos desastres e mil e uma vezes repetidas depois das alianças e da paz entre os genros e os sogros, entre os descendentes de uns e outros? Não é prova pouco forte dessa calamidade que nenhum deles fechasse as portas à guerra. Em consequência, nenhum deles teve reinado pacífico sob a tutela de tantos deuses.

## CAPÍTULO XV
### Vida e morte dos reis romanos

1. Que fim tiveram os reis? Veja-se o que de Rômulo conta a fabulosa adulação: Foi recebido no céu. Considere-se, ao mesmo tempo, o que disseram alguns de seus escritores: Por causa de ser feroz, fizeram-no em pedaços no senado e subornaram certo Júlio Próculo para propalar que lhe aparecera e lhe ordenara dizer por si mesmo ao povo romano que o venerasse entre os deuses. Desse modo, o povo, que começara a desgostar-se do senado, conteve-se e sossegou. Houve também eclipse do Sol e o vulgo ignorante, desconhecendo o movimento predeterminado dos astros, atribuiu-o aos merecimentos de Rômulo, como se o Sol houvesse posto luto. Portanto, não deviam continuar na crença de que fora morto e o eclipse da luz do dia era índice do crime, como deveras sucedeu quando a crueldade e

impiedade dos judeus crucificaram o Senhor. Prova evidente de não haver aquele obscurecimento acontecido segundo o curso ordinário dos astros é que transcorria a Páscoa dos judeus, celebrada somente no plenilúnio, quando o eclipse regular do Sol apenas sucede no fim do quarto minguante. O próprio Cícero dá a entender com suficiência que a recepção de Rômulo entre os deuses é mais conjetura que realidade, quando em louvor desse rei diz pela boca de Cipião nos livros que compõem *A República: Deixou atrás de si tal ideia, que, havendo subitamente desaparecido durante o eclipse do Sol, o acreditaram recebido entre os deuses. Nenhum mortal jamais pôde conseguir opinião igual, sem relevante grau de virtude.* Com isso de afirmar *que desapareceu de súbito* queria sem dúvida alguma dar a entender a violência da tempestade ou o segredo mantido em torno de seu assassínio, porque alguns outros escritores acrescentam ao eclipse do Sol violenta tempestade, que ensejou ocasião propícia ao crime ou acabou com Rômulo. Na obra citada, o mesmo Cícero diz de Túlio Hostílio, terceiro rei depois de Rômulo, também fulminado a raio, que não o julgaram recebido entre os deuses por causa de semelhante morte precisamente, porque os romanos não queriam vulgarizar, isto é, desvirtuar o sucedido a Rômulo, segundo crença generalizada, atribuindo-o de maneira leviana a outro. Diz também às claras em suas Diatribes: *O fundador desta cidade, Rômulo, por benevolência nossa e por causa de sua fama elevamo-lo à categoria dos deuses imortais.* Isso prova não haver-se tratado de acontecimento real, mas de alarde e divulgação em reconhecimento a seus virtuosos merecimentos. No diálogo intitulado *Hortênsio*, falando sobre os eclipses regulares do Sol: *Para produzir as mesmas trevas produzidas por ocasião da morte de Rômulo, acontecida em eclipse do Sol.* Porque falava mais como filósofo do que como panegirista, nessa passagem não receou dizer que Rômulo morreu como simples homem.

2. Os demais reis do povo romano, exceção feita de Numa Pompílio e Anco Márcio, mortos de enfermidade, tiveram morte horrenda. Túlio Hostílio, como já tive oportunidade de dizer, vencedor e destruidor de Aba, foi abrasado a raio com toda a sua casa. Os filhos do predecessor de Tarquínio Prisco assassinaram-no. Sérvio Túlio foi vítima da nefanda velhacaria de seu genro Tarquínio o Soberbo, que

lhe sucedeu no reino. E os deuses *não fugiram, abandonando templos e altares*, após o cometimento de tão grande parricídio contra o mais excelente rei desse povo. Deuses de quem se diz haver bastado o adultério de Páris para determiná-los a deixar a mísera Troia em mãos dos gregos, para devastarem-na e incendiarem-na.

Mas, além disso, o próprio Tarquínio sucedeu ao sogro, por ele assassinado. E os deuses viram reinar o vil parricida, após haver assassinado o sogro; mais ainda, viram-no tornar-se vaidoso de seus muitos combates e vitórias e construir o Capitólio com os despojos dos vencidos e não se afastaram, mas permaneceram presentes. Toleraram, além disso, que Júpiter, seu rei, presidisse e reinasse do soberbo templo, quer dizer, da obra de parricida. Não era inocente, quando construiu o Capitólio, e depois o expulsaram da cidade como prêmio de seus merecimentos; pelo contrário, graças à prática do mais inumano dos crimes chegou a reinar e nesse reinado ergueu o Capitólio.

Se em seguida os romanos o destronaram e fizeram sair da cidade, não foi por haver tomado parte no estupro de Lucrécia, mas por havê-lo cometido o filho não apenas sem ele sabê-lo, como, por cima, em sua ausência. Estava, na ocasião, atacando a cidade de Ardeia, chefe guerreiro que era do povo romano. Ignoramos que atitude tomaria, caso soubesse do infame procedimento do filho. Contudo, o povo, sem inquirir, nem ouvir-lhe o parecer, expulsou-o do império e, retirando-lhe o comando e ordenando aos soldados que o abandonassem, fechou logo as portas e não deixou entrar o rei, que, depois de com muito árduas guerras afligir os próprios romanos, sublevando contra eles os vizinhos, depois de não poder recobrar o reino, por haverem-no abandonado aqueles em cujo auxílio confiava, viveu durante catorze anos vida tranquila e retirada em Túsculo, cidade próxima de Roma. Aí, como dizem, encaneceu em companhia da esposa, morrendo de morte acaso mais desejável que a do sogro, morto de maneira velhaca pelo genro e, segundo parece, não sem ignorá-lo o filho. Esse Tarquínio os romanos não apelidaram de o Cruel ou o Assassino, mas de o Soberbo, talvez por não lhe suportarem as pompas reais, em razão doutra soberba mais refinada.

Com efeito, fizeram tão pouco caso do crime de haver matado o sogro e seu mais excelente rei, que o fizeram rei. Surpreende-me pensar que se tornaram réus de mais grave crime, ao pagarem por preço tão elevado tamanho crime. E os deuses não se foram, abandonando templos e altares, exceto se alguém, para defender tais deuses, disser que permaneceram em Roma a fim de poder castigá-los com tormentos, seduzindo-os com triunfos enganadores e quebrantando-os em guerras sangrentas, mais do que para prestar-lhes auxílio com seus benefícios.

Eis a vida dos romanos, vivida sob o império dos reis nos dias de maior fastígio da república, até a expulsão de Tarquínio, o Soberbo, durante quase duzentos e quarenta e três anos. Nesse tempo, apesar de todas as vitórias compradas pelo preço de tanto sangue e tantas calamidades, estenderam o império a vinte milhas apenas em torno de Roma, espaço de tal maneira insignificante que não pode hoje comparar-se com o território de qualquer cidade de Getúlia.

## CAPÍTULO XVI
### Primeiros cônsules romanos. Um deles expulsou outro da pátria e logo morreu, ferido pelo inimigo a quem ferira, depois de haverem-se perpetrado em Roma atrocíssimos parricídios

Acrescente-se a esse período aqueloutro até quando, segundo Salústio, viveu-se com justiça e probidade, enquanto serviam de dique o medo a Tarquínio e a pesada guerra contra a Etrúria. Enquanto os etruscos favoreceram Tarquínio, que pretendia recobrar o reino, Roma sofreu crua guerra. Esse o motivo por que, diz, a república se governava com probidade e justiça, forçada pelo medo, não guiada pela justiça. Nesse brevíssimo lapso de tempo mostrou-se desastroso o ano em que se criaram os primeiros cônsules, depois de destronada a realeza. Não duraram sequer um ano. Júnio Bruto expulsou da cidade o colega Lúcio Tarquínio Colatino, privando-o da dignidade consular. Mas depois, em guerra contra o inimigo, ambos caíram mortos, havendo, antes, dado morte aos filhos e aos irmãos da esposa, porque lhe chegou ao conhecimento que se haviam conjurado para reivindicar a dignidade consular de Tarquínio. Virgílio, depois de contar semelhante façanha como digna de louvor, logo lhe sente piedoso horror. Após dizer: *E caso os filhos queiram fazer arder a guerra, o pai saberá sacrificá-los à liberdade,* logo a seguir clama e diz: *Desgraçado dele, seja qual for o modo como interpretem esse ato as idades futuras!* Seja como for, diz, que as gerações futuras interpretem semelhante acontecimento, isto é, apesar da admiração e dos elogios da posteridade, quem matou os filhos é desditoso. E como que para consolo do desgraçado acrescentou: *O amor à pátria e a imensa paixão pela glória triunfaram.*

Porventura não parece vingada em Bruto, matador dos próprios filhos e assassino do filho de Tarquínio, que também deixou estendido, não podendo sobreviver e vendo sobreviver o próprio Tarquínio, não parece vingada a inocência do colega Colatino, que, embora excelente cidadão, viu-se, após o desterro de Tarquínio, tratado, como o tirano, duramente? Conta-se até que o próprio Bruto era parente de Tarquínio. Mas a Colatino custou-lhe a vida a identidade de nome, pois também se chamava Tarquínio. Obrigassem-no a mudar de nome, não de pátria! Suprimisse parte do nome e se chamasse Lúcio Colatino apenas! Não perdeu, porém, o que poderia perder sem detrimento algum, a fim de que o primeiro cônsul carecesse de dignidade e Roma de excelente cidadão. Será possível que carreasse também glória a Júnio Bruto iniquidade tão exasperante e inútil, por outra parte, à república? Para cometer semelhante vilania, acaso *lhe triunfaram no peito o amor à pátria e desmesurada paixão pela glória?*

Desterrado Tarquínio, o Tirano, Bruto foi criado cônsul com Lúcio Tarquínio Colatino, marido de Lucrécia. Com que justiça o povo não olha o nome, mas a vida honesta de semelhante cidadão! E quão injustamente Bruto, em cujas mãos esteve privar o colega apenas do nome, se esse nome o ofendia, na nova forma de governo o privou da pátria e também da dignidade consular! Esses males sucederam, tais infortúnios aconteceram, quando na referida república se vivia com moderação e justiça. Lucrécio, eleito para substituir Bruto, foi arrebatado por enfermidade antes de findar o ano. A mesma coisa aconteceu a Públio Valério, sucessor de Colatino, e a Marco Horácio, substituto do falecido Lucrécio. Ambos terminaram o ano espantoso e triste, que contou cinco cônsules. Nesse ano a república romana inaugurou nova forma de governo, a saber, o consulado.

## CAPÍTULO XVII
### Males que afligiram a república romana depois do começo do governo consular, porque os deuses a quem se rendia culto se mostraram remissos em prestar-lhe auxílio

1. Então, minorado o medo, não por haverem cessado as guerras, mas por não urgirem com tanta gravidade, quer dizer, encerrado o tempo em que se viveu com moderação e justiça, aconteceram os fatos em resumo explicados por Salústio: *Depois os senadores começaram a submeter o povo ao jugo da escravidão, a dispor, à moda dos reis, da pessoa e da vida, a proibir-lhe a entrada no campo e a governar sozinhos o império, sem para nada contar com os demais. Oprimido por semelhantes sevícias e, de modo especial, pela usura, suportando, entre guerras contínuas, tributos e, ao mesmo tempo, encargos militares, o povo instala-se nos montes Sagrado e Aventio e consegue lhe deem tribunos da plebe e outras garantias legais. A segunda guerra púnica pôs fim às discórdias e pendências entre ambas as partes.* Mas por que me demoro tanto, escrevendo isso ou citando-o a quem há de lê-lo? Dos sofrimentos da república, durante os longos anos anteriores à segunda guerra púnica, causados, fora, pela inquietude contínua das guerras e, dentro, pelas discórdias e sedições civis, dá-nos conhecimento o próprio Salústio. Esses triunfos não constituíram, assim, sólidas alegrias de gente feliz, mas enganador consolo de miseráveis, de espíritos inquietos para suportar outros mil e um males sem proveito algum.

Mas não se indisponham comigo, porque o afirmo, os bons e sensatos romanos, embora não me pareça haver motivo de pedir-lhes semelhante favor, nem sequer de lembrá-lo, pois estou por demais certo de que não se indisporão. Não digo, na realidade, coisas mais fortes que seus próprios escritores, nem as digo com maior dureza que eles, de quem somos inferiores em eloquência e lazer. Todavia, para aprendê-lo, estudaram e obrigaram os filhos a estudar. A quem irritar-se comigo, pergunto: Tolerar-me-iam, se me limitasse a dizer o que diz Salústio? *Sobrevieram muitas revoltas, sedições e, por fim, guerras civis, enquanto alguns potentados, que tiveram graça com os demais, mascaravam seu domínio com o especioso título de senadores do povo. Dava-se o nome de cidadão a bons e maus, não por causa do merecimento deles junto à república, pois todos estavam igualmente corrompidos, mas, segundo o poder econômico de cada qual e segundo a capacidade de prejudicar, porque defendia o presente, assim o consideravam bom.* Por conseguinte, se esses historiadores opinavam que era dever da liberdade justa não silenciar os males da própria cidade, que em muitos outros lugares se viram constrangidos a enaltecer com encômios, porque não tinham outra, mais verdadeira, que desse acolhida aos cidadãos eternos, que obrigação pesa sobre nós, que, quanto melhor e mais certa nossa esperança em Deus, tanto maior deve ser nossa liberdade, ao vermos imputarem ao Cristo os males presentes, com o propósito de desviarem da única cidade em que se serve alegre e felizmente as inteligências mais fracas e crédulas? Não digo, outrossim, contra suas divindades coisas mais monstruosas que seus próprios escritores a quem elogiam, pois tomo deles quanto digo e de modo algum me julgo capaz de dizer tanto e de tal jaez.

2. Onde estavam esses deuses que julgam se lhes deva culto, por causa da mesquinha e enganadora felicidade deste mundo, quando os romanos, a quem com diabólica astúcia se entregavam para que lhes rendessem culto, viram-se atormentados por tantas calamidades? Onde estavam, quando o cônsul Valério, em defesa do Capitólio sitiado, foi morto por foragidos e escravos? Foi mais fácil para Valério a defesa do templo de Júpiter, que para o bando de divindades, sem exceção de seu rei, ótimo e máximo, cujo templo deixara em liberdade, socorrê-lo.

Onde estavam, quando a cidade, assoberbada pelos mais pesados trabalhos e sedições, permaneceu tranquila, à espera dos embaixadores que enviara a Atenas para trocar as leis, e se viu presa da fome e de medonha peste? Onde estavam quando o povo faminto criou pela primeira vez o prefeito do abastecimento de trigo e, tornando-se cada vez mais negra a fome, Espúrio Mélio, para prover de trigo a multidão faminta, incorreu no crime de atentar contra o reino e, a instâncias do mesmo prefeito e por ordem do ditador Lúcio Quíncio, muito entrado em anos, foi morto por Quinto Servílio, general de cavalaria, não sem grande e perigosíssimo tumulto popular? Onde estavam, quando, declarada gravíssima peste, o povo, já cansado da inutilidade dos deuses e sem recurso algum, determinou oferecer-lhes novos lectistérnios, coisa nunca dantes vista? Isso consistia em estender no chão alguns leitos em honra dos deuses; daí o nome dessa cerimônia ou, para melhor dizer, sacrilégio. Onde estavam, quando, combatendo sem resultado algum contra os veientinos pelo espaço de dez anos, o exército romano sofrera graves e frequentes perdas, até, por fim, prestar-lhe auxílio Fúrio Camilo, depois condenado por sua ingrata cidade? Onde estavam, quando os gauleses conquistaram, saquearam, incendiaram e transformaram Roma em verdadeiro cemitério? Onde estavam, quando a famosa peste causou estragos de tal modo notáveis, que nela morreu o próprio Fúrio Camilo, defensor, primeiro, da ingrata república contra os veientinos e depois seu libertador do poder dos gauleses?

Introduziram-se durante essa peste os jogos cênicos, nova peste, não para o corpo dos romanos, mas, e essa atinge o cúmulo do nocivo, para os costumes. Onde estavam, quando grassou nova peste, que teve origem, segundo suspeitavam, no veneno das matronas, muitas das quais, e entre essas as nobres, eram, coisa incrível, de costumes mais perniciosos que qualquer peste? E quando o exército com ambos os cônsules, sitiados pelos samnitas, nas forcas caudinas se viram forçados a firmar com eles vergonhoso pacto, ao extremo de, sem uniforme, armas em terra, despojados e privados doutra indumentária, terem de passar sob o jugo inimigo, depois de haverem deixado seiscentos cavaleiros como reféns?

E quando, enquanto alguns sucumbiam à grave peste, outros muitos eram, em meio do exército, fulminados a raio? E quando Roma, dizimada por outra epidemia não menos pavorosa, viu-se obrigada a trazer Esculápio de Epidauro, como se se tratasse de deus médico, porque ao rei de todos os deuses, a Júpiter, que no Capitólio há muito tempo assistia, os muitos estupros, principal ocupação de sua mocidade, não lhe permitiram, talvez, aprender medicina? E quando, conjurando-se ao mesmo tempo seus inimigos, lucanos, brúcios, samnitas, etruscos e gauleses senonenses, primeiro lhe mataram os legados e depois puseram exército e pretor em tal aperto, que pereceram com ele sete tribunos e treze mil soldados? E quando em Roma, depois de prolongadas e cruéis sedições, acossado pela pilhagem hostil, afinal o povo se retirou para o monte Janículo? Tamanha a crueza dessa calamidade, que, em consequência dela, fizeram Hortêncio ditador, coisa de costume feita em casos extremos. Havendo submetido o povo, expirou no desempenho de sua magistratura, o que antes não sucedera a ditador algum e constituía para os deuses, já acompanhados por Esculápio, o mais grave delito.

3. Multiplicaram-se, então, de tal maneira as guerras, que por escassez de soldados, os proletários, que receberam tal nome porque se dedicavam à procriação de filhos, pois era tão grande sua pobreza que se tornavam inaptos para o serviço da pátria, viram-se alistados no exército. Nessa emergência os tarentinos pediram socorro a Pirro, rei da Grécia, cuja fama corria mundo e que se fez inimigo dos romanos. Consultado por ele sobre o desenlace que teria o caso, deu-lhe Apolo, de modo bastante engenhoso, oráculo tão ambíguo, que, sucedesse o que sucedesse, continuaria sendo considerado divino. Disse-lhe: "Digo-te, Pirro, poder vencer o povo romano". Assim, quer Pirro fosse vencido, quer os romanos o fossem, o adivinho esperaria confiante o desenlace, fosse qual fosse. Quais e quão horrendas foram, então, as baixas de ambos os exércitos! No primeiro recontro Pirro venceu; já poderia, interpretando a seu favor o oráculo, proclamar a infalibilidade de Apolo, se em próxima batalha os romanos não saíssem vencedores. Entre tanto estrondo de guerra declarou-se epidemia entre as mulheres: antes de darem à luz os fetos já viáveis, morriam em plena gravidez. Disso, creio, escusava-se Esculápio, dizendo ser protomédico, não parteira. De igual modo morriam os animais, de tal forma que julgavam chegado o extermínio do gênero animal.

Que direi do memorável inverno, intenso e cruel ao extremo de tornar-se incrível, tanto que a neve durou quarenta dias, alcançando prodigiosa altura, e o Tibre chegou a gelar? Se isso acontecesse em nossos dias, que diriam nossos inimigos, que proporções lhe dariam? Quanto não se assanhou, também, a referida peste e quantos não exterminou! Tornou-se mais intensa no ano seguinte, mostrando-se ineficaz a presença de Esculápio. Recorreram aos livros sibilinos, repositório de oráculos, em que, conta Cícero em seu trabalho intitulado *Sobre a adivinhação*, costuma-se dar mais crédito às duvidosas conjeturas dos intérpretes, feitas como podem ou como querem. Diziam consistir a causa da pestilência em que muitos particulares mantinham ocupados muitíssimos dos templos sagrados. Desse modo livraram Esculápio, em semelhante transe, da pecha de ser muito incompetente ou relaxado.

Mas por que muitos ocuparam os templos, sem veto algum, senão porque por muito tempo ergueram preces, inutilmente, a esse numeroso bando de divindades? Assim, pouco a pouco, aqueles que frequentavam os templos os abandonaram, para que, vazios, pudessem, pelo menos, sem ofender ninguém, servir para uso dos mortais. Se esses edifícios, reconstruídos e consertados com todo o carinho naqueles dias, como que para conjurar a peste, depois não caíssem de igual modo no esquecimento, abandonados e usurpados, não haveria motivo algum para atribuir-se aos grandes conhecimentos de Varrão o haver em escritos exumado tantas coisas desconhecidas sobre esses lugares consagrados aos deuses. E que na ocasião procuravam especiosa escusa para os deuses, não remédio eficaz para a peste.

## CAPÍTULO XVIII
**Narrativa dos inúmeros infortúnios que atormentaram os romanos no tempo das guerras púnicas, apesar de pedida com insistência, mas inutilmente, a proteção dos deuses**

1. Já durante as guerras púnicas, quando a vitória, incerta e flutuante, oscilava entre um e outro exército e os dois povos, cada qual mais poderoso, moviam entre si e contra si duras e custosas campanhas, quantos vizinhos menos poderosos não foram esmagados! Quantas cidades populosas e ilustres, destruídas! Quantas, aflitas e menoscabadas! Quantas terras e regiões de todo o orbe, arrasadas! Quantos vencidos aqui e quantos vencedores ali! Quantos homens pereceram, quer soldados em combate, quer de povos não dados às armas! Quantos navios avariados em batalhas navais e quantos afundados por diversas e várias tempestades! Se quiséssemos contar ou referir todos esses desastres, viríamos a ser historiadores. Em transes de tal maneira apurados, Roma, espavorida em grande escala, corria, pressurosa, em busca de remédios ineficazes e risíveis. Apoiados na autoridade dos livros sibilinos, renovaram os jogos seculares, cuja celebração, instituída de cem em cem anos e de memória relegada ao esquecimento em dias venturosos, já passara à história. Os pontífices renovaram também os jogos consagrados aos deuses infernais, que os anos prósperos haviam extinguido.

De fato, com a renovação e enriquecimento deles, conseguidos à custa de tantos mortos, os espíritos infernais refocilavam-se no jogo, enquanto, é verdade, os míseros mortais, combatendo-se violentamente, com sangrento arrojo e fúnebres vitórias daqui e dali, celebravam grandes jogos dos demônios e opíparos banquetes do inferno. O mais lamentável acontecimento da primeira guerra púnica consistiu em serem vencidos os romanos, sendo preso o próprio Régulo, de que fizemos menção nos dois livros anteriores, homem ilustre de verdade e antigo vencedor e pacificador dos cartagineses. Poria fim à primeira guerra púnica, se por excessiva cupidez de louvor e glória não impusesse aos cartagineses, já cansados, condições que lhes superavam as forças. Se o inesperadíssimo cativeiro desse herói, a indigníssima escravidão, o fidelíssimo juramento e a morte crudelíssima dele não forçaram os deuses a enrubescer de vergonha, é porque na verdade são de bronze e não lhes corre sangue nas veias.

2. Não faltaram tampouco, nesses dias, males gravíssimos dentro das muralhas. Extraordinária enchente do Rio Tibre derrubou quase toda a parte baixa da cidade; o furor torrencial das águas causou parte do estrago e a água que, deslizando suavemente, simulava imenso lago, fez o resto. A essa praga seguiu-se outra mais nociva, a do incêndio, que, começando sua ação destruidora pelos mais altos edifícios do Foro, não perdoou nem o templo de Vesta, que lhe era tão familiar e onde as virgens, mais réprobas que honradas, costumavam manter sempre vivo o fogo, atiçando-o com extremo carinho. E então o fogo não apenas se mantinha vivo, mas também se enfurecia. As chispas atemorizaram as virgens, que não puderam salvar do incêndio os deuses fatais que já haviam humilhado três cidades, moradas suas, em épocas anteriores. Esquecendo-se, por instantes, da própria vida, o pontífice Metelo irrompeu nas chamas e tirou-os, saindo chamuscado. Nem o fogo o reconheceu, nem havia divindade que, se ali estivesse, não fugisse. Mais útil foi, de fato, o homem aos deuses de Vesta que os deuses ao homem.

Se, por conseguinte, revelaram-se impotentes para defenderem-se do fogo, como poderiam blindar a cidade, de cuja integridade se julgavam defensores, contra as águas e as chamas? A própria realidade encarregou-se de provar-lhes a nulidade. Nossas objeções não teriam cabimento, caso dissessem não haverem esses deuses sido criados para pôr a salvo os bens temporais, mas para representar os eternos. Assim, quando se perdessem, como se tratava de coisas corpóreas e visíveis, não se desacreditaria coisa alguma o fim para que foram instituídos e poderiam ser reparados de novo para os citados casos. Com surpreendente cegueira, porém, estavam na crença de que o não fenecimento da salvação terrena e felicidade temporal de Roma poderiam obtê-lo de deuses perecíveis. Desse modo, quando se lhes enfia pelos olhos adentro que, mesmo ficando a salvo os deuses, não se conseguiu a salvação ou sobreveio a infelicidade, envergonham-se de abjurar sentimentos que não podem defender.

## CAPÍTULO XIX
### Aflição causada pela segunda guerra púnica, em que se esgotaram as forças de ambas as partes

Levaríamos verdadeira eternidade resenhando os desastres causados na segunda guerra púnica por esses dois povos, que tanto e em tantas partes se combateram, ao extremo de, segundo confissão dos que se propuseram não tanto escrever a história das guerras romanas quanto encomiar-lhe o império, mais parecer vencido o vencedor. Aníbal surge do fundo da Espanha, passa os Pireneus, atravessa a França, transpõe os Alpes e, engrossando-se-lhe as forças à medida que ia dando a longa volta, arrasou e subjugou tudo e irrompeu na Itália como torrente de inundação. Quantas guerras e quão sangrentas se travaram e quão rudes combates! Quantas cidades se renderam ao inimigo e quantas foram tomadas e saqueadas à força! Quão duras batalhas e quão gloriosas tantas vezes para Aníbal, com quebrantamento dos romanos! Que direi da derrota de Canas, maravilhosa de hediondez, em que Aníbal, apesar de sobremaneira cruel, já estando a jorrar o sangue de seus mais encarniçados inimigos, mandou, segundo se diz, perdoá-los? Dali enviou a Cartago três alqueires de anéis de ouro, para dar a entender que fora tamanha a mortandade de romanos dos mais nobres naquela batalha, que era mais fácil medi-la que contá-la e para daí concluir-se, mais por conjetura que por informe, qual a da plebe, que se encontrava sem anel, mais numerosa quanto mais débil.

A esse acontecimento seguiu-se tal escassez de soldados, que os romanos abriam mão dos reféns inimigos, oferecendo-lhes o perdão, e deram liberdade aos escravos; com esses infames não preencheram os claros do existente, mas levantaram novo exército. Aos escravos, melhor diríamos, para não injuriá-los, aos libertos, que haviam de lutar pela república romana, faltavam armas. Furtavam-nas dos templos, que era como se os romanos dissessem aos deuses: Deixai o que por tanto tempo conservastes em vão, a fim de nossos escravos poderem fazer algo de útil com o que, apesar de nossos deuses, nada pudestes fazer. Então, faltando dinheiro público para pagar as tropas, a economia dos cidadãos passou a servir a usos públicos; cada um deles deu o que possuía, ao extremo de o próprio senado não reservar para si nada de ouro, salvo cada senador seu anel e sua bula, míseras insígnias da dignidade consular. Que dizer das demais classes de tribo? Quem suportaria o furor dos hereges, se em nossos dias se vissem reduzidos a tal indigência, quando apenas os tolera agora que, por supérfluo prazer, aos histriões dão mais que deram, na oportunidade devida, às legiões, para salvarem a república naquele transe extremo?

## CAPÍTULO XX
**Destruição dos saguntinos, a quem, apesar de morrerem por conservar a amizade com os romanos, os deuses destes não auxiliaram**

Mas de todos os males da segunda guerra púnica nenhum mais desventurado, nem mais digno de lamento que a destruição dos saguntinos. Destruíram essa cidade espanhola, tão afeiçoada ao povo romano, por haver-se-lhe conservado fiel. Estribado nisso e rompida a aliança com os romanos, Aníbal procurou pretexto para provocá-los à guerra. Sitiou de maneira bárbara Sagunto. A notícia do fato correu em Roma, que enviou embaixadores a Aníbal para que levantasse o cerco. Desatendidos, encaminham-se a Cartago, queixam-se do rompimento da aliança e, sem nada concluírem, voltam para Roma. Enquanto se deram esses passos, a mísera cidade, muito próspera e querida pela república cartaginesa e pela romana, foi destruída pelos cartagineses no oitavo ou nono mês de sítio. Causa horror ler a ruína de Sagunto. Quanto mais escrevê-la! Todavia contá-la-ei em resumo, por tratar-se de dado importante para o fim que nos propusemos. Consumiu-se, a princípio, de fome, pois contam que alguns se alimentaram dos cadáveres dos próprios companheiros.

Depois, enfastiados de todas as coisas, para não render-se cativa às mãos de Aníbal, fez-se em plena praça enorme fogueira, em cujas chamas arrojaram todos os passados à espada, quer cartagineses, quer romanos. Por que não fizeram algo aqui os deuses embusteiros e glutões, famintos da gordura dos sacrifícios, que seduziam com a tenebrosidade de enganadoras adivinhações? Fizessem algo, acorreriam à cidade amicíssima do povo romano e não permitiriam perecesse quem, fiel à palavra empenhada, entregava-se à morte. Haviam servido de intermediários, quando por meio de pacto se uniu à república romana. Fiel ao pactuado em presença dos deuses, pacto que abraçara com fidelidade e firmara com juramento, viu-se cercada, ocupada e destruída por traidor. Se mais tarde os próprios deuses, com tempestades e raios, semearam o terror em Aníbal, próximo das muralhas de Roma, e o fizeram retroceder, esse era o momento propício para fazê-lo pela primeira vez. Atrevo-me a dizer que com maior justiça poderiam aumentar a tempestade em prol dos aliados de Roma, postos em risco de perecer, para não quebrantarem a fidelidade aos romanos, e desprovidos de qualquer socorro, que em prol dos romanos que pelejavam por si e se sentiam poderosos contra Aníbal. Se fossem, na verdade, protetores da felicidade e da glória de Roma, afastariam dela a vergonha indelével da ruína de Sagunto.

Mas agora se vê com quanta ignorância julgamos que Roma não tomou o caminho da ruína, porque a defendiam deuses impotentes para socorrer Sagunto, fazendo que não perecesse por causa da amizade que lhe tinham. Se Sagunto fosse cristã e padecesse algo semelhante pela fé evangélica, embora sem prejudicar-se com a espada e o fogo, se suportasse a própria destruição pela fé evangélica, suportá-la-ia com a esperança com que acreditou em Cristo, não fundada no prêmio de brevíssimo tempo, mas de eternidade sem-fim. Em favor desses deuses, a quem, segundo contam, prestam culto e buscam, para isso, apenas garantir a felicidade de bens transitórios e fugazes, que nos alegarão seus defensores para escusá-los da ruína dos saguntinos, se não o mesmo que alegaram para a morte de Régulo? É verdade que com esta única diferença: no segundo caso tratava-se de um homem apenas; no primeiro, de uma cidade inteira; em ambos, porém, a causa da morte foi a observância da fidelidade. Por isso, o homem quis volver aos inimigos e não quis a cidade transigir nessas coisas. Logo, a fidelidade provoca a ira dos deuses? Ou podem, sendo propícios os deuses, perecer não somente alguns homens, mas cidades inteiras? Escolham o que lhes agradar da alternativa. Mas se, tendo-os propícios, podem perecer homens e cidades, atormentados por muitas e duras aflições, é certo que em vão os adoram com vistas à felicidade presente. Cessem, pois, de orgulhar-se os que acreditam havê-los tornado desditosos a perda das solenidades dos deuses, porque podem, mesmo estando presentes e, ainda por cima, com o favor deles, não murmurar, como agora, de tal miséria, mas, como então Régulo e os saguntinos, até morrer atormentados de modo horrível.

## CAPÍTULO XXI
### Ingratidão da cidade de Roma para com Cipião, seu libertador, e costumes em que vivia, quando Salústio a descreveu ótima

Entre a segunda e a terceira guerra púnica, ocasião em que, segundo Salústio, os romanos viveram em ótimos costumes e máxima concórdia (passo por alto muitas coisas, em atenção ao plano da presente obra), nesse tempo de ótimos costumes e máxima concórdia, Cipião, famoso libertador de Roma e da Itália, que rematou gloriosa e milagrosamente a segunda guerra púnica, tão sangrenta e perigosa, vencedor de Aníbal e dominador de Cartago, homem cuja vida se descreve como entregue desde a mocidade aos deuses e educada nos templos, cedeu às acusações dos inimigos. E, carecendo da pátria que salvara e libertara por seu valor, passou os últimos dias em Literno, onde os terminou, depois de triunfo brilhante, indiferente e sem desejo de retornar a Roma. Conta-se haver mandado que nem sequer lhe fizessem os funerais na ingrata cidade, quando morto. Depois disso, por obra do procônsul Cneio Mânlio, que triunfou sobre os gálatas, insinuou-se em Roma o fausto asiático, pior que qualquer outro inimigo. Conta-se que se viram, então, pela primeira vez, leitos de bronze e preciosos tapetes; então, nos banquetes se introduziram moças que cantavam e outros licenciosos atrevimentos. Mas agora é intenção minha tratar dos males que os mortais necessariamente padecem, não daqueles que fazem de bom grado. Daí o estar muito de acordo com nossas palavras o que contei de Cipião, que morreu vítima do furor inimigo, longe da pátria por ele libertada, pois os deuses romanos, de cujos templos expulsou Aníbal, não lhe corresponderam, depois de haver prestado culto apenas pela felicidade presente. Mas, como Salústio disse haverem naquele tempo florescido ótimos costumes, julguei dever aludir ao do fausto asiático, para entender-se que Salústio falava, comparando esse com os outros tempos, em que sem dúvida se multiplicaram, em meio de gravíssimas discórdias, costumes piores. Então, quer dizer, entre a segunda e a última guerra cartaginesa, promulgou-se a célebre Lei Vocônia, que proibia às mulheres se tornarem herdeiras, embora filha única. Não sei se poderá dizer-se ou imaginar-se lei mais injusta que essa. Contudo, no intervalo das duas guerras púnicas, a desventura tornou-se mais tolerável. O exército sofria derrotas apenas nas guerras externas, mas consolava-se com as vitórias, e em casa não havia discórdia alguma, como antes.

Na última guerra púnica, de uma só investida a êmula do Império Romano foi cortada pela raiz por Cipião, que por isso recebeu o cognome de "o Africano". Depois, tamanha afluência de males vexou a república romana, que a prosperidade e a segurança, causas da excessiva corrupção de costumes, origem de tão grandes calamidades, puseram de manifesto haver a súbita destruição de Cartago sido mais nociva que a inimizade antiga, por tanto tempo alimentada. Omito nesse período os mil e um desastres bélicos, devidos a várias causas, e a violada aliança numantina, até chegar a César Augusto, que parece haver arrancado ao povo romano toda a liberdade, gloriosa na opinião deles, mas contenciosa e arriscada e, na verdade, abastardada e lânguida, e, evocando tudo ao arbítrio real, instaurou e renovou de certa maneira a república, já encarquilhada pelos achaques da velhice. Voaram da gaiola os frangos e deram, segundo contam, mau agouro ao cônsul Mancino, como se, durante os longos anos em que a cidadezinha sitiada afligira o exército romano (e começava agora a ser o terror da república romana), se houvessem lançado contra ela outros com mau agouro.

## CAPÍTULO XXII
## Decreto de Mitridates em que se mandava matar todos os romanos encontrados na Ásia

Isso, porém, digo, passo em silêncio, embora não silencie haver Mitridates, rei da Ásia, mandado matar em um dia apenas todos os cidadãos romanos da Ásia, onde quer que se encontrassem, e outra multidão de homens entregues a negócios. Assim se fez. Que espetáculo miserável oferecia a morte inesperada e cruel de quem quer que fosse surpreendido onde quer que fosse: no campo, na estrada, na cidade, em casa, na rua, na praça pública, no templo, na cama, na mesa! Quantos gemidos de moribundos, quantas lágrimas de quem os via, quantas, talvez, de quem os executava! Que dura necessidade a dos hóspedes, não apenas de ver tão criminosas mortes em casa, mas também de executá-las, mudando de súbito o rosto, passando de afável e branda humanidade a executores pacíficos de tão hostil negócio, mudando-se, por assim dizer, os ferimentos: o golpeado é ferido no corpo, o golpeador no espírito!

Acaso desdenharam todos os augúrios? Acaso não tinham deuses domésticos e deuses públicos a quem consultar, quando de sua terra partiram para a peregrinação de que não puderam voltar? Se é assim, não têm por que lastimar-se no presente transe de nossos tempos. Outrora, os romanos desdenharam semelhantes futilidades. Se os consultaram, respondam-nos que lhes aproveitaram tais vaidades, quando somente pelas leis humanas, sem proibição contrária, foram lícitas.

## CAPÍTULO XXIII
## Males internos que afligiram a república romana e foram precedidos por fenômeno consistente em tornarem-se hidrófobos todos os animais a serviço do homem

Recordemos brevemente, de acordo com nossas possibilidades, males tanto mais lamentáveis quanto mais internos: as discórdias civis ou, para melhor dizer, incivis, não já sedições, mas verdadeiras guerras cívicas, em que se derramava tanto sangue, onde o amor a determinado partido se transformava em ódio assanhado contra o outro, não através de acaloradas disputas e invectivas, mas a sério, com espada e armas. Quanto sangue romano derramaram as guerras sociais, as guerras civis, as guerras servis! Quanta desolação e orfandade semearam na Itália! Antes de os aliados do Lácio moverem suas hostes contra Roma, todos os animais domésticos, cachorros, cavalos, burros, bois e outros que se encontram sob o domínio do homem enfureceram de repente e, esquecidos da mansuetude doméstica, abandonando as casas, vagavam soltos e evitavam a aproximação de quem quer que fosse, estranho ou o próprio dono, isso com prejuízo ou perigo para quem os perseguisse de perto. De quanto mal isso não se revelou presságio, se esse sinal foi tamanha desgraça, embora não fosse sinal? Se tal coisa acontecesse em nossos tempos, teríamos de aguentar a fúria dos hereges de hoje, mais danados que aqueles animais.

## CAPÍTULO XXIV
### Discórdia civil provocada pelas sedições dos Gracos

Deram começo às guerras civis as discórdias dos Gracos, provocadas pelas leis agrárias, que queriam repartir ao povo os campos possuídos injustamente pela nobreza. Mas pretender extirpar injustiça tão antiga tornava-se muito arriscado, melhor diria, como a experiência ensinou, muito pernicioso. Quantas mortes seguiram à morte do primeiro Graco e quantas, pouco depois, à do irmão! A nobres e plebeus davam morte, não amparados pelas leis e por ordem da autoridade, mas durante as revoltas e conflitos armados. Conta-se que, após a morte do segundo Graco, o cônsul Lúcio Opímio, que levantara a cidade em armas contra ele, aprisionando-o e matando-o em companhia de aliados, fez enorme matança de cidadãos. Procedendo, a seguir, por via judiciária e perseguindo os demais, condenou à morte três mil homens. Donde se conclui a grande multidão de vítimas que poderia haver sucumbido nesse turbulento choque de armas, quando foram tantas as causadas nos tribunais, a cujo conhecimento chegamos por estimativa. O linchador de Graco vendeu sua cabeça ao cônsul por tanto ouro quanto o peso dela, porque assim fora pactuado antes da morte. Nessa revolta mataram também Marco Fúlvio e os filhos.

## CAPÍTULO XXV
## Templo edificado à Concórdia por decreto do senado, no mesmo lugar das sedições e das mortes

Por decreto, sem dúvida gentil, do senado, erigiu-se templo à Concórdia no mesmo lugar onde morreram tantos e tantos cidadãos de toda classe social, para que, testemunha do suplício dos Gracos, ferisse os olhos dos oradores e sua lembrança os afligisse. Que significava isso, senão zombar dos deuses, erguendo templo à deusa que, se estivesse na cidade, esta não cairia desgarrada por tamanhas dissensões? Salvo se, porventura, sendo a Concórdia culpada desse crime, por abandonar o coração dos cidadãos, merecesse ser encerrada no templo, como em verdadeira prisão. Por que, se queriam acomodar-se aos acontecimentos, não ergueram, de preferência, templo à Discórdia? Que razões alegam para que a Concórdia seja deusa e não o seja a Discórdia, boa aquela, segundo a distinção de Labeão, e má esta? Nem parece guiado por outra razão que a de haver reparado existir em Roma templo dedicado à deusa Febe e outro à deusa Saúde.

Para serem consequentes, deveriam dedicá-lo não apenas à Concórdia, mas também à Discórdia. Constitui risco quererem os romanos viver sob a cólera de deusa tão má. Não se lembraram de que ofensa feita a ela deu origem à destruição de Troia. Ela, em pessoa, porque não convidada a ter parte entre os deuses, tramou a discórdia entre as deusas, utilizando-se da impostura da maçã de ouro, de que nasceram a contenda entre as divindades, a vitória de Vênus, o rapto de Helena e a destruição de Troia. Em consequência, se, talvez indignada, armava tanto barulho na cidade, porque os deuses não se dignaram erguer-lhe templo na urbe, com quanto maior crueldade pôde encolerizar-se, vendo no lugar da matança, isto é, no lugar de sua obra, templo levantado à adversária? As risadas que damos dessas vaidades escandalizam doutos e sábios; os adoradores de divindades boas e das más, todavia, não abandonam este dilema da Concórdia e da Discórdia: esqueceram-se do culto a essas deusas e antepuseram-lhes Febe e Belona, para quem construíram os antigos templos, ou renderam-lhes culto, quando, retirando-se a Concórdia, a sanhuda Discórdia os conduziu às guerras civis.

## CAPÍTULO XXVI
### Diversas guerras que seguiram à ereção do templo da Concórdia

Insigne barreira contra as sedições parecia-lhes o pôr frente aos oradores o templo da Concórdia, como testemunha da trágica morte dos Gracos. Índice do proveito de tal expediente foram os males piores que se seguiram. Dali por diante os oradores não procuraram evitar o exemplo dos Gracos, mas intentaram ultrapassá-lo. Assim, Lúcio Saturnino, tribuno do povo, e Caio Servílio, pretor, e, muito depois, Marco Druso, deram origem a sedições a que seguiram, primeiro, gravíssima carnificina e as acesas guerras sociais que afligiram terrivelmente a Itália e a reduziram a pasmosa desolação e ruína.

Sucederam-lhes a guerra servil e as guerras civis, em que se travaram tantos combates e se derramou tanto sangue, que quase todos os povos da Itália, componentes da principal força do Império Romano, viram-se subjugados com bárbara barbárie. Tão logo se declarou a guerra dos escravos, de pouquíssimos gladiadores, que não chegavam a setenta, crescendo em número, crueldade e bravura, quantos os capitães do povo romano vencidos por esse reduzido número e quantas as cidades e regiões devastadas! Apenas historiadores podem explicá-lo de modo satisfatório. E a guerra servil não constitui exclusividade daqui; os mesmos escravos despovoaram a província da Macedônia, depois a Sicília e a costa marítima. Quem poderá pintar, de acordo com sua grandeza, a quantidade e a hediondez dos latrocínios cometidos no princípio e depois nas acirradas guerras dos piratas?

## CAPÍTULO XXVII
### Guerras civis entre Mário e Sila

Quando Mário, já tinto de sangue fraterno, depois de haver matado muitos do partido contrário, fugiu, derrotado, da cidade, esta respirou mais desafogada e, para usar as palavras de Túlio, *Cina tornou a vencer com Mário. Então, com a morte de homens tão esclarecidos, extinguiram-se os luminares da cidade. Sila vingou depois a crueldade dessa vitória, não se sabe à custa de quantos cidadãos e de quanta inquietude para a república.* Dessa vingança, mais prejudicial, por certo, que se houvessem ficado impunes os crimes que foram castigados, diz Lucano: *Excedeu-se o remédio e abundou demasiado por onde quer que se propagasse a mão da enfermidade. Pereceram os culpados. Mas, quando apenas podiam sobreviver os culpados, deu-se liberdade aos ódios e a ira correu desenfreada e sem as limitações das leis.*

Nas guerras entre Mário e Sila, excetuados os que sucumbiram fora nos campos de batalha, dentro da própria cidade encheram-se de cadáveres as vielas, ruas, praças públicas, teatros e os templos, de tal forma a ser difícil julgar quando os vencedores praticaram maior tumulto, se antes, para vencer, ou depois, por haver vencido. Tendo Mário voltado do desterro e durante sua vitória, sem contar os inúmeros assassinatos cometidos por toda parte, colocou-se nas tribunas a cabeça do cônsul Otávio; César e Fímbria foram assassinados em casa; passaram à espada os Crassos, pai e filho, frente a frente; Bébio e Numitório deixaram as entranhas por onde foram arrastados com garfos; Catulo tomou veneno, fugindo assim às mãos dos inimigos, e Mérula, flâmine de Júpiter, cortando as veias, fez a Júpiter libação do próprio sangue. Em presença de Mário dava-se morte, na mesma hora, a quem quer que, ao saudá-lo, não conseguisse apertar-lhe a mão.

## CAPÍTULO XXVIII
### Vitória de Sila, vingador da crueldade de Mário

A vitória de Sila, que seguiu a essa e, com efeito, lhe vingou a crueldade, depois de tanto sangue cidadão, a cuja custa fora conseguida, recrudesceu durante a paz e, terminada a guerra, avivaram-se as inimizades. Às antigas e recentíssimas mortes de Mário, o Velho, acrescentaram outras mais graves: Mário, o Jovem, e Carbon, pertencente ao mesmo partido que Mário. Vendo-se atacados por Sila e desesperando não apenas da vitória, mas também de salvar a vida, cobriram tudo de mortes, próprias e alheias. Além do estrago causado em toda parte, cercaram o senado, e da cúria os conduziam à espada, como de verdadeira prisão. O pontífice Múcio Cévola foi degolado aos pés da ara do templo de Vesta, lugar dos mais sagrados para os romanos, e quase chegou a apagar com o sangue o fogo que continuamente ardia mercê dos cuidados constantes das virgens.

Depois, Sila entrou vitorioso na cidade, onde, na granja pública, encarniçando-se, não a guerra, mas a própria paz, derribou, não com armas, mas com mandado, sete mil que se lhe haviam entregue (inermes, por conseguinte). Como em toda a cidade os partidários de Sila matavam quem lhes dava na veneta, era de todo impossível contar os mortos, até que insinuaram a Sila dever deixar alguns com vida, para que os vencedores tivessem a quem dar ordens. Então, freada a furibunda licença da degola, que acontecia aqui e ali a cada passo, colocaram em lugar público, com aplausos gerais, a lista que continha o nome de duas mil pessoas das duas classes nobres, a saber, da equestre e da senatorial, que deviam ser assassinadas e proscritas. O número contristava, mas o modo consolava: não era tanta a dor por caírem esses quanta a alegria de os restantes não precisarem temer.

Todavia, a segurança, embora cruel, dos demais não deixou de sofrer engenhosos gêneros de suplício impostos aos condenados à morte. A este, sem espada despedaçaram à mão limpa; homens dilaceraram um homem vivo com maior fereza com que feras esquartejariam um cadáver. Viu-se outro na dura necessidade de viver por longo tempo ou, para melhor dizer de morrer em tormentos tais, como, por exemplo, com os olhos arrancados e os membros cortados um a um. Puseram-se em hasta pública algumas nobres cidades como se fossem granjas. Uma, como se se mandasse a um delinquente apenas, recebeu ordem de ser passada a fio de espada. Tudo isso aconteceu em tempo de paz, depois da guerra, não para apressar a obtenção da vitória, mas a fim de não se desprezar a conseguida. A paz contendeu com a guerra sobre a crueldade e esta saiu vencedora. Aquela deu em terra com os armados, esta com os inermes. A guerra fazia com que aquele que fosse ferido, se pudesse, ferisse; a paz, contudo, fazia, não que aquele que escapasse vivesse, e sim que aquele que morresse não oferecesse resistência.

## CAPÍTULO XXIX
### Paralelo entre a invasão dos godos e as calamidades que os romanos receberam dos gauleses ou dos autores das guerras civis

Que sadismo de povos estrangeiros, que sevícia dos bárbaros pode comparar-se a essa vitória de cidadãos sobre cidadãos? Viu Roma coisa mais funesta, mais tétrica e mais amarga? Podem medir-se porventura a antiga invasão dos gauleses e, pouco faz, a dos godos com a força de Mário, de Sila e de outros renomados homens de seu partido, que eram como que seus luzeiros? E verdade que os gauleses passaram à espada o senado e tudo quanto dele puderam encontrar em toda a cidade, fora da colina do Capitólio, que se defendeu sozinha como pôde.

Mas aos refugiados nessa colina concederam, pelo menos, a preço de ouro, a vida, que, embora não houvessem podido tirar com a espada, puderam consumir no cerco. Os godos perdoaram a vida a tantíssimos senadores, que nos causa muitíssima estranheza haverem dado morte a algum. Mas Sila, ainda em vida de Mário, entrou vitorioso no mesmo Capitólio, respeitado pelos próprios gauleses, para decretar mortes. E quando Mário se entregou à fuga e voltou mais cruel e desumano ainda, no Capitólio, por decreto do senado, privou muitíssimos da vida e dos haveres. Que havia de sagrado e digno de perdão para os partidários de Mário, na ausência de Sila, quando não perdoaram nem Múcio, seu concidadão, senador e pontífice, abraçado com mísero abraço ao altar onde se encontravam, como dizem, os destinos de Roma? A última lista de Sila, para omitir outras inúmeras mortes, cortou a cabeça de mais senadores que quantos os godos puderam espoliar.

## CAPÍTULO XXX
### Enlace das gravíssimas e inúmeras guerras que precederam o advento de Cristo

Com que cara, com que coração, com que atrevimento, com que ignorância ou, para melhor dizer, com que loucura não atribuem aquelas às suas divindades e estas a nosso Cristo? As cruéis guerras civis, mais amargas, segundo a própria confissão de seus autores, que quaisquer guerras inimigas, por causa das quais a república não se julgou apenas atormentada, mas também perdida em absoluto, nasceram muito antes do advento de Cristo. Em virtude do entrosamento das malvadas causas, da guerra de Mário e de Sila passa-se às guerras de Sertório e Catilina. Daí à guerra de Lépido e Catulo; um deles queria ab-rogar os feitos de Sila, o outro, mantê-los. Dessa à de Pompeu e César; Pompeu fora partidário de Sila, igualara-lhe o poder e até mesmo o superara; em troca, César não tolerava a grandeza de Pompeu, mas era porque não a possuía. Todavia, morto aquele, excedeu-o. Daí chegamos a outro César, depois chamado Augusto, sob cujo império nasceu Cristo.

O próprio Augusto empreendeu muitas guerras civis, em que pereceram tão ilustres homens, como Cícero, eloquente artífice do modo de governar a república. A Caio César, vencedor de Pompeu, que usou com tamanha piedade de sua vitória civil e deu aos adversários a vida e a dignidade, conjurando-se contra ele alguns nobres senadores, costuraram a punhaladas, como se aspirasse ao reino, sob o pretexto de manter a liberdade da república. Parecia aspirar-lhe ao poder Antônio, muito diferente dele nos costumes, infetado e corrompido por toda espécie de vícios, a quem Cícero se opôs com vigor, em nome também da liberdade da pátria. Então apareceu outro César, moço de admirável caráter, filho adotivo do já referido Caio César, que, como afirmei, chamou-se Augusto. Cícero favorecia o jovem César para que aumentasse seu poder contra Antônio, na esperança de instaurar a liberdade da república, desterrada e destronada a tirania de Antônio. Tão cego e tão pouco previsor do futuro se revelou, que o mesmo jovem cujo poder e dignidade promovia permitiu, assim como que por verdadeira capitulação de concórdia, pudesse Antônio dar morte a Cícero e lhe submeteu ao império a própria liberdade da república, pela qual o famoso tribuno tanto clamara.

## CAPÍTULO XXXI
**Significa deslavada sem-vergonhice atribuir a Cristo os atuais desastres porque não se lhes permite o culto aos deuses, quando é certo haverem tamanhas calamidades existido no tempo em que lhes tributavam culto**

Acuse os deuses de tamanhos males quem quer que se mostre desagradecido a nosso Cristo por tamanhos bens. É inegável que, quando esses males sucediam, brilhavam os altares dos deuses, exalavam o perfume do incenso sabeu e das frescas grinaldas, sobressaíam os sacerdócios e resplandeciam os lugares santos. Sacrificava-se, jogava-se, faziam-se loucuras nos templos, quando a cada passo os cidadãos derramavam tanto sangue dos próprios cidadãos, não apenas nos demais lugares, mas até junto dos altares dos deuses. Cícero não procurou templo para refugiar-se, porque inutilmente o buscara Múcio. Esses, porém, que com muito maior vileza zombam dos templos cristãos, refugiaram-se nos lugares dedicados a Cristo ou foram levados até lá pelos próprios bárbaros, a fim de continuarem vivendo.

Sei disso e isso poderá com extrema facilidade ficar sabendo quem quer que o julgue com imparcialidade e sem paixão. E, para omitir muitas coisas, umas já referidas e outras, muito mais numerosas, que achei demasiado contar, se a humanidade houvesse recebido a doutrina cristã antes das guerras púnicas e acontecesse tamanho estrago como o quebrantamento da Europa e da África, nenhum desses que agora toleramos atribuiria esses males a outra causa, senão à fé cristã. A voz deles seria muito mais intolerável, no tocante aos romanos, se ao recebimento e à expansão da doutrina cristã seguissem a invasão dos gauleses, a desolação de campos e povoados, causada pelo Rio Tibre e pelo fogo ou, coisa que ultrapassou todos esses males, as guerras civis. Todos os outros males acontecidos, tão incríveis que foram considerados prodígios, se sobreviessem nos tempos cristãos, a quem os atribuiriam, senão aos cristãos?

Silencio acontecimentos mais admiráveis que prejudiciais: bois que falavam, crianças, ainda não nascidas, que pronunciaram algumas palavras no ventre materno, serpentes que voaram, fêmeas de animais, galinhas e homens que mudaram de sexo e outras coisas assim, que em seus livros, não nos fabulosos, mas nos históricos, quer verdadeiros, quer falsos, não causam prejuízo aos homens, mas espanto. Também que choveu terra e choveu greda e pedras, não o que a gente costuma chamar granizo, mas pedras mesmo, coisas que, sem dúvida, podem causar grave dano. Lemos neles que, escorrendo fogo do Etna, do cimo do monte até a costa vizinha, o mar ferveu tanto, que se abrasaram as rochas e se derreteu o pez dos navios. Isso, na realidade, causou leve prejuízo, embora incrivelmente maravilhoso.

Outra vez, por causa do ardor do fogo, escrevem que a Sicília se cobriu de tal quantidade de cinza, que as casas da cidade de Catânia caíram por terra, recobertas e sepultadas. Comovidos por semelhante calamidade, os romanos misericordiosamente lhe perdoaram o tributo naquele ano. Consignaram também, por escrito, que na África, quando já era província romana, pousou praga de gafanhotos semelhante a prodígio. Dizem também que, consumidos os frutos e as folhas das árvores, lançou-se ao mar, como imensa e incontável nuvem, do que, morta e devolvida à costa e corrompido, em consequência, o ar, originou-se tal peste, que, segundo se conta, somente no reino de Masinissa morreram oitenta mil homens e muitos mais nas terras próximas do litoral. Afirmam que, nessa época, de trinta mil soldados recrutas existentes em Útica ficaram dez. Vaidade igual à que suportamos e nos força a responder, que não atribuiria disso tudo à religião cristã, se o houvesse visto em tempos cristãos? Não o atribuem, porém, às suas divindades, cujo culto afanosamente procuram, para não padecerem coisas menores, quando a verdade é que sofreram maiores daqueles a quem antes tributavam culto.

# LIVRO QUARTO

*A grandeza e a duração do Império Romano não devem ser atribuídas a Júpiter, nem a quaisquer outros deuses do paganismo, cujo poder se restringia a objetos particulares e a funções ínfimas, mas ao único Deus verdadeiro, autor da felicidade, árbitro e juiz soberano dos reinos da Terra.*

# CAPÍTULO I
## Recapitulação do que se disse no Livro Primeiro

Quando comecei a tratar da Cidade de Deus, julguei dever dar resposta a seus inimigos que, andando à caça de prazeres terrenos e apegando-se a coisas transitórias, qualquer coisa que padecem, advertindo-os Deus mais com misericórdia que castigando-os com severidade, a exprobram à religião cristã, única, salutar e verdadeira religião. E porque, como se encontra entre eles o vulgo ignorante, cujo ódio mais se inflama contra nós, visto como se apoia na autoridade de seus sábios, e que se persuade de as coisas insólitas de nossos tempos não encontrarem precedente nos anteriores, e quem sabe ser isso falso, dissimula quanto sabe, a fim de parecerem justas as censuras feitas a nós, tornou-se necessário demonstrar, com base nos livros que seus autores nos legaram para conhecimento da história dos tempos passados, haverem sido, por certo, muito diferentes do que pensam.

Foi necessário, ao mesmo tempo, ensinar-lhes que os falsos deuses, a quem rendiam culto público ou ainda rendem, mas às escondidas, são os mesmíssimos espíritos imundos e demônios perversos e enganadores, de tal forma que se regozijam em seus próprios crimes, reais ou imaginários, mas sempre próprios. Por vontade deles é que se celebraram em sua honra e em suas festividades, com o propósito de que não possa a fraqueza humana evitar o cometimento de ações repreensíveis, posto que lhas propõem à imitação como que por autoridade divina. Isso não o provei por conjeturas minhas, mas parte graças a lembranças recentes, porque também eu vi exibir tais coisas a semelhantes deuses, e parte pelos escritos daqueles que os legaram à posteridade, não para servirem de pecha às suas divindades, mas para glória delas.

Tanto é assim, que Varrão, homem de grande saber e reconhecida autoridade entre eles, em seus livros *Sobre as coisas humanas e as divinas*, dedicou alguns às humanas e outros às divinas e dispôs as coisas de acordo com seu próprio saber. Neles colocou os jogos cênicos pelo menos entre as coisas humanas, se não entre as divinas, quando na realidade, se na cidade existissem apenas homens virtuosos e bons, nem mesmo entre as coisas humanas cumpria enumerar semelhantes jogos. Isso, sem dúvida alguma, não o fez por iniciativa própria, mas porque, nascido educado em Roma, já os encontrou entre as coisas divinas. E porque no fim do Livro Primeiro adiantei em resumo o que através da obra havia de dizer e dele já disse alguma coisa nos dois seguintes, percebo agora o que me resta para satisfazer a esperança dos leitores.

## CAPÍTULO II
### Resumo dos Livros Segundo e Terceiro

Prometi dizer algo contra aqueles que atribuem à nossa religião as catástrofes da república romana, bem como referir quantos males pudessem ocorrer-me ou quantos parecessem suficientes, tanto dos padecidos pela cidade como pelas províncias pertencentes ao império, antes de proibidos os sacrifícios oferendados aos deuses. É indubitável que nos responsabilizariam por todos eles, se a religião cristã já lhes fosse claramente conhecida ou se lhes proibisse desse modo as sacrílegas solenidades. Isso, conforme penso, ficou suficientemente provado no Livro Segundo e no Terceiro; no Segundo, ao tratarmos dos males morais, únicos ou que, em especial, devem ser considerados assim, e no Terceiro, quando tratamos daqueles que horrorizam apenas os maus, a saber, os males corporais, e das coisas externas, que muitas vezes também os bons padecem. Mas os males que os tornam maus suportam-nos, não digo com paciência, e sim com agrado.

Entretanto, quão pouco disse dos males da cidade e do império e deles nem tudo até o tempo de César Augusto! Que seria, se quisesse referir e exagerar os males, não os que os homens fazem uns aos outros, como, por exemplo, as devastações e destruições das guerras, mas os causados pelos elementos naturais do mundo? Apuleio resume-os de modo lacônico em passagem da obra que escreveu *Sobre o mundo*, dizendo que todas as coisas do mundo estão sujeitas a mutações, conversões e mortes.

Abriu-se a Terra, diz, para empregar-lhe as palavras, com descomedidos tremores e tragou povos e cidades; soltas as cataratas, inundaram-se regiões inteiras e mesmo as que antes eram continentes ficaram isoladas pelas ondas do mar, vindas de longe, e outras passaram a oferecer passagem a pé enxuto, porque o mar se retirara. Tormentas e ventos assolaram cidades. Caiu fogo das nuvens e as chamas consumiram regiões do Oriente; nas regiões do Ocidente, algumas enchentes e inundações produziram iguais estragos. Assim, do cimo do Etna, transformadas as crateras em divino incêndio, correram pelas encostas abaixo rios de chamas, como águas torrenciais de inundação. Se quisesse recolher tudo isso e coisas do mesmo naipe, todas confirmadas pela história, como poderia? Quando acabaria de contar as acontecidas naqueles dias, antes que o nome de Cristo, para a verdadeira salvação, reprimisse essas vaidades?

Também prometi mostrar os costumes e o porquê do querer do verdadeiro Deus, em cujas mãos se acham todos os reinos, ao reafirmar o império para engrandecê-lo, e a insignificância do favor prestado por aqueles a quem julgam deuses e quanto os prejudicaram com sedução e engano. Por conseguinte, parece-me que agora se deve tratar, e de modo especial, do incremento do Império Romano. Da sedução daninha dos demônios a quem, como se fossem deuses, rendiam culto já disse não pouco principalmente no Livro Segundo. Ao longo dos três livros concluídos, onde julguei oportuno, recordei quantos consolos, em meio dos desastres bélicos, Deus enviou a bons e maus em nome de Cristo, a quem os bárbaros tanto respeito tiveram, contra os costumes de guerra, Deus que faz o Sol nascer para bons e maus e chover sobre justos e pecadores.

## CAPÍTULO III
### Deve a grandeza do império, que não se adquire senão mediante guerras, ser enumerada entre os bens de sábios ou felizes?

Vejamos agora o motivo por que ousam atribuir tamanha grandeza e duração do Império Romano a semelhantes deuses, a quem supõem haver prestado culto honesto, representando para eles jogos torpes por meio de homens torpes. Embora quisesse, antes, inquirir algo a respeito da razão e da prudência em gloriar-se da grandeza e da extensão do império, posto não poderes provar a felicidade desses homens. Vemo-los sempre envolvidos em desastres bélicos e em sangue fraterno ou inimigo, mas humano, sempre com tenebroso temor e cruel cobiça, de sorte que o contentamento deles é comparável à esplêndida fragilidade do vidro, cuja quebra por momentos se teme. Para ajuizá-lo com maior facilidade, não nos desvaneçamos, levados pela inanidade da ênfase, nem deslumbremos os olhos de nosso intento com altissonantes vocábulos, como, por exemplo, povos, reinos, províncias.

Imaginemos dois homens, porque cada homem é tão constitutivo de cidade ou reino, por mais dilatado e extenso que seja, como a letra o é do discurso; imaginemo-los assim: um deles, pobre, ou melhor, da classe média; o outro, riquíssimo. O rico, angustiado pelos temores, consumido de angústias, abrasado pelo fogo da cobiça, nunca tranquilo e sempre desassossegado, sempre ofegante por causa de contendas e inimizades, aumentando de maneira exorbitante seu patrimônio, graças a essas misérias e alegando ter, com esse aumento, preocupações amaríssimas. O de classe média, bastando a si mesmo com a escassa e apertada economia familiar, mas querido pelos seus e gozando de dulcíssima paz com os parentes, vizinhos e amigos, piedosamente religioso e benévolo de coração, sadio de corpo e de vida regrada, de costumes castos e consciência tranquila. Não sei se haverá alguém de tal modo insensato que se atreva a não saber de pronto a quem preferir. Essa mesma regra de equidade vige, da mesma forma que em dois homens, em duas famílias, em dois povos e em dois reinos. Aplicada com circunspeção, se retificamos nossas falsas opiniões, fácil ser-nos-á verificar onde se acha a vaidade e onde a felicidade.

Se, por conseguinte, rende-se culto ao Deus verdadeiro, servido com sacrifícios sinceros e bons costumes, é útil que os bons reinem por muito tempo e onde quer que seja. E não o é tanto para os governantes como para os governados. Quanto a eles, a piedade e a bondade, grandes dons de Deus, lhes bastam para felicidade verdadeira, que, se merecida, permite à gente viver bem nesta vida e conseguir depois a eterna. No mundo, o reino dos bons não lhes aproveita tanto como as coisas humanas; o reino dos maus prejudica os reinantes, cujos ânimos se estragam com maior liberdade nos crimes; por outro lado, apenas a própria iniquidade causa prejuízo aos que, servindo-os, se lhes submetem. Pois quaisquer males que os maus senhores infligem aos justos não constituem pena da culpa, mas prova da virtude. Por conseguinte, o bom, embora escravo, é livre; o mau, apesar de rei, é escravo e não de um homem apenas, porém, o que se torna mais grave, de tantos senhores quantos os vícios que tem. A Sagrada Escritura, falando de tais vícios, diz: *O vencido reduz-se a escravo do vencedor.*

## CAPÍTULO IV
### Semelhança entre reino sem justiça e pirataria

Desterrada a justiça, que é todo reino, senão grande pirataria? E a pirataria que é, senão pequeno reino? Também é punhado de homens, rege-se pelo poderio de príncipe, liga-se por meio de pacto de sociedade, reparte a presa de acordo com certas convenções. Se esse mal cresce, porque se lhe acrescentam homens perdidos, que se assenhoreiam de lugares, estabelecem esconderijos, ocupam cidades, subjugam povos, toma o nome mais autêntico de reino. Esse nome dá-lhe abertamente, não a perdida cobiça, mas a impunidade acrescentada. Em tom de brincadeira, porém a sério, certo pirata preso respondeu a Alexandre Magno, que lhe perguntou que lhe parecia o sobressalto em que mantinha o mar. Com arrogante liberdade, respondeu-lhe: "O mesmo que te parece o manteres perturbada a Terra toda, com a diferença apenas de que a mim, por fazê-lo com navio de pequeno porte, me chamam ladrão e a ti, que o fazes com enorme esquadra, imperador".

## CAPÍTULO V
### O poderio dos gladiadores fugitivos chegou quase a igualar a dignidade real

Não vou, por conseguinte, examinar que espécie de gente Rômulo acolhia, porque teve em muito a utilidade deles, com o propósito de que, naquela vida e concedendo-lhes carta de cidadania, desistissem de pensar nas penas merecidas, cujo medo os estimulava a maiores velhacarias, para que dali por diante se tornassem mais acomodados às coisas humanas. Digo apenas haver o Império Romano, grande, com tanta gente subjugada e terrível para os demais, sentido amargura e grande temor, quando se viu na necessidade de, para evitar tão enorme catástrofe, resolver problema não fácil. Isso aconteceu quando alguns gladiadores, poucos em número, fugindo da palestra na Campânia reuniram poderoso exército, constituíram três chefes e destruíram com inaudita crueldade quase toda a Itália. Digam-nos que deus lhes prestou auxílio para de exígua e desprezível pilhagem chegarem a reino temido por tantas forças e fortalezas romanas. Acaso porque foi de curta duração havia de ser-lhe negado o socorro divino? Como se a vida de qualquer homem fosse duradoura! Nesse sentido, a ninguém os deuses auxiliam a reinar, posto que à porta de cada um deles se encontra a morte, nem deve considerar-se benefício o que é de breve duração em cada mortal e, por isso, em cada qual e em todos se desvanece à guisa do fumo.

Que lhes importa a quem no tempo de Rômulo lhes deu culto, e já faz tempo que morreram, que depois de mortos crescesse tanto o Império Romano, se já estavam defendendo suas causas nos infernos? Boas ou más, não pertencem ao presente estudo. É o que cabe entender de quantos passaram no império (embora, mortos uns e sucedendo-lhes outros mortais, continuasse a existir por muito tempo) os poucos dias de vida pressurosa e rápida, carregando sobre os ombros o peso das próprias obras. Se, porém, temos de atribuir ao favor dos deuses os benefícios do presente e brevíssimo tempo, não foi pequeno o auxílio prestado àqueles gladiadores que romperam os vínculos da condição servil. Fugiram, escaparam, reuniram grande e temível hoste e, obedientes aos conselhos e ordens dos chefes e invencíveis por causa do grande temor semeado na grandeza romana e em alguns dos imperadores romanos, apoderaram-se de muitas coisas, venceram em numerosos combates e gozaram quantos prazeres quiseram. Praticaram, em suma, o que lhes sugeriu a libido. Afinal, até serem vencidos, coisa conseguida com muita dificuldade, viveram reinando com alteza. Mas passemos a exemplos mais relevantes.

## CAPÍTULO VI
### Cobiça do Rei Nino, que, para estender ainda mais seus domínios, foi o primeiro a declarar guerra a vizinhos

O historiador latino da Grécia ou, melhor, dos povos estrangeiros, Justino, resumindo os relatos de Trogo Pompeu, começa deste modo seu trabalho: *Na origem, o poder sobre os povos e as nações estava em mãos dos reis, que não eram levados às culminâncias da majestade pela ambição popular, mas pela reputação em que os tinham os bons. Os povos governavam-se sem leis; serviam de leis os ditames dos príncipes. Era de uso defender os limites do império, não estendê-los. As fronteiras dos reinos ficavam dentro das próprias nações.* Nino, rei dos assírios, foi quem primeiro alterou o costume arcaico e, como herança dos antepassados, com nova cobiça de império. Foi o primeiro a declarar guerra aos povos limítrofes e dominou, até os confins da Líbia, povos ainda rudes no manejo das armas.

Pouco depois acrescenta: *Nino consolidou a grandeza de seu poder, conquistado por extensa possessão. Dominados, pois, os povos vizinhos e recrutadas entre eles novas forças, a fim de passar a outras façanhas, e servindo a presente vitória de apoio para a seguinte, sujeitou os povos de todo o Oriente.* Seja qual for o crédito merecido pelo escrito por Justino ou por Trogo, pois outros escritos mais fiéis mostram haverem mentido em algumas coisas, consta, porém, noutros escritores que o Rei Nino estendeu de modo enorme o reino dos assírios, tão duradouro, que o romano não lhe alcançou a idade. Segundo escritores de história cronológica, esse reino manteve-se de pé durante mil e duzentos e quarenta anos, do ano primeiro do reinado de Nino até quando se transferiu aos medos. Declarar, porém, guerra aos povos limítrofes, para lançar-se a novos combates, esmagar e reduzir povos de quem não se recebeu ofensa alguma, apenas por apetite de dominação, que é, senão desmesurada pirataria?

## CAPÍTULO VII
### Depende o apogeu ou a decadência dos reinos terrestres de assisti-los ou abandoná-los os deuses?

Se esse reino teve grandeza e duração sem o favor dos deuses, por que atribuírem-se aos deuses romanos a extensão e permanência do Império Romano? Seja qual for a causa daquelas, também o é destas. Se, todavia, sustentam que isso deve atribuir-se à assistência dos deuses, pergunto: De quais? Os povos dominados e subjugados por Nino não adoravam outros deuses. E, se os assírios tiveram deuses próprios, como obreiros mais hábeis na arte de fundar e conservar império, morreram, porventura, quando perderam o império? Ou, porque não lhes pagaram ou porque lhes prometeram maior recompensa, preferiram passar-se para os medos e deles aos persas, instigados pela promessa, que Ciro lhes fez, de maior comodidade?

Tal povo, depois do domínio, vasto em extensão, mas de duração muito curta, de Alexandre da Macedônia, conservou até hoje o império nos estreitos confins do Oriente. Se assim é, os deuses são infiéis, pois abandonam os seus e se passam para o inimigo, coisa que não fez Camilo, apesar de homem, quando, vencedor e expugnador da cidade mais rival, sentiu a ingratidão de Roma, para a qual a conquistara, e depois, esquecido da injúria e lembrando-se da pátria, tornou a livrá-la dos gauleses, ou não são tão fortes como convém sejam os deuses, porque podem ser vencidos por conselhos ou forças humanas. E se, quando guerreiam entre si, não são os homens que vencem os deuses, mas uns deuses é que são, talvez, vencidos por outros, próprios de cada cidade, segue-se terem também entre si inimizades e cada um deles tomá-las à sua conta. Não devia a cidade prestar culto a suas divindades mais do que a outras que lhe prestaram auxílio.

Finalmente, de qualquer modo que se considere essa passagem, quer como fuga, emigração ou deserção dos deuses na batalha, o nome de Cristo ainda não fora pregado naquelas regiões e naqueles dias em que esses reinos se desfizeram, transformados por gigantescas catástrofes bélicas. Se, depois de mil e duzentos e tantos anos, quando os assírios se viram privados do reino, a religião cristã já houvesse pregado ali outro reino eterno e proibido os sacrílegos cultos aos falsos deuses, que diria a vaidade humana a respeito de semelhante povo, senão que o desmembramento do reino, por tanto tempo mantido, não podia atribuir-se a outra causa, senão à que se cifrava em haverem abandonado suas religiões e recebido aquela? Esse possível grito da vaidade considerem-no como espelho e enrubesçam de vergonha, se é que ainda a têm, por queixarem-se de coisas assim, embora, na realidade, o Império Romano tivesse sido afligido e não mudado, coisa que antes de Cristo aconteceu noutros dias, e depois se reerguesse, acontecimento de que não se deve desesperar em nossos dias. Quem conhece, nesse ponto, o que Deus quer?

## CAPÍTULO VIII
## A que deuses atribuem os romanos o erguimento do império, se acreditam dever-se confiar a cada um deles apenas a defesa de uma coisa só e determinada?

Perguntemos, se apraz, a que deus ou a que deuses, do numeroso bando de divindades a que os romanos rendem culto, pensam cometer a grandeza e conservação do império. Não creio que de obra tão gloriosa e tão digna ousem atribuir algumas partes à deusa Cloacina, a Volúpia, assim chamada de *voluptate,* prazer, a Lubentina, nome derivado de libido, a Vaticano, que preside os vagidos dos recém-nascidos, ou a Cunina, que lhes cuida dos berços. Quando poderei mencionar em apenas um lugar deste livro todos os nomes dos deuses ou deusas que mal puderam ser encerrados em enormes volumes, atribuindo aos deuses ofícios peculiares a cada coisa? Nem se conformaram em recomendar o ofício dos campos a um deus apenas, tanto assim que os lábrios os confiaram à deusa Rurina, o cume das montanhas ao deus Jugatino, as colinas à deusa Colatina e os vales à deusa Valônia.

Não puderam tampouco achar Segécia capaz de controlar todas as messes, tanto que, semeados os grãos, enquanto se encontravam sob a terra, houveram por bem confiá-los à deusa Seia, quando já estavam saindo de sob a terra e formavam messes, à deusa Segécia; a perfeita conservação dos grãos já recolhidos e postos no celeiro entregaram-na à deusa Tutelina. A quem não pareceria suficiente Segécia, desde a messe ainda verde até chegar às secas espigas? Não foi, porém, bastante para homens amantes do bando de deuses, porque a alma miserável se prostituíra à turba de demônios, desdenhando o casto abraço do único Deus verdadeiro. Para esse fim, constituíram Prosérpina tutora dos grãos em germe, o deus Nodoto, das gemas e nós dos colmos, Volutina, do envoltório da espiga. Vêm a seguir a deusa Patelana, quando os envoltórios se abrem para a espiga sair, a deusa Hostilina, quando as messes se igualam com as novas espigas, porque os antigos, para dizerem igualar, usaram *hostire,* a deusa Flora, quando os grãos florescem, o deus Lacturno, quando os frutos ainda se encontram verdes, a deusa Matuta, quando amadurecem, e a deusa Runcina quando os colhem, isto é, os arrancam do solo. Não os enumero todos porque me enfastia o que a eles não lhes causa vergonha.

Referi essas pouquíssimas coisas para dar a entender que de modo algum hão de atrever-se a imputar a origem, progresso e conservação do Império Romano a semelhantes divindades, a que davam ofícios tão privativos, que nada de universal pode confiar-se a nenhuma delas. Quando do império cuidará Segécia, se não lhe é permitido cuidar ao mesmo tempo das messes e das árvores? Quando pensará nas armas Cunina, cujo cargo lhe proíbe ir além do berço das crianças? Quando na guerra ajudará Nodoto, que não vela nem mesmo pelo envoltório da espiga, mas somente pelos nós dos colmos? Cada qual põe em casa um só porteiro, porque um homem é, sem dúvida, suficiente; os romanos, entretanto, puseram três deuses: Fórculo, para as portas, Cardeia, para os gonzos, Limentino para os umbrais. Tão impossível era que Fórculo cuidasse ao mesmo tempo dos gonzos e dos umbrais.

## CAPÍTULO IX
**Devem a grandeza e duração do Império Romano ser atribuídas a Júpiter, a quem seus adoradores consideravam deus supremo?**

Omitamos ou deixemos em suspenso por breve tempo o que estamos dizendo sobre essa turba de deuses menores e investiguemos o ofício dos deuses maiores, graças a quem Roma tanto se engrandeceu, que por muito tempo senhoreou muitas nações. Para falar verdade, foi por obra de Júpiter. Querem que seja o rei de todos os deuses e deusas. Isso o indica seu cetro, isso o indica o Capitólio na erguida colina. Desse deus espalham a todos os ventos, como frase muito certa, embora de poeta: *Tudo está cheio de Júpiter*. O próprio Varrão acredita renderem-lhe culto os que o tributam a um só Deus, sem simulacro, mas lhe dão outro nome. Se assim é, por que o trataram tão mal em Roma, como nas demais nações, erguendo-lhe estátua? Isso desagrada de tal modo o próprio Varrão, que, oprimido pelo perverso costume de tão grande cidade, não vacilou coisa alguma em dizer e escrever que os que instituíram para os povos os simulacros lhes tiraram o medo e lhes aumentaram o erro.

## CAPÍTULO X
### Opiniões a que se ativeram os que a diversas partes do mundo impuseram deuses diferentes

Por que aquele toma Juno por esposa e a chamam irmã e *cônjuge*? Porque Júpiter, dizem, ocupa o éter, Juno o ar e esses dois elementos, um superior e outro inferior, encontram-se unidos. Em suma, não se trata daquele de quem se disse: *Tudo está cheio de Júpiter*, se existe alguma parte ocupada por Juno.

Enchem ambos, porventura, um e outro e ambos são ao mesmo tempo cônjuges desses dois elementos e em cada um deles? Por que se dá o céu a Júpiter e o ar a Juno? Por último, se esses dois são suficientes, para que atribuir o mar a Netuno e a terra a Plutão? E para que não permanecessem sem esposa, acrescentou-se Salácia a Netuno e a Plutão, Prosérpina. Porque, assim como a parte inferior do céu, isto é, o ar, dizem, a ocupa um, assim a parte inferior do mar a ocupa Salácia, e a parte inferior da terra, Prosérpina. Buscam como recomendar suas fábulas e não encontram. Fosse assim e seus antigos admitiriam três elementos no mundo, não quatro, com o fim de entrosar os casamentos dos deuses com os elementos. Sem hesitação, porém, afirmaram ser uma coisa o éter e outra o ar. E a água superior ou inferior é sempre água. Faze de conta que é dessemelhante. Será, porventura, tão dessemelhante que não seja água? E a terra inferior, que outra coisa pode ser senão terra, por mais diferente que seja?

Entretanto, eis que com esses três ou quatro elementos já se completa totalmente o mundo corpóreo. E Minerva, onde está, que ocupa, que enche? No Capitólio encontra-se juntamente com esses dois, sem ser filha deles. E, se dizem que Minerva habita a parte superior do céu, e sobre isso fingem os poetas haver nascido da cabeça de Júpiter, por que não a consideram rainha dos deuses, visto ser superior a Júpiter? Acaso era digno antepor a filha ao pai? Por que não se observou a mesma justiça de Júpiiter para com Saturno? Será porque foi vencido? Lutaram, então? Nem pensá-lo, dizem; trata-se de palavrório das fábulas. Muito bem! Não se creia em fábulas e tenham-se em melhor conceito os deuses.

Por que não se concedeu ao pai de Júpiter algum lugar, se não superior, pelo menos igual em honra? Porque Saturno, respondem, significa a longuidão do tempo. Quem tributa culto a Saturno tributa culto ao tempo e o rei dos deuses, Júpiter, declara-se nascido do tempo. Diz-se, pois, algo digno, quando se diz haverem Júpiter e Juno nascido do tempo, se aquele é o céu e esta a terra, quando é certo que o céu e a terra foram criados no tempo? E o que seus letrados e sábios reconhecem em seus livros e Virgílio inspira-se, não em ficções poéticas, mas nos livros dos filósofos, quando diz: *É então que o Éter, Pai onipotente, desce em fecundantes chuvas ao seio da rejubilante esposa,* isto é, ao seio de Télus ou da Terra. Porque mesmo aqui querem ver algumas diferenças e, quanto à própria Terra, pensam ser uma coisa a Terra, outra, Télus e outra, Telumão.

A cada um desses deuses apelidaram com nomes, distinguiram com ofícios e veneraram com altares e sacrifícios próprios. Chamam a Terra de mãe dos deuses, de forma que se tornam mais toleráveis as ficções dos poetas, se de acordo com os livros, não poéticos, mas sagrados, Juno não é apenas irmã *e esposa,* mas também mãe de Júpiter. Querem que a Terra seja Ceres e também Vesta, quando na maioria das vezes afirmaram ser Vesta apenas o fogo pertinente aos lares, sem os quais a cidade não pode existir. Esse o motivo de costumarem estar a seu serviço as virgens, porque, como nada nasce de virgem, assim também nada nasce do fogo. Toda essa futilidade teve de ser abolida e extinta por Aquele que nasceu de virgem. Quem há de admitir que, atribuindo tanta honra e quase castidade ao fogo, não se envergonhem de algumas vezes dar o nome de Vênus também a Vesta, com o fito de em suas servas violar a virgindade tão honrada? Se, por conseguinte, Vesta é Vênus, como a serviriam de maneira devida as virgens, abstendo-se de práticas venéreas? Ou haverá duas Vênus, uma virgem e outra esposa? Ou, para melhor dizer, três: uma das virgens, também chamada Vesta, outra das casadas e outra das meretrizes? A esta última os fenícios ofereciam o preço da prostituição das filhas, antes de casá-las com os esposos. Qual delas a esposa de Vulcano? Não é, por certo, a virgem, porque tem marido. Longe de mim pensar que seja a rameira, para não parecer que injurio o filho de Juno e êmulo de Minerva. Logo, infere-se tratar-se da pertencente às casadas, mas não queremos seja imitada no que fez com Marte.

De novo, replicam, voltas às fábulas. Que justiça é essa? Irritam-se conosco porque falamos assim de suas divindades e não se envergonham de, nos teatros, assistir com muito gosto ao espetáculo dos crimes de suas divindades? E, o que é mais incrível, salvo se provar-se de modo irrefragável o *contrário*, essas mesmas velhacarias teatrais de seus deuses foram instituídas em honra de seus próprios deuses.

## CAPÍTULO XI
### Opinião dos doutores do paganismo, segundo a qual muitos deuses não passam de um só e mesmo Júpiter

Afirmem, com quantos argumentos físicos e palavras quiserem, que Júpiter é a alma deste mundo corpóreo, move e enche essa vasta máquina construída e composta de quatro ou quantos elementos lhes aprouver. Quer ceda parte deles à irmã e aos irmãos; quer seja o éter, porque domina Juno, vale dizer, o ar inferior; quer seja, com o ar, todo o éter e fecunde com fecundantes chuvas e sementes a terra, como a esposa e mãe, porque entre as divindades isso não é indecoroso; quer, para não percorrer a natureza toda, seja um só deus, a quem muitos acreditam deva aplicar-se o que disse determinado poeta: *Deus encontra-se espalhado em toda parte, nas terras, nos espaços do mar e nas profundidades do céu.*

Seja, no éter, Júpiter; no ar, Juno; no mar, Netuno; nas partes inferiores do mar, Salácia; na terra, Plutão; na terra inferior, Prosérpina. Seja, nos lares domésticos, Vesta; na forja dos ferreiros, Vulcano; nos astros, o Sol, a Lua e as Estrelas; nos adivinhos, Apolo e no comércio, Mercúrio. Seja, em Jano, início, e em Término, termo. Seja Saturno no tempo, e nas guerras, Marte e Belona. Seja Baco nas vinhas, Ceres nas messes, Diana nas selvas e Minerva nas inteligências. Seja, afinal, toda a turba de quase plebeias divindades. Presida, com o nome de Líbero, o sêmen dos homens, e com o nome de Líbera, o das mulheres. Seja Diespiter, que leva o parto a bom termo; seja a deusa Mena, a quem encarregaram do mênstruo das mulheres; seja Lucina, invocada pelas parturientes. Socorra os recém-nascidos, receba-os no regaço da terra e chame-se Ópis; abra-lhes a boca aos primeiros vagidos e seja o deus Vaticano. Levante-os do chão e chame-se deusa Levana; proteja os berços e chame-se deusa Cunina. Não sejam outros, senão ele, os deuses que predizem os destinos dos que nascem e chame-se Carmentas. Presida os acontecimentos fortuitos e chame-se Fortuna. Apresente o peito ao lactente, com o nome de deusa Rumina, porque os antigos deram à mama o nome de *ruma*. Sirva, com o nome de Potina, a bebida, e, com o de Édina, o alimento. Chame-se Pavência, do pavor das crianças, Venília, da esperança que vem, Volúpia, do prazer, e Agenória, da ação. Denomine-se Estimula, dos estímulos que impelem o homem a trabalhar em demasia. Seja Estrênua, excitando o valor; Numéria, ensinando a contar; Camena, ensinando a cantar. Seja, também, o deus Conso, aconselhando, e a deusa Sência, inspirando sentenças. Seja a deusa Juventas, que, depois da toga pretexta, dê começo à idade juvenil. Seja a Fortuna Barbada, que cubra de barba os adultos, a quem não quiseram dar a honra de que esse nume, fosse qual fosse, fosse pelo menos deus masculino, ou Barbado, por causa da barba, como Nodoto se origina de nó, ou, então, a de chamá-lo, por ter barba, Fortúnio, não Fortuna. Reúna os cônjuges, sob o nome de deus Jugatino, e, quando a donzela recém-casada desata a faixa virginal, invoquem-no com o nome de Virginense. Seja Mutuno ou Tutuno, que corresponde entre os gregos a Priapo.

Se tudo quanto disse e quanto deixei de dizer, pois não me pareceu acertado referir tudo, não faz enrubescer de vergonha, sejam um só Júpiter esses deuses e deusas. Não prejulguemos se, como querem alguns, são todas essas divindades partes ou virtudes suas, como parece àqueles a quem agrada afirmar que é a alma do mundo, opinião de grandes e reconhecidos doutores. Se assim é (não quero ainda averiguar se é), que perderam com adorar a um só deus por atalho mais prudente? Que desprezariam dele, adorando a ele apenas? Se fosse de temer que algumas partes dele, omitidas e desatendidas, se aborrecessem, não seria, como pretendem, essa a vida universal como que de um só animal que em sua unidade engloba todos os deuses, seus membros ou partes. Pelo contrário, cada parte tem vida própria, independente das demais, se uma pode, sem a outra, aborrecer-se e aplacar-se uma delas, irritando-se outra. E se se diz que todos juntos, isto é, todo o mesmo Júpiter pôde ofender-se, porque suas partes não receberam culto uma a uma e em separado, fala-se nesciamente, visto como não se deixaria nenhuma de lado, adorando o único que as tem todas.

Omitindo, agora, outros mil e um pormenores, quando dizem que todos os astros constituem partes de Júpiter e todos têm vida e almas racionais, e, portanto, são indubitavelmente deuses, não reparam na infinidade daqueles a quem não tributam culto, não erguem templos, não elevam altares, e nos pouquíssimos astros que julgam dignos de culto e sacrifícios particulares. Se, por conseguinte, os que não são singularmente adorados se ofendem, não temem viver com todo o céu irado, porquanto são poucos os aplacados? E, se adoram todas as estrelas precisamente porque estão em Júpiter, a quem adoram, por esse modo lhes é possível dirigir, nele, súplicas a todas. Assim, ninguém se ofenderia, não se desdenhando ninguém naquele só. Do contrário, adorados alguns, haveria justo motivo de ficarem ofendidos aqueles, mais numerosos, sem comparação alguma, deixados à margem, em especial os que, brilhando na soberana mansão, viram-se pospostos a Priapo, medonho na obscena desnudez.

## CAPÍTULO XII
### Opinião dos que pensam ser Deus a alma do mundo e o mundo o corpo de Deus

Que dizer disso? Deve impressionar homens inteligentes ou quaisquer outros homens? Não é, para tanto, preciso eminente engenho, para, abandonado o afã de contendas, advertirem que, se Deus é a alma do mundo e o mundo, para essa alma, verdadeiro corpo, Deus é animal constante de alma e corpo. E esse Deus existe em certo lugar da natureza e contém todas as coisas, de forma que de sua alma, vivificadora de toda essa imensa mole, tomam os viventes suas vidas e almas, segundo o modo de ser de cada um dos que nascem, e assim nada ficaria, em absoluto, que não fosse parte de Deus. Se é assim, quem não vê quanta impiedade e irreligiosidade se segue, posto que, ao pisar, se pisa parte de Deus e, ao matar qualquer animal, reduz-se a pedaços parte de Deus? Não quero dizer quanto pode vir à imaginação e não pode dizer-se, sem que a gente enrubesça de vergonha.

## CAPÍTULO XIII
**Referências aos que afirmam que somente os animais racionais constituem partes do Deus uno**

E, se sustentam que apenas os animais racionais, como os homens, são partes de Deus, não vejo, na realidade, como podem separar das partes dele as bestas, se todo mundo é Deus. Que necessidade há, porém, de impugná-lo? Pode o animal racional, quer dizer, o homem, crer maior absurdo que, se bate em alguma criança, se bate em parte de Deus? Quem admitirá, se não for louco varrido, que as partes de Deus se tornem lascivas, ímpias e, em absoluto, condenáveis? Finalmente, por que se aborrece com quem não lhe rende culto, se não lhe rendem suas partes? Resta, pois, dizerem que todos os deuses têm vida própria, cada um deles vive para si mesmo, nenhum deles é parte de qualquer outro, porém a todos deve-se culto, a todos que podem ser reconhecidos e reverenciados, porque são tantos que todos não o podem ser. Creio que, segundo o que dizem, Júpiter, como rei de todos, constituiu e expandiu o Império Romano. Porque, se não o fez, que outro deus imaginam pôde empreender obra tão grande, quando todos se encontravam ocupados em seus ofícios próprios e em suas obras, sem que ninguém se intrometesse no ofício alheio? Logo, o rei dos deuses pôde propagar e engrandecer o reino dos homens.

## CAPÍTULO XIV
**É incongruência tornar Júpiter responsável pelo crescimento dos reinos, posto ser Vitória, como querem, deusa até para esse mister**

Pergunta prévia: Por que não é deus o próprio reino? Que necessidade há de Júpiter nesse caso, se Vitória socorre, é propícia e sempre auxilia os que quer sejam vencedores? Graças à proteção e auxílio de tal deusa, mesmo quando Júpiter estivesse folgando ou fazendo outra coisa, que povos não seriam subjugados? Que reinos não se renderiam? Desagrada aos bons, porventura, pelejar com injustíssima perversidade e provocar os povos limítrofes, pacíficos e inofensivos, com guerras caprichosas, que têm por objeto a dilatação do reino? Sinceramente, se assim pensam, aprovo-o e louvo-o.

## CAPÍTULO XV
### Convém aos bons desejar engrandecer-se?

Considerem se é próprio de gente de bem regozijar-se com a grandeza do reino. A iniquidade daqueles contra quem se travaram guerras justas auxiliou o crescimento do reino. Esse, na realidade, seria pequeno, se a justiça e a paz dos povos vizinhos não o levassem, por causa de alguma ofensa, a declarar-lhes guerra. Desse modo, gozando todos os reinos, em boa vizinhança, da maior felicidade nas coisas humanas, seriam pequenos e, assim, haveria no mundo muitíssimos reinos de nações, como há na cidade muitíssimas casas de cidadãos. Por isso, guerrear e dilatar o reino, senhoreando povos, aos maus parece ventura, e aos bons, necessidade. Mas, porque seria pior que os mais justos se vissem dominados pelos injustos, não sem motivo se chama também a isso felicidade.

Sem dúvida alguma, porém, é maior felicidade viver em paz com o bom vizinho que subjugar pelas armas o mau. Maus desejos são desejar ter a quem odiar ou a quem temer, para poder ter a quem vencer. Se travando guerras justas, não ímpias, nem iníquas, os romanos conseguiram adquirir tão grande império, deve-se, por acaso, render culto à injustiça alheia, como se fosse deusa? Vemos haver essa injustiça contribuído grandemente para o crescimento do império, quando aos estrangeiros inspirava injustas hostilidades, para dar a Roma pretexto de empreender contra eles guerra justa e proveitosa à expansão do império. Por que não ser deusa a injustiça, ao menos a das nações estrangeiras, se o Pavor, o Palor e a Febre mereceram ser deuses romanos? Logo, graças a essas duas, isto é, à injustiça alheia e à deusa Vitória, porque a injustiça propõe as causas das guerras e a Vitória lhes põe termo feliz, o império cresceu, mesmo na ausência de Júpiter. Que papel desempenharia Júpiter no caso, se o que se poderia considerar favores seus são tidos na conta de deuses e invocados em lugar de suas partes? Desempenhasse ele, também aqui, algum papel, chamá-lo-iam reino, como àquela se chama Vitória. E, se o reino é dom de Júpiter, por que não se considera também a Vitória como dom dele? Assim seria, sem dúvida, se se conhecesse e tributasse culto, não à pedra no Capitólio, mas ao verdadeiro Rei dos reis e Senhor dos que dominam.

## CAPÍTULO XVI
### Por que os romanos, que a cada coisa e a cada movimento deram deus peculiar, quiseram ficasse fora das portas da cidade o templo da Quietude?

Causa-me grande surpresa que, a cada coisa e quase a cada movimento atribuindo deus peculiar, chamassem deusa Agenoria a que movia a trabalhar, deusa Estímula, a que estimulava a atividade excessiva, deusa Múrcia, a que, ao contrário, leva a extrema inação e, como diz Pompônio, torna o homem murcho, isto é, desidioso e inativo em demasia. A todos esses deuses e deusas admitiram aos lugares públicos; a que chamavam Quietude, os deixava tranquilos e tinha o templo fora da porta Colina, não quiseram admiti-la a semelhantes honras. Isso se revelou indício de seu espírito inquieto ou, melhor, prova de que todo aquele que perseverasse no culto dessa turba, não de deuses, certamente, mas de demônios, não podia ter a quietude a que convida o Médico verdadeiro, dizendo: *Aprendei de mim, que sou manso e humilde de coração, e encontrareis descanso para vossas almas.*

## CAPÍTULO XVII
### Se Júpiter é a autoridade suprema, também Vitória devia ser considerada deusa

Dizem, porventura, que Júpiter envia a deusa Vitória, que, como que obediente ao rei dos deuses, vem àqueles a quem foi enviada e se põe ao lado deles? Isso se diz com verdade, não de Júpiter, que fingem ser, segundo sua imaginação, rei dos deuses, mas do Rei dos séculos que não envia a Vitória, que não é substância alguma, e sim anjo seu, e faz vencer a quem quer e cujos juízos podem ser ocultos, porém não iníquos. Pois, se a vitória é deusa, por que não o é deus também o triunfo e não se une à vitória como esposo, irmão ou filho? Tais coisas os romanos imaginaram dos deuses, que, se as fingissem os poetas e eu as desaprovasse, responderiam tratar-se de ficções poéticas, dignas de riso, não de serem atribuídas aos verdadeiros deuses. E, contudo, não riam de si mesmos, não quando nos poetas liam semelhantes desatinos, mas quando lhes rendiam culto nos templos. A Júpiter, por conseguinte, deviam pedir todas as coisas; a ele apenas, dirigir todas as preces. Mas não para que Vitória, que era deusa e submetida ao rei, pudesse atrever-se a desobedecer-lhe e seguir a própria vontade, sendo enviada em socorro.

## CAPÍTULO XVIII
### Por que distinguem entre a Felicidade e a Fortuna os que as consideram deusas?

Que dizer de também a Felicidade ser deusa? Recebeu templo, mereceu altar e ofereceram-lhe convenientes sacrifícios. Seja, pois, a única adorada. Onde estivesse, que bem faltaria? Mas que significa que também à Fortuna considerem deusa e, como tal, lhe tributem culto? Porventura é a felicidade uma coisa e outra a fortuna?

É que a fortuna também pode ser má e a felicidade, se for má, felicidade não é. Não devemos, sem dúvida, considerar bons todos os deuses de ambos os sexos, se também têm sexo? É o que disse Platão, é o que disseram outros filósofos, é o que disseram egrégios dirigentes de repúblicas e povos. Como, pois, algumas vezes é má e outras vezes boa a deusa Fortuna? Ou, acaso, quando é má não é deusa, mas repentinamente se converte em maligno demônio? Quantas são essas deusas? Sem dúvida, quantos são os homens afortunados, isto é, de boa fortuna, porque havendo também, ou seja, ao mesmo tempo, muitos outros de má fortuna, se fosse a mesma, seria boa e má, ao mesmo tempo, para estes uma e para aqueles outra? Ou será que a que é deusa é sempre boa? Essa é a Felicidade. Por que se usam dois nomes? Mas até isso cumpre admitir, porque é costume ter uma coisa dois nomes. Por que tem diversos templos, diversos altares e diversos sacrifícios?

Eis a causa, respondem: a felicidade têm-na os bons por seus merecimentos anteriores; por outro lado, a fortuna, chamada boa, sobrevem fortuitamente a bons e maus, sem levar-lhes em conta para nada os merecimentos; chama-se, por isso, Fortuna. Como é boa a que sem discernimento algum acontece a bons e maus? E para que render-lhe culto, se é tão cega e se arrima a cada passo a quem quer que seja, deixando muitas vezes os que a veneram e apegando-se a quem a despreza? E, se seus adoradores conseguem que ela volva os olhos a eles e os beneficie, atende-lhes os méritos, não vem fortuitamente. Onde está, pois, a definição de Fortuna? Onde está o motivo de receber da fortuna seu nome? Se é fortuna, é inútil o culto que lhe tributam. Se faz distinção entre os adoradores, para ser útil, não é fortuna. É verdade que Júpiter a envia para onde quer? Tribute-se culto, nesse caso, somente a ele, porque a Fortuna não pode opor-se a quem a manda e envia para onde lhe apraz. Ou, pelo menos, rendam-se a ele os maus, que não querem ter merecimentos com que possam conciliar os favores da deusa Felicidade.

## CAPÍTULO XIX
### A Fortuna feminina

Tantas são, na realidade, as atribuições da deusa chamada Fortuna, que, segundo tradição histórica, sua estátua, dedicada pelas matronas e chamada Fortuna feminina, não falou e disse apenas uma vez, mas duas, que lha haviam legitimamente dedicado as matronas. Dado que o fato seja verdadeiro, não deve causar-nos estranheza, posto que enganar não se mostra assim difícil para os malignos demônios, de cujas artes e artimanhas deveriam precatar-se melhor, precisamente porque falou a deusa que se dá fortuitamente, não a que vem atraída pelos merecimentos. Foi loquaz a Fortuna e muda a Felicidade. Para que outro fim, senão para os homens não cuidarem de bem-viver, granjeando a amizade da Fortuna, que sem merecimentos bons os fizesse afortunados? E, se é certo que falou a Fortuna, não foi, pelo menos, a feminina, mas a viril, para acreditarem que tamanho milagre era ficção fingida pela natural loquacidade das mesmas mulheres que dedicaram a estátua.

## CAPÍTULO XX
**A Virtude e a Fé, que os pagãos honram com festividades e templos, deixando de lado outros bens a que lhes cumpria render culto, do mesmo modo que a outros corretamente atribuem caráter de divindade**

Fizeram deusa também a Virtude; se, na realidade, também fosse deusa, seria caso de preferi-la a muitas. Como, porém, deusa não é, mas dom de Deus, pede-se àquele único capaz de concedê-la e todo o bando de deuses falsos desaparece. Por que se acreditou ser deusa também a Fé e recebeu altar e templo? Quem quer que sinceramente a reconheça faz de si mesmo templo para ela. Como sabem tratar-se da fé, cuja primeira e principal obra é crer no verdadeiro Deus? Por que não bastava a virtude? Acaso não se encontra ali também a fé? Eles mesmos verificaram dever a virtude dividir-se em quatro espécies: prudência, justiça, fortaleza e temperança. E, como cada uma delas tem espécies, a fé participa da justiça e ocupa entre nós o lugar mais destacado, porque sabemos o que é, pois o *justo vive da fé*. Admiro-me é daqueles que, apetecedores da multidão de deuses, se é deusa a fé, por que injuriam muitas outras deusas, deixando-as de lado, quando poderiam dedicar-lhes, de igual modo, templos e altares? Por que não mereceu ser deusa a temperança, se graças a seu nome alcançaram não pequena glória alguns príncipes romanos? Por que não ser deusa a fortaleza que assistiu Múcio, ao estender a destra sobre as chamas, Cúrcio, quando por amor à pátria se precipitou no abismo aberto a seus pés, e assistiu Décio pai e Décio filho, ao entregarem-se com voto por seu exército, se é que havia em todos esses verdadeira fortaleza, assunto de que não estou cuidando agora? Por que a prudência e por que a sabedoria não mereceram lugar entre as divindades? Acaso porque a todas, sob o nome genérico de Virtude, se rende culto? De acordo com isso poder-se-ia também prestar culto ao Deus uno, se os demais deuses são considerados partes suas. Contudo, a virtude única abrange a fé e a castidade, que mereceram ter altares fora em seus próprios templos.

# CAPÍTULO XXI
## Quem não conhecia os dons de Deus devia haver-se contentado com a virtude e com a felicidade

Não são criaturas da verdade essas deusas, mas da vaidade. Constituem dons do verdadeiro Deus, não são deusas. Para que, porém, buscar outra coisa onde se encontram felicidade e virtude? Que será suficiente para aquele a quem não lhe bastam felicidade e virtude? A virtude abarca todo o factível; a felicidade, todo o desejável. Se se tributa culto a Júpiter, para dar esta, pois a grandeza e duração do reino é bem pertencente à própria felicidade, por que não se entendeu serem dons de Deus, não deusas? Se, contudo, as consideraram deusas, não busquem, pelo menos, outro bando maior de divindades. Ponderados todos os ofícios dos deuses e das deusas, deveres que fingiram segundo sua opinião e seu capricho, excogitem, se puderem, algo que algum deus possa dar a homem que tenha a virtude e goze de felicidade. Que doutrina cumpre pedir a Mercúrio ou a Minerva, se a virtude encerra todas as coisas?

A virtude os antigos definiram como a arte de viver bem e retamente. Daí, porque em grego virtude se diz *arete*, acreditarem os latinos traduzi-la bem com o nome de arte. Se a virtude fosse inseparável das faculdades do espírito, que necessidade haveria do deus Cácio para torná-los hábeis, isto é, inteligentes, se a felicidade é capaz de conferi-lo? Nascer engenhoso é privativo da felicidade. Em consequência, mesmo quando o não nascido não possa tributar culto a Felicidade, para que, granjeando-lhe a amizade, lho conceda, aos pais, que lho tributam, poderá conceder lhes nasçam filhos engenhosos. Que necessidade tinham as parturientes de invocar Lucina, posto que, se as assistisse Felicidade, não apenas dariam bem à luz, mas também bons filhos? Que necessidade havia de à deusa Ópis confiar os que nascem, ao deus Vaticano os vagidos, à deusa Cunina os que estavam no berço e à deusa Rumina os que mamavam? Que necessidade havia de confiar ao deus Estatilino os que estavam de pé, à deusa Adeona os que chegam, à deusa Abeona os que se ausentam? Que necessidade tinham da deusa Mente para que a tivessem boa, do deus Volumno e da deusa Volumna para quererem coisas boas, dos deuses nupciais para casarem-se bem, dos deuses agrestes e, em especial, da deusa Frutesca para que colhessem ubérrimos frutos? Que necessidade tinham de Marte e Belona para guerrearem bem, da deusa Vitória para vencerem, do deus Honor para serem honrados, da deusa Pecúnia para serem endinheirados, do deus Esculano e do filho, Argentino, para possuírem dinheiro de prata e cobre?

De Esculano fizeram pai de Argentino precisamente porque primeiro começou a estar em uso a moeda de cobre e depois a de prata. Admiro-me, todavia, de não haver Argentino engendrado Aurino, porquanto em seguida surgiu a moeda de ouro. Se tivessem esse deus, como a Saturno antepuseram Júpiter, do mesmo modo anteporiam Aurino ao pai, Argentino, e ao avô, Esculano.

Que necessidade havia de, por esses bens da alma, do corpo ou externos, prestar culto a tamanha turba de deuses ou invocá-la? Nem os enumerei todos, nem os próprios pagãos puderam multiplicar-lhes o número e funções necessárias ao atendimento de todas as necessidades da vida humana. Não bastaria, para obtenção de tudo, a deusa Felicidade? Não havia que buscar outro deus, nem para colher bens, nem para afugentar males. Por que haviam os cansados de invocar a deusa Fessônia? E a deusa Pelônia, para expulsar o inimigo? Por que haviam os enfermos de invocar o médico Apolo ou Esculápio ou, em caso de perigo, ambos? Nem invocaram o deus Espiniense, para dos campos arrancar os espinhos, nem rogaram à deusa Rubigo que os afastasse das messes, porque, pela só presença e proteção de Felicidade, não lhes aconteceria nenhum mal ou se dissiparia com extrema facilidade. Finalmente, posto estarmos tratando dessas duas deusas, isto é, Virtude e Felicidade, se a felicidade é prêmio de virtude, deusa não é, mas dom de Deus. E, se é deusa, por que não se diz que também outorga a virtude, porquanto é grande felicidade conseguir-se a virtude?

## CAPÍTULO XXII
### Ciência do culto aos deuses, que Varrão se preza de haver ensinado aos romanos

Por que, pois, Varrão alardeia prestar grande serviço aos concidadãos, enumerando não apenas os deuses que convém adorem os romanos, mas também dizendo o que pertence a cada qual? *Assim como nada aproveita*, diz, *conhecer médico de nome e de vista e ignorar que é médico, assim também se torna inútil saber que Esculápio é deus, se ignoras que auxilia a saúde e não sabes por que deves dirigir-lhe súplicas.* Serve-se de outra comparação, para desenvolver esse pensamento, dizendo *que pessoa alguma não apenas não pode viver bem, mas nem mesmo pode, em absoluto, viver, se ignora quem é o carpinteiro, quem o padeiro, quem o pedreiro, se não sabe a quem pode pedir o necessário, a quem pode tomar por ajudante, a quem por guia, a quem por mestre, assegurando que desse modo ninguém duvida ser útil o conhecimento dos deuses, se se sabe que força, que faculdade e que poder tem cada deus sobre determinada coisa. Por esse meio*, prossegue, *podemos saber a que deus devemos advocar e invocar, para não fazermos como os bufões costumam e pedirmos água a Líbero e vinho às Linfas.* Grande utilidade, por certo. Quem não lhe agradeceria, se o dissesse conforme à verdade, isto é, se ensinasse o homem a adorar o Deus uno e verdadeiro, de quem procedem todos os bens?

## CAPÍTULO XXIII
### Os romanos, veneradores de muitos deuses, permaneceram longo tempo sem tributar honras divinas a Felicidade, única bastante para todos

1. Mas, voltando à questão, se os livros e cerimônias pagãs são verdadeiros, se Felicidade é deusa, por que não prestar culto exclusivamente a ela, que pode dar tudo e fazer feliz o homem o mais depressa possível? Quem deseja algo por outro motivo, senão o de tornar-se feliz? Por que, enfim, tão tarde, depois de tantos príncipes romanos, Lúculo edificou templo a deusa tão excelente? Por que o próprio Rômulo, desejoso de fundar cidade venturosa, não lhe dedicou templo, de preferência a erguê-lo a qualquer outra divindade? Não invocaria por outra causa os demais deuses, se a presença dessa deusa não lhe deixasse faltar coisa alguma. Nem fora feito, primeiro, rei, nem deus mais tarde, como acreditam, se tal deusa não lhe fosse propícia. Para que aos romanos deu por deuses Jano, Júpiter, Marte, Pico, Fauno, Tiberino, Hércules e alguns outros? Para que Tito Tá-

cio lhes acrescentou Saturno, Ópis, Sol, Lua, Vulcano, Luz e outros ainda, entre os quais se contava a deusa Cloacina, com omissão de Felicidade? Para que Numa introduziu tantos deuses e deusas, sem ela? Ou será que na turba não pôde descobrir-lhe a presença? Certo é que, se o Rei Hostílio houvesse conhecido essa deusa, não lhes teria agregado os deuses Pavor e Palor. Em presença de Felicidade, todo pavor e todo palor não se afastariam como divindades aplacadas, mas como deusas vencidas.

2. Que significa, ademais, já estivesse o Império Romano alcançando amplas proporções, se ainda ninguém adorava Felicidade? Acaso foi por isso mais vasto o império que feliz? Porque como haveria felicidade verdadeira onde não havia verdadeira piedade? A piedade é o culto sincero ao verdadeiro Deus, não o culto a tantos deuses falsos quantos são os demônios. Porém, mesmo depois de no número dos deuses admitida Felicidade, sobreveio a grande infelicidade das guerras civis. Acaso se indignou Felicidade porque a convidaram tão tarde e não para honrá-la, mas ofendê-la, com ela adorando Priapo, Cloacina, Pavor, Palor, Febe, além de outros, não divindades, a quem cumpria adorar, mas velhacarias dos adoradores?

3. Enfim, se ao culto de turba tão indigna parecia dever-se associar deusa tão excelente, por que não lhe rendiam, pelo menos, culto distinto? Quem admitirá que nem mesmo entre os deuses Consentes, que, segundo afirmam, compunham o conselho de Júpiter, nem entre os deuses chamados Seletos, se colocasse Felicidade? Faça-se para ela templo que sobressaia pela sublimidade do lugar e pela majestade da obra. Por que não melhor que o do próprio Júpiter? Pois, quem deu o reino a Júpiter, senão Felicidade, se é que, reinando, foi feliz e é melhor a felicidade que o reino? Ninguém duvida que facilmente se topa com homem que tema ser feito rei, mas não se encontra quem não queira ser feliz.

Se creem que os deuses podem ser consultados por augúrios ou qualquer outro modo e fossem consultados sobre este ponto: se queriam ceder o posto a Felicidade, caso já não houvesse lugar para templos ou altares, onde construir templo maior e mais elevado para Felicidade, o próprio Júpiter cedê-lo-ia, para que Felicidade obtivesse o topo mesmo da colina do Capitólio. Ninguém oporia resistência a Felicidade, salvo, coisa impossível de suceder, quem quisesse ser infeliz. Se o consultassem, de modo algum faria Júpiter o que fizeram três deuses, que terminantemente se negaram a ceder seu lugar a seu antepassado e rei.

Porque, como dizem seus escritos, querendo o Rei Tarquínio edificar o Capitólio, verificou estar ocupado por outros deuses o local que lhe parecia mais digno e conveniente; não se atrevendo a agir contra o arbítrio deles, crendo que o cederiam a tão grande deus e seu príncipe, porque havia muitos ali onde foi mais tarde o Capitólio, inquiriu, por augúrio, se queriam ceder o lugar a Júpiter. Todos concordaram com a proposta, menos os mencionados Marte, Término e Juventas. Construiu-se, por isso, de tal modo o Capitólio, que dentro ficassem também esses três, sob a forma de tão obscuros símbolos, que apenas os homens mais sábios podiam descobri-los. De maneira alguma Júpiter desprezaria Felicidade, como o desprezaram Término, Marte e Juventas. Esses mesmos, porém, que não cederam a Júpiter, sem dúvida alguma cederiam a Felicidade, que como rei lhes dera Júpiter. E, caso não cedessem, não o fariam por desprezá-la, e sim porque prefeririam ser desconhecidos em casa de Felicidade a brilhar sem ela em seus altares privativos.

4. Constituída, assim, a deusa Felicidade em lugar tão elevado e vasto, todos os cidadãos saberiam onde os votos legítimos deveriam esperar acolhimento. E, assim, por inspiração dela, abandonariam essa multidão supérflua de deuses, tributariam culto a Felicidade apenas, a ela só elevariam rogos, lhe frequentariam o templo unicamente os cidadãos que quisessem ser felizes, entre quem não haveria pessoa que não o quisesse, e desse modo lhe pediriam o que pediam a todos. Quem quer receber algo de determinado deus e não quer a felicidade ou o que julga pertinente à felicidade? Portanto, se a felicidade tem a seu alcance estar com quem queira, e o tem se é deusa, qual a grande precisão de pedir a outro deus a felicidade, que podes obter dela mesma? Deveriam, pois, honrar essa deusa acima dos demais deuses, inclusive com a majestade do lugar.

Segundo se lê neles, os antigos romanos renderam mais culto a certo Sumano, a quem atribuíam os raios noturnos, que a Júpiter, a quem pertenciam os raios diurnos. Mas, depois que para Júpiter se construiu soberbo e sublime templo, em tal escala a multidão acorreu a ele, por causa da magnificência do edifício, que apenas se encontra quem recorde haver lido o nome de Sumano, que já não pode ouvir. E, se a felicidade não é deusa; porque, essa a verdade, é dom de Deus, busque-se o Deus que pode dá-la e abandone-se o bando de falsos deuses, adorado pela inconsequente grei dos homens insensatos, que transformam em deuses os dons de Deus e com obstinada e soberba vontade ofendem aquele de quem são esses dons. Desse modo, não pode carecer de infelicidade quem adora a felicidade, como se fosse deusa, e abandona Deus, dispensador da felicidade, como não pode carecer de fome quem lambe pão pintado e não pede ao homem que realmente o tem.

## CAPÍTULO XXIV
### Por que razão os gentios sustentam que se devem adorar os dons de Deus, como se deuses fossem

Agrada-me ponderar-lhe as razões. Perguntam: É crível haverem nossos antepassados sido tão néscios que ignorassem tratar-se de dons divinos, não de deuses? Mas, como não ignoravam que tais coisas não se concediam a ninguém, senão por intermédio de algum deus, e não atinavam com o nome desses deuses, impunham aos deuses o nome das coisas que, segundo lhes parecia, lhas davam. Assim inventaram alguns vocábulos, como Belona, tomado de *bello*, e não *bellum;* como Cunina, de cunis, e não *cuna;* como Pomona, de *pomis,* e não *pomum;* como Segécia, de *segetibus,* e não *segetem*; como Bubona, de *bubus,* e não *bobem*. Ou também, sem violentar em nada o vocábulo, com o nome das próprias coisas; assim, à deusa da pecúnia se chamou Pecúnia, mas em absoluto não consideraram deusa a pecúnia; assim, Virtude à que dá a virtude; Honor, ao que dá a honra; Concórdia, à que dá a concórdia; Vitória, à que dá a vitória. De igual maneira, dizem, quando se chama deusa a Felicidade; não se leva em conta a coisa dada, mas o nume que dá a felicidade.

## CAPÍTULO XXV
### O único Deus a quem se deve culto e que, embora lhe ignorem o nome, sabem, todavia, ser dispensador da felicidade

Dando-nos essa razão, com muito maior facilidade, talvez, àqueles cujo coração não se encontre demasiado endurecido intimaremos o que intentamos. Se a fraqueza humana sentiu que a felicidade não pode dá-la senão algum Deus, se esse sentimento animou os homens, que adoravam tantos deuses, entre quem se contava seu próprio rei, Júpiter, e porque ignoravam o nome do que dava a felicidade, por isso quiseram chamá-lo pelo nome da coisa que, segundo criam, lhes dava, conclui-se que estavam convencidos de que nem o próprio Júpiter, a quem já adoravam, podia dar a felicidade, mas apenas podia outorgá-la aquele que, sob o nome de Felicidade, pensavam dever-se adorar. Não hesito em confirmar-lhes a crença de que a felicidade a dava certo Deus, a quem desconheciam. Busquem esse Deus, adorem-no e basta. Repilam esse tumultuoso bando de demônios; não baste esse Deus a quem não lhe basta seu dom. Não lhe baste, repito, o Deus dispensador da felicidade, para adorá-lo, a quem não basta a felicidade para recebê-la. Mas, a quem lhe basta (e o homem, para recebê-la, precisa apenas desejá-la) sirva a Deus, único dispensador da felicidade. Não é o chamado Júpiter, porque, se o considerassem dispensador da felicidade, sem dúvida não buscariam, com o nome de Felicidade, outro ou outra que a desse, nem opinariam dever-se, com tamanhos ultrajes, adorar Júpiter. A este chamam adúltero e dizem-no impudico, amante e raptor do formoso efebo Ganimedes.

## CAPÍTULO XXVI
### Os jogos cênicos e a celebração que os deuses exigiam dos que os adoravam

*Ficções de Homero, que humaniza os deuses,* diz Cícero; *melhor fora que divinizasse os homens.* Com razão o ilustre romano censura o poeta inventor de crimes divinos. Por que em seus escritos os mais sábios colocam entre as coisas divinas os jogos cênicos, em que se contam, se cantam, se representam e se exibem, em homenagem aos deuses, semelhantes ruindades? Aqui Cícero erguerá a voz contra os costumes dos antepassados, não contra as ficções dos poetas. Porventura não a ergueram também eles: Que fizemos? Os deuses instaram-nos a fazê-lo em sua honra, e assim nos ordenaram com crueldade, prognosticaram-nos inúmeras calamidades, caso não o fizéssemos; mas, porque nos descuidamos, vingaram-se severamente de nós; e, como depois se levou a efeito o esquecido, mostraram-se aplacados. Entre suas virtudes e feitos maravilhosos menciona-se o seguinte: Tito Latino, rústico pai de família, romano, foi em sonho mandado anunciar ao senado a necessidade de recomeçar os jogos cênicos, porque, no primeiro dia, certo criminoso fora conduzido ao suplício em presença do povo. Triste fato, que desagradou aos deuses, ávidos da hilaridade dos jogos! No dia seguinte, não se atreveu a cumprir o mandato; voz mais imperiosa intima-o a obedecer, na noite subsequente. Perdeu o filho porque não o fez.

Na terceira noite, a mesma voz disse ao homem que o esperava castigo ainda maior, caso não executasse a ordem que lhe fora dada. Contudo, por timidez, caiu em perigosa e horrível enfermidade. Então, aconselhado pelos amigos, levou o caso ao conhecimento dos magistrados, que o conduziram, em liteira, ao senado. Exposto o sonho e recobrada no mesmo instante a saúde, volta a pé para casa. Estupefato com tamanho milagre, o senado ordenou que começassem de novo os jogos, quadruplicando-se as despesas. Quem quer que esteja em perfeito juízo não percebe que os homens sujeitos aos malignos demônios, de cujo poder não os livra senão a graça de Deus, por Jesus Cristo, Senhor nosso, viram-se forçados a exibir a tais deuses coisas que, judiciosamente ponderadas, podem ser consideradas verdadeiras torpezas? É certo que as velhacarias poéticas a respeito dos deuses eram, por ordem do senado, abundantes nesses jogos. Neles, os mais imundos histriões cantavam, representavam e deleitavam Júpiter, corruptor da pudicícia. Se se tratava de ficção, devia ficar zangado; se se alegrava com suas velhacarias, embora fingidas, como lhe rendiam culto, sem gemerem nas garras do demônio? É possível houvesse fundado, expandido e mantivesse o Império Romano esse deus, mais vil que o último dos romanos, a quem desagradavam tais perversidades? Daria a felicidade esse deus, que tão infelizmente era adorado e, se não o adorassem assim, se irava mais infelizmente ainda?

## CAPÍTULO XXVII
### Três gêneros de deuses que constituíam objeto das discussões do pontífice Cévola

Contam os livros haver o doutíssimo pontífice Cévola discutido sobre três gêneros tradicionais de Deus: um, dos poetas; outro, dos filósofos; o terceiro, dos príncipes da cidade. O primeiro gênero diz que é frívolo, porque nele se fingem muitas coisas indignas dos deuses; o segundo, que não convém às cidades por conter algumas superfluidades e coisas cujo conhecimento prejudicaria os povos. Sobre as superfluidades não se apresenta grande problema, pois costumam dizer os jurisperitos: "O supérfluo não prejudica". E que coisas são essas que, proferidas, prejudicam a multidão? Estas, declara: não serem deuses Hércules, Esculápio, Castor e Pólux, porque, ensinam os sábios, foram homens e correram o risco da condição humana. Que mais? Que não tenham as cidades verdadeiras estátuas dos que são deuses e que o verdadeiro Deus não tem sexo, nem idade, nem membros corporais definidos. Isso não quer o pontífice que o saibam os povos, porque o tem por verdadeiro. Julga, pois, conveniente que as cidades se enganem no tocante à religião.

O próprio Varrão não hesita em afirmá-lo nos livros *Sobre as coisas divinas*. Bonita religião! Acode a ela o enfermo, para ver-se livre, e busca verdade que o liberte; julgam, entretanto, conveniente que se engane. É certo que nos mesmos escritos não se passa em silêncio o motivo por que Cévola rejeita os deuses dos poetas, a saber, porque deformam os deuses ao extremo de não serem comparáveis com os homens bons, posto que de um fazem ladrão, de outro, adúltero. Do mesmo modo, fazem-nos dizer e agir, torpe e nesciamente, contra sua própria natureza. Três deuses, dizem, contenderam entre si sobre quem ganharia o prêmio de beleza; dois deles, vencidos por Vênus, destruíram Troia. Converteram Júpiter em boi ou em cisne, para dormir com determinada mulher; casam as deusas com os homens; Saturno devora os filhos. Em suma, é impossível fingir-se algo admirável e vicioso que não tenha ali cabimento e seja muito alheio à natureza dos deuses.

Ó Cévola, pontífice máximo, proscreve os jogos, se podes! Ordena aos povos que não ofereçam tais honras a deuses imortais nos lugares em que gostem de admirar-lhe as velhacarias, para depois imitá-las quanto lhes for possível. Vós, pontífices, introduzistes esses jogos. Rogai a esses deuses, primeiros a instituí-los, que não mandem exibir em sua honra semelhantes ruindades. Se perversas e, portanto, de nenhum modo críveis na majestade dos deuses, maior a injúria feita aos deuses, pois a ficção lhes assegura impunidade. Não te escutam, porém, são demônios, ensinam maldades, deleitam-se nas torpezas; e, longe de ofenderem-se, por serem julgados capazes da prática de tais atos, considerariam ofensa mortal que em suas festividades se esquecessem de representá-los. Enfim, contra eles invocarás Júpiter, porque os jogos cênicos lhe atribuem maior número de crimes? Mas reconhecendo nele o Deus que administra e rege o mundo todo, não lhe irrogais a maior das injúrias, pelo simples fato de o julgardes digno de culto com as demais divindades e o confessardes seu rei?

## CAPÍTULO XXVIII
### Na obtenção e dilatação do Império Romano teve alguma influência o culto aos deuses?

Tais deuses, que se aplacam ou, para melhor dizer, se incriminam com semelhantes homenagens, que maior culpa é deleitar-se de crimes imaginários que comprazer-se com a representação de verdadeiros, de modo algum poderiam engrandecer e conservar o Império Romano. Se pudessem, antes fariam partícipes desse dom de tal maneira soberano os gregos, que lhes renderam culto mais honroso e digno nessas coisas divinas, isto é, nos jogos cênicos, visto como não se furtaram às dentadas dos poetas, que pareciam dilacerar os deuses, dando-lhes licença para difamar os homens que entendessem, e não consideraram torpes os histriões, mas, ao contrário, julgaram-nos dignos de honras insignes. Assim como os romanos puderam, sem tributar culto ao deus Aurino, ter moeda de ouro, assim também puderam ter a de prata e a de cobre, sem adorarem Argentino, nem Esculano, seu pai. E assim quanto aos demais, que seria fastidioso enumerar. Desse modo, pois, contra a vontade do verdadeiro Deus, de maneira alguma lhes seria possível possuir o reino. E, se permanecessem na ignorância dessa turba de deuses falsos, a desprezassem, conhecessem o único e o adorassem com fé sincera e bons costumes, aqui gozariam de reino tanto melhor quanto maior fosse, e depois dele conquistariam o reino eterno, houvessem ou não dominado nesta vida.

## CAPÍTULO XXIX
## Falsidade do augúrio que pareceu índice da estabilidade e fortaleza do Império Romano

Que significa o augúrio, belíssimo por certo, de que há pouco fiz menção, a saber, que Término, Marte e Juventas não quiseram ceder seu lugar a Júpiter, rei dos deuses?

Significou-se dessa maneira, dizem, que a gente marcial, isto é, a romana, a ninguém cederia o lugar por ela ocupado, que, em sinal de respeito ao deus Término, ninguém mudaria as fronteiras romanas e que a juventude romana, em honra à deusa Juventas, não cederia a ninguém. Vejam que conceito faziam do rei dos deuses e protetor do império, se lhe opunham semelhante augúrio em nome de adversário a quem era decoroso não ceder. Se verdadeiras são todas essas coisas, não têm, absolutamente, por que temer. Não confessarão haverem cedido a Cristo os deuses que não quiseram ceder a Júpiter, porque, salvos os confins do império, podiam ceder a Cristo os lugares em que moravam e o coração dos crentes. Mas, antes do advento de Cristo na carne, antes, enfim, de nada haver sido escrito do que lhes extraímos dos livros e depois do auspício feito no reinado de Tarquínio, viu-se o Império Romano, algumas vezes, na precisão de dissolver-se, isto é, de pôr-se em fuga. Isso provou ser falso o agouro de que Juventas não cederia a Júpiter. A vitoriosa irrupção dos gauleses esmagou, na própria cidade, a gente de Marte e, passando muitas cidades para o bando de Aníbal, viram-se angustiosamente estreitados os limites do império. Esfumou-se, desse modo, o feliz augúrio e permaneceu contra Júpiter a teimosia dos demônios, não dos deuses. Uma coisa é não abandonar o posto e outra é reocupá-lo.

Além disso, nas regiões orientais os limites do Império Romano mais tarde sofreram modificação por vontade de Adriano. Concedeu ao império dos persas três nobres províncias: Armênia, Mesopotâmia e Assíria. Isso parece provar que o deus Término, defensor, segundo eles, das fronteiras romanas e que, de acordo com o admirabilíssimo augúrio, não cedera seu lugar a Júpiter, teve mais medo de Adriano, rei dos homens, que de Júpiter, rei dos deuses. Mais tarde, quase em nossos dias, recobradas as referidas províncias, as fronteiras voltaram a ser as anteriores. Isso aconteceu quando Juliano, dado aos oráculos desses deuses, com descomedido atrevimento mandou atear fogo a navios que conduziam víveres, de modo que o exército, falto deles e logo a seguir ferido de morte pelo inimigo, viu-se reduzido a tal escassez, que ninguém escaparia aos ataques que os inimigos faziam a soldados que a morte de seu general desorientara, se não se houvessem fixado ali, por tratado de paz, os limites do império, limites que perduram até hoje, não, por certo, reduzidos como haviam ficado por culpa de Adriano, mas, pelo contrário, estabelecidos por meio de acordo. Augúrio vão! O deus Término, que não cedeu a Júpiter, dobrou-se à vontade de Adriano, rendeu-se à temeridade de Juliano e à necessidade de Joviano. Advertiram-no os mais inteligentes e ponderados romanos. Que podiam, entretanto, contra o costume de cidade que se obrigara a tão demoníacos ritos? Porque também eles, embora percebessem tratar-se de futilidades, pensavam dever exibir-se à natureza das coisas constituídas sob o regime e império do único e verdadeiro Deus, o culto devido a Deus, *servindo,* como diz o Apóstolo, *a criatura e não o Criador, para sempre bendito.* Era necessário o auxílio de Deus verdadeiro, que envia homens santos e verdadeiramente piedosos, que, morrendo pela verdadeira religião, fazem no coração dos viventes desaparecer as falsas religiões.

## CAPÍTULO XXX
### Coisas que os deuses gentios confessam sentir de quem os adora

Cícero, áugure, caçoa dos augúrios e repreende os homens que vivem de acordo com as vozes de corvo e gralha. Mas esse filósofo da Academia, que sustenta a incerteza de todas as coisas, não merece crédito nessa matéria. No Livro Segundo da *Natureza dos deuses* faz intervir na discussão Q. Lucílio Balbo, que, atribuindo determinadas razões naturais e filosóficas às superstições, não deixa de indignar-se contra a instituição dos ídolos e contra as opiniões fabulosas, falando deste modo: *Não percebeis que dos bons e úteis descobrimentos das coisas físicas foi o homem arrastado para a ficção de deuses imaginários? Tal fato é fonte de opiniões falsas, erros funestos e superstições ridículas. E nos são conhecidas a figura dos deuses, idade, ornamento e roupagem e, além disso, o sexo, casamentos, parentescos e tudo o mais. Reduzem-nos em nível da fraqueza humana. Pintam-nos, também, com perturbações anímicas, posto incidirem em nós os apetites, enfermidades e iracúndias dos deuses, que, outrossim, como referem as fábulas, não careceram de guerras e dissensões. E isso não somente quando, como acontece em Homero, alguns deuses de uma parte, e outros, de outra, defendiam dois exércitos contrários, mas também quando travaram suas próprias batalhas contra os titãs ou gigantes.*

Contam-se e creem-se tais coisas com inqualificável ignorância, porque repletas de vaidade e estúpida leviandade. É o que confessam os defensores dos deuses do paganismo. A seguir, dizendo que tudo isso pertence ao domínio da superstição e da religião, que Cícero, segundo parece, ensina de acordo com os estoicos, diz: *Não apenas os filósofos, mas também nossos antepassados, separaram da superstição a religião, porque àqueles que erguiam súplicas diárias e sacrificavam para que os filhos sobrevivessem chamaram supersticiosos.* Quem não lhe compreende o intento de enaltecer a religião dos antepassados, ao mesmo tempo que receia o costume da cidade? Quem não lhe compreende o desejo de estabelecer linha divisória entre a religião e a superstição, embora não encontre possibilidade? Se os antepassados deram o nome de supersticiosos aos que cotidianamente erguiam súplicas e sacrificavam, são porventura supersticiosos também os instituidores, censurados por ele, dos diversos simulacros dos deuses, diferenciados unicamente pela idade ou pela roupagem, sexo, casamentos e parentescos? Ao tachá-lo de superstição, sem dúvida também inculpa os instituidores e adoradores de tantos simulacros e se inclui a si mesmo, que por maior esforço que fizesse para ver-se livre disso, valendo-se da eloquência, tinha necessidade de venerá-los. E isso, que tão elegante soa no discurso, não ousará dizê-lo em voz baixa em alocução ao povo.

Nós, cristãos, demos graças ao Senhor Deus nosso, não à Terra e ao céu, como pretende esse filósofo, mas ao Criador do céu e da Terra, que deu em terra com essas superstições, contra as quais Balbo mal se atreve a balbuciar alguma censura. Reduzem-nas a pó a profunda humildade de Cristo, a pregação dos apóstolos e a fé manifestada pelos mártires, que vivem com a verdade e morrem pela verdade. E arrancou-as não apenas dos corações religiosos, mas também dos templos supersticiosos.

## CAPÍTULO XXXI
**Pensamento de Varrão, que, rechaçando a crença popular, embora não chegasse ao conhecimento do Deus verdadeiro, pensou dever-se tributar culto a um Deus apenas**

1. Quê? O próprio Varrão, que lastimamos haja entre as coisas divinas colocado os jogos cênicos, embora não por iniciativa própria, quando em diversas passagens exorta ao culto dos deuses, não confessa não estar de acordo com seu próprio critério o que refere da instituição feita pela cidade romana? E de tal maneira o faz, que não vacila em afirmar que, se constituísse nova cidade, consagraria com maior tino seus deuses e seus nomes de acordo com sua natureza. Mas, porque isso estava em vigência no antigo povo, afirma dever-se conservar a história dos nomes e sobrenomes recebida dos antepassados, tal como fora transmitida, e ser esse objetivo o que persegue, ao escrever e investigar que o vulgo queira mais render-lhes culto que desprezá-los.

Com essas palavras dá essa agudíssima inteligência a entender suficientemente que não manifesta tudo quanto apenas ele desprezava, mas também o que, segundo a opinião do vulgo, seria desprezível, se não o calasse. Isso induzirá à crença de tratar-se de apreciações minhas. Assim fora, se não evidenciasse o contrário outro lugar em que ele mesmo diz, falando das religiões, haver muitas coisas verdadeiras que não somente é útil que as não saiba o vulgo, mas que outrossim, embora fossem falsas, convém que as julguem doutro modo. Essa a razão, acrescenta, que levou os gregos a ocultar atrás do silêncio e das paredes suas consagrações e mistérios. Nesse ponto, é certo, descobriu todo o pensamento de sabichões que administram as cidades e os povos. Os malignos demônios, entretanto, deleitam-se de modos maravilhosos, possuem ao mesmo tempo enganadores e enganados e de sua tirania apenas é capaz de livrar-nos a graça de Deus, por nosso Senhor Jesus Cristo.

2. Esse mesmo autor, de tal maneira profundo e sábio, diz ser de parecer que somente compreenderão que é Deus aqueles que acreditaram ser a alma governadora do mundo, com movimento e razão. Em consequência, mesmo não estando de posse da verdade, porque o Deus verdadeiro não é a alma, mas o Criador da alma, se pudesse desligar-se dos preconceitos do costume, confessaria e aconselharia o culto a um Deus único, que governa o mundo com movimento e razão. Permanece pendente entre ele e nós apenas a questão de dizer ele ser Deus alma e não o Criador da alma. Afirma, além disso, haverem os antigos romanos vivido mais de cento e sessenta anos tributando culto aos deuses, sem simulacro. E acrescenta: *Se tal uso perdurasse, o culto aos deuses seria mais puro*. Aduz, entre outras provas do que pensa, o exemplo da nação judia e não hesita em rematar a referida passagem com a afirmação de que os primeiros a dar aos povos as estátuas dos deuses tiraram das cidades o medo e lhes aumentaram o erro, na cordata persuasão de ser mais possível e mais fácil desprezar os deuses na estupidez dos simulacros. E, ao dizer *aumentaram-no* e não *ensinaram erro*, pretende, sem dúvida, dar a entender que mesmo sem os simulacros havia erro.

Por isso, quando afirma que apenas aqueles que acreditam ser deus a alma governadora do mundo compreenderão que é, e julga que, sem imagens, a religião será mais pura, quem não vê quanto se aproxima da verdade? Se pudesse alguma coisa contra erro assim profundamente enraizado, sem dúvida julgaria dever-se adorar sem imagem a um só Deus, por quem, conforme acredita, o mundo é governado. E, por encontrar-se tão próximo, talvez com facilidade percebesse ser a alma mutável e sentisse que o Deus verdadeiro, criador da própria alma, é natureza incomutável. Sendo assim, fossem quais fossem os ludíbrios da pluralidade de Deus, escritos por esses homens, é certo que se viram obrigados a confessá-los por oculta vontade de Deus, mais do que por afã de convencer. Se lhes citamos alguns testemunhos, aduzimo-los precisamente para rebater os que querem permanecer no grande e tirânico domínio dos demônios, de que nos livram o singular sacrifício de tão precioso sangue derramado e o dom do Espírito que nos foi dado.

## CAPÍTULO XXXII
## O porquê do interesse dos chefes dos gentios na manutenção das falsas religiões entre os povos a eles sujeitos

Varrão nota, além disso, que no tocante às genealogias dos deuses os povos se inclinaram mais aos poetas que aos filósofos e esse é o motivo por que seus antepassados, isto é, os antigos romanos, admitiram o sexo e o nascimento dos deuses e os uniram em casamento. Isso, na realidade, não parece ter outro móvel senão o interesse dos homens prudentes e sábios em enganar o povo nas religiões e nelas não apenas cultuar, mas também imitar os demônios, cuja máxima apetência é seduzir-nos. Assim como os demônios não podem possuir senão aqueles a quem enganaram com falácia, assim também os chefes, não certamente os justos, mas os semelhantes aos demônios, com o nome de religião verdadeira aconselhavam aos povos o que sabiam tratar-se de vaidade, ligando-os, desse modo, mais estreitamente à sociedade civil e tornando-os joguetes seus. Quem, ignorante e fraco, esquivará como enganadores tanto os governantes da cidade como os demônios?

## CAPÍTULO XXXIII
## A ordenação da permanência dos reis pende dos juízos e do poder do verdadeiro Deus

Esse Deus, autor e dispensador da felicidade, porque só Ele é verdadeiro Deus, é o único que distribui a bons e maus os reinos terrestres. E isso não o faz temerária, nem fortuitamente, pois é Deus, não fortuna, mas de acordo com ordem de coisas e de tempo, oculta para nós e conhecidíssima dele. A essa ordem de tempo não obedece como escravo, mas regula-a como senhor e dispõe-na como moderador. Mas a felicidade não a dá senão aos bons. Podem não possuí-la e tê-la os que o servem; podem também carecer dela aqueles que reinam. Mas será completa na vida em que ninguém será escravo. E, por isso, dá os reinos terrestres a bons e maus, porque é de temer que seus servidores, crianças ainda no aproveitamento do espírito, desejem dele, como algo de grande valor, semelhantes dons. Esse o mistério do Antigo Testamento, em que se encontrava latente o Novo. Ali se prometiam e davam bens terrestres, mas os homens espirituais da época entendiam e pregavam, embora não abertamente, serem aqueles bens temporais figura da eternidade e em que dons de Deus se encontrava a felicidade verdadeira.

## CAPÍTULO XXXIV
### O reino dos judeus instituiu-o e conservou-o o único e verdadeiro Deus, enquanto permaneceram na verdadeira religião

Além disso, para dar a conhecer que também os bens terrenos, única aspiração de quem não sabe pensar em coisas melhores, acham-se sob o poder do único Deus e não sob o de muitos e falsos, a quem, segundo os romanos acreditavam, devia-se tributar culto, multiplicou prodigiosamente seu povo no Egito e tirou-o de lá por meios maravilhosos. As judias não invocaram Lucina, quando, para multiplicar e fazer crescer de modo extraordinário o povo, livrou suas criaturas das mãos dos egípcios que as perseguiam e queriam dar morte a todas elas. Deus salvou-as. Mamaram sem a deusa Rumina e sem a deusa Cunina estiveram no berço. Sem Educa e Potina tomaram alimento e bebida. Educaram-se sem tantos deuses pueris, casaram-se sem deuses conjugais e sem o culto a Priapo uniram-se a suas mulheres. Sem invocarem Netuno, deu-lhes passagem franca o mar, dividindo-se, e sepultou os inimigos que os perseguiam, reunindo novamente as águas. Não consagraram nenhuma deusa Mânia, quando receberam maná do céu, nem quando, sedentos, ferida a rocha, brotou água, adoraram Ninfas, nem Linfas. Fizeram guerras, sem as loucas cerimônias de Marte e Belona. E, se é verdade não haverem vencido sem a vitória, não a consideraram deusa, mas dom de seu Deus. Do único e verdadeiro Deus receberam muito mais felizmente messes sem Segécia, bois sem Bubona, mel sem Melona, maçãs sem Pomona, e tudo por quanto os romanos imaginaram conveniente dirigir súplicas a tamanha turba de falsos deuses. E, se não pecassem contra Ele com ímpia curiosidade, cedendo à sedução das artes mágicas, e não adorassem deuses estranhos e ídolos e, ultimamente, não matassem Cristo, permaneceriam no mesmo reino, se não mais espaçoso, pelo menos mais feliz. O fato de estarem agora dispersos por quase todo o orbe e entre todas as gentes é providência do único Deus verdadeiro, a fim de seus livros serem documento certificador de que isso já estava profetizado havia muito, isso de que agora se destruiriam por toda parte as imagens dos falsos deuses, seus altares, bosques sagrados e templos, se proibiriam seus mistérios, para que não acontecesse, talvez, que, por ser lido nos nossos, acreditassem tratar-se de invenção nossa. O restante dessas considerações reservamo-lo para o livro seguinte. Ponhamos, aqui, termo à prolixidade deste.

# LIVRO QUINTO

*Trata, no começo, da obrigação de rechaçar o parecer do fatalismo, a fim de no futuro não haver quem queira atribuir à fatalidade as forças e o incremento do Império Romano, coisa que, como se provou à saciedade no livro anterior, não pode correr à conta dos deuses falsos. Daí, declinando a questão à presciência de Deus, demonstra não ficar suprimido por ela o livre-arbítrio de nossa vontade. Fala, em seguida, dos antigos costumes dos romanos e de por que merecimentos deles ou por que juízo de Deus aconteceu que, para aumentar seu império, secundou-os o Deus verdadeiro, que não adoravam. E, por fim, ensina em que deve pôr-se a verdadeira felicidade dos imperadores cristãos.*

# PRÓLOGO

Consta que o máximo de todas as coisas que se devem desejar é a felicidade, que não é deusa, mas dom de Deus; portanto, deus algum deve ser adorado pelos homens, salvo o que possa fazê-los felizes. Donde se segue que, se a felicidade fosse deusa, somente dela se diria, e com razão, cumprir adorá-la. De acordo com isso, já é hora de vermos por que motivo Deus, capaz de dar os bens que podem possuir até os não bons e, por isso, ainda não felizes, quis fosse tão grande e duradouro o Império Romano. Por que a turba de falsos deuses que os homens adoravam não fez isso, já o dissemos e onde parecer-nos oportuno repetiremos.

## CAPÍTULO I
### A causa do Império Romano e a de todos os reinos não é fortuita, nem consiste na posição das estrelas

A causa da grandeza do Império Romano não é fortuita, nem fatal, segundo o parecer ou opinião dos que dizem ser fortuito o que não tem causa ou, se a tem, não procede de alguma ordem racional, e fatal o que sucede por necessidade de certa ordem, à margem da vontade de Deus e dos homens. Sem dúvida, a Divina Providência constitui os reinos humanos. Se alguém o atribui à fatalidade precisamente, porque dá esse nome à vontade de Deus ou a seu poder, pode conservar essa opinião, mas deve corrigir o vocabulário. Por que não diz primeiro o que depois há de responder a quem lhe perguntar o que entende por fatalidade? Porque os homens, ao ouvir isso, segundo a linguagem corrente, não entendem senão a posição dos astros no momento em que alguém nasce ou é concebido. Alguns consideram-na estranha à vontade de Deus, outros afirmam que dela depende.

Mas os que opinam que os astros, sem a vontade de Deus, determinam nossas ações, os bens que teremos ou os males que padeceremos, devem ser rechaçados dos ouvidos de todos, não apenas dos ouvidos daqueles que professam a religião verdadeira, mas também dos daqueles que querem ser adoradores de quaisquer deuses, embora falsos. A que conduz semelhante ponto de vista, senão a não adorar ou a suprimir, em absoluto, o culto a um deus? Não é contra esses, porém, que agora dirigimos nossos ataques, e sim contra os que, para defender seus pretensos deuses, opõem-se à religião cristã. Aqueles, todavia, que fazem depender da vontade de Deus a posição das estrelas, que determinam de certo modo os pensamentos e a sorte dos homens, se acreditam terem as estrelas esse poder, recebido do supremo poder de Deus, de tal sorte que decretem voluntariamente essas coisas, fazem grande injúria ao céu. O motivo é pensarem que em seu ilustríssimo cortejo, por assim dizê-lo, e esplendidíssima corte se decretam os crimes que cumpre cometer, crimes que, se alguma cidade terrestre os decretasse, deveria ser destruída por decisão unânime do gênero humano. Por outra parte, se admitida a necessidade celeste, que faculdade de julgar as ações humanas fica reservada para Deus, se Ele é o Senhor dos astros e dos homens? E, se não dizem que as estrelas, recebido do Deus supremo o necessário poder, decretam a seu talante, e sim que, na execução de tais necessidades, cumprem em tudo os mandatos dele, é possível que se deva pensar de Deus o que pareceu indigníssimo pensar da vontade das estrelas? E, se dizem que as estrelas, longe de fazê-lo, o significam, de modo que sua posição seja como que voz que prediz o futuro e não o realiza (parecer esse de homens competentes), respondo não costumarem falar assim os matemáticos. Não dizem, por exemplo: Marte posto deste modo significa homicida, mas: Faz o homicida. Contudo, para convir em que não falam como deveriam e é necessário tomarem dos filósofos a linguagem de que devem servir-se para prognosticar as coisas que julgam encontrar na posição dos astros, que sucede, coisa que jamais lograram explicar, para que haja tamanha diferença na existência de dois gêmeos, em suas ações, em seu destino, em suas profissões e, antes, em suas dignidades e demais coisas tocantes à vida humana e até na própria morte? Às vezes, no concernente a isso, muitos estranhos são mais parecidos com eles, que entre si os próprios gêmeos, separados, ao nascerem, por brevíssimo espaço de tempo e na concepção engendrados pelo mesmo ato carnal e no mesmo instante.

## CAPÍTULO II
### Igual e desigual saúde de gêmeos

Cícero diz que o famoso médico Hipócrates deixou escrito que, havendo-se declarado enfermidades em dois irmãos ao mesmo tempo e agravando-se, e aliviando-se simultaneamente, suspeitou serem gêmeos. E o estoico Possidônio, muito dado à astrologia, costumava afirmar que nasceram e foram concebidos em idêntica posição dos astros, de tal sorte que o que o médico acreditava pertencer a muito semelhante compleição de alma, o filósofo astrólogo o atribuía à força, à constituição dos astros existente no momento de serem concebidos e de nascerem. É muito mais aceitável e mais crível, nesse ponto, a conjetura da medicina, porque os pais, de acordo com sua constituição corporal, enquanto praticavam o ato carnal puderam de tal forma impressionar os princípios da geração, que, desenvolvidos no ventre materno os primeiros incrementos, nasceram de compleição análoga. Depois, alimentados com os mesmos alimentos, e na mesma casa, onde o ar, o ambiente local e as águas exercem grande influência, segundo o testemunho da medicina, na boa ou má disposição do corpo, e também acostumados aos mesmos exercícios, tiveram corpos semelhantes, propensos a enfermidade similar, ao mesmo tempo e pelas mesmas causas.

Querer aduzir, para explicar essa paridade de propensões, a posição do céu e dos astros no momento de serem concebidos ou de nascerem, sendo possível serem concebidos e nascerem muitos de diferentes espécies, diversos caracteres e destinos, ao mesmo tempo, na mesma terra e na mesma região, sujeita ao mesmo céu, insolência tal não sei como qualificar. Gêmeos conheci que não somente praticaram ações e passaram por peripécias diferentes, mas também sofreram enfermidades díspares. Disso, segundo me parece, Hipócrates daria facilmente o motivo, porque a constituição dessemelhante pode atribuir-se à diversidade de alimentos e de exercícios, procedente da vontade anímica, não da compleição corporal.

E, sem dúvida, maravilharia que Possidônio ou qualquer outro defensor da fatalidade sideral pudesse achar, nesse ponto, o que responder, se não quisesse abusar das pessoas pouco versadas nessa matéria. O afã de acudir ao pequeno intervalo de tempo que medeia entre o nascimento de um gêmeo e o de outro, por meio da partícula do céu, onde se põe a notação da hora, que chamam horóscopo, não é de tanto valor quanto a diversidade que existe entre a vontade, as ações, os costumes e os acontecimentos da vida dos gêmeos ou tem mais valor que a baixa condição ou a nobreza da linhagem dos gêmeos, cuja diversidade máxima colocam apenas na hora em que cada indivíduo nasce. Em consequência, nasce-se tão imediatamente um depois do outro, que a hora do horóscopo permanece a mesma, busco igualdade perfeita que não se pode encontrar em nenhuns gêmeos. Se, contudo, a demora do seguinte muda o horóscopo, busco diversidade de pais, coisa que gêmeos não podem ter.

## CAPÍTULO III
### Argumento da roda do oleiro, que o matemático Nigídio aduz para a questão dos gêmeos

Em vão, por conseguinte, alega-se a famosa invenção da roda do oleiro, que, referem, Nigídio respondeu para solucionar esse problema, motivo por que lhe chamaram também Fígulo. Lançou uma roda de oleiro com toda a força que pôde. Enquanto a roda rodava com rapidez, marcou-a duas vezes com tinta bem depressa, de tal modo que acreditariam havê-la Nigídio marcado no mesmo ponto. Depois, quando a roda parou, encontraram, separadas por intervalo muito grande, as duas marcas que fizera na roda. Assim, diz, na rápida rotação do céu, mesmo quando alguém nasça atrás de outro com tanta celeridade quanta a que empreguei ao marcar duas vezes a roda, é sempre vasta a distância no espaço celeste. Daí, acrescenta, procedem todas as grandes dessemelhanças manifestadas nos costumes e incidentes da vida dos gêmeos. Tal ficção é mais frágil que as vasilhas feitas com a rotação da referida roda. Porque, se tanto interessa no céu o que não se pode compreender nas constelações, que a um dos gêmeos lhe sobrevêm determinada herança e ao outro não, por que ousam observar as constelações dos que não são gêmeos e predizer-lhes coisas pertencentes ao segredo incompreensível e reservado para o instante do nascimento? E, se dizem tais coisas nas genituras dos outros, precisamente porque se trata de intervalos maiores de tempo e os momentos de partes pequenas que podem mediar entre o nascimento dos gêmeos são considerados como uma de tantas ninharias sobre as quais os matemáticos não costumam ser consultados (alguém os consulta, quando se senta, quando passeia, quando ou sobre que come?), porventura havemos de dizê-lo, quando nos costumes, nas ações e nos incidentes da vida dos gêmeos se assinalam muitas e muito diversas coisas?

## CAPÍTULO IV
### Os gêmeos Esaú e Jacó, de costumes e ações tão diferentes

Nasceram dois gêmeos nos velhos tempos dos patriarcas (para falar dos célebres), de tal maneira um atrás do outro, que o segundo segurava a planta do pé do primeiro. Foi tamanha a desigualdade na vida e costumes de ambos, tamanha a disparidade do procedimento deles, tamanha a dessemelhança no amor que manifestavam para com os pais, que a própria distância chegou a torná-los inimigos um do outro. Porventura se diz tal coisa, porque, enquanto um deles andava, o outro estava sentado, quando um dormia, o outro permanecia acordado, se este falava, aquele se conservava calado, pormenores que escapam aos que escrevem sobre a posição dos astros em que cada qual nasce e sobre que se consultam os matemáticos? Um deles foi servo mercenário, o outro não serviu; um era amado pela mãe, o outro, não; um perdeu a honra, tida em grande estima entre eles, o outro obteve-a. Que dizer de suas esposas, seus filhos e suas riquezas? Quanta diversidade! Logo, se isso pertence àquelas insignificâncias de tempo que medeiam entre os gêmeos e não se atribui às constelações, por que, examinando as constelações de outros, se dizem semelhantes coisas? E se dizem, por pertencerem, não aos minutos imcompreensíveis, mas aos espaços de tempo que podem ser observados e anotados, que faz no caso a roda do oleiro, senão que os homens de coração de barro se ponham em movimento, para não serem convencidos pelo palavrório oco dos matemáticos?

## CAPÍTULO V
**Como da futilidade da ciência que professam convencer os matemáticos?**

Quê? Aqueles dois, cuja enfermidade, que parecia agravar-se e aliviar-se ao mesmo tempo em ambos, reconhecida medicamente por Hipócrates, o levou a suspeitar que se tratava de gêmeos, acaso não constituem refutação bastante do erro dos que pretendem atribuir aos astros o que procedia de semelhante compleição corporal? Por que enfermavam de igual modo e ao mesmo tempo, não um primeiro e o outro depois, como nasceram, porque ambos sem dúvida não poderiam nascer concomitantemente? E, se para enfermarem em tempos diversos não teve a menor importância o haverem nascido em tempos diferentes, por que se empenham em sustentar que a diversidade de tempo, ao nascer, influi na diferença de outras coisas? Por que puderam viajar em tempos diversos e em tempos diversos tomar mulheres, procriar filhos em tempos diversos e muitas outras coisas mais, precisamente porque nasceram em tempos diversos, e não puderam, pela mesma razão, enfermar em tempos diversos? Se a diferente demora em nascer mudou o horóscopo e introduziu diferença nas demais coisas, por que nas enfermidades se fez sentir a identidade do momento da concepção? E, se a fatalidade da constituição física consiste na concepção e a das outras coisas se diz estar no nascimento, não deveriam, ao examinar as constelações do nascimento, dizer algo sobre a constituição física, visto não se lhes permitir a observação da hora concepcional. E, se predizem as enfermidades, sem observar o horóscopo da concepção, porque o momento do nascimento as indica, como diriam a qualquer dos gêmeos, desde a hora de seu nascimento, quando havia de ficar doente, se também o outro, que não tinha a mesma hora de nascimento, necessariamente havia de enfermar ao mesmo tempo?

Ademais, pergunto: Se é tamanha a distância de tempo do nascimento de dois gêmeos, que por causa dela seja preciso que difiram suas constelações pela diversidade do horóscopo e, por conseguinte, todos os gonzos, em que reside a força de que procedem também os diferentes destinos, como é que isso se tornou possível, se a concepção deles foi necessariamente simultânea? E, se pudessem existir diferentes destinos para o nascimento de dois indivíduos concebidos ao mesmo tempo, por que não poderiam existir destinos diferentes para viver e para morrer de dois indivíduos nascidos ao mesmo tempo? Com efeito, se o mesmo instante em que ambos foram concebidos não impediu que um deles nascesse primeiro e depois o outro, por que o nascerem duas pessoas no mesmo instante há de impedir que este morra primeiro, e aquele, depois? Se a concepção simultânea permite aos gêmeos terem acidentes diversos no útero materno, por que a natividade simultânea não permitirá também a esses dois terem incidentes diversos no mundo, fazendo, assim, desaparecerem todas as invenções dessa arte ou, para melhor dizer, dessa vaidade? Que razão há para que os concebidos ao mesmo tempo, no mesmo instante, sob a mesma posição do céu, tenham diferentes destinos, que os conduzam a nascimento em horas diferentes? E que razão há para dois indivíduos, nascidos igualmente de duas mães diferentes, em idêntico momento sob a mesma posição do céu, não poderem ter diferentes destinos, que os conduzam a diversa necessidade de viver ou morrer? Ou será que os concebidos ainda não têm destino e, se não nascerem, não podem tê-lo? Por que, pois, dizem que, se se verifica a hora concepcional, podem dizer muitas coisas tais adivinhos? Isso deu lugar a que alguns apregoem haver certo sábio escolhido a hora para dormir com a mulher, com o fito de engendrar filho admiravelmente dotado. Do que, e essa é também a opinião de Possidônio, grande astrólogo e filósofo, sobre os gêmeos que ficavam doentes ao mesmo tempo, se deduz dever-se a enfermidade ao haverem nascido e sido engendrados ao mesmo tempo. E é certo que acrescentava a concepção, para não dizer-se que não podiam nascer ao mesmo tempo pessoas que constava haverem sido concebidas simultaneamente. Com isso pretendia que o enfermarem de igual modo e ao mesmo tempo não se atribuísse de momento à igualdade da compleição corporal, mas a fizessem depender da compleição dos nexos sidéreos. Se na concepção é tão enorme a força para a igualdade de destinos, não deveriam estes mudar, por ocasião do nascimento. E se os signos dos gêmeos são mudados cabalmente, porque nascem em tempos diversos, por que não entendermos, então, que já se haviam trocado, a fim de nascerem em tempos diferentes? É possível que a vontade dos que vivem não mude os destinos do nascimento, se a ordem dos que nascem muda os da concepção?

## CAPÍTULO VI
### Gêmeos de sexo diferente

Ademais, na concepção de gêmeos verificada no mesmo instante, donde procede que sob a mesma constelação fatal se concebam dois indivíduos, um, homem, outro, mulher? Conhecemos gêmeos de sexo diferente. Ambos ainda vivem, ambos estão na flor da idade. Embora de traços corporais semelhantes, quanto é possível entre seres de sexo diferente, no comportamento e no gênero de vida revelam-se de tal maneira dessemelhantes, que, fora das ações femininas, que necessariamente diferem das viris, ele milita no ofício de conde e quase sempre está fora de casa, em viagem, e ela não se separa do solo pátrio, nem de suas terras. Além disso (coisa mais incrível, se dermos crédito à fatalidade dos astros, e não estranha, se considerarmos as vontades dos homens e os dons de Deus), ele é casado, e ela, virgem consagrada a Deus; ele, pai de muitos filhos; ela nem mesmo casou. Então, é grande o poder do horóscopo? Sobre sua enorme vacuidade já dissertei bastante.

Mas, seja qual for, dizem que influi no nascimento. Acaso também na concepção, em que é manifesto haver apenas um ajuntamento carnal? E é tal a ordem da natureza, que, em a mulher concebendo uma vez, depois não pode conceber outro. Donde resulta, necessariamente, serem os gêmeos concebidos no mesmo instante. Porventura, porque nasceram sob horóscopo diferente, aquele, ao nascer, virou homem, e esta, mulher? Possível é, por conseguinte, sustentar-se, não de todo absurdamente, que certos influxos sidéreos valem apenas para as diferenças corpóreas, como vemos variarem também as estações do ano, de acordo com o movimento do sol, e, conforme as fases da lua, além do admirável fenômeno do fluxo e refluxo do oceano, vemos que os ouriços do mar e as ostras aumentam ou diminuem, e que a vontade dos homens não se subordina à posição dos astros. O fato de agora esses se esforçarem em fazer que dela dependam nossos atos nos previne para investigarmos como essa razão que apresentam impossível é de provar-se até mesmo nos corpos. Que há de tal modo concernente ao corpo como o sexo? E, todavia, sob a mesma posição dos astros, puderam ser concebidos gêmeos de sexo diferente. Portanto, que maior disparate se pode dizer ou imaginar que supor não poder a posição sideral, a mesma para a concepção de ambos, fazer com que, apesar de ser a mesma a constelação, não tivessem sexo diferente, e pensar que a posição sideral que presidia a hora do nascimento pôde fazer interpor-se entre ambos a distância que vai do casamento à santidade virginal?

## CAPÍTULO VII
### Escolha de dia para se unir à mulher ou para semear ou plantar algo no campo

Quem admitirá que, ao escolher os dias, se lhe deparem alguns novos destinos para seus atos? Com efeito, o referido sábio não nascera para ter filho excelente, mas, antes, para gerá-lo desprezível, e, por isso, homem douto que era, escolheu hora para se unir à sua mulher. Forjou destino que não tinha e desde esse instante começou a ser fatalidade para ele o que na hora do nascimento não seria. Singular estupidez! Escolhe-se dia para se unir à mulher, segundo penso, precisamente porque pode, se não se escolhe, cair em dia não bom e unir-se a ela sob maus auspícios. Onde está, pois, o que os astros já decretaram a quem nascia? Pode o homem, por escolher o dia, mudar o que já se encontra determinado? Não pode outro poder mudar o que o homem, por sua escolha, houver determinado? Logo, se só os homens, não todas as demais coisas que se encontram sob o manto do céu, estão sujeitos às constelações, por que escolher certos dias para semear, plantar a vinha e árvores, outro dia para a doma de animais ou para cobrir-lhes as fêmeas e, assim, multiplicarem-se as éguas ou os bois, e outras operações do mesmo jaez?

Se os dias escolhidos têm poder cabal para essas coisas porque a posição dos astros, de acordo com a diversidade dos momentos temporais, domina sobre todos os corpos terrestres, animados ou inanimados, ponderem quão inumeráveis são os que nascem, brotam ou têm princípio no mesmo instante e, todavia, têm mortes de tal maneira diferentes, que obrigam qualquer criança a julgar risíveis semelhantes observações. Quem há tão insensato que se atreva a dizer que todas as árvores, todas as ervas, todos os animais, serpentes, aves, peixes, vermes, tem cada qual momento diferente para nascer?

Os homens costumam, para provar a perícia dos matemáticos, aduzir-lhes as constelações dos animais mudos, cujo nascimento submeteram em casa a cuidadosa observação para semelhante pesquisa, e dão a palma aos matemáticos que, examinadas as constelações, dizem: Não foi homem que nasceu, mas animal. Também ousam dizer a qualidade do animal, se tem lã, se é de tiro, se serve para o arado ou para guardar a casa. Põem-nos à prova até mesmo no que diz respeito ao destino dos cães; e, com grandes aplausos dos admiradores, respondem-lhes. A tal extremo os homens disparatam, que pensam que, quando alguém nasce, inibe o demais nascimento das coisas, de maneira que com ele e sob a mesma zona de vida não nasça sequer uma mosca. Porque, se admitido o nascimento de simples mosca, o raciocínio corre e gradualmente e com passos moderados se eleva das moscas aos elefantes e camelos. Nem querem reparar em que, escolhido o dia para semear o campo, cai infinidade de grãos de semente ao mesmo tempo, ao mesmo tempo germinam e, nascida a messe, despontam ao mesmo tempo, crescem e se alouram.

E, contudo, de todas essas espigas do mesmo tempo e, por dizê-lo assim, congeminais, umas o carvão consome, outras as aves arrasam e outras os homens arrancam. Como haverão de dizer que tiveram constelações diferentes, se veem que têm fins de tal modo diferentes? Porventura se arrependerão de escolher dias para essas coisas, negarão que concernem ao decreto celeste e submeterão aos astros apenas os homens, únicos a quem Deus deu no mundo vontade livre? Ponderado tudo isso, não sem motivo se acredita que, quando os astrólogos respondem maravilhosamente muitas coisas verdadeiras, o fazem movidos por secreto instinto de espíritos não bons, a cujo cargo está imbuir e propagar nas mentes humanas essas opiniões falsas e nocivas a respeito dos destinos, e não por pretensa ciência de horóscopo, que na realidade não existe.

## CAPÍTULO VIII
**Trata dos que dão o nome de fatalidade não à posição dos astros, mas à conexão de causas pendentes da vontade de Deus**

Quando àqueles que dão o nome de fatalidade não à constituição dos astros, como se encontram no momento da concepção, do nascimento ou do princípio, mas à conexão e série de todas as causas com que se faz quanto se faz, não cumpre cansar-se e porfiar muito com eles. É questão de palavras, posto atribuírem a ordem e certa concatenação de causas à vontade e ao poder do Deus supremo, que, ótima e reverentissimamente, acreditam saber todas as coisas antes de que sucedam e não deixar nada desordenado. Dele procedem todas as potestades, embora não proceda dele a vontade de todos. E prova-se chamarem fatalidade principalmente à vontade do Deus supremo, cujo poder se entende de modo insuperável a todas as coisas, da maneira seguinte. Se não me engano, são de Ênio Sêneca estes versos: *Leva-me, Pai Supremo e dominador do alto céu, aonde te apraza. Não há demora em minha obediência. Eis-me pronto! Embora não queira, seguir-te-ei em pranto e farei à força, sendo mau, o que com agrado faz o bom. A fatalidade conduz aquele que quer e arrasta com violência quem não quer.* Quer dizer, é claríssimo que nesse último verso chamou fatalidade aquilo a que antes dera o nome de vontade do Pai Supremo, a quem diz estar disposto a obedecer, para ser guiado, querendo, e não ser violentado, não querendo, porque *a fatalidade conduz aquele que quer e arrasta com violência quem não quer.*

Apoiam esse parecer os seguintes versos de Homero, que Cícero traduziu para o latim: *Tal a vontade dos homens, qual a luz com que o pai Júpiter luxuriava as férteis terras.* Nessa questão, ao modo de pensar dos poetas não quero dar grande autoridade. Mas, como diz que os estoicos, que asseveram a força da fatalidade, costumam citar esses versos de Homero, já não se trata da opinião desse poeta, mas da dos referidos filósofos, posto que, por esses versos que citam na discussão a propósito da fatalidade, declara-se com luz meridiana o que pensam sobre a essência da fatalidade, porque chamam Júpiter a quem julgam deus supremo e de quem dizem pender a conexão das causas.

## CAPÍTULO IX
### A presciência de Deus e a livre vontade do homem, contra a definição de Cícero

1. Cícero trata de refutar esses filósofos de maneira tal, que acredita não poder consegui-lo, se não suprime a advinhação. Esforça-se

por suprimi-la, negando haver a ciência do futuro, e sustenta com todas as forças não existir, em absoluto, nem em Deus, nem no homem, e não haver predição de coisas. Por essa via nega também a presciência de Deus e intenta dar por terra com toda profecia mais clara que a luz do Sol, sem outras provas além de seus fúteis argumentos e certos oráculos, que com facilidade podem ser refutados e ele, todavia, nem mesmo é capaz de refutar.

Quando trata de refutar as conjeturas dos matemáticos, as palavras de Cícero brilham, porque na verdade por si mesmas se desfazem e confundem. Os que estabelecem os destinos siderais são muito mais toleráveis que esse filósofo, negador da presciência do porvir. Porque confessar a existência de Deus e negar que é presciente do futuro é a extravagância número um. Isso posto, ele próprio esteve tentado a justificar o que está escrito: *Disse o néscio em seu coração: Não há Deus*. Não fala em seu nome. Percebeu quão odientas e perigosas eram tais palavras e, por isso, fez Cota intervir na disputa sobre esse ponto contra os estoicos nos livros *Sobre a natureza dos deuses*. Preferiu inclinar-se ao parecer de Lucílio Balbo, a quem encomendou a defesa dos estoicos, e não ao de Cota, que sustentava não haver nenhuma natureza divina. Mas nos livros *Sobre a adivinhação* abertamente impugna, falando na primeira pessoa, a presciência do futuro; e procede assim, parece, para não admitir a existência da fatalidade e perder a vontade livre, porque está convencido de que, admitida a ciência do futuro, tão indefectivelmente se admite a fatalidade, que seria de todo em todo impossível negá-la. Mas, seja qual for o modo de ser dos labirínticos debates e discussões dos filósofos, nós, convencidos da existência de um Deus supremo e verdadeiro, confessamos também que possui potestade, vontade e presciência soberanas. E não temernos, por isso, fazer sem vontade o que voluntariamente fazemos, porque de antemão sabe Ele, cuja presciência não pode enganar-se, o que temos de fazer. Esse temor levou Cícero a impugnar a presciência e os estoicos a não terem que dizer que tudo sucede por necessidade, mesmo quando defendiam ser tudo obra do destino.

2. Que receou, pois, Cícero na presciência do futuro, para tentar desbaratá-la por meio de palavras de tal maneira detestáveis? Isto, sem dúvida, a saber, que, se forem conhecidas todas as coisas futuras, sucederão na mesma ordem em que de antemão se soube que sucederiam. E, se sucedem nessa ordem, é certa a ordem das coisas

para Deus, que as sabe antes de acontecerem; se é certa a ordem das coisas, é certa a ordem das causas, porque coisa alguma pode ser feita, se não a houver precedido alguma causa eficiente. E, se é certa a ordem das causas, pela qual se faz tudo quanto se faz, *tudo quanto se faz,* diz, *é obra do destino.* Se assim é, nada está em nosso poder e não existe arbítrio da vontade. Se *concordamos com isso,* acrescenta, *cai por terra toda a vida humana. Em vão se fazem leis, em vão se recorre a repreensões, louvores, vitupérios e exortações. Sem justiça alguma os bons recebem prêmios, e os maus, suplícios.* Logo para que tais monstruosidades, tais absurdos e tais prejuízos não sobrevenham à humanidade, não quer que exista a presciência do futuro e aprisiona o espírito religioso tão estreitamente, que o faz escolher uma destas duas opiniões: algo depende de nossa vontade ou existe presciência do porvir. E isso porque pensa que ambas as coisas são incompatíveis, que, se se admite uma, se suprime a outra; se optamos pela presciência do futuro, destruímos o arbítrio da vontade, e, se escolhemos o arbítrio da vontade, destruímos a presciência do porvir.

Assim, como homem ponderado e douto, cujas meditações se devotam aos grandes interesses da sociedade civil, escolhe, entre essas duas coisas, o livre-arbítrio da vontade e, para confirmá-lo, nega a presciência do futuro. Desse modo, querendo tornar livre o homem, fê-lo sacrílego. Todavia, o coração religioso escolhe um e outro, um e outro aceita e ambos afirma com piedosa fé. Como é possível?, pergunta. Porque, se existe a presciência do futuro, disso decorrem todas as coisas com ela conexas, até chegar a admitir que coisa alguma depende de nossa vontade. E, ao contrário, se nossa vontade pode algo, pelo mesmo caminho se chega a que não há presciência do porvir. Por todos os caminhos voltamos a este ponto: se existe o arbítrio da vontade, nem todas as coisas são obra do destino; se nem todas as coisas são obra do destino, não é certa a ordem de todas as causas; se não é certa a ordem das causas, não é certa nem para Deus, que sabe de antemão a ordem das coisas, que não podem ser feitas sem causas precedentes e eficientes; se a ordem das coisas não é certa para Deus, que tem presciência de tudo, todas as coisas não sucedem como de antemão soube que haviam de suceder. Por conseguinte, se todas as coisas não sucedem como de antemão soube que haviam de suceder, não há em Deus, declara, presciência de todas as coisas futuras.

3. Contra todos esses sacrílegos e ímpios atrevimentos, afirmamos que Deus sabe todas as coisas antes de sucederem e que fazemos por nossa vontade quanto sentimos e conhecemos não fazer-se sem que o queiramos. Mas não dizemos que o destino faça todas as coisas; vamos além, dizemos que o destino não faz nenhuma, porque o nome de destino, entendido segundo a linguagem usual, isto é, como a posição dos astros no instante da concepção ou do nascimento (ponto que se afirma de maneira vã), demonstramos não ter nenhum valor. A ordem das causas, sobre que a vontade de Deus tem grande poder, não a negamos, nem lhe damos o nome de destino, salvo se, talvez, entendermos que *fatum* deriva de *fando,* isto é, de falar, por não podermos ocultar que está escrito nas Sagradas Letras: *Uma vez falou Deus e ouvi estas duas coisas: que há potestade em Deus, e em ti, Senhor, misericórdia, porque dás a cada qual segundo suas obras.* Quando diz: *Falou uma vez,* deve-se entender: inamovivelmente isto é, incomutavelmente falou, como conheceu incomutavelmente todas as coisas futuras e as que Ele próprio haveria de fazer. Nesse sentido, de *fando* poderíamos derivar *fatum*, se pelo costume esse nome não estivesse consagrado a outra coisa, a que não queremos se incline o coração dos homens. De ser certa para Deus a ordem de todas as coisas não se segue, contudo, não haver coisa alguma no arbítrio da vontade, porque também nossa própria vontade se inclui na ordem das causas, certa para Deus e contida em sua presciência, visto ser causa das ações humanas. E, por conseguinte, quem sabe de antemão todas as causas das coisas não pode, sem dúvida, ignorar, entre as causas, nossa vontade, que soube de antemão ser causa de nossas ações.

4. A própria concessão, feita por Cícero, de que nada sucede, senão precedido por causa eficiente, é bastante para refutá-lo nessa questão. Que apoio lhe presta o que acrescenta, a saber, que nada se faz sem causa, mas que nem toda causa é fatal, posto existirem a causa fortuita, a natural e a voluntária? Basta admitir que tudo quanto se faz não se faz sem causa precedente. Não afirmamos a inexistência das causas a que deram o nome de fortuitas, donde a fortuna tomou o nome, mas serem latentes, e as atribuímos à vontade do Deus verdadeiro ou de certos espíritos; quanto às naturais, não as desligamos, em absoluto, da vontade daquele que é autor e criador da natureza toda. Por outro lado, as causas voluntárias são

próprias de Deus, dos anjos, dos homens ou de alguns animais, se cumpre chamar vontade aos movimentos dos animais privados de razão, com os quais, segundo sua natureza, fazem algo, como quando apetecem ou refugam alguma coisa. Chamo vontade dos anjos, ora à dos bons, que chamamos anjos de Deus, ora à dos maus, a quem damos o nome de anjos do diabo ou, também, demônios, assim como também à dos homens, a saber à dos bons e à dos maus. Por isso, daí se infere não existirem causas eficientes de tudo quanto sucede, senão as voluntárias, quer dizer, procedentes dessa natureza que é espírito de vida. Porque também o ar ou vento é chamado espírito, mas, por ser corpo, não é espírito de vida. Logo, o espírito de vida, que vivifica todas as coisas e é criador de todo corpo e de todo espírito criado, é Deus mesmo, espírito certamente incriado. Em sua vontade está o poder supremo, pelo qual auxilia a vontade boa dos espíritos criados, julga a má, ordena todas e outorga poder a uma e o nega a outra. Do mesmo modo que é criador de todas as naturezas, é dispensador de todo poder, não do querer, porque o mau querer não procede dele, visto ser contrário à natureza dele procedente.

Por conseguinte, os corpos estão mais sujeitos à vontade; uns, a saber, os de todos os animais mortais, à nossa, e mais os dos homens que os dos animais; outros, porém, à dos anjos. Mas todas as coisas estão extremamente sujeitas à vontade de Deus, à qual se submetem também todas as vontades, por não terem mais poder que o concedido por Ele. Outras causas fazem e são feitas, como, por exemplo, os espíritos criados, principalmente os racionais. Todavia, as causas corporais, que mais são feitas que fazem, não devem ser enumeradas entre as causas eficientes, porque podem o que por elas faz a vontade dos espíritos. Como é que a ordem das causas, certa para Deus, que a conhece de antemão, faz com que nossa vontade nada possa, se é verdade que na própria ordem das causas ocupa lugar destacado? Contenda Cícero com os que afirmam que essa ordem das causas é fatal ou, por melhor dizer, lhe dão o nome de destino, coisa por nós desmentida principalmente por causa do nome, que o uso desviou do sentido próprio. Porque nega que a ordem de todas as causas é certíssima e conhecidíssima para Deus, presciente, detestamo-lo mais do que aos estoicos. Nega a existência de Deus, coisa que na pessoa de outro quis fazer nos livros *Sobre a natureza dos deuses*, ou, admite-se a existência de Deus, negando nele a presciência do porvir, ainda assim não diz outra coisa, senão o que disse o *insensato em seu coração: Não há Deus*. Pois quem não é presciente de todas as coisas futuras não é Deus.

Nossa vontade pode tanto quanto Deus quis e soube de antemão que poderia. Donde se deduz que quanto pode, podendo-o de maneira infalível, e o que há de fazer há de fazê-lo ela mesma, porque soube de antemão que havia de podê-lo e de fazê-lo aquele cuja presciência não pode enganar-se. Se, portanto, me aprouvesse dar o nome de destino a alguma coisa, diria ser privativo do inferior o destino, e a vontade, do superior, que o tem em seu poder, ao invés de suprimir o arbítrio de nossa vontade, substituindo-o pela ordem das causas, que os estoicos chamam destino, não correntemente, mas segundo costumam.

## CAPÍTULO X
### Está sujeita a alguma necessidade a vontade humana?

1. Não devemos, por isso, temer a necessidade, por medo da qual os estoicos de tal maneira se esforçaram em distinguir as causas das coisas, que umas as subtraíram à necessidade e outras as sujeitaram a ela. E entre as coisas que não quiseram sujeitar à necessidade colocaram também nossa vontade, para que não fosse livre, submetendo-a a ela. Se por necessidade nossa entendermos o que não se encontra em nosso poder, mas, embora não queiramos, exercita seu poder, como, por exemplo, a necessidade da morte, é evidente que nossa vontade, com que vivemos bem ou mal, não se encontra sob o domínio de tal necessidade. Porque fazemos muitas coisas que, se não quiséssemos, não faríamos. A esse gênero pertence, em primeiro plano, o próprio querer, pois, se queremos, existe, e, se não queremos, não existe, visto como não quereríamos se não quiséssemos. E, se se define a necessidade, como quando dizemos ser forçoso que algo seja assim, se faça assim, não sei por que tememos que nos tire o arbítrio da vontade. Nem pomos, tampouco, sob o domínio dessa necessidade a vida de Deus e sua presciência, se dizemos ser necessário que Deus viva sempre e saiba de antemão todas as coisas, assim como não lhe diminuímos o poder, se dizemos que não pode morrer nem enganar-se. De tal maneira não pode, que, se pudesse, seria,

sem dúvida, menor seu poder. Com razão se diz onipotente quem não pode morrer, nem enganar-se. Chama-se onipotente porque faz o que quer, não porque padece o que não quer; se isso acontecesse, não seria onipotente. Donde se segue não poder algumas coisas, justamente por ser onipotente. Assim também, quando dizemos: É necessário que, se queremos, queiramos com livre-arbítrio, indubitavelmente dizemos verdade e não sujeitamos, por isso, o livre-arbítrio à necessidade, que suprime a liberdade.

Pertence-nos, pois, a vontade e ela mesma faz tudo quanto, querendo, fazemos, o que não se faria, se não quiséssemos. Contudo, no que contra seu próprio querer cada indivíduo padece por vontade de outros homens, a vontade influi; se não a vontade desse homem, o poder de Deus. Porque, se a vontade se limitasse a existir e não pudesse o que queira, estaria impedida por outra vontade mais poderosa. Mas nem mesmo assim a vontade seria outra coisa senão vontade, nem seria de outro, senão do que queria, embora não pudesse realizar seu desejo. Portanto, tudo quanto o homem padece contra a vontade não deve atribuí-lo à vontade humana, angélica ou de outro espírito criado, e sim à daquele que dá poder a quem o quer.

2. Logo, não porque Deus soube o que havia de depender de nossa vontade, algo deixa de depender dela, pois quem o soube de antemão soube de antemão alguma coisa. Por conseguinte, se aquele que de antemão soube o que dependeria de nossa vontade não soube de antemão nada, mas soube alguma coisa, mesmo que Ele seja presciente, algo depende de nossa vontade. Por isso, de maneira alguma nos vemos constrangidos, admitida a presciência de Deus, a suprimir o arbítrio da vontade ou, admitido o arbítrio da vontade, a negar em Deus a presciência do futuro, o que é verdadeira impiedade. Abraçamos, isso sim, ambas as verdades, confessamo-las de coração fiel e sincero; uma, para que nossa fé seja reta, a outra, para nossa vida ser santa. Vive-se mal, quando não se crê em Deus como se deve.

Longe de nós negar a presciência, por querermos ser livres, visto como com seu auxílio somos ou seremos livres. Em consequência, não existem inutilmente as leis, as repreensões, as exortações, os louvores e os vitupérios, porque também de antemão os soube futuros e importam muito, tanto quanto de antemão soube haviam de importar. E as súplicas convêm para pedir aquilo que de antemão soube havia de dar a quem lho suplicasse e com justiça se determinaram prêmios para as boas obras e penas para os pecados. Nem peca o homem precisamente porque Deus soube de antemão que havia de pecar; diria mais, não se põe em dúvida que o homem peca quando peca, justamente porque aquele cuja presciência não pode enganar-se soube de antemão que nem o destino, nem a fortuna, nem outra coisa havia de pecar, senão o próprio homem, que, se não quer, com certeza não peca; mas, se não quer pecar, também isso Ele o soube de antemão.

## CAPÍTULO XI
### Providência universal de Deus, cujas leis abrangem todas as coisas

Portanto, o verdadeiro e supremo Deus, com seu Verbo e o Espírito Santo, Trindade Una, Deus onipotente e uno, Autor e Criador de toda alma e de todo corpo, fonte de felicidade de quem quer que seja feliz em verdade e não em vaidade, que fez o homem animal racional de corpo e alma, que, em pecando o homem, não permitiu ficasse sem castigo, nem o deixou sem misericórdia, que a bons e maus deu o ser com as pedras, vida seminal com as árvores, vida sensitiva com os animais e vida intelectual como anjos apenas, de quem procede toda regra, toda beleza, toda ordem, de quem promanam a medida, o número e o peso, de quem procede tudo quanto naturalmente é, seja qual for seu gênero e seja qual for seu valor, de quem procede o germe das plantas, a forma dos germes e o movimento dos germes e das formas, que também deu à carne origem, beleza, compleição, fecundidade de propagação, disposição de membros, saúde e harmonia, que à alma irracional deu memória, sentido e apetite, e à racional, além disso tudo, inteligência e vontade, que não deixou sem conveniência de partes e sem uma espécie de paz o céu e a Terra, o anjo e o homem, e mesmo a estrutura interna do mais vil animalzinho, a asinha da ave, a florzinha da erva, uma folha de árvore, de nenhum modo é crível que Deus quisesse ficassem alheios às leis de sua providência os reinos dos homens, seus senhorios e servidão.

# CAPÍTULO XII
### Costumes por que os antigos romanos mereceram que o Deus verdadeiro, mesmo sem adorá-lo, lhes acrescentasse o império

1. Vejamos por que costumes dos romanos e por que causa se dignou prestar-lhes auxílio para aumento do império o Deus verdadeiro, sob cujo poder se encontram também os reinos do mundo. Para poder delinear isso com maior desenvoltura, escrevi no livro anterior, em relação a isso, que nesse assunto não têm poder algum os deuses, que os antigos romanos julgaram deviam ser adorados com jogos ridículos, e nos capítulos anteriores falei da obrigação de dirimir a questão do destino, para que ninguém, já convencido de que o culto aos deuses não propagou, nem conservou o Império Romano, o atribuísse a não sei que destino, ao invés de fazê-lo à poderosíssima vontade do Deus supremo. Os velhos e primitivos romanos, segundo nos ensina e lembra a história, mesmo quando, como outros povos, exceto o hebreu, tributaram culto a deuses falsos e imolaram vítimas, não a Deus, mas aos demônios, *eram ávidos de louvor, liberais em dinheiro e queriam glória imensa e riquezas honestas*. Amaram-na com ardentíssimo amor, por ela quiseram viver e não vacilaram em morrer por ela. A cobiça imensa da glória constituiu o freio de todas as demais cupidezes. Finalmente, porque servir lhes parecia desonroso, e senhorear e mandar, glorioso, quiseram a todo custo primeiro que sua pátria fosse livre, e depois, senhora. Daí se originou que, não tolerando a dominação real, estabeleceram impérios anuais e dois imperadores que se chamaram cônsules, de *consulendo,* não reis ou senhores, de *regnando* e *dominando,* embora também aos reis pareça melhor chamá-los assim, de reger, como reinos deriva de reis, e os reis, como fica dito, de reger. Mas o fausto régio não se considera disciplina do regente ou benevolência do consulente, mas soberba do dominador. Expulso, pois, o Rei Tarquínio e estabelecidos dois cônsules, seguiu-se o que o mesmo autor escreveu em louvor dos romanos, a saber, *que a cidade (recordação incrível!), obtida a liberdade e inflamada por apaixonado amor à glória, cresceu com rapidez assombrosa.* Essa avidez de louvor e desejo de glória operou neles todas aquelas façanhas louváveis e gloriosas, segundo a opinião dos homens.

2. Salústio elogia dois grandes e esclarecidos homens de seus dias, Marco Catão e Caio César, dizendo que desde muito a república não produzira pessoa de relevante virtude, porém que em seus dias existiram esses dois colossos da virtude, embora de diferentes costumes. Entre os elogios de César colocou seu ardente desejo de grande império, de exército e de guerra nova, em que seu valor pudesse brilhar. Assim se faziam votos pelo valor dos grandes homens, para provocar à guerra as nações miseráveis; excitava-os o sangrento flagelo de Belona, a fim de terem oportunidade para fazer brilhar sua valentia. Isso era, sem dúvida, obra da referida avidez e desejo de glória. Pelo amor à liberdade, primeiro, depois pelo amor ao domínio, e pelo desejo de louvor e glória, levaram a cabo inúmeras façanhas. Testemunho de ambas as coisas dá Virgílio, que diz: *Também se via Porsena mandando acolher Tarquínio, expulso de Roma, e pondo à cidade apertado cerco e os romanos combatendo com ardor em defesa da liberdade.* Eis, portanto, a única ambição deles: morrer valentemente ou viver livres. Uma vez mais, porém, obtida a liberdade, prenderam-se de tal maneira ao desejo de glória, que consideraram pouco a liberdade apenas, sem a dominação, enquanto se considerava grandeza o que, como que pela boca de Júpiter, diz o mesmo poeta: *Há mais. A própria Juno, hoje implacável inimiga dos troianos, que contra eles concita céu, terra e mar, mudará de modo de pensar e, como eu, acabará protegendo a grei romana, que ostentará a toga e será dona do mundo. Essa a minha vontade. Depois, no decurso dos tempos, a casa de Assáraco subjugará Pítias e Micenas e dominará sobre a vencida Argos.* É certo que Virgílio, ao introduzir Júpiter como anunciador das coisas futuras, já as via realizadas. Quisemos referi-lo precisamente para mostrar o domínio que os romanos tiveram depois da liberdade, ao extremo de colocá-la entre seus grandes elogios. Daí o fato de o mesmo poeta preferir às artes das nações estrangeiras as próprias dos romanos, de reinar, mandar, sujeitar e dominar povos: *Penso também,* diz, *que haverá descendentes hábeis em dar ao bronze o sopro da vida e extrair do mármore figuras com alento. Como haverá outros que aplicarão as leis dos homens ou saberão medir com o compasso o movimento dos céus e o curso dos astros. Lembra-te sempre, ó romano, de impor teu império em todas as coisas dos povos. Serão tuas virtudes ditar leis de paz às nações, dominar os soberbos e perdoar os vencidos.*

3. Com tanto maior perícia exerciam os romanos essas artes quanto menos se entregavam aos prazeres, que enervam o ânimo, e às concupiscências do corpo, ao aumento das riquezas e à corrupção de costume, roubando os cidadãos pobres e sendo pródigos para com os torpes histriões. Por isso, quem já sobrepujava e abundava em semelhantes despenhadeiros morais, quando o escrevia Salústio e cantava Virgílio, não aspirava à glória e a honras com as referidas artes, mas com dolo e enganos. Assim diz o mesmo poeta: *mas no princípio a ambição inquietava mais os ânimos dos homens que a própria avareza, vício mais próximo da virtude. Glória, honra e mando desejam-no igualmente o bom e o remisso; mas aquele*, diz, *toma sempre o caminho verdadeiro, e este, porque lhe faltam os meios honestos, emprega enganos e dolo*. Estes são os meios honestos, a saber, chegar à glória, ao mando e às honras pela virtude, não pela enganadora ambição. Essas coisas de igual modo deseja o bom e o remisso; mas aquele, isto é, o bom, toma pelo verdadeiro caminho. O caminho em que se apoia é a virtude e apoia-se nele para o fim, que é a possessão, ou seja, para a glória, a honra e o mando. Que isso se revelou inato nos romanos indicam-no, entre eles, os templos dos deuses da Virtude e da Honra, que construíram na mais estreita união, tendo por deuses o que não passa de dons de Deus. Daí se pode inferir o fim que queriam para a virtude e a que a referiam os que eram bons, quer dizer, a honra, porque os maus não a possuíam, mesmo quando desejaram ter a honra, que se esforçavam em conseguir por meios infames, isto é, com enganos e dolo.

4. Mais belo é o elogio que faz de Catão, quando diz: *Quanto menos buscava a glória, tanto mais o seguia*. Porque a glória cujo desejo os inflamava consistia na boa opinião dos homens e, portanto, melhor é a virtude, que não se contenta com o testemunho dos homens, mas com o de sua própria consciência. Assim diz o Apóstolo: *Que nossa glória é a seguinte: o testemunho de nossa consciência*. E em outro lugar: *Prove cada qual sua obra e terá, então, glória apenas em si mesmo e não em outro*. A virtude não deve seguir, mas preceder a glória, a honra e o mando que ardentemente desejavam para si e a que se esforçavam por chegar os bons, utilizando-se de meios honestos. E não é verdadeira virtude senão a que tende ao fim em que reside o bem do homem, superior a qualquer

outro. Por conseguinte, as honras que Catão pede não devia pedi-las; a república é que não devia, para conceder-lhas, esperar pelo pedido.

5. Mas, como naquele tempo existiam dois romanos que brilhavam por sua virtude, a saber, César e Catão, parece haver-se a virtude de Catão aproximado mais da verdade que a de César. Por isso, vejamos como era, então, a cidade de Roma e como fora antes, no modo de sentir do próprio Catão: *Não acrediteis,* diz, *que pelas armas nossos antepassados fizeram grande a república. Se assim fosse, tê-la-íamos muito mais formosa, porque temos maior quantidade de aliados e cidadãos, além de mais armas e cavalos que eles. Mas houve outras coisas que os fizeram grandes e de que carecemos: em casa, atividade; fora, governo justo e, no conselho, espírito livre, sem inteligência com o crime e as paixões. Em lugar disso, entregamo-nos ao luxo e à avareza, quer dizer, em público, pobreza, e em casa, opulência. Louvamos as riquezas, seguimos a inatividade. Não fazemos diferença alguma entre bons e maus. Todos os prêmios da virtude estão em poder da ambição. E não é maravilha, onde cada um de vós se interessa, como particular, por sua pessoa, onde, em casa, o homem se entrega aos prazeres e aí se torna escravo do dinheiro e do favor. De tudo isso se infere ser a república atacada como vítima indefesa.*

6. Quem ouve essas palavras de Catão ou de Salústio imagina que todos ou quase todos os velhos romanos daquele tempo conformavam suas vidas com os favores que lhes eram prestados prodigamente. E não é assim. Do contrário, não seria verdadeiro o que ele mesmo escreve e já citei no Livro Segundo desta obra, quando afirma que as injustiças dos poderosos provocaram, desde o princípio, separação entre o senado e o povo e outras discórdias domésticas. Mas, depois da expulsão dos reis, enquanto duraram o medo a Tarquínio e a difícil guerra mantida contra a Etrúria, viveu-se com moderação e equidade. Mais tarde os patrícios empenharam-se em tratar o povo como escravo, em maltratá-lo à maneira dos reis, em removê-lo do campo e em governar sozinhos, sem para nada contar com os demais.

A segunda guerra púnica pôs termo a essas dissensões, enquanto uns queriam ser senhores e outros se negavam a ser escravos. Uma vez mais começou a propagar-se grave medo e a coibir os ânimos, que tais distúrbios tornavam inquietos e preocupados, e a convidar à concórdia civil. Mas alguns poucos, bons a seu modo, administravam grandes negócios e, tolerados e suavizados os referidos males, a república ia crescendo, graças à providência desses poucos bons, como testemunha o mesmo historiador, que, lendo e ouvindo as muitas e preclaras façanhas que o povo romano realizou na paz e na guerra, em terra e no mar, interessou-se em averiguar que coisa susteve, em especial, façanhas tão grandes. Sabia que, com um punhado de soldados, muitas vezes os romanos haviam pelejado contra grandes legiões de inimigos; conhecia as guerras que, com escassas riquezas, travaram contra reis opulentos. E disse constar-lhe, depois de muito pensar, que a insigne virtude de uns poucos cidadãos realizara tudo aquilo e que o mesmo fato era causa de a pobreza vencer as riquezas, e o pequeno número, a multidão. *Mas logo que o luxo e a ociosidade, diz, corromperam a cidade, tornou a república, com sua grandeza, a alimentar os vícios dos imperadores e dos magistrados.*

Catão elogiou também a virtude de uns poucos que aspiravam à glória, à honra e ao mando, mas pelo verdadeiro caminho, isto é, pela própria virtude. Daí se originava a atividade doméstica mencionada por Catão, para que o Erário fosse opulento, e de pouca monta as riquezas particulares. Corrompidos os costumes, o vício fez o contrário: para o Estado, pobreza; para os indivíduos, opulência.

## CAPÍTULO XIII
### Amor ao elogio, que, embora vício, é considerado virtude, porque coíbe vícios maiores

Por isso, havendo já brilhado por largo tempo os reinos do Oriente, quis Deus se constituísse também o do Ocidente, que fosse posterior no tempo, porém mais florescente na extensão e grandeza de império. E concedeu-o, para castigar os graves crimes de muitas nações, a homens que, por causa da honra, o louvor e a glória, velavam pela pátria, em cuja glória procuravam encontrar a própria. Não hesitaram em antepor à própria vida a salvação da pátria, fomentando com esse único vício, ou seja, com a paixão pelo louvor, a cobiça do dinheiro e muitos outros vícios. Com maior e mais cordata visão o vê quem sabe que o amor ao elogio é vício, coisa que não se oculta nem mesmo do poeta Horácio, que diz: *Embriaga-te o amor ao elogio? Há remédios seguros neste livrinho, que, lido três vezes e com simplicidade, te poderão aliviar grandemente.* Ele mesmo, em versos líricos, canta assim, para refrear a libido de domínio: *Reinarás, se domares teu espírito insaciável, mais amplamante que se juntasses a Líbia com a longínqua Cádiz e te servissem as duas Cartagos.*

Todavia, quem não refreia suas mais torpes libidos, rogando com piedosa fé ao Espírito Santo e amando a beleza inteligível, mas, antes, pela cobiça do louvor humano e da glória, não é santo, certamente, porém menos torpe. O próprio Túlio não pôde dissimulá-lo nos livros que escreveu *Sobre a república*, em que fala da educação do chefe de Estado e diz ser necessário alimentá-lo de glória. Logo a seguir conta haver o amor à glória inspirado muitas maravilhas a seus antepassados. Não apenas deixavam de opor resistência a tal vício, como também julgavam que devia ser alentado e incendido, na convicção de que era útil para a república. Nem nos próprios livros de filosofia, em que o afirma com maior clareza, Túlio oculta semelhante peste. Falando do que é necessário buscar como bem verdadeiro e final e não por causa da vaidade da glória humana, inserta esta máxima universal e geral: *A honra é o alimento da atividade humana e a glória, a lareira que a anima. A quem o desprezo desacreditou, ninguém consegue reerguê-lo.*

## CAPÍTULO XIV
### Obrigação de cercear o amor ao elogio dos homens, porque toda a glória dos justos está em Deus

É mais fácil resistir a essa concupiscência que extirpá-la. Tanto é cada um de nós mais semelhante a Deus quanto mais limpo se encontra dessa impureza. Ainda quando nesta vida não a arranquem radicalmente do coração, porque não cessa de tentar até mesmo os ânimos bem-aproveitados, pelo menos vença-se, por amor à justiça, a avidez de glória. E, se em alguma parte se encontram esquecidos os estudos, que os demais não apreciam se são bons, se justos, enrubesça o amor ao elogio humano e ceda ao amor à verdade. Tão inimigo da fé piedosa se revela esse vício, se no coração a avidez de glória é maior que o temor ou o amor a Deus, que diz o Senhor:

*Como podeis acreditar, esperando a glória uns dos outros e não buscando a glória procedente de Deus apenas?* Ademais, de alguns que acreditavam nele, mas envergonhavam-se de confessá-lo em público, diz o Evangelho: *mais amaram a glória dos homens que a de Deus.* Isso não fizeram os santos apóstolos, que, pregando o nome de Cristo em lugares em que não apenas não era apreciado (como Cícero disse: *e sempre jazem esquecidos os estudos desacreditados entre alguns*), como também extremamente detestado, retinham o que haviam ouvido do bom Mestre e do Médico das almas: *Se alguém me negar diante dos homens, negá-lo-ei diante de meu Pai, que está nos céus, e diante dos anjos de Deus.* Maledicências e opróbrios, gravíssimas perseguições e cruéis suplícios, nada conseguiu impedi-los de, em meio das tempestades do orgulho humano, pregar a salvação do homem. E porque, fazendo e dizendo coisas divinas e vivendo de maneira divina, amolecida, de certo modo, a dureza dos corações e introduzida a paz da justiça, na Igreja de Cristo alcançaram grande glória, nem por isso nela descansaram como no fim de sua virtude. Pelo contrário, referindo-a à glória de Deus, a cuja graça deviam o serem assim, com esse fogo acendiam naqueles a quem pregavam o amor àquele que os fizera assim. E, para que não fossem bons pela glória humana, havia-os ensinado o Mestre, dizendo: *Guardai-vos de fazer vossa justiça diante dos homens, para serdes vistos por eles; doutro modo não tereis galardão de vosso Pai, que está nos céus.* Em seguida, porém, porque talvez, com interpretação torcida, temeriam agradar os homens e produziriam menos frutos, ocultando serem bons, disse, manifestando-lhes que deviam dá-los a conhecer: *Brilhem vossas obras diante dos homens para que vejam vossas boas obras e glorifiquem vosso Pai, que está nos céus.* Não *para serdes vistos por eles,* isto é, para que fixem os olhos em vós, mas *para que glorifiquem vosso Pai, que está nos céus,* e, convertidos a ele, tornem-se o que sois. Aos apóstolos seguiram os mártires, que sobrepujaram os Cévolas, os Cúrcios e os Décios, não por aplicarem penas em si mesmos, mas por suportarem as que lhes eram infligidas, e em virtude verdadeira, porque os excederam em piedade verdadeira, em quantidade e número. Mas, como se arrastavam na cidade terrena e o fim de todas as obrigações que se haviam imposto era sua incolumidade e o reino, não no céu, mas na Terra, não na vida eterna, mas na decessão dos que morrem e na sucessão dos que hão de morrer, que outra coisa amariam senão a glória, com que queriam, mesmo depois de mortos, como que viver na boca de seus admiradores?

## CAPÍTULO XV
### Galardão temporal dado por Deus aos bons costumes dos romanos

Aos que Deus não havia de conceder que na cidade celeste vivessem eternamente com seus anjos, a cuja companhia conduz a piedade verdadeira, que não exibe o culto religioso, pelos gregos chamado *latreia*, senão ao único Deus verdadeiro, se não lhes outorgasse a terrena e presente glória de império prestantíssimo, não lhes premiaria as boas artes, quer dizer, as virtudes, com que aspiravam a conseguir tamanha glória. Desses, que parecem fazer algum bem unicamente para que os glorifiquem os homens, diz também o Senhor: *Em verdade vos digo que já receberam seu galardão*. Do mesmo modo, os romanos, pela coisa comum, isto é, pela república e por seu Erário, desprezaram seus interesses privados, resistiram à avareza e deram com liberdade a vida pela pátria. Nem sujeitos à culpa, segundo suas leis, nem à libido. Por todas essas artes, como que por verdadeiro caminho, aspiraram às honras, ao mando e à glória. Foram honrados em quase todas as nações e impuseram as leis de seu império a muitos povos. E hoje em dia gozam de glória nos livros e nas histórias e em quase todo o mundo. Já não tem por que queixar-se da justiça do Deus verdadeiro e supremo: *receberam seu galardão*.

## CAPÍTULO XVI
### Galardão dos santos cidadãos da cidade eterna, a quem são úteis os exemplos de virtudes dos romanos

Mas o galardão dos santos é muito diferente, embora no mundo tolerem afrontas pela cidade de Deus, odiosa para os que amam este mundo. Essa cidade é sempiterna. Ali ninguém nasce, porque ninguém morre. Ali existe verdadeira e completa felicidade, não deusa, mas dom de Deus. Dali recebemos a prenda da fé, enquanto, peregrinos, suspiramos por sua beleza. Ali o Sol não sai sobre bons e maus; pelo contrário, o Sol de justiça alumia apenas os bons. Ali, onde o tesouro da verdade é comum, não haverá grande atividade para enriquecer o erário público, rapando os interesses particulares. Em consequência, não somente com o propósito de dar semelhante galardão a tais homens se dilatou o Império Romano, para glória humana, mas também com o de que os cidadãos da eterna cidade, enquanto peregrinos no mundo, observem com sobriedade e diligência os referidos exemplos e vejam quanta dileção se deve à pátria soberana por amor à vida eterna, se pela glória humana seus cidadãos tanto amam a terrena.

## CAPÍTULO XVII
**Fruto com que os romanos travaram guerras e utilidade que trouxe para os vencidos**

1. No concernente à presente vida dos mortais, que se vive em um punhado de dias e logo acaba, que importa sob o império de quem viva o homem que há de morrer, se os que imperam não obrigam a impiedades e injustiças? Ou os romanos causaram algum prejuízo às nações a que, subjugadas, impuseram suas leis, além do de haverem-no levado a efeito com estrondoso estrago bélico? Se o houvessem feito em paz, far-se-ia com melhor resultado a mesma coisa, com a seguinte diferença apenas: seria nula a glória dos triunfadores. Também os romanos viviam sujeitos às leis que impunham aos demais. Se isso se fizesse sem Marte e sem Belona, de modo que não houvesse vitória, pois não há vencedor onde ninguém lutou, porventura não seria a mesma a condição dos romanos e das demais nações? Principalmente se, logo no começo, fizesse-se o que depois gratíssima e humaníssimamente se fez: que todos os pertencentes ao Império Romano recebessem carta de cidadania e fossem cidadãos romanos. Desse modo seria de todos o que antes era de alguns poucos. Aconteceria apenas que o povo não possuidor de campos próprios teria de viver do público e os que estivessem em paz receberiam sustento dos bons administradores da república, de boa vontade maior que se pela força o impusessem aos vencidos.

2. Não vejo que importância para a incolumidade e para os bons costumes podem ter as próprias dignidades dos homens, a saber, haverem uns vencido e outros sido vencidos, fora do vaníssimo fausto de glória humana que foi o galardão recebido pelos que arderam em imensa cobiça e travaram ardorosas guerras. Acaso seus campos não pagam tributos? Porventura lhes é lícito aprender o que não é lícito aos demais? Acaso não há senadores em outras terras que nem de vista conhecem Roma? Exclui a jactância e responde-me depois: Que são todos os homens, senão homens? E se a perversidade do século permitisse que os mais honrados fossem os melhores, nem mesmo assim seria o caso de considerar-se grandeza a honra humana, porque fumaça de nenhum peso. Mas também nessas coisas usemos do benefício do Senhor, Deus nosso. Ponderemos quanto desdenharam, que toleraram, que impiedades dominaram, pela glória humana, os que mereceram tê-la como galardão de tais virtudes e sirva-nos também para abatermos nossa soberba. Se a distância que medeia entre esta cidade e a em que nos prometeram reinaríamos é tão grande como a que medeia entre o céu e a Terra, entre a alegria temporal e a vida eterna, entre os inconsistentes louvores e a sólida glória, entre a sociedade dos mortais e a sociedade dos anjos, entre a luz do Sol e da Lua e a luz do Criador do Sol e da Lua, parecerá nada haverem feito de maravilhoso os cidadãos de cidade tão grande, se para consegui-la praticaram alguma boa obra ou sofreram alguns males, visto como fizeram tanto e sofreram muito para conseguir esta cidade terrena. Em especial porque a remissão dos pecados, que recolhe cidadãos para a vida eterna, se parece, embora de longe, com o famoso abrigo de Rômulo, em que a impunidade de certos delitos congregou inúmeros homens para a fundação de Roma.

## CAPÍTULO XVIII
**Como devem ser alheios os cristãos à jactância, se fizerem algo por amor à pátria eterna, desde que os romanos tanto fizeram pela glória humana e pela cidade terrena**

1. Significa alguma coisa desdenhar pela pátria eterna e celeste os deleites deste mundo, por encantadores que sejam, se por amor a esta pátria temporal e terrena chegou Bruto a matar os filhos, coisa a

que àquela ninguém obriga? É, sem dúvida, mais difícil dar morte aos filhos do que aquilo que ela exige; quero dizer que se dê aos pobres quanto, ao que parece, amontoavam e conservavam para os filhos ou se abandone, se há tentação que force a fazê-lo pela fé e pela justiça. As riquezas terrenas não nos fazem felizes, nem a nossos filhos. Temos de perdê-las em vida ou, depois de morrermos, há de possuí-las quem ignoramos ou talvez quem não queiramos. Somente Deus é capaz de nos tornar felizes, porque é a verdadeira opulência dos espíritos. Contudo, da infelicidade de Bruto, que matou os filhos, dá testemunho o mesmo poeta que o elogia. Diz assim: *E como os filhos queiram acender a guerra, saberá sacrificá-los à liberdade. Infeliz, seja qual for a interpretação que deem ao fato as idades futuras!* Mas no verso seguinte consola o infeliz: *Sempre haverão triunfado em seu peito o amor à pátria e imensa paixão por sua glória.* Essas duas coisas, a saber, a liberdade e o desejo de louvor humano, são as que compeliram os romanos a operar maravilhas. Se, por conseguinte, pela liberdade dos que hão de morrer e pelo desejo de louvores apetecidos pelos mortais, pôde Bruto dar morte aos filhos, significa alguma coisa que, pela verdadeira liberdade, que nos torna livres do jugo da injustiça, da morte e do diabo, e não pelo desejo de louvores humanos, mas pela caridade de libertar os homens, não do Rei Tarquínio, porém dos demônios e de seu príncipe, não se matam os filhos, mas são contados entre os filhos os pobres de Cristo?

2. Se outro príncipe também romano, de sobrenome Torquato, deu morte ao filho vitorioso, porque, provocado por inimigo, lutou com brio juvenil, não contra a pátria, mas em favor dela, porém contra ordem sua, isto é, contra o que ordenara o general, seu pai, que o fez, não há dúvida, porque acreditou seria maior mal o exemplo de ordem desobedecida que o bem consequente à vitória obtida sobre o inimigo, por que, pois, hão de jactar-se os que pelas leis da pátria imortal desdenham todos os bens terrenos, muito menos amados que os filhos?

Se Fúrio Camilo, depois de haver levantado da cerviz da ingrata pátria o jugo dos veienses, seus mortais inimigos, e sido condenado por seus êmulos, tornou a dos gauleses livrar a pátria, porque não tinha outra mais poderosa onde passar com maior glória os dias, por que há de ensoberbecer-se, como se praticasse alguma façanha, quem, havendo porventura padecido na Igreja alguma gravíssima e desonrosa injúria por parte dos inimigos carnais, não se bandeou para os heréticos inimigos ou levantou contra ela alguma heresia, mas antes a defendeu quanto pôde da perniciosíssima perfídia dos hereges, por não haver outra, não onde se viva com glória, mas onde se conquiste a vida eterna?

Se Múcio, para fazer a paz com o Rei Porsena, que apertava os romanos em dificílima guerra, porque não pôde dar morte a Porsena por suas próprias mãos e por engano matou outro em seu lugar, em presença dele estendeu a mão sobre o braseiro em chamas, dizendo que muitos outros, qual o viam a ele, haviam-se conjurado para matá-lo, e ele, aterrado pela fortaleza e pela conjuração dos romanos, fez sem demora a paz e se retirou da guerra, quem se julga merecedor do reino dos céus, se por ele, não fazendo-o espontaneamente, mas padecendo-o de algum perseguidor, entregar, não apenas uma das mãos, mas o corpo todo às chamas?

Se Cúrcio, armado e com o cavalo a todo o galope, precipitou-se em abismo aberto no chão, respondendo aos oráculos dos deuses, que lhe haviam mandado arrojar nele o que de melhor possuíam os romanos, e não puderam entender outra coisa senão que eram os mais insignes em homens e em armas, pelo que se impunha, para cumprimento do mandado dos deuses, que se precipitasse no despenhadeiro algum homem armado, dirá que fez alguma façanha pela pátria eterna quem, suportando algum inimigo da fé, morre, não indo voluntariamente para essa morte, mas arrojado pelo inimigo, porque recebeu também oráculo mais certo do Senhor, isto é, do próprio Rei de sua pátria: *Não temais quem mata o corpo, porém não pode matar a alma?*

Se os Décios, consagrando-se de certo modo, com palavras certas e voto solene se ofereceram à morte, para que, morrendo e aplacando com o próprio sangue a ira dos deuses, salvasse-se o exército romano, de maneira alguma se orgulharão os santos mártires, como se houvessem feito algo de grande para participar da cidade onde é verdadeira e eterna a felicidade, se pela fé da caridade e pela caridade da fé combateram até a efusão do próprio sangue, amando não apenas seus irmãos, por quem o derramavam, mas também os próprios inimigos que os obrigavam a derramá-lo.

Se Marco Pulvilo, quando estava dedicando o templo de Júpiter, Juno e Minerva e falsamente os invejosos lhe anunciaram a morte do filho, a fim de que, perturbado pela notícia, retirasse-se e assim a glória da dedicação recaísse no colega, a desprezou ao extremo de mandar que lançassem fora o corpo ainda insepulto, e deste modo em seu peito o desejo de glória venceu a dor de ver-se privado do filho, que façanha se há de dizer que fez pela pregação do santo Evangelho, pela qual os cidadãos da pátria soberana são libertados e recolhidos de diversos erros, aquele a quem, solícito pelo sepultamento do pai, disse o Senhor: *Segue-me e deixa que os mortos enterrem seus mortos?*

Se M. Régulo, para não faltar ao juramento feito a crudelíssimos inimigos, de Roma voltou até eles, porque, como se refere, aos romanos que queriam retê-lo, respondeu que, depois de haver sido escravo dos africanos, não podia viver em Roma com a dignidade própria de cidadão honesto, e os cartagineses, porque atuou contra eles no senado romano, lhe deram morte em meio de horríveis tormentos, que martírios não se devem desprezar pela fé da pátria a cuja felicidade conduz a própria fé? Ou que se retribuirá ao Senhor por todas as suas retribuições, se pela fé a Ele devida o homem sofresse tormentos iguais aos que padeceu Régulo pela fé que devia a desapiedados inimigos?

Como ousará orgulhar-se o cristão que voluntariamente abraça a pobreza para viajar mais escoteiro no caminho que conduz à pátria, em que Deus é a verdadeira riqueza, quando ouve ou lê que L. Valério, morto em seu consulado, foi pobre ao extremo de lhe haverem feito os funerais a expensas do dinheiro dado pelo povo? Ouça ou leia que Q. Cincinato, que possuía quatro jeiras e as cultivava com suas próprias mãos, foi afastado do arado para ser feito ditador, dignidade, sem dúvida, maior que a de cônsul, e, depois de vencer os inimigos e conseguir imorredoura glória, continuou na mesma pobreza. Ou apregoará que fez algo de grande porque não se deixou arrastar pelos bens deste mundo, longe da sociedade da pátria eterna, quando vê Fabrício resistir a todos os presentes de Pirro, que lhe prometera até mesmo a quarta parte do reino, e preferir continuar pobre e cidadão romano?

E o fato de os romanos reservarem para a república, isto é, para a coisa do povo, para a coisa da pátria, para a coisa comum, todo o tesouro, toda a opulência e viverem tão pobremente em casa, que a um deles, que já fora cônsul duas vezes, por ordem do censor, expulsaram daquele senado de homens pobres, por haverem achado que sua baixela valia dez libras de prata? Vejam o extremo a que levavam a pobreza aqueles cujos triunfos enriqueciam o Erário! Porventura todos os cristãos, que por objetivo mais excelente tornam comuns suas riquezas, conforme está escrito nos *Atos dos Apóstolos*, que se distribua a cada qual segundo sua necessidade e ninguém tenha coisa própria, mas todas as coisas sejam comuns, não devem entender que não lhes é lícito pavonear-se por isso, fazendo-o para conseguir a companhia dos anjos, se aqueles quase fizeram outro tanto para conservar a glória dos romanos?

3. Essas e outras coisas assim se encontram em seus escritos, quando se manifestariam desse modo, quando seriam tão celebradas pela fama, se não se houvesse acrescido com magníficas prosperidades o Império Romano, espalhado por toda parte? Por conseguinte, por esse tão dilatado e duradouro império, afamado e glorioso pelas virtudes de homens tão insignes, deu-se a seu intento o galardão que buscavam e a nós nos propuseram exemplos de admonição necessária. Isso com o propósito de que, se não tivermos pela gloriosíssima Cidade de Deus as virtudes de que são imagem, embora apagada, as que os romanos tiveram pela glória da cidade terrena, nos acicate o pudor, e, se as tivermos, não nos ensoberbeçamos.

Porque, como diz o Apóstolo, os *padecimentos dos tempos presentes não guardam proporção alguma com a glória futura que há de revelar-se em nós.* Quanto à glória humana do tempo presente, julgava-se suficientemente digna a vida dos romanos. Do que se infere que os judeus que mataram Cristo, revelando o Novo Testamento o que permaneceu velado no Velho, a saber, que se adore o Deus uno e verdadeiro, não pelos benefícios terrenos e temporais, que a divina Providência concede indiferentemente a bons e maus, mas pela vida eterna, os dons perpétuos e pela sociedade da cidade soberana, justissimamente foram entregues à glória deles, para que eles, que por quaisquer virtudes buscaram e adquiriram a glória terrena, vencessem os que com grandes vícios deram morte e rechaçaram o Dispensador da glória verdadeira e da cidade eterna.

## CAPÍTULO XIX
**Em que diferem o desejo de glória e o desejo de domínio**

Na realidade, existe diferença entre a cupidez de glória humana e a cupidez de domínio. Embora seja fácil que aquele que se deleita em demasia com a glória humana seja também ardentemente afeiçoado a dominar, os que anseiam pela glória verdadeira, embora de louvores humanos, fazem empenho em não desagradar os que retamente apreciam. Há grande número de bens morais de que muitos julgam bem, embora poucos os possuam. Por esses bens morais tendem à glória e ao mando ou domínio aqueles de quem diz Salústio: *Mas esse tende ao verdadeiro caminho*. Aquele que, sem amor à glória, que leva o homem a temer desagradar quem julga retamente, deseja senhorear e mandar, com frequência busca conseguir o que ama, embora por meio de crimes manifestos. E quem deseja a glória a ela tende pelo verdadeiro caminho ou sem dúvida contende com enganos e dolo, querendo, sem que o seja, parecer bom.

Por isso, para quem possui virtudes é grande virtude desprezar a glória, porque seu desprezo está na presença de Deus e não se abre a juízo humano. Tudo quanto alguém faça em presença dos homens, a fim de parecer que menospreza a glória, se acreditarem que o faz para maior louvor, isto é, para maior glória, não tem meio para mostrar aos sentidos dos suspeitosos que as coisas não são o que suspeitam. Mas quem menospreza o julgamento dos que elogiam também menospreza a temeridade dos suspeitosos, cuja salvação, se verdadeiramente bom, não despreza, por ser de tamanha virtude, quem possui as virtudes do Espírito de Deus, que ama até nos próprios inimigos. E ama-os de tal maneira, que quer ter por companheiros os que aborrece ou o detraem, não na pátria terrena, mas na soberana. E nos que o elogiam, embora tenha em pouco seus louvores, não diminui seu amor para com eles, nem quer enganar os que o louvam, para não enganar aqueles a quem ama.

Por esse motivo insta ardentemente para que, de preferência, se louve aquele de quem o homem recebe tudo quanto nele com direito se gaba. Quem menospreza a glória e se mostra ávido de domínio se avantaja aos animais pelos vícios da crueldade ou da luxúria. Assim foram alguns romanos. Perdida a preocupação com a glória, não se viram privados do desejo de dominar. De que muitos foram assim dá testemunho a história. Mas o cúmulo desse vício, verdadeira cidadela sua, empolgou primeiro a César Nero, cuja luxúria foi tal, que se efeminara, e tal sua crueldade, que não o acreditariam efeminado, se não o conhecessem. Mas mesmo a esses a Providência do Deus supremo dá o poder de senhorear, quando julga dignas de semelhantes homens as coisas humanas.

A voz divina fala claro sobre esse assunto. Fala a Sabedoria de Deus: *Por mim reinam os reis e ocupam os tiranos por mim a Terra*. Mas, para não acreditar-se que se chamavam tiranos os reis, não péssimos ou ímprobos, mas, de acordo com a terminologia antiga, os fortes, diz Virgílio: *Será para mim prenda de paz estreitar a destra do tirano*. E expressamente se diz de Deus em outro lugar: *Ele é quem, por causa da perversidade do povo, faz reinar o homem hipócrita*. Por conseguinte, mesmo quando, de acordo com minhas forças, haja suficientemente exposto o porquê de haver o único Deus verdadeiro e justo auxiliado os romanos a conseguir a glória de tão dilatado império, segundo a forma da cidade terrena, pode existir outra causa mais oculta, mais conhecida de Deus que de nós, pelos diversos méritos do gênero humano. Sempre há de constar que, entre todos os verdadeiramente piedosos, ninguém desprovido de verdadeira piedade, isto é, sem o culto sincero do verdadeiro Deus, pode ter verdadeira virtude, que não é verdadeira quando se escraviza à glória humana.

Contudo, quem não é cidadão da cidade eterna, que em nossas Sagradas Letras se chama Cidade de Deus, é mais útil à cidade terrena quando tem, pelo menos, essa virtude que se carecesse dela. Os verdadeiramente piedosos, que à vida moral unem a ciência de reger os povos, constituem verdadeira bênção para as coisas humanas, se, por misericórdia de Deus, gozam de poder. Tais homens, sejam quantas forem as virtudes que podem ter nesta vida, atribuem-nas à graça de Deus, porque as deu aos que queriam, criam e pediam. E ao mesmo tempo percebem quanto lhes falta para a perfeição da santidade, qual a que se encontra na sociedade dos santos anjos, a que aspiram conformar-se. Sejam quais forem os louvores e elogios tributados à virtude que, sem piedade verdadeira, serve à glória dos homens, de maneira alguma podem comparar-se aos inícios humildes dos santos, cuja esperança se funda na graça e na misericórdia de Deus.

# CAPÍTULO XX
## Tão torpe é sujeitar as virtudes à glória humana como ao deleite do corpo

Desejosos de envergonhar a certos filósofos que, embora não deixem de estimar a virtude, pretendem que a volúpia do corpo lhes sirva de medida, e apenas a volúpia deva ser procurada por si mesma, e a virtude, pela volúpia, aqueles filósofos que, ao contrário, colocam na própria virtude o soberano bem do homem costumam pintar, em palavras, quadro alegórico em que representam a Volúpia sentada em trono, como delicada rainha. Servem-na as Virtudes como fâmulas, prevenindo-lhe os desejos e atentas a suas ordens. A Volúpia ordena à Prudência que lhe assegure, através de vigilante polícia, a tranquilidade e a paz do reino, à Justiça que distribua todas as graças possíveis, a fim de conciliar amizades necessárias à manutenção de seu bem-estar corporal e nenhum direito ferido, armando-se contra as leis, lhe ponha em perigo a segurança dos prazeres. Se a dor se apodera do corpo, sem todavia precipitá-lo na morte, é dever da Fortaleza manter firme o pensamento do espírito em sua soberana, isto é, na Volúpia, com o propósito de, pela recordação das delícias passadas, mitigar os espinhos da presente dor. A Temperança deve regular a quantidade dos alimentos e evitar todo excesso que, alterando a saúde, perturbaria, de acordo com os epicuristas, a maior volúpia do homem.

Desse modo, as virtudes, com toda a dignidade de sua glória, servem ao prazer como a mulherzinha mandona e desonesta. Dizem nada haver de mais vergonhoso, de mais disforme e de menos suportável aos olhos dos bons que semelhante quadro. Mas tenho para mim que não será pintura do devido decoro, se se finge outra, em que as virtudes sirvam à glória humana. Mesmo quando essa glória não seja delicada mulher, é doente de orgulho e tem muito de vaidade.

Por isso, não a servem dignamente a solidez e a simplicidade das virtudes, querendo que nada proveja a Prudência, nada distribua a Justiça, nada tolere a Fortaleza e nada modere a Temperança, senão aquilo com que agrade aos homens e sirva à glória oca. Nem se defendam dessa fealdade os que, desdenhando os juízos alheios como menosprezadores da glória, se julgam sábios e se comprazem em si mesmos, porque sua virtude, se é que o é, se submete de outro modo ao louvor humano. Quem com verdadeira piedade ama a Deus e crê e espera nele, vive mais solícito pelo que desagrada a Ele do que por aquilo, se é que nele existe, que agrada não tanto a Ele como à verdade. E o que pode dar-lhe complacência não o atribui senão à misericórdia daquele a quem teme desagradar, dando-lhe graças por essas coisas de que o curou e erguendo súplicas pelas que lhe resta curar.

## CAPÍTULO XXI
### O Império Romano foi disposto pelo verdadeiro Deus, de quem procede todo poder e cuja providência rege todas as coisas

Assim sendo, o poder de dar o império e o reino não o atribuamos senão ao verdadeiro Deus, que dá a felicidade no reino dos céus somente aos piedosos, e o reino terrestre a piedosos e a ímpios, como lhe apraz a Ele, a quem nada apraz injustamente. Mesmo quando tenhamos dito algo, na medida em que se nos descobriu, é muito para nós e supera-nos de muito as forças o esquadrinhar os segredos dos homens e formar juízo, depois de superficial exame, sobre os merecimentos dos reinos. O único Deus verdadeiro que nem em seu juízo, nem em seu auxílio abandona o gênero humano, quando quis e quanto quis, deu o reino aos romanos. Deu-o aos assírios e também aos persas, que, segundo seus escritos referem, adoram dois deuses apenas, um, bom, e outro, mau, para silenciar o povo hebreu, do qual já disse, quanto me pareceu suficiente, não haver prestado culto senão a um Deus, mesmo quando teve em sua mão o reino.

O mesmo que, sem o culto à deusa Segécia, deu messes aos persas e, sem o culto a tantos deuses, deu outros muitos dons da terra, porque à frente de cada uma das coisas colocaram um deus ou vários à frente de cada coisa, esse mesmo deu o reino, sem o culto daqueles por quem acreditavam reinar. De igual modo também o deu aos homens. Deu-o a Mário e a Caio César. Deu-o a Augusto e ao próprio Nero. Deu-o aos Vespasianos, pai e filho, delícias do gênero humano, e ao crudelíssimo Domiciano. E, para não nos vermos na necessidade de citar um por um, Ele deu-o a Constantino, príncipe cristão, e a Juliano, o Apóstata, cuja índole o amor ao mando e a sacrílega e detestável curiosidade estragaram. Era dado aos vãos oráculos e atreveu-se, confiado na vitória, a incendiar os navios que transportavam o necessário sustento. Depois, arrostando com ímpeto empresas loucas e morto, logo a seguir, como prêmio de sua temeridade, deixou em lugares hostis o exército indefeso, para que de outro modo não pudesse escapar dali senão contra o augúrio do deus Término, do qual já falamos no livro anterior e que mudava as fronteiras do Império Romano.

O deus Término, que não cedera a Júpiter, cedeu à necessidade. Isso, sem dúvida, o único Deus verdadeiro rege e governa como lhe apraz e, embora suas causas sejam ocultas, nem por isso são injustas.

## CAPÍTULO XXII
### A duração e o desenlace das guerras dependem do juízo de Deus

Como depende de seu arbítrio, de seu justo juízo e de sua misericórdia o atribular ou consolar os mortais, assim também dele dependem os tempos das guerras, que encurta ou prolonga a seu talante. Com incrível celeridade e brevidade concluiu Pompeu a guerra dos piratas, e Cipião, a terceira guerra púnica. Também a guerra dos gladiadores fugitivos, embora vencidos muitos generais romanos e dois cônsules e devastada horrivelmente e destruída a Itália, resolveu-se no terceiro ano, depois de muitos estragos. Os picênios, marsos e pelignos, gente não estrangeira, mas italiana, depois de prolongada e fidelíssima servidão sob o jugo romano, intentaram erguer a cabeça para libertar-se, já sujeitas ao Império Romano muitas nações e destruída Cartago. Nessa guerra itálica, os romanos foram muitas vezes vencidos e nela pereceram dois cônsules e outros nobilíssimos senadores; mas, apesar de tudo, não durou muito tempo esse mal, que terminou no ano quinto.

A segunda guerra púnica, com grande menoscabo e catástrofe da república, debilitou e esteve a ponto de desfazer as forças romanas durante dezoito anos. Em duas batalhas pereceram cerca de setenta mil romanos. A primeira guerra púnica durou vinte e três anos, e a mitridática, quarenta. E, para ninguém imaginar que a aprendizagem dos romanos foi mais poderosa para concluir mais depressa as guerras, nos tempos antigos, tão celebrados em todo gênero de virtudes, a guerra samnítica durou cerca de cinquenta anos. Nela os romanos sofreram tamanha derrota, que os obrigaram a passar sob o jugo. Mas, porque não amavam a glória pela justiça, mas pareciam amar a justiça pela glória, romperam o tratado de paz e a aliança.

Refiro essas coisas porque muitos ignorantes das coisas passadas e também alguns que dissimulam o que conhecem, se virem que nos tempos cristãos dura um pouco mais qualquer guerra, hão de atribuí-lo descaradamente à nossa religião, com vozes ininteligíveis, dizendo que, se não existisse, render-se-ia culto às divindades com o antigo rito e a virtude humana, que com o auxílio de Marte e de Belona concluiu depressa tantas guerras, encarregar-se-ia de pôr fim com extrema presteza também a essa. Recordem os que leram a duração, os variados desenlaces e as lutuosas catástrofes das guerras sustentadas pelos antigos romanos e considerem que o orbe costuma ser agitado por semelhantes males, como o mar proceloso por causa das tempestades, e confessem, pelo menos uma vez, o que não querem. Não inflijam a si mesmos a morte, dando rédea solta a suas línguas, contra Deus, e não enganem os ignorantes.

## CAPÍTULO XXIII
### Guerra em que Radagásio, rei dos godos e adorador dos demônios, em um só dia foi vencido com suas imensas hostes

O que em nosso tempo e há pouco Deus fez maravilhosa e misericordiosamente eles não o referem com o devido reconhecimento. Antes, quanto deles depende, intentariam, se possível fora, sepultá-lo no esquecimento de todos os mortais. Se o passássemos em silêncio, seríamos de igual modo ingratos. Quando Radagásio, rei dos godos, à frente de imensa e inumana hoste, já nas cercanias da Urbe, ameaçava lançar-se sobre Roma, em um só dia foi vencido com tamanha celeridade, que sem um só dos romanos, não direi morto, mas nem mesmo ferido, ficaram estendidos por terra mais de cem mil do exército contrário e o general com os filhos foram presos e logo mortos com a pena devida. Se, ímpio como era, houvesse entrado em Roma com suas tão ímpias hostes, a quem perdoaria? A que lugares dos mártires tributaria honra? Em que pessoas temeria a Deus? De quem quereria não fosse derramado o sangue? De quem quisera deixar intacta a castidade? Que clamores não ergueriam esses pagãos em favor dos deuses, com que descaramento não nos lançariam em rosto que Radagásio vencera e fora tamanho seu poder precisamente porque aplacava e invocava todo dia os deuses com sacrifícios, coisa que a religião cristã não permitia que os romanos fizessem!

Quando já se aproximava dos lugares em que por vontade da soberana majestade foi avassalado e quando sua fama já voava sobre o cavalo do espaço, diziam-nos em Cartago que os pagãos acreditavam, propalavam e alardeavam que aquele, com a proteção e auxílio de seus deuses favoritos, a quem, segundo corria, sacrificava diariamente, não podia, em absoluto, ser vencido pelos que não faziam tais sacrifícios aos deuses romanos, nem permitiam que alguém os fizesse. E esses miseráveis não dão graças a tão grande misericórdia de Deus, que havendo determinado castigar com a invasão dos bárbaros os costumes dos homens, merecedores de suplícios mais graves, conteve com tamanha mansuetude a própria indignação, que primeiro fez com que fosse maravilhosamente vencido, para que, a fim de intimidar os ânimos dos débeis, não se desse a glória aos demônios, a quem, segundo era voz corrente, Radagásio implorava auxílio.

E depois fez que Roma fosse tomada por esses bárbaros, que, contra toda usança das guerras anteriormente travadas, em reverência à religião cristã perdoaram os que se refugiavam nos lugares santos; e eram tão contrários, pelo nome cristão, aos próprios demônios e aos ritos dos sacrílegos sacrifícios nos quais fundava Radagásio sua presunção, que parecia sustentarem guerra muito mais cruel contra eles que contra os homens. Dessa forma, o Senhor verdadeiro e governador das coisas flagelou com misericórdia os romanos e mostrou aos que rogavam aos demônios, vencidos de maneira tão incrível, não serem semelhantes sacrifícios necessários nem mesmo para salvamento das coisas presentes. O objetivo era que aqueles que não se aferram à sua pertinácia, mas prudentemente o ponderam, não abandonem pelas necessidades presentes a religião verdadeira, mas a conservem com fidelíssima esperança da vida eterna.

## CAPÍTULO XXIV
### Qual e quão verdadeira é a felicidade dos imperadores cristãos

A certos imperadores cristãos não chamamos felizes precisamente porque imperaram por longo tempo, com morte plácida deixaram o império aos filhos, dominaram os inimigos da república ou puderam guardar-se e oprimir os cidadãos hostis que se erguiam contra eles. Esses e outros consolos ou prosperidades da presente e trabalhosa vida também mereceram recebê-los alguns adoradores dos demônios, não pertencentes ao Reino de Deus, a que esses pertencem. E isso fez sua misericórdia para que os que nele creem não desejassem esses bens, considerando-os supremos.

Pelo contrário, chamamo-los felizes, se imperam com justiça, se não se pavoneiam entre as línguas pródigas em sublimes louvores e entre os obséquios dos que humildemente os saúdam, mas se lembram de serem homens, se colocam seu poder aos pés da majestade divina para, principalmente, estender-lhe o culto, se temem, amam e adoram Deus, se preferem o reino onde não temem ter príncipes, se se mostram tardos em vingar e prontos a perdoar, se tiram vingança por necessidade da administração e defesa da república e não para saciar o ódio aos inimigos, se concedem perdão, não para deixar impune a justiça, mas pela esperança da emenda, se, quando muitas vezes se veem obrigados a ordenar com aspereza, o compensam com suavidade misericordiosa e com largueza de benefícios, se a luxúria está neles tanto mais sujeita quanto mais livre poderia estar, se a senhorear quaisquer nações preferem dominar seus maus apetites, se não fazem tudo isso pela ânsia de vanglória, mas por dileção pela felicidade eterna, se não descuidam de, por seus pecados, imolar ao Deus verdadeiro o sacrifício da humildade, da comiseração e da prece. Dizemos que tais imperadores cristãos são felizes nesta peregrinação e depois o serão na realidade, quando se cumprir o que esperamos.

## CAPÍTULO XXV
### Prosperidades que Deus concedeu a Constantino, imperador cristão

O bom Deus, para os homens, que estavam na crença de que cumpria adorá-lo pela vida eterna, não pensarem que pessoa alguma podia alcançar as grandezas temporais e os reinos terrestres, sem suplicá-los aos demônios, porque esses espíritos têm muito poder em tais assuntos, cumulou o Imperador Constantino, que, longe de recorrer aos demônios, adorava o verdadeiro Deus, de tantos bens terrenos quantos ninguém se atreveria sequer a desejar. E concedeu-lhe, ademais, fundar cidade aliada do Império Romano, como que filha da própria Roma, mas sem templo algum, nem um ídolo que fosse. Reinou longo tempo e, só ele, augusto, susteve e defendeu todo o orbe romano. Foi muito vitorioso na administração e gerência das guerras; a fortuna acompanhou-o sempre no oprimir os tiranos. Entrado em anos, morreu de enfermidade e velhice e deixou os filhos à testa do império.

Mas de novo, para nenhum imperador fazer-se cristão justamente para merecer a felicidade de Constantino, visto como cada qual deve ser cristão pela vida eterna, levou Joviano com muito maior celeridade que Juliano e permitiu fosse Graciano assassinado por espada tirânica, muito mais docemente que o famoso Pompeu, o Grande, que rendia culto aos deuses romanos. Este não pôde ser vingado por Catão, de quem fizera, em determinado sentido, herdeiro da guerra civil. Aquele, porém, mesmo quando as almas piedosas não buscam tais consolos, foi vingado por Teodósio, a quem fizera partícipe do reino, dando-lhe preferência sobre o irmão ainda criança, mostrando-se mais desejoso de sociedade fiel que de excessivo poder.

## CAPÍTULO XXVI
### Fé e piedade de Teodósio Augusto

1. Por essa razão, não apenas em vida, mas também depois de morto, lhe guardou a fidelidade que lhe devia. Expulso Valentiniano, seu irmão ainda criança, por Máximo, seu assassino, como cristão acolheu o órfão dentro de seu império e velou por ele com afeto paternal, por

ele que, destituído de todas as forças, sem dificuldade podia tirar de diante de si, caso em seu peito o desejo de reinar fosse mais ardente que a caridade de fazer bem. Por isso, tomando-o sem menoscabo de sua autoridade imperial, o consolou com humanidade e graça. Depois, quando as empresas de Máximo o tornaram temível, entre as angústias de suas preocupações não se entregou a sacrílegas e ilícitas curiosidades, mas, pelo contrário, dirigiu-se a João solitário do deserto do Egito, de quem sabia, segundo voz corrente, que esse servo de Deus estava dotado do espírito de profecia, e dele recebeu mensagem com a plena certeza de sua vitória.

Logo o exterminador do tirano Máximo restabeleceu, com misericordiosíssima veneração, o infante Valentiniano em seu império, de que fora arrebatado. E, morto este dentro em pouco, quer por traição, quer por outro acidente, quer por acaso, cheio de fé em mensagem profética recebida, derrotou outro tirano, de nome Eugênio, que de maneira ilegítima suplantara aquele imperador, contra cujo poderoso exército combatia mais com a oração que com a espada. Soldados que presenciaram a batalha contaram-nos que sentiam arrancarem-lhes das mãos as armas de arremesso e isso o fazia impetuoso vento pela parte de Teodósio, que não apenas lhes arrancava com violência quanto arrojavam contra os inimigos, mas que também os próprios dardos se voltavam contra eles.

Esse fato inspirou o poeta Claudiano, embora contrário ao nome de Cristo, a escrever o seguinte elogio do imperador: *Ó tu, muito amado por Deus! Éolo arma em teu favor suas impetuosas hostes. Por ti combate o éter e os ventos acodem, conjurados, ao som das trombetas.* Todavia, vencedor como crera e predissera, derribou, ao regressar, as estátuas de Júpiter, que haviam sido como que consagradas contra ele com não sei que ritos. E como seus corredores, na jovial familiaridade permitida pela vitória, lhe dissessem, rindo, que gostariam muito de ser fulminados pelos raios de ouro do deus, com amável liberalidade os presenteia com eles. Quis que nessa oportunidade se fizessem cristãos e amou com caridade cristã os filhos dos inimigos, que não haviam sido mortos por suas ordens, mas pelo ímpeto da guerra, e se refugiaram na Igreja, embora ainda não fossem cristãos. Não os privou de seus haveres e aumentou-lhes as honras. Não permitiu que ninguém, depois da vitória, tirasse vingança de inimizades particulares.

Nas guerras civis não se conduziu como Cina, Mário e Sila e outros assim, que, nem acabadas, quiseram que acabassem; pelo contrário, tamanha foi a dor que sentiu quando principiaram, que não quis que, uma vez acabadas, causassem prejuízo a quem quer que fosse.

Em meio de todas essas coisas, desde o princípio de seu império não deixou de dar leis mais justas e santas em prol da Igreja, que lutava com os ímpios, afanava-se e era perseguida com violência pelo herege Valente, favorável aos arianos. E ficava mais satisfeito de ser membro da Igreja que de reinar sobre o mundo. Mandou derribar em toda a parte os ídolos dos gentios, entendendo à maravilha que os bens terrenos não se encontram em poder dos demônios, mas no do verdadeiro Deus.

Que houve mais admirável que sua religiosa humildade, quando, depois de já haver prometido, a rogo dos bispos, o perdão dos tessalonicenses e de ver-se obrigado a vingar o gravíssimo crime de alguns de sua corte, o castigou a autoridade eclesiástica e fez tamanha penitência, que o povo, orando por ele, chorava mais a celsitude imperial prostrada que a temera, irada, em seu pecado? Essas boas obras e outras assim, que seria prolixo enumerar, levou-as o imperador consigo; de toda essa glória, de toda essa grandeza humana desaparecida como tênue vapor restam apenas suas obras; sua recompensa é a eterna felicidade que Deus apenas concede às almas verdadeiramente piedosas. O resto, fastígios ou subsídios desta vida, como o mundo, a luz, as auras, as terras, as águas, os frutos e a alma, corpo, sentidos, mente e vida do homem, concede-os a bons e maus. Entre essas enumera-se também certa grandeza de império, que a Providência dispensa para governo dos tempos.

2. Por isso, vejo que agora me cumpre responder àqueles que, refutados e convencidos com as razões mais claras, que provam nada servir a multidão dos deuses falsos, com mira a obter esses bens temporais, desejados pelos homens de pouco discernimento, esforçam-se em afirmar que aos deuses se deve culto, não pela utilidade da presente vida, mas por aquela que há de seguir à morte. Aos que querem, pelos bens deste mundo, adorar vaidades e se queixam de não se lhes serem permitidos esses pensamentos pueris, creio haver-lhes respondido nestes cinco livros. Depois de haver dado a lume os três primeiros e quando começavam a andar de mão em mão, ouvi

que alguns preparavam por escrito não sei que réplica contra eles. Depois me chegou aos ouvidos que já haviam escrito, mas procuram oportunidade para, sem perigo, entregá-los ao público. A esses tais aconselho a não desejar o que não lhes convém, porque é fácil acreditar que se respondeu, quando não se quer calar.

Com efeito, que há de mais loquaz que a vaidade? É, porventura, mais poderosa que a verdade, porque, se quiser, pode gritar mais alto que a verdade? Todavia, ponderem seriamente todas as coisas. E se, talvez, julgando sem parcialidade, reconhecerem ser menos fácil destruir nossas palavras por meio de sólidos argumentos que atacá-las através de charlatanices satíricas, prefiram aos elogios dos insensatos as reprimendas dos sábios. Porque, se não existe, em absoluto, a liberdade de dizer a verdade, mas a licença de maldizer que eles esperam, o céu os preserve da prosperidade daquele homem que a liberdade de prejudicar faria passar por feliz: *Infeliz*, exclama Cícero, quem *é livre para* pecar! Se, por conseguinte, existe alguém cuja felicidade consiste em maldizer, desengane-se; melhor fora se visse privado dessa liberdade, visto que, deposta a vaidade de sua jactância, poderia agora, como se se tratasse de consulta, discutir conosco quanto quisesses e, quanto pudesse, ouvir resposta honesta, ponderada e livre daqueles a quem, como se estivesse discutindo, consulta.

# LIVRO SEXTO

*Até este momento escreveu o autor contra os que julgam que cumpre tributar culto aos deuses, com os olhos postos na presente vida temporal. Agora escreve contra aqueles que acreditam que pela vida eterna é que se lhes deve tributar culto. Há de Agostinho refutar esses tais nos cinco livros seguintes. Expõe neste, em primeiro lugar, a opinião a respeito dos deuses, considerada muito abjeta por Varrão, escritor de grande autoridade entre os teólogos dos gentios. Aduz os três gêneros dessa teologia, chamada, segundo ele, fabulosa, natural e civil, e logo demonstra não servirem de nada para a felicidade da vida futura a fabulosa e a civil.*

# PRÓLOGO

Creio haver refutado o suficiente, nos cinco livros anteriores, quem pensa que, com o rito e servidão que os gregos chamam de *latreia* e é devida ao Deus uno e verdadeiro, cumpre venerar e adorar muitos e falsos deuses, convencidos, pela verdade cristã, de serem apenas vãos ídolos ou imundos espíritos e malignos demônios, criaturas, em suma, não o criador. E quem ignora não lhe bastarem à excessiva estultícia e pertinácia nem esses cinco livros, nem outros, seja qual for o número? É que se considera glória da vaidade não ceder às forças da verdade, coisa causadora de prejuízo àquele a quem vício tão inumano domina. Também existem enfermidades consideradas incuráveis pela arte médica, o que não acontece em prejuízo do médico, mas do enfermo.

Quanto aos que o leem sem nenhuma obstinação de antigo erro ou, pelo menos, com minguada e não excessiva, julgam, considerando e ponderando tudo, havermos, com esses cinco livros já prontos, resolvido a questão proposta e pecado mais por excesso que por falta. E não podem pôr em dúvida que esse ódio, que à religião cristã atribui as calamidades, os flagelos e as revoluções do mundo, esse ódio que os ignorantes se afanam em propagar e os sábios dissimulam, mas, contra suas próprias luzes e cedendo à louca impiedade que os possui, admitem existir, esse ódio não pode, a olhos desinteressados, continuar sendo senão absoluta falta de tino, absoluta falta de entendimento dos fatos e simples consequência de temerária leviandade e de perniciosa animosidade.

## CAPÍTULO I
### Dos que dizem adorar os deuses, não pela vida presente, mas pela eterna

1. Agora, posto que a seguir, como o exige a ordem prescrita, temos de refutar e ensinar os que sustentam que os deuses dos gentios, desvirtuados pela religião cristã, não devem ser adorados pela presente vida, mas por amor à vida que há de seguir à morte, apraz-me dar princípio a minhas palavras pelo verídico oráculo do salmo sagrado:

*Bem-aventurado aquele cuja esperança é o Senhor e não deteve os olhos em vaidades e loucuras mentirosas.* Entre todas as vaidades e loucuras mendazes, contudo, com muito maior tolerância se há de prestar ouvidos aos filósofos, a quem desagradaram essas opiniões e erros dos povos. Esses povos forjaram estátuas dos deuses, fingiram ou consideraram feitas muitas falsidades e perversidades daqueles que batizaram com o nome de deuses imortais e, dando-lhes fé, misturaram-nas com seu culto e ritos sagrados. Com esses homens, que confessaram detestar semelhantes desatinos, embora não o pregassem com liberdade, mas, pelo menos, proferindo-o entredentes nas discussões que mantinham, não é de todo fora de propósito tratar esta questão: Se, por amor à vida que virá depois da morte, cumpre adorar não o Deus uno, autor de toda criatura espiritual e corporal, mas a muitos deuses, reconhecidos pelos mais excelentes e ilustres filósofos, deuses feitos e colocados em lugar sublime por aquele que é Uno.

2. Quanto ao mais, quem admitirá dizer-se e sustentar-se que esses deuses, alguns já citados no Livro Quarto (a cada qual se comissionavam ofícios singulares das coisas pequenas), sejam capazes de conceder a vida eterna? Ou será que homens tão hábeis e agudos, que se gloriam de haver com grande proveito ensinado por escrito, para que se soubesse por que cumpre dirigir súplicas a qualquer deus e que se deve pedir a cada um deles, com o fim de que não sucedesse o torpíssimo absurdo, como é de uso no palco, de pedir água a Líbero ou vinho às Linfas, aconselharão a homem devoto dos deuses imortais que, quando peça vinho às Linfas e essas lhe respondam: "Temos água, isso peça-o a Baco", possa com razão dizer: "Se não tendes vinho, dai-me pelo menos a vida eterna"? Existe algo mais monstruoso que esse absurdo? Porventura, em meio a grandes gargalhadas (pois costumam ser propensas ao riso), se não procuram enganar, como os demônios, não responderão ao suplicante: "Pensas, ó homem, que temos em nossas mãos a vida, se, como acabas de ouvir, não temos a vide"?

É necessidade muito desavergonhada pedir ou esperar que nos deem a vida eterna semelhantes divindades, cujas funções afirmam ser totalmente particulares a esta vida, trabalhosa e muito breve, e a alguma outra coisa referente ao sustento e apoio, de tal sorte que pedir a uma delas o que se encontra sob a tutela ou poder de outra é de tal maneira fora de razão e absurdo, que parece em tudo imagem da histrionice teatral. Isso, quando os atores o fazem com pleno conhecimento de causa, riem com dignidade no teatro; mas, quando o fazem inconscientemente os insensatos, com razão maior caçoam deles no mundo. Os sábios engenhosamente descobriram e consignaram por escrito a que deus ou deusa e por que motivo se lhes dirige súplica, no tocante aos deuses estabelecidos pelas cidades. A saber, o que se pede a Baco, o que às Linfas, o que a Vulcano e, assim, aos demais. Já mencionei no Livro Quarto parte disso e parte julguei prudente silenciar. Por conseguinte, se é erro pedir vinho a Ceres, pão a Baco, água a Vulcano e fogo às Linfas, não se deve entender que disparate maior é a qualquer deles pedir a vida eterna?

3. Com efeito, se, ao tratarmos do reino terrestre, procuramos saber a que deuses ou deusas se devia atribuir o poder de conferi-lo aos homens, e, bem pesados todos os argumentos, chegamos à conclusão de ser muito alheio à verdade pensar que mesmo a fundação dos reinos terrestres fosse obra de alguns dos muitos e falsos deuses, não é, porventura, impiedade e disparate dos maiores acreditar possa qualquer deles dar a vida eterna, que sem vacilação e sem cotejo algum se deve preferir a todos os reinos do mundo? E não nos pareceu não pudessem tais deuses dar o reino terrestre justamente porque são excelsos e grandes, e este algo pequeno e desprezível, de que não se dignariam preocupar em tamanha sublimidade, e sim porque, por mais que alguém com justo motivo despreze, pela consideração da fragilidade humana, as caducas culminâncias do reino terrestre, esses deuses se revelaram incapazes e indignos de administrá-los, dá-los ou conservá-los. E por isso, se (como no-lo prova o tratado nos dois livros precedentes) nenhum deus dessa turba, quer dos quase plebeus, quer dos deuses próceres, é idôneo para dar a mortais reinos mortais, muito menos poderá de mortais fazer imortais?

4. Acrescenta que, se já discutimos com os que pensam dever-se culto aos deuses, não por amor a esta vida, mas pelo daquela que há de seguir à morte, já não se lhes deve render culto nem por aqueles bens que, como distribuídos e próprios, atribui ao poder dos deuses não a razão da verdade, mas a opinião da vaidade. Como creem seus defensores, o culto a esses deuses é necessário para as utilidades desta vida mortal; contra eles já lutei bastante, quanto pude, nos

cinco livros precedentes. Sendo assim, embora fosse mais egrégia e florida a idade dos que deram culto à deusa Juventas e a de quem a despreza declinasse nos anos da juventude ou nela enfriasse como em corpo carregado de anos; se a Fortuna Barbada vestisse com maior donaire e vistosidade as bochechas dos que a servem e a seus menosprezadores víssemos imberbes ou com barba falha, ainda assim diríamos, com toda a razão, que o poder desses deuses singulares se estendia a esse ponto, limitados como eram, de certo modo, a seus ofícios.

E por isso nem seria conveniente pedir a Juventas a vida eterna, posto que não dá nem mesmo barba, nem da Fortuna Barbada se devia esperar algo depois desta vida, dado não ter influência alguma nesta vida, nem sobre a idade que ela cobre de barba. Agora, seu culto não é necessário sequer para as mesmas coisas que se julgam submetidas a ela. Muitos que adoravam a deusa Juventas não se mostraram elegantes nessa idade e muitos que não a adoravam gozaram do vigor da juventude. Do mesmo modo, muitos devotos da Fortuna Barbada não puderam chegar a ter barba ou a tiveram feia e, se alguns lhe tributam culto para pedir barba, deles caçoam os desprezadores que a têm. A tal extremo anda desatinado o coração humano que, conhecendo a inanidade e o ludíbrio do culto a esses deuses, por amor a tais dons temporais e fugidios, de que, dizem, cada um deles tem particular presidência, acredite ser frutuoso para a vida eterna? Que podem dá-la não se atreveram a dizer nem mesmo os que, para o néscio populacho prestar-lhes culto, fizeram partilha de tal maneira pormenorizada, por pensarem que eram muitos e para nenhum ficar ocioso.

## CAPÍTULO II
### Que cumpre pensar do parecer de Varrão acerca dos deuses dos gentios, de quem descobriu tais gêneros e cerimônias, que os teria tratado com reverência maior, se os houvesse em absoluto silenciado

Quem o investigou com maior curiosidade que Marco Varrão? Quem o disse com maior erudição? Quem o ponderou com maior atenção e quem o distinguiu com maior agudeza? Quem o escreveu mais solícita e cabalmente? Embora de menor suavidade de expressão, é de tal maneira doutrinário e sentencioso, que em todo gênero de erudição, por nós chamada secular, e por eles, liberal, ensina o afeiçoado às coisas tanto como Cícero deleita o afeiçoado ao estilo. Afinal, dele tal testemunho dá o próprio Túlio, que nos livros *Acadêmicos* diz que a discussão neles referida a teve com Marco Varrão, *de todos os homens o mais agudo e, sem dúvida alguma, o mais sábio*. Não diz o mais eloquente ou diserto, porque na realidade nesse ponto não pode emparelhar com ele, mas diz *de todos o mais agudo*. E nesses livros, isto é, nos *Acadêmicos*, em que sustenta dever-se duvidar de tudo, acrescentou: *e, sem dúvida alguma, o mais sábio*. Achava-se, sem dúvida, tão certo, que desterrava toda dúvida, de hábito apresentada em tudo, como se, havendo de discuti-lo segundo a dúvida dos acadêmicos, esquecesse-se de que era acadêmico.

Fazendo no Livro Primeiro o elogio das obras literárias de Varrão, declara: *Peregrinando e vagando em nossa cidade como hóspedes, teus livros encaminharam-nos como que para casa, para que por fim pudéssemos saber quem éramos e onde estávamos. Declaraste-nos a idade de nossa pátria, descreveste-nos os tempos, descreveste-nos os direitos da religião e dos sacerdotes, declaraste-nos a disciplina doméstica e a pública, ensinaste-nos onde ficam as regiões e os lugares, deste-nos notícia dos nomes, gêneros, deveres e causas de todas as coisas divinas e humanas.* Personagem de tão vasta e exímia erudição, de quem resumidamente diz Terêncio neste versinho: *Varrão, homem muito sábio em todos os conceitos*, leu tanto, que nos maravilha dispusesse de tempo para escrever algo, e escreveu tanto, que mal acreditamos possa alguém lê-lo. Tal homem, repito, de tão grande engenho e tamanha erudição, se fosse impugnador e destruidor das coisas divinas, de que escreve, e dissesse pertencerem não à religião, mas à superstição, não sei se neles escreveria coisas tão dignas de riso, tão detestáveis e desprezíveis.

Prestou culto de tal forma aos deuses e julgou que se lhes devia render de tal sorte, que em seus próprios escritos diz recear que pereçam, não por incursão hostil, mas por negligência dos cidadãos. Disso, como da ruína, quer livrá-los e em memória dos bons deposita-os e guarda em seus livros, com cuidado mais cuidadoso que, segundo se apregoa, o de Metelo para do incêndio livrar as sagradas vestais, e Eneias, para da destruição de Troia livrar os penates. E, todavia, deu a ler aos séculos o que sábios e ignorantes com razão julgaram digno de repulsa e muito hostil à verdade da religião. Que devemos pensar, senão haver esse homem muito agudo e capaz, não, porém, livre pelo Espírito Santo, sofrido a opressão dos usos e leis de sua cidade e não querido, sob pretexto de recomendar a religião, calar as coisas que o inquietavam?

## CAPÍTULO III
### Qual a divisão dada por Varrão aos livros que compôs sobre as "Antiguidades das coisas humanas e divinas"

Escreveu quarenta e um livros de *Antiguidades* e dividiu-os em coisas humanas e divinas. Às coisas humanas dedica vinte e cinco; às divinas, dezesseis. Na divisão segue esta ordem: Divide em quatro partes o tratado das coisas humanas e cada parte em seis livros. Leva em linha de conta o autor, o lugar, a época e a natureza dos acontecimentos. Assim, nos seis primeiros escreveu sobre os homens; nos seis segundos, sobre os lugares; nos seis terceiros trata dos tempos; nos seis últimos, das coisas. Quatro vezes seis, vinte e quatro. Mas à frente colocou um, especial, que, de modo geral e introdutório, falasse de todos. Nas coisas divinas conservou a mesma divisão, no tocante ao que se deve dedicar aos deuses. Os homens prestam-lhes culto em lugares e tempos.

Os quatro pontos a que me refiri, estuda-os cada qual em três livros, porque escreveu os três primeiros sobre os homens, os três seguintes, sobre os lugares, os três terceiros, sobre os tempos, e os três últimos, sobre o culto divino. Aqui também põe em relevo, com sutilíssima distinção, quem o oferece e que oferece. Mas, como era necessário falar, e é o que mais se esperava, de a quem o ofereçem, escreveu sobre os deuses também os três últimos, para cinco vezes três completarem o número quinze. Todos, como dissemos, são dezesseis, porque também no princípio desses pôs um, especial, que falasse introdutoriamente de todos. Terminado esse, depois de fazer a referida divisão quinquepartida, de tal modo subdividiu os três primeiros, relativos aos homens, que o primeiro trata dos pontífices, o segundo, dos áugures, e o terceiro, dos quindecênviros das coisas sagradas.

Os três segundos, pertinentes aos lugares, subdividiu-os por sua vez de tal maneira que em um deles fala das capelas, em outro, dos templos sagrados, e em outro, dos lugares religiosos. Os três seguintes concernem aos tempos e versam um sobre as festas, outro sobre os jogos circenses e o terceiro sobre os cênicos. Dos três subsequentes, que correspondem às coisas sagradas, um dedica-o às consagrações, outro, aos sacrifícios privados, o último, aos públicos. A essa espécie de pompa religiosa, em que por último desfilam os deuses, fechando o cortejo, dedica os três livros restantes, em que trata, no primeiro, dos deuses certos, no segundo, dos incertos, e no terceiro e último de todos, dos deuses principais e escolhidos.

## CAPÍTULO IV
### Da dissertação de Varrão decorre serem mais antigas que as divinas as coisas humanas

1. Em toda essa série da mais bela e sutil divisão e distinção, qualquer homem que não seja, de coração obstinado, inimigo de si mesmo do que se disse e do que se há de dizer com suma facilidade extrai esta consequência: em vão se busca e é grande atrevimento esperar e desejar a vida eterna. Isso é desígnio dos homens ou dos demônios, e não dos demônios por eles chamados bons, mas, para falar com clareza, dos espíritos imundos e malignos sem restrições, que na imaginação dos ímpios com admirável inveja e sutileza semeiam opiniões nocivas, com as quais a alma humana se desvanece e não pode acomodar-se e abraçar-se à verdade incomutável e eterna. E às vezes as entremetem abertamente nos sentidos e as confirmam com o mais enganador artifício que podem. O próprio Varrão testifica haver escrito primeiro sobre as coisas humanas e depois sobre as divinas precisamente porque primeiro existiram as cidades que depois instituíram as coisas religiosas. A verdadeira religião, contudo, não a instituiu nenhuma cidade terrena; pelo contrário, ela é que funda cidade verdadeiramente celeste, a que inspira e doutrina o verdadeiro Deus, que a seus verdadeiros adoradores dá a vida eterna.

2. O motivo que Varrão oferece, quando confessa haver escrito primeiro sobre as coisas humanas e depois sobre as divinas justamente porque as divinas foram instituídas pelos homens, é este: assim

*como o pintor precede o quadro, e o arquiteto o edifício, assim também as cidades precedem o instituído por elas.* Mas acrescenta que primeiro escreveria sobre os deuses e depois sobre os homens, se tratasse de toda a natureza divina, como se aqui houvesse tratado de parte, não de toda. Ou será que parte alguma da natureza divina, embora não toda, deva preceder a dos homens? Que significa que nos três últimos livros, ao explicar com diligência os deuses certos, incertos e escolhidos, parece não passar em silêncio nenhuma natureza divina? Que significa o que diz: Se escrevêssemos de toda natureza divina e humana, explicaríamos a divina antes de tratar da humana? Ou escreve de toda natureza divina, de alguma ou, em absoluto, de nenhuma. Se de toda, deve sem dúvida antepor-se às coisas humanas. E se de alguma, por que não há também de preceder as coisas humanas? É, porventura, indigna de preferir-se à natureza total dos homens alguma parte dos deuses? E se a todas as coisas humanas é muito que alguma parte divina se anteponha, é, pelo menos, digna de antepor-se às romanas, porque escreveu os livros das coisas humanas não no concernente ao orbe da Terra, mas no tocante a Roma apenas.

Contudo, disse que com razão antepunha, de acordo com o plano de sua obra, os livros das coisas humanas aos livros das coisas divinas, como o pintor precede o quadro pintado, e o arquiteto, o edifício, confessando às claras haverem também essas coisas divinas, como a pintura e a construção, sido criadas pelos homens. Resta entender-se não haver escrito sobre nenhuma natureza divina, e isso não quis dizê-lo abertamente, mas disse-o aos inteligentes. Onde diz *não toda*, comumente se entende *alguma*, mas também é possível entender-se *nenhuma*, porque a que é nenhuma não é toda, nem alguma. Como Varrão diz: Se houvesse de escrever sobre toda natureza divina, a ordem seria antepô-la às coisas humanas. Mas como, embora o cale, a verdade grita que se deve antepor, sem dúvida, às coisas romanas, se não toda natureza divina, pelo menos parte, com razão se pospõe. Logo, não é nenhuma. Não quis às coisas divinas antepor as humanas; o que não quis foi às coisas verdadeiras preferir as falsas.

No que escreveu das coisas humanas seguiu a história dos acontecimentos; nas coisas que chama divinas, que seguiu, senão as opiniões da vaidade? Essa, realmente, a verdade, a sutil significação que quis evidenciar, não somente ao escrever primeiro das coisas humanas e depois das coisas divinas, mas também ao dar o porquê do que fazia. Se silenciasse o motivo, talvez outros dessem interpretação diferente ao caso. Na razão que aduziu não deixou lugar para caprichosas suspeitas e provou à saciedade antepor os homens às instituições dos homens, não a natureza dos homens à natureza dos deuses. Desse modo, confessou haver escrito os livros das coisas divinas, não sobre a verdade, tocante à natureza, mas sobre a falsidade, concernente ao erro. E o que prova com maior clareza em outra parte, como referi no Livro Quarto, quando diz que, se fundasse nova cidade, escreveria segundo a fórmula da natureza, mas, como já a encontrara velha, não podia desligar-se de seus usos.

## CAPÍTULO V
### Três gêneros de teologia, segundo Varrão: um, fabuloso, outro, natural, e o terceiro, civil

1. Que significa o que diz sobre os três gêneros de teologia, quer dizer, da ciência dos deuses, cujos nomes são: um mítico, outro, físico, e outro, civil? Em latim, se o uso permitisse, ao primeiro gênero chamaríamos fabular, mas chamemo-lo fabuloso. Chamou-se mítico, de fábula, porque em grego *mythos* significa fábula. A linguagem costumeira já permite dar-se ao segundo o nome de natural. O terceiro foi ele mesmo que o expressou em latim, chamando-lhe civil. Logo a seguir declara: *Chamam-no mítico porque usado principalmente pelos poetas, físico, porque o manuseiam os filósofos, e civil, porque o empregam os povos. No primeiro que mencionei, diz, há muitas ficções contra a dignidade e natureza imortal. Nele se fala de haver este deus procedido da cabeça, aquele, da coxa, outro, de gotas de sangue. Nele se lê que os deuses roubaram, cometeram adultério e serviram o homem. Finalmente, nele se atribuem aos deuses todas as desordens em que pode cair não somente o homem, mas o homem mais desprezível.* Aqui, sem dúvida quando pôde, quando se atreveu, quando se julgou impune, expressou sem sombra alguma de ambiguidade quanta injúria as fábulas mentirosas fazem à natureza dos deuses. Não falava da teologia natural, nem da civil, mas da fabulosa, que considerou digna de censurada livremente por ele.

2. Vejamos o que diz da outra: *O segundo gênero é o que demonstrei; sobre ele os filósofos legaram-nos muitos livros. Neles se fala sobre a essência, lugar, espécie e qualidade dos deuses, sobre se são eternos, se constam de fogo, como acreditou Heráclito, se de números, como Pitágoras, ou de átomos, como diz Epicuro. E assim outras coisas que os ouvidos podem suportar melhor entre paredes, na escola, que fora, no foro.* Nada censura no gênero que chamam físico e é próprio dos filósofos. Apenas fez menção das controvérsias que houve entre eles e deram lugar à variedade de seitas dissidentes. Removeu-o, todavia, da ágora, ou seja, dos povos. E condenou-o à reclusão das escolas e suas paredes. Aquele, porém, o primeiro, o mais mentiroso e o mais torpe, não o removeu das cidades. Oh! religiosos ouvidos populares! Oh! religiosos ouvidos romanos! Não podem suportar as discussões dos filósofos a propósito dos deuses imortais e, por outro lado, os cantos dos poetas e as representações dos histriões, fingidos contra a dignidade e a natureza dos deuses imortais e susceptíveis de ser aplicados não a homem apenas, porém ao mais vil dos homens, não só os suportam, mas até os ouvem com agrado. E não fica assim. Imaginam agradar aos referidos deuses, que, segundo julgam, devem ser aplacados por intermédio seu.

3. Alguém dirá: Do civil, de que agora se trata, distingamos dois gêneros, mítico e físico, isto é, fabuloso e natural, visto como ele também os distinguiu. Vejamos, pois, o civil e a explicação que dele faz. Compreendo com facilidade por que se deve distingui-lo do fabuloso; porque é falso, porque é torpe, porque é indigno. E querer do civil discernir o natural, que significa, senão confessar que o próprio civil é mentiroso? Porque, se natural, que repreensão merece para excluí-lo? E, se o chamado civil não é natural, que merecimento possui para admiti-lo? Esta a causa de haver escrito primeiro das coisas humanas e depois das divinas: nas coisas divinas seguiu as instituições dos homens, não a natureza dos deuses.

Examinemos também a teologia civil. *O terceiro gênero, diz, é o que os cidadãos e de modo especial os sacerdotes devem conhecer e pôr em prática nas urbes. Nele se acha a que deuses se há de render culto público e a que ritos e sacrifícios está cada qual obrigado.* Fixemos mais a atenção no seguinte: *A primeira teologia, diz, é principalmente própria ao teatro, a segunda, ao mundo, a terceira, às cidades.* Quem não vê a qual entrega a palma? Certamente que à segunda, de que acima declarou ser dos filósofos. Di-la pertencente ao mundo e, segundo os filósofos, nada é melhor que o mundo.

As outras duas teologias, a primeira e a terceira, a saber, a do teatro e a da cidade, distingue-as ou confunde-as? Vemos que de algo ser da cidade logicamente não se segue possa pertencer também ao mundo, embora vejamos estarem no mundo as cidades. Pode suceder que na cidade, de acordo com falsas opiniões, se acreditem e se adorem seres cuja natureza não está no mundo, nem fora do mundo. E o teatro, onde está, senão na cidade? Quem instituiu o teatro, senão a cidade? Por que o estabeleceu, senão por causa dos jogos cênicos? Onde se colocam os jogos cênicos, senão entre as coisas divinas, sobre que nesses livros se escrevem tamanhas agudezas?

## CAPÍTULO VI
### Da teologia mítica, ou seja, da fabulosa, e da teologia civil, contra Varrão

1. És, ó Marco Varrão, o mais engenhoso de todos os homens e, sem dúvida, o mais sábio, mas és homem, não deus, nem mesmo homem que o Espírito de Deus haja elevado em liberdade e luzes, para ver e anunciar as coisas divinas. Vês claramente quanta distinção devia mediar entre as coisas divinas e as humanas frioleiras e mentiras. Mas temes as viciosíssimas opiniões dos povos e costumes sobre as superstições públicas, costumes que desdizem da natureza dos deuses, e de deuses tais como a fraqueza humana os imagina nos elementos do mundo. E tu o sentes, quando o consideras por todas as partes e toda a vossa literatura o proclama. Que papel desempenha aqui o engenho do homem, por mais excelente que seja? De que te serve nessa passagem crítica a doutrina humana, embora tão profunda e vasta? Desejas render culto aos deuses naturais e vês-te obrigado a rendê-lo aos civis. Achaste, é verdade, outros deuses, os fabulosos, em quem desafogas com maior liberdade a indignação que te oprime e, queiras ou não, salpica também os civis. Dizes convirem ao teatro os fabulosos, os naturais, ao mundo, e os civis, à cidade, por ser o mundo obra divina, e as cidades e os teatros, obra dos

homens. Nem zombam de outros deuses nos teatros, senão dos adorados nos templos, nem dedicais a outros os jogos, senão àqueles a quem sacrificais vítimas. Com que maior liberdade e com que maior sutileza os dividirias, se dissesses deuses naturais, uns, e outros, de instituição humana, mas pensarem destes últimos uma coisa os poetas, e outra, os sacerdotes, e se encontrarem de tal modo intimamente ligadas uma e outra pelo vínculo da falsidade, que ambas agradam aos demônios, de quem é inimiga a doutrina da verdade!

2. Omitida por breve momento a teologia chamada natural, sobre que depois dissertaremos, agrada-te solicitar ou esperar dos deuses poéticos, teatrais, histriônicos e cênicos a vida eterna? Livre-nos o verdadeiro Deus de tão monstruosa e sacrílega demência! Quê? Deve-se pedir a vida eterna a deuses a quem agradam essas coisas e que com elas se aplacam, frequentando-se nelas seus crimes? Ninguém, suponho, encontra-se mal da cabeça ao extremo de chegar a esse despenhadeiro da mais louca impiedade. Ninguém, por conseguinte, alcança a vida eterna pela teologia fabulosa, nem pela civil. Aquela semeia as torpezas dos deuses com ficções, esta colhe-as com aplauso. Aquela espalha mentiras, esta recolhe-as. Aquela afronta as coisas divinas com falsos crimes, esta abrange nas coisas divinas as representações de tais crimes. Aquela celebra em versos as nefandas ficções dos homens sobre os deuses, esta consagra-as em suas festividades. Aquela canta os delitos e as calamidades dos deuses, esta ama-os. Aquela publica-os ou finge-os, esta, porém, afirma-os como verdadeiros ou deleita-se até mesmo nos falsos. Ambas impuras e ambas condenáveis; mas aquela, teatral, confessa de público a própria torpeza, e esta, civil, cobre-se com a torpeza daquela. Deve-se, porventura, de teologia que mancha a temporal e breve esperar a vida eterna? Ou será que o consórcio dos homens perversos macula a vida, se se imiscuem em nossas afirmações e afetos, e não a empana a companhia dos demônios, adorados por seus crimes? Se adorados pelos verdadeiros, são maus. Se, pelos falsos, que mal adorados são!

3. Ao dizê-lo, talvez alguém, desconhecedor dessas matérias, possa imaginar serem detestáveis apenas as composições dos poetas e as representações cênicas, por serem limpas e alheias a toda indecência as coisas sagradas feitas, não pelos histriões, mas pelos sacerdotes. Fosse assim, ninguém jamais pensaria cumprir celebrar torpezas

teatrais em honra dos deuses, jamais os deuses mandariam exibi-las em sua honra.

Mas, precisamente, não se envergonham de nos teatros representar em honra dos deuses semelhantes torpezas, porque se representam iguais torpezas nos templos. Afinal, intentando o citado autor distinguir da fabulosa e da natural a teologia civil, discerne outra *sui generis*, que a separar preferiu considerar composta das outras duas. Diz que quanto os poetas escrevem é menos que o que devem crer os povos e que tudo que os filósofos escrevem é mais do que convém ao vulgo investigar. *É tamanha a diferença que existe entre elas*, acrescenta, *que de uma e outra se extraíram vários argumentos para a teologia civil. Em consequência, o que tem de comum com os poetas será por nós tratado ao mesmo tempo com os civis. Entre esses temos de arrimar-nos mais aos filósofos que aos poetas.* Logo, também algo aos poetas. E, todavia, das gerações dos deuses diz noutro lugar serem os povos mais propensos aos poetas que aos físicos. Aqui disse o que se deve fazer, ali, o que se fez. Disse que os filósofos escreveram para ser úteis, e os poetas, para agradar. E, por isso, os escritos dos poetas, que os povos não devem seguir, são os crimes dos deuses, que, contudo, deleitam o povo e os deuses, porque os poetas, segundo afirma, escrevem para deleitar, não para ser úteis. E escrevem apenas as coisas que os deuses pedem e os povos exibem.

## CAPÍTULO VII
### Semelhança e concordância entre a teologia fabulosa e a civil

1. A teologia fabulosa, teatral, cênica, pejada de indignidades e torpezas, reduz-se à teologia civil. E esta, que se julga, e com razão, merecedora de censura e desprezo, é parte da outra, considerada merecedora de culto e prática. Quando digo parte, não entendo, por certo, parte incongruente e alheia ao corpo total, unida e dependente dele, mas como que fora de seu lugar, e sim parte que guarde com ele absoluta harmonia e a mais proporcionada união, como membro do corpo. Que outra coisa põem em relevo as estátuas, as figuras, as idades, os sexos e os ornamentos dos deuses? Acaso os poetas têm Júpiter barbado, e Mercúrio, imberbe, e não os têm os pontífices?

Porventura causaram enorme vergonha a Priapo as representações mímicas e não também os sacerdotes? É um, por acaso, o que se ergue nos lugares sagrados, para adoração, e outro o que sobe ao palco, para irrisão? Acaso não encarnam os histriões a pessoa do velho Saturno ou do púbere Apolo, tal como os representam as estátuas dos templos? Por que Fórculo, que preside as portas, e Limentino, que preside os limiares, são deuses masculinos, e entre eles Cárdia, que custodia os gonzos, é mulher? Não se acham nos livros das coisas divinas esses pormenores, que a sisudez dos poetas julgou indignos de suas composições? Porventura a Diana do teatro anda armada, e a civil é simples donzela? Porventura o Apolo da cena é citarista, e o de Delfos não? Porém, comparadas com as mais torpes, essas coisas revelam-se muito honestas. Que pensaram de Júpiter os que no Capitólio lhe puseram a nutriz? Não é verdade que todos deram aprovação a Evêmero, que escreveu, não com charlatanice mítica, mas de história em punho, haverem todos esses deuses sido homens e mortais?

Os que acomodaram à mesa de Júpiter os parasitas deuses glutões, que pretenderam, senão encenar o religioso? Se dissesse o bufão haverem ao banquete de Júpiter assistido seus parasitas, sem dúvida pareceria que se procurava também causar riso. Mas disse-o Varrão, não quando tratava de ridicularizar os deuses, mas quando tratava de fazer que os respeitassem. E disse isso. Testemunham-no seus livros das coisas divinas, não das humanas. E disse-o, não quando expunha os jogos cênicos, mas quando revelava os direitos do Capitólio. Enfim, deixa-se vencer por essas coisas e persuade-se de que, como houvessem dado forma humana aos deuses, os julgara sensíveis aos prazeres do homem.

2. Não faltaram tampouco os espíritos malignos, com seu mercado negro, para confirmar essas nocivas opiniões, embelecando as mentes humanas. Daí surgiu a história seguinte: achando-se de folga e ocioso, o guardião do templo de Hércules inventou de jogar dados consigo mesmo, alternando uma e outra mão; uma jogava por Hércules, a outra, por si mesmo, sob esta condição: se ganhasse, jantaria com uma amiga as oferendas depositadas no templo; se a vitória tocasse a Hércules, proveria do próprio bolso os prazeres do deus. Depois, havendo vencido a si mesmo, como se Hércules o tivesse fei-

to, proporcionou ao deus Hércules e a Larência, nobilíssima cortesã, o jantar prometido. Enquanto dormia no templo, em sonhos Larência viu Hércules unir-se a ela e dizer-lhe que, dali saindo, o primeiro moço que encontrasse lhe entregaria o galardão que devia acreditar pago por Hércules. Assim despedida, o primeiro que encontrou foi Tarúcio, moço muito rico; havendo-a tido em sua companhia durante muito tempo, deixou-a, quando morreu, herdeira de tudo quanto possuía. Obtida soma de dinheiro assim enorme, para não parecer ingrata à mercê divina, fez do povo romano seu herdeiro, coisa que julgou muito aceitável aos deuses. E, deixando de aparecer, encontraram-lhe o testamento. Devido a esses merecimentos, dizem haver merecido honras divinas.

3. Se tudo não passasse de ficção poética, se se tratasse apenas de representação de atores cênicos, dir-se-ia, sem dúvida, pertencerem à teologia fabulosa e pensar-se-ia deverem ser separadas da dignidade da teologia civil. Todavia, como semelhantes baixezas, não dos poetas, mas dos povos, não dos historiadores, mas dos sacerdotes, não dos teatros, mas dos templos, ou seja, não da teologia fabulosa, mas da civil, são apresentadas por autor de tanto renome, não é à toa que os histriões fingem, nas artes mímicas, tão grande desonestidade dos deuses, mas em vão e com certeza é que os sacerdotes se esforçam por fingir, em ritos sagrados, a honestidade dos deuses, que é zero. Há festividades de Juno, celebradas em sua querida Ilha de Samos, onde se entregou em matrimônio a Júpiter. Há festividades de Ceres, em que se procura Prosérpina, raptada por Plutão. Há festividades de Vênus, em que é chorado seu querido Adônis, moço belíssimo, morto a dentadas de javali. Há festividades da mãe dos deuses, em que Átis, formoso adolescente, amado por ela e castrado por seu ciúme feminino, chora-o outra miserável casta de homens também castrados e chamados galos.

Sendo isso mais disforme que qualquer fealdade cênica, que significa o afã de estabelecer como que verdadeira separação entre as ficções fabulosas dos poetas a respeito dos deuses pertinentes ao teatro e a teologia civil, que querem pertencente à cidade, como entre o honesto e digno e o indigno e desonesto? Devem-se, pois, dar graças aos histriões, que respeitam os olhos dos homens e não deixaram todas as coisas a nu nos espetáculos, coisas que se escondem atrás das paredes dos templos sagrados. Que se deve pensar de bom sobre os mistérios que cobrem de trevas, quando assim detestáveis são os que exibem à luz? Na realidade, o que em segredo fazem por meio de castrados e efeminados, vejam-no eles próprios. Mas não puderam, em absoluto, ocultar homens infeliz e torpemente enervados e corrompidos. Intimem a quem possam que fazem algo santo por ministério de tais homens, que, e isso não podem negá-lo, são enumerados e andam entre as coisas santas. Não sabemos o que fazem, mas sabemos por que ministros o fazem. Conhecemos o que se representa no palco, onde, mesmo em companhia de rameiras, jamais entrou homem castrado ou efeminado. E, contudo, também os torpes e infames fazem a mesma coisa e sua profissão não é compatível com a honestidade. Que mistérios serão esses que, para representá-los, a santidade escolheu pessoas que em seu seio nem a própria obscenidade teatral admite?

## CAPÍTULO VIII
### Interpretações das razões naturais que os sábios pagãos se esforçam por fazer vistas em prol de seus deuses

1. Mas tudo isso tem certas interpretações fisiológicas, como dizem, ou seja, razões naturais, como se na presente discussão estivéssemos tratando da fisiologia e não da teologia, isto é, da ciência, não da natureza, mas de Deus. Embora aquele que é verdadeiro Deus seja Deus, não por opinião, mas por natureza, nem toda natureza é Deus, porque indubitável é que a natureza do homem, a do animal, a da árvore ou a da pedra é natureza, mas nenhuma delas é Deus. Se, quando se trata dos mistérios da mãe dos deuses, o cúmulo de tal interpretação é ser a mãe dos deuses a Terra, para que avançarmos na busca, para que esquadrinharmos o restante? Existe algo que com maior evidência apoie os que dizem haverem sido homens esses deuses? Porque são terrígenas, a mãe deles é a Terra. Na verdadeira teologia, a Terra é obra de Deus, não mãe. Contudo, seja qual for a interpretação que se dê aos mistérios, e embora se refiram à natureza das coisas, não é conforme à natureza, mas contra a natureza o homem sofrer a condição de mulher. Essa enfermidade, esse crime, essa ignomínia é profissão dos referidos mistérios, coisa que nos

corrompidos costumes dos homens apenas se confessa entre tormentos. Logo, se tais mistérios, que se manifestam mais torpes que as torpezas cênicas, aqui se escusam e se purgam, porque têm suas interpretações que põem de manifesto significarem a natureza das coisas, por que não se escusam e se purgam também de igual modo as poéticas? Muitos interpretaram-nas também dessa maneira, ao extremo de acreditarem por demais inumano e muito infame haver Saturno comido os filhos; alguns dão a seguinte interpretação: a longevidade do tempo, significada pelo nome de Saturno, devora tudo quanto engendra. Ou, essa a opinião de Varrão, Saturno pertence às sementes, que voltam à terra, donde brotam. Assim, outros de outro modo, e de igual modo os demais.

2. E, todavia, dá-se a essa teologia o nome de fabulosa e, com interpretações assim, é repreendida, reprovada e desaprovada. E com razão a diferenciam com repúdio, não apenas da natural, própria de filósofos, mas também da civil, objeto de que tratamos, que se afirma pertencer a cidades e povos. Isso é feito precisamente com o fim de os homens mais agudos e mais sábios, que o escreveram, compreenderem a obrigação de condenar uma e outra, quer dizer, a fabulosa e a civil. Atrevem-se, entretanto, a condenar aquela; não se atrevem a condenar esta. Acreditavam censurável aquela; a esta, sua semelhante, expuseram-na para cotejá-la, não para que se escolhesse guardar esta em lugar daquela, e sim para entender-se que devia ser repelida com aquela. Desse modo, sem perigo para os que temiam repreender a teologia civil, uma e outra desdenhadas, poderia apoderar-se dos espíritos mais sensatos a que chamam natural. Posto serem fabulosas e civis a civil e a fabulosa, uma e outra achará fabulosas quem considerar com cordura as vaidades e obscenidades de ambas e ambas achará civis quem nas festividades dos deuses civis e nas coisas divinas das cidades advertir os jogos cênicos pertinentes à fabulosa.

Como, por conseguinte, atribuir-se o poder de dar a vida eterna a qualquer desses deuses, a quem seus próprios ídolos e ritos persuadem serem a imagem mais perfeita das formas, das idades, do sexo, do ornato, dos matrimônios, das genealogias e dos ritos reprovados abertamente pelos deuses fabulosos? Em tudo isso deixa-se entrever que foram homens e, de acordo com a vida ou morte de cada qual, constituíram-se ritos e solenidades para eles, ou imundíssimos espíritos que, aproveitando-se de qualquer ocasião, acaçaparam-se nas mentes humanas, para seduzi-las.

## CAPÍTULO IX
### Ofícios de cada um dos deuses

1. Que dizer dos ofícios dos deuses, tão vil e tão pormenorizadamente repartidos, razão por que dizem convir dirigir-lhes súplicas de acordo com o dever próprio de cada um deles? Disso não dissemos tudo, porém muitas coisas. Porventura não tem maior consonância com a arte mímica do que com a dignidade divina? Se alguém provesse de duas amas determinada criança, para uma dar-lhe apenas comida, e a outra, bebida, como os pagãos a esses misteres atribuíam duas, Educa e Potina, sem dúvida pareceria que perdera o juízo e no caso representava algo parecido a farsa. Querem que Líbero derive de livramento, porque, no comércio carnal, com seu auxílio, os homens expelem sêmen e ficam livres. E isso mesmo dizem nas mulheres fazer Líbera, também chamada Vênus, porque também dizem que elas expelem sêmen. Por essa razão, no templo oferecem a Líbero a parte viril do corpo, e a Líbera, a da mulher. A isso acrescentam que a Líbero se destinem mulheres e vinho para excitar a libido. Desse modo celebram-se as bacanais com extrema libertinagem e o próprio Varrão confessa-o, dizendo que seria impossível às bacantes praticar semelhantes excessos, caso não fossem alienadas. Essas orgias, porém, mais tarde desagradaram ao senado, mais sábio, que mandou aboli-las. Pelo menos aqui, talvez, começaram a ver o poderio dos espíritos imundos sobre as mentes dos homens, enquanto os consideram deuses. É certo que nada igual se passaria no teatro, porque ali jogam, não enlouquecem, mesmo quando seja semelhante a loucura ter deuses que se deleitem em tais jogos.

2. Que significação merece o parecer que do homem supersticioso distingue o religioso, dizendo que o supersticioso teme os deuses e o religioso somente os respeita como a pais, não os teme como inimigos? Diz, ademais, serem todos de tal maneira bons, que lhes é mais fácil perdoar os culpados que causar dano a qualquer inculpável. Menciona, entretanto, três deuses custódios de que, depois do parto, proveem a mulher que deu à luz, a fim de o deus Silvano não

entrar durante a noite e perturbá-la. E, para figurar esses guardas, três homens rondam de noite os dintéis da casa e golpeiam o dintel, primeiro com machado, depois com mão de pilão, e, por último, o varrem com vassouras, para, graças a tais emblemas da lavoura, proibir-se a entrada do deus Silvano. Porque as árvores não se cortam, nem se podam sem machado, nem a farinha se faz sem pilão, nem os grãos de cereal se amontoam sem vassouras. Das três coisas tomaram nome três deuses: Intercidona, do corte do machado, Pilumno, do pilão (*pilo*), e Deverra, das escovas. Graças aos três deuses guardiães ficava a puérpera a salvo da violência do deus Silvano. Assim, a proteção dos deuses bons não pode prevalecer contra a crueldade de um deus daninho, se muitos não se juntam contra um só e não lhe opõem os da lavoura, como signos contrários a esse deus áspero, horrendo e inculto, como silvestre que é. Essa a inocência dos deuses? Essa a concórdia? Esses os deuses protetores das cidades, mais dignos de riso que todos os escárnios do teatro?

3. O ajuntamento carnal entre homem e mulher é presenciado pelo deus Jugatino. Vá lá! Para a recém-casada ser conduzida ao novo domicílio, chama-se, porém, o deus Domiduco. Para instalá-la em casa emprega-se o deus Domício. E para mantê-la junto ao marido vem a deusa Manturna. Para que continuar a busca? Respeite-se o pudor humano. Faça o restante a concupiscência do sangue e da carne, no segredo da vergonha. A que vem encher o leito nupcial com essa turba de deuses, quando de perto dele se retiram até mesmo os padrinhos? Precisamente não para que com o pensamento de se encontrarem presentes se conserve com maior cuidado a pudicícia, mas para as mulheres, débeis em sexo e temerosas, por inexperientes, com sua cooperação consumarem o casamento. Presenciam o ato a deusa Virginense, o deus pai Subigo, a deusa mãe Prema, a deusa Pertunda, Vênus e Priapo. Que significa isso? Se fosse mister ao homem empenhado em tal empresa o auxílio dos deuses, não bastara algum ou alguma deles? Acaso seria pouco Vênus apenas, assim chamada precisamente porque, sem seu poder, nenhuma mulher deixava de ser virgem? Se nos homens há vergonha inexistente nos deuses, porventura os casados, quando percebessem que o ato é presenciado por tantos deuses de um e outro sexo, que os instigam ao ato, não se envergonhariam de tal maneira que ele ficasse inibido e ela opusesse mais resistência? Na realidade, se se encontra presen-

te a deusa Virginense, para desatar a faixa da virgem, se se encontra o deus Subigo, para que se sujeite ao homem, se se encontra a deusa Prema, para que, submetida, a estreite e não a deixe mover-se, que papel desempenha no caso a deusa Pertunda? Enrubesça de vergonha e saia. Que o marido, pelo menos, faça alguma coisa. É muito indecoroso que o significado pelo nome dela o faça outro que não o marido. Mas talvez se lhe permita ficar porque é deusa, não deus; se a julgassem homem e se chamasse Pertundo, mais auxílio pediria contra ele o marido, para salvar a honra da esposa, que contra Silvano a puérpera. Mas, para que o diga, que está presente Priapo, másculo a conta toda, sobre cujo bestialíssimo e monstruoso falo as matronas mandavam sentar-se a recém-casada, segundo usança muito religiosa e honesta entre elas?

4. Mas continuem e esforcem-se por distinguir, quanto lhes permita a sutileza, entre a teologia civil e a teologia fabulosa, entre as cidades e os teatros, entre os templos e o palco, entre os mistérios dos pontífices e os carmes dos poetas, como distinguem, das coisas torpes as honestas, das falsas as verdadeiras, das levianas as graves, das mentiras as verdades, das que cumpre evitar as que cumpre apetecer. Compreendemos-lhes muito bem o intento. Souberam que a teologia religiosa e teatral depende da civil e esta se reflete nos carmes dos poetas como em verdadeiro espelho. E, por esse motivo, exposta a teologia civil, que não se atrevem a condenar, arguem-lhe e censuram com maior liberdade a imagem, com o fim de os conhecedores de seus intentos detestarem o original também. Mas os deuses, vendo-se nela como em verdadeiro espelho, amam-na tanto que se veem melhor em ambas. Essa a razão de, com terríveis ameaças, haverem forçado quem os adorava a dedicar-lhes a imundícia da teologia fabulosa, tê-los incluído nas solenidades sagradas e colocado entre as coisas divinas. E, assim, de modo mais claro nos declararam tratar-se de espíritos muito imundos e fizeram da teologia teatral, abjeta e reprovada, membro e parte da teologia civil, escolhida e aprovada, para que, sendo por completo enganadora e torpe, além de reduto dos deuses hipócritas, contenha-se parte nos escritos dos sacerdotes e parte nas composições dos poetas. Se tem outras partes, é outro caso. No momento, conforme a divisão de Varrão, creio haver deixado claro serem a mesma coisa a teologia civil e a teologia urbana

e teatral. Precisamente por isso, a saber, por encontrarem-se uma e outra repletas de semelhantes torpezas, absurdos, indignidades e falsidades, as pessoas religiosas devem abster-se de esperar de uma ou de outra a vida eterna.

5. O próprio Varrão começa, finalmente, a enumerar e referir os deuses a partir da concepção do homem; começa por Jano. Estira a série até a morte do homem decrépito e fecha o céu com os deuses próprios do homem, com a deusa Nênia, quer dizer, com o hino cantado nos funerais dos velhos. Enumera em seguida outros deuses, concernentes, não ao homem, mas às coisas do homem, como o alimento, o vestuário e quaisquer outras coisas necessárias à vida presente, mostrando em cada caso o ofício próprio de cada um deles e o porquê de a gente dever dirigir súplicas a cada qual. Em todo o ensaio não indicou nem nomeou deus algum a quem se deva pedir a vida eterna, único motivo de sermos cristãos. Quem será estúpido ao extremo de não perceber que Varrão, ao investigar e expor com tanto esmero a teologia civil, ao provar-lhe a semelhança com a fabulosa, indigna e vergonhosa, e ao ensinar com farta evidência constituir parte daquela a fabulosa, pretende apenas insinuar no coração dos homens a natural, que diz própria dos filósofos? E com tamanha sutileza assim procede, que censura a fabulosa e não se atreve a reprovar francamente a civil, mas, pelo contrário, ao desmascará-la, mostra ser repreensível e, desse modo, reprovadas ambas pelo juízo dos homens de bem inteligentes, a escolha fatalmente recai na teologia natural. Dela, auxiliados pelo verdadeiro Deus, trataremos em tempo e lugar convenientes.

## CAPÍTULO X
### Liberdade de Sêneca, que repreende mais acremente a teologia civil que Varrão a fabulosa

1. É certo não haver faltado de todo, mas apenas em parte, a Ênio Sêneca, que floresceu em tempo de nossos apóstolos, segundo consta em alguns documentos, a liberdade que faltou a Varrão para abertamente censurar a teologia civil, a mais parecida com a do teatro. Teve liberdade na pena; não a teve na vida. Com efeito, no livro que compôs *Contra as superstições* critica com muito maior

profusão e com muito maior veemência a teologia civil e urbana que Varrão a fabulosa e teatral. Quando trata dos ídolos, diz: *Consagram como veneráveis, imortais e invioláveis a deuses feitos de matéria insensível e abjeta, sob a forma de homens, feras e peixes. Emprestam-lhes, às vezes, corpos em que os sexos se confundem. Chamam deuses a objetos que o sopro de vida transformaria em monstros.*

Pouco mais adiante, depois de resumir as opiniões de alguns filósofos, passa ao elogio da teologia natural e faz a si mesmo esta pergunta: *A isso alguém objetará: Acreditarei serem deuses o céu e a terra e haver outros sobre e sob a lua? Prestarei ouvidos a Platão ou ao peripatético Estratão, dos quais um fez deus sem corpo e outro o fez sem alma?* E, em resposta à objeção, escreve: *Quê? Parecem-te mais verdadeiros os sonhos de T. Tácio, Rômulo ou Túlio Hostílio? Tácio dedicou à deusa Chacina, Rômulo a Pico e Tiberino, e Hostílio ao Pavor e ao Palor as mais sombrias afeições do homem, dos quais um é movimento da alma espavorida e o outro, não enfermidade, mas cor do corpo. Darás maior crédito a esses deuses e recebê-los-ás no céu?* Com que liberdade escreveu sobre os ritos cruelmente depravados! *Este*, diz, *amputa as partes viris, aquele corta os próprios bíceps. Quando temerão a cólera dos deuses os que de tal maneira os tornam propícios? Não se deve prestar culto de espécie alguma a deuses que o querem. Tamanho o desvario da mente excêntrica e perturbada, que pretendem agradar aos deuses de tal maneira que nem mesmo os homens mais bárbaros e de mais fabulosa crueldade se mostram mais desumanos que eles. Os tiranos dilaceraram os membros de alguns, mas a ninguém mandaram dilacerar os próprios. Alguns castraram-se para deleite dos apetites reais, mas ninguém pôs as mãos em si mesmo, por ordem do senhor, para não ser homem. Despedaçam-se a si mesmos nos templos e erguem súplicas por meio dos ferimentos e do sangue. Se alguém tiver oportunidade de ver o que fazem e padecem, assistirá a coisas tão indecorosas para os honestos, tão indignas dos livres e tão desconformes com a razão, que ninguém há de pôr-lhes em dúvida a loucura, se fossem menos numerosas. Agora o apoio da sensatez é a multidão dos loucos.*

2. Quanto às cenas a que o próprio Capitólio serve de palco, cenas censuradas em absoluto e com intrepidez por Sêneca, que homens

podem nelas aparecer, senão doidos varridos e bufões? Com efeito, nos mistérios egípcios chora-se a perda de Osíris e, uma vez encontrado, a dor transforma-se em grande alegria; apesar de serem ficção a perda e o encontro, os que nada perderam nem encontraram exprimem com grande animação a dor e a alegria. *Semelhante loucura*, diz Sêneca, *tem duração limitada. É tolerável enlouquecer uma vez por ano. Cheguei ao Capitólio. Vergonha causará a loucura descoberta, que a demência pública transformou em dever. Este diz ao deus o nome das divindades que o saúdam, aquele anuncia as horas a Júpiter. Este é lictor; aquele, perfumador, com o inútil movimento dos braços imita quem perfuma. Há mulheres que, de pé e longe não apenas dos ídolos, mas também do templo, penteiam Juno e Minerva; movem os dedos à maneira das penteadeiras. Outras seguram o espelho; outras convidam os deuses a presenciar-lhes os pleitos; outros oferecem os libelos e informam-nos do andamento da causa. Famoso arquimimo, velho e decrépito, representava todo dia no Capitólio, como se os deuses gostassem de ator de que o público já não gostava. Ali vereis, roídos pela desídia, toda a espécie de artesãos a serviço dos deuses imortais.* E, pouco depois: *Contudo, a deuses prometem serviço que, embora supérfluo, nem por isso é infame e torpe. Algumas sentam-se no Capitólio, persuadidas de que Júpiter as ama; não receiam a cólera de Juno, que, se queres dar crédito aos poetas, é a mais colérica.*

3. Faltou a Varrão semelhante liberdade. Atreveu-se apenas a criticar a teologia poética. Não se atreveu com a civil, que Sêneca lançou por terra. Se, todavia, atendemos à verdade, são piores os templos, onde se fazem tais coisas, que os teatros, onde as fingem. Assim, a conduta que Sêneca prescreve ao sábio nos mistérios da teologia civil não é adesão de consciência, mas profissão puramente exterior. *O sábio*, diz, *observará todas essas práticas para obedecer à lei, sem acreditá-las agradáveis aos deuses.* E acrescenta: *Quê? Unimos em matrimônio os deuses, assim mesmo sem piedade alguma, pois unimos irmãos a irmãs? Casamos Belona com Marte, Vênus com Vulcano, Salácia com Netuno. E votamos alguns ao celibato, como se lhes faltasse partido, apesar de haver algumas deusas viúvas, como Populônia, Fulgora ou a deusa Rumina. Maravilha-me haver faltado quem lhes pedisse a mão. Toda essa plebeia turba de divindades, durante longo tempo*

*amontoada pela superstição, adoraremos,* diz, *como recordação do culto a um costume, não à realidade.*

Conclusão: Nem as leis, nem o costume instituíram na teologia civil coisa grata aos deuses ou conforme com a realidade. Mas Sêneca, tornado quase livre pela filosofia, como era ilustre senador do povo romano, venerava o que repreendia, praticava o que impugnava e adorava o que inculpava. Na realidade, a filosofia ensinara-lhe algo importante, isto é, a não ser supersticioso no mundo; mas as leis dos cidadãos e os costumes humanos, sem arrastá-lo ao palco, transformam-no, dentro do templo, em imitador dos histriões, imitador mais criminoso ainda porque a personagem por ele representada aos olhos da multidão podia passar por sincera.

## CAPÍTULO XI
### Pensamento de Sêneca acerca dos judeus

Entre outras superstições da teologia civil, Sêneca censura as cerimônias judaicas, em especial os sábados, afirmando guardarem-nos inutilmente, pois o sétimo dia observado representa quase um sétimo da vida gasto em repouso prejudicial a muitas necessidades urgentes. Não se atreveu a mencionar os cristãos, já inimigos declarados dos judeus, nem para falar bem, nem para falar mal, porque não os louvaria, contra a velha usança romana, nem os censuraria, talvez contra a própria vontade. Falando dos judeus, declara: *Tomou, todavia, tamanho impulso a maneira de viver dessa péssima raça, que quase todo o mundo a perfilhou. Os vencidos ditaram leis aos vencedores.* Maravilha-se, ao dizê-lo, porque ignorava os segredos da conduta divina. Exprime, a seguir, o que pensa da própria religião dos judeus: *Alguns conhecem as causas de seus ritos. Mas a maioria do povo pratica-os, ignorando-lhes o porquê.* Mas sobre os sacramentos dos judeus, por que e como foram instituídos por autoridade divina e como, depois, quando a mesma autoridade divina julgou oportuno, os retirou do povo escolhido, a quem se revelou o mistério da vida eterna, já falamos em outra parte, em especial quando disputamos contra os maniqueus. E disso trataremos em lugar mais conveniente desta obra.

## CAPÍTULO XII
**Descoberta a vaidade dos deuses gentios, torna-se impossível pôr em dúvida que a ninguém podem dar a vida eterna deuses incapazes de auxiliar a temporal**

Agora, se alguém achar insuficiente o que neste volume se disse a respeito das três teologias, que os gregos chamam de mítica, física e política e em latim podem receber o nome de fabulosa, natural e civil, posto que a vida eterna não podem dá-la a fabulosa, criticada com extrema liberdade pelos mesmos adoradores de muitos e falsos deuses, nem a civil, de que provadamente aquela é parte, além de a segunda ser muito parecida com a primeira ou pior que ela, junte-lhe o tratado nos livros anteriores e, em especial, o muito escrito no Quarto sobre o Deus dador da felicidade. A quem, por amor à vida eterna, deviam consagrar-se os homens, senão apenas à felicidade, se fora deusa? Como, porém, deusa não é, mas graça de Deus, a quem, senão a Deus, dador da felicidade, devemos consagrar-nos, os que com piedosa caridade amamos a vida eterna, onde se acha a verdadeira e plena felicidade? Creio que, diante do que se disse, a ninguém ocorrerá duvidar de não darem a felicidade os deuses a quem se rende culto com tamanhas torpezas e que se zangam mais torpemente ainda, se não lhos tributam, revelando-se, desse modo, imundíssimos espíritos. Por último, como pode dar a vida eterna quem não dá a felicidade?

Damos o nome de vida eterna àquela em que a felicidade não tem fim. Se a alma vive em penas eternas, atormentadoras também dos espíritos imundos, então é morte eterna, não vida, porque não há maior nem pior morte que onde a morte não morre. Como entretanto a natureza da alma foi criada imortal, não pode existir sem alguma vida e sua morte suprema consiste no apartar-se da vida de Deus na eternidade das penas. A vida eterna, ou seja, feliz e sem fim, apenas a dá quem dá a felicidade verdadeira. Como se encontram convencidos de não poderem dá-la os que a teologia civil adora, não somente não se lhes deve culto pelas coisas temporais e terrenas, coisa por nós provada nos cinco livros anteriores, como também, e muito menos, pela vida eterna, que seguirá à morte. Disso é que tratamos neste livro, servindo-nos também dos outros. Mas, como a força do inveterado costume deitou raízes demasiado profundas, se alguém julga pouco o que neste livro se disse sobre a obrigação de rechaçar e fugir a teologia civil, preste atenção ao que, auxiliados por Deus, acrescentaremos no seguinte.

# LIVRO SÉTIMO

*Trata dos deuses seletos da teologia civil, Jano, Júpiter, Saturno e outros, e demonstra não conduzir à felicidade da vida eterna o culto que lhes tributam.*

# PRÓLOGO

Se redobro de zelo e esforços para arrancar e extirpar as perversas e inveteradas opiniões, inimigas da verdade e da piedade, que o erro fez deitarem tenazes e profundas raízes no coração do homem, se, conforme posso, coopero com a graça daquele que, como Deus verdadeiro, pode garantir a realização de semelhante empresa, devem tolerar-me com paciência e equanimidade os engenhos mais vivos e precoces, a quem, no tocante a tal ponto, bastam e sobram os livros anteriores e não parecerá supérfluo para outros o que a si mesmos creem desnecessário. Ventila-se importante problema, quando se trata de, não pelo transitório vapor da vida mortal, mas pela vida bem-aventurada, que não é outra senão a vida eterna, quando se trata, dizíamos, de buscar e adorar a verdadeira e verdadeiramente santa divindade, mesmo que nos preste os meios necessários à fragilidade que agora carregamos.

## CAPÍTULO I
### Provado não haver divindade na teologia civil, é crível poder encontrá-la nos deuses seletos?

A quem o Livro Sexto, há pouco terminado, não convencer de que a divindade ou, por assim dizê-lo, deidade, pois os nossos já não receiam usar a palavra, que mais fielmente traduz o que os gregos chamam *theóteta*, de que a divindade, ou deidade, repito, não se encontra na teologia a que chamam civil, explanada por Marco Varrão em dezesseis livros, quer dizer, que não conduz à vida eterna o culto a deuses como os instituídos pelas cidades, em lendo este, talvez já não possa desejar mais nada para continuar examinando a presente questão. Pode suceder que alguém opine que, pelo menos aos deuses seletos e principais, abordados por Varrão no último livro e a respeito de quem insinuamos algo, se lhes deve culto pela vida bem-aventurada, que outra não é senão a eterna. Nesse ponto não me atrevo a dizer o que disse Tertuliano, mais, talvez, por brincadeira que a sério: *Se se escolhem deuses como se escolhem cebolas, o que sobra é refugo*. Não o digo, porque observo ser possível, mesmo entre os escolhidos, escolher-se alguns para algo maior e mais prestante, como acontece na milícia, quando, entre soldados bisonhos, já escolhidos, escolhem-se alguns para mais importante feito de armas. E, quando a Igreja escolhe os que devem conduzi-la, a escolha não significa a reprovação dos demais, porquanto os fiéis são todos a justo título chamados escolhidos. Escolhem-se no edifício as pedras angulares, sem rejeitar as outras, destinadas a ocupar outras partes na construção. Escolhem-se as uvas para comer e não se rejeitam as outras, deixadas para fazer vinho. Não há necessidade de discorrer muito, pois se trata de coisa muito clara. Portanto, não se deve censurar que de muitos deuses se escolham alguns, nem a quem o escreveu, nem aos adoradores dos deuses, nem aos próprios deuses; pelo contrário, deve-se examinar quem são e o motivo por que os escolheram.

## CAPÍTULO II
### Quais são os deuses escolhidos e se devem ser excluídos dos ofícios dos deuses plebeus

Em um de seus livros Varrão enumera e encarece os seguintes deuses escolhidos: Jano, Júpiter, Saturno, Gênio, Mercúrio, Apolo, Marte, Vulcano, Netuno, o Sol, Orco, o pai Líbero, a Terra, Ceres, Juno, a Lua, Diana, Minerva, Vênus e Vesta. Entre todos, pouco mais ou menos, vinte, doze masculinos e doze femininos. Chamam-se escolhidos por causa da importância das funções por eles desempenhadas no mundo ou por serem mais populares e lhes renderem, por isso, maior culto? Se é, precisamente, por serem de ordem superior as obras que administram, não devíamos havê-los encontrado na turba de deuses quase plebeus, destinados a trabalhinhos insignificantes. Comecemos por Jano. Quando se concebe a prole, donde se originam todas as obras distribuídas pormenorizadamente a muitos deuses, Jano abre a porta para receber o sêmen. Ali também se encontra Saturno, por causa do próprio sêmen. Ali também trabalha Líbero, que, fazendo-o derramar o sêmen, livra o homem. Ali também, Líbera, que outros querem seja ao mesmo tempo Vênus, para prestar à mulher o mesmo serviço, a fim de que, emitido o sêmen, fique livre.

Todos esses deuses pertencem ao número dos chamados escolhidos. Mas ali também se encontra a deusa Mena, que preside a menstruação. Embora filha de Júpiter, não passa de plebeia. A província dos mênstruos o mesmo autor, no livro dos deuses seletos, atribui a Juno, rainha dos escolhidos. Lucina, na qualidade de Juno, e a suprarreferida Mena, sua enteada, presidem a menstruação. Ali fazem ato de presença também duas obscuríssimas divindades, Vitumno e Sentino; o primeiro dá a vida à criatura, o segundo, os sentidos. Dão, na realidade, apesar de assim vulgares, muito mais que os outros deuses, próceres e seletos. Pois que é, sem vida e sem sentido, o que a mulher traz no ventre, senão algo abjetíssimo e comparável à mísera mistura de lama e terra?

## CAPÍTULO III
### Nulidade da razão aduzida para mostrar a escolha de alguns deuses, se é mais excelente o encargo a muitos inferiores

1. Que causa compeliu tantos deuses escolhidos a entregar-se às obras mais insignificantes, quando, na partilha de tal munificência, os superam Vitumno e Sentino, que dormem à sombra de obscura fama? Dá Jano, deus seleto, entrada ao sêmen e, por assim dizer, abre-lhe a porta. Saturno, também seleto, fornece o próprio sêmen; aos homens Líbero confere, por sua vez, a emissão do sêmen. As mulheres confere-o Líbera, que é Ceres ou Vênus. Juno, deusa escolhida, não só, mas em companhia de Mena, filha de Júpiter, concede o mênstruo necessário para o crescimento do feto. O obscuro e plebeu Vitumno confere a vida, o obscuro e plebeu Sentino, o sentido, funções ambas que sobrepujam as dos outros deuses na mesma proporção em que o entendimento e a razão sobrepujam a vida e o sentido. Como os seres racionais e dotados de entendimento são mais poderosos, sem dúvida, que os que vivem e sentem sem entendimento e sem razão, como as bestas, assim também os seres dotados de vida e sentido gozam de merecida preferência sobre os que não vivem, nem sentem. Vitumno, vivificador, e Sentino, autor do sentido, deviam, portanto, ser colocados entre os deuses seletos, em lugar de Jano, que admite o sêmen, de Saturno, dador ou criador do sêmen, e

de Líbero e Líbera, que o movimentam ou emitem. É monstruoso sequer imaginar-se sêmen falto de vida e de sentido. Esse dom escolhido não o concedem os deuses seletos, mas certos deuses desconhecidos e à margem da dignidade deles.

Se encontram resposta adequada para, não sem motivo, atribuir-se a Jano o poder de todos os princípios, precisamente porque abre a porta à concepção, e atribuir a Saturno o de todo sêmen, por não se poder separar de sua própria atividade a seminação do homem, e, do mesmo modo, para imputar a Líbero e a Líbera o poder de emitir todos os sêmens, por presidirem também o tocante à substituição dos homens, e dizer que a faculdade de purgar e dar à luz é privativa de Juno, precisamente por não faltar à purgação e ao parto das mulheres, busquem resposta para Vitumno e Sentino, se querem vê-los presidir tudo quanto vive e sente. Se concordam, considerem a sublimidade do lugar em que devem colocá-los, porque nascer de sêmen se dá na terra e sobre a terra, mas, por outro lado, segundo eles mesmos afirmam, viver e sentir se dá também nos deuses do céu. Se dizem serem apenas estas as atribuições de Vitumno e Sentino, isto é, viver na carne e adminicular os sentidos, por que, estendendo, com sua operação universal, esse dom aos partos, não dará também vida e sentido à carne o Deus que faz todas as coisas viver e sentir?

Se aquele cuja regência universal preside a vida e os sentidos lhes confiou, como a servos seus, essas coisas carnais, considerando-as baixas e humildes, encontram-se os deuses seletos assim desprovidos de domésticos, que não encontrem a quem confiá-las, mas, pelo contrário, com toda a sua nobreza, causa aparente de sua altivez, veem-se obrigados ao desempenho de funções idênticas à dos plebeus? Juno, escolhida e rainha, esposa e irmã de Júpiter, é para as crianças Iterduca e exerce seu ofício com Abeona e Adeona, duas deusas das mais vulgares. Ali colocaram também a deusa Mente, encarregada de dar boa mente às crianças, mas não a elevaram à categoria dos deuses seletos, como se ao homem se pudesse proporcionar melhor presente. Todavia, elevaram Juno, por ser Iterduca e Domiduca, como se fora de algum proveito passear e ser levado para casa, se a mente não é boa. Os escolhedores não houveram por bem enumerar, entre os deuses seletos, a deusa dispensadora de semelhante bem. Dever-se-ia, sem dúvida, antepô-la à própria Minerva, a quem atribuíram, entre tantos outros pequenos encargos, a memória das crianças. Quem porá em dúvida ser muito melhor ter boa mente que memória das mais prodigiosas? Ninguém de boa mente é mau, enquanto alguns, péssimos, têm memória assombrosa. Revelam-se tanto piores quanto menos podem esquecer o mal que imaginam. Contudo, Minerva encontra-se entre os deuses seletos e a deusa Mente está perdida entre a canalha.

Que direi da Virtude? Que, da Felicidade? Delas já falei muito no Livro Quarto. Tendo-as entre as deusas, não quiseram honrá-las com lugar entre os deuses seletos; mas honraram Marte e Orco, o primeiro, fazedor, o segundo, receptor de mortes.

2. Vendo, pois, como vemos, nos próprios encargos divididos entre as divindades subalternas, os deuses escolhidos competir com elas, como o senado com o povo, e achando, como achamos, terem alguns dos deuses, não julgados dignos de escolha, ocupações muito mais importantes e nobres que as dos chamados seletos, não podemos fugir de pensar que não os chamam seletos e principais por governarem de maneira mais prestante o mundo, e sim por haverem tido a sorte de ser mais conhecidos pelos povos. Por isso diz Varrão haver, como aos homens, sobrevindo a plebeidade a alguns deuses pais e a algumas deusas mães. Se, por conseguinte, aconteceu de a Felicidade não ser incluída entre os deuses seletos justamente, quem sabe, por não haverem alcançado tal nobreza por merecimento, mas de modo fortuito, coloque-se entre eles, ou melhor, antes deles, a Fortuna que, segundo creem, não confere de acordo com a razão a cada qual seus bens, mas às loucas, às tontas, de acordo com os caprichos da sorte. Deveria ocupar o primeiro posto entre os deuses seletos, pois entre eles fez a principal ostentação de seu poder. O motivo é vermo-los escolhidos, não por destacada virtude, nem por felicidade racional, mas pelo temerário poder da Fortuna, segundo o sentir de seus adoradores.

Talvez o eloquente Salústio esteja de atenção presa a tais deuses, quando escreve: *Na realidade, a Fortuna senhoreia todas as coisas. Enaltece ou encobre tudo, mais por capricho que por verdade.* Por que motivo é célebre Vênus e desconhecida a Virtude, se a uma e a outra consagraram deusas e não há cotejo possível entre os merecimentos de ambas? E, se mereceu total enobrecimento por ser mais apetecida, pois é indubitável que muitos gostam mais de Vênus que da Virtude, por que haver-se escolhido a deusa Minerva e deixado na penumbra a deusa Pecúnia, se aos mortais a cupidez causa mais agrado que a ciência? Mesmo entre os cultivadores de qualquer arte com dificuldade encontrarás alguém cuja arte não seja venal. O fim determinante de toda obra é sempre mais estimado que a obra feita. Se, portanto, a seleção resultou do julgamento de insensata chusma, por que a Minerva não se preferiu a deusa Pecúnia, se tantos homens trabalham por dinheiro? Se dependeu de pequeno grupo de sábios, por que a Vênus não preferiram a Virtude, quando, sem hesitar, a razão lhe assegura a preferência?

Como já declarei, pelo menos a Fortuna, que, segundo o parecer de quem lhe dá crédito às muitas atribuições, senhoreia todas as coisas e, mais por capricho que por verdade, as enaltece ou encobre, deveria ocupar o primeiro posto entre os deuses escolhidos, visto gozar de tamanho poder sobre os deuses, que ao sabor de suas temerárias fantasias os torna célebres ou obscuros. Ou será que não lhe foi possível ocupá-lo, senão por haver a própria Fortuna acreditado ter fortuna adversa? Logo, opôs-se a si mesma, pois, tornando nobres os outros, não se enobreceu a si própria.

## CAPÍTULO IV
### Procederam melhor com os deuses inferiores, infamados com invectivas, que com os seletos, cujas torpezas celebram

Um espírito amante da nobreza e da reputação felicitaria os deuses escolhidos e chamá-los-ia afortunados, caso não fossem escolhidos mais para afronta que para honra. A própria plebeidade protegeu a canalha infame, para não ser coberta de opróbrios. Sorrimos, é verdade, quando vemos a divina turba atarefada nos diferentes encargos que a fantasia humana lhes repartiu. Parecem pequenos arrendatários de impostos ou cinzeladores de prata, cuja oficina não deixa sair vaso algum, sem passar por inúmeras mãos e, desse modo, atingir a perfeição que uma só poderia dar-lhe. Mas a divisão da mão de obra tem apenas a finalidade de abreviar e tornar fácil para cada artífice o aprendizado de parte do ofício. A perfeita prática do conjunto de qualquer arte seria fruto de aprendizagem por demais difícil e por demais lenta. Entretanto, não é fácil encontrar deus não seleto a quem não se haja atribuído alguma notável infâmia.

Os grandes deuses rebaixaram-se aos vis encargos dos pequenos, mas os pequenos não caíram nas sublimes maldades dos grandes. A respeito de Jano nada me ocorre que se julgue ignomínia. Talvez levasse vida mais pura, mais afastada dos vícios e dos crimes. Acolheu com benignidade o fugitivo Saturno, com quem partilhou o reino, para fundarem duas cidades: Janículo e Satúrnia. Mas os pagãos, empenhados em usar do maior atrevimento no culto aos deuses, de Juno, cuja vida acharam menos torpe, forjaram estátua monstruosamente disforme, fazendo-o ora bifronte, ora também com quatro rostos, como que duplicado. Quiseram, porventura, que, posto muitos deuses seletos, por causa da perpetração de crimes vergonhosos, haverem perdido a vergonha, Jano, quanto mais inocente era, mais caras tivesse?

## CAPÍTULO V
### Doutrina mais secreta dos pagãos. As razões físicas

Ouçamos, porém, as interpretações físicas com que se esforçam em dourar com aparências de doutrina mais profunda a torpeza do mais mísero erro. Varrão, em primeiro lugar, encarece as interpretações ao extremo de dizer haverem os antigos fingido os ídolos, as insígnias e os ornamentos dos deuses, para, vendo-o com os olhos, poderem os iniciados nos mistérios da doutrina ver com o espírito a alma do mundo e suas partes, ou seja, os deuses verdadeiros.

Parece que os construtores dos simulacros dos deuses se deixaram guiar pela ideia de ser muito semelhante ao espírito imortal o espírito que os mortais trazem no corpo. Se, por exemplo, nos templos se colocassem vasos próprios para distinguir os deuses e, assim, no templo de Líbero ou Baco se colocasse um enóforo, representativo do vinho, segundo a figura do continente pelo conteúdo, assim também a estátua sob forma humana representaria a alma racional, substância idêntica à substância divina, cujo corpo é como o vaso. Eis os mistérios da doutrina em que se iniciara o sábio Varrão e da qual quis revelar certas coisas. Mas, ó engenhoso homem, perdeste, porventura, nos mistérios da doutrina, a prudência que te levou sobriamente a crer que os primeiros a impor ídolos aos povos não tiraram o medo dos cidadãos, mas aumentaram-lhes o erro, e que, sem ídolos, os velhos romanos honraram mais castamente os deuses? A autoridade dos pagãos deu-te arrojo para contra os romanos posteriores defender semelhante prática.

Se os antigos romanos também rendessem culto aos ídolos, talvez tudo quanto pensas a respeito do dever de não constituir ídolos, verdadeiro nesse entretempo, os sepultarias, por temor, no silêncio e pregarias com maior loquacidade e orgulho os mistérios de tal doutrina, encoberta por ficções nocivas e vazias de sentido. Contudo, os mistérios de semelhante ciência não puderam elevar-te a alma; de tal maneira engenhosa e sábia (motivo por que te lastimamos), a seu Deus, isto é, ao Deus de que és criatura, não com o qual foi feita, não daquele de que é parte, mas daquele de quem é criatura, não o que é alma de tudo, mas o que fez toda alma, e é a única luz que torna bem-aventurada a alma, quando não se mostra ingrata à sua graça. Quais sejam e qual a estima que nos devam merecer os mistérios de tal doutrina, evidencia-o o seguinte. Afirma o sábio Varrão serem verdadeiros deuses a alma do mundo e suas partes. Daí se depreende que toda a sua teologia, mesmo a natural, a que dá tamanha importância, não pôde elevar-se acima da alma racional. Da natural diz muito pouco no prólogo desse livro. Veremos se com suas interpretações fisiológicas lhe foi possível à teologia natural referir a civil, que trata dos deuses seletos. Se puder, toda a teologia será natural. Então, que necessidade tinha de com tanto esmero distinguir entre a natural e a civil? Se a diferença é legítima, a teologia natural, que lhe parece tão importante, não é verdadeira, posto chegar à alma apenas e não até ao verdadeiro Deus, criador da alma. Quão mais falsa e desprezível é a civil, que se refere à natureza corporal, evidenciam-no as interpretações com tanto cuidado examinadas e expostas por eles. Vejo-me na precisão de citar algumas.

## CAPÍTULO VI
**Opinião de Varrão, segundo a qual Deus é a alma do mundo que em suas partes tem outras muitas almas; a natureza delas é divina**

No prólogo da teologia natural o próprio Varrão diz pensar que Deus é a alma do mundo, chamado *cosmos* pelos gregos, e que esse mundo é Deus. Mas, como o homem, embora conste de alma e de corpo, por causa da alma é que se chama sábio, assim também o mundo se chama deus por causa da alma, pois também consta de alma e de corpo. Nota-se, nesse ponto, que de certo modo admite um Deus único. Mas, para introduzir muitos, acrescenta dividir-se o mundo em duas partes, céu e terra, o céu, em outras duas, éter e ar, e a terra, em água e continente. De todas, o éter ocupa a primeira região, o ar, a segunda, a água, a terceira, e a terra, a última. Todas as quatro partes encontram-se repletas de almas. O éter e o ar, de almas imortais; a água e a terra, de almas mortais. Da suprema esfera do céu ao círculo da lua residem as almas etéreas, isto é, os astros e as estrelas, deuses celestes não apenas inteligíveis, mas também visíveis. Entre a esfera lunar e os derradeiros cimos da região das nuvens e dos ventos encontram-se as almas aéreas, vistas com a alma, não com os olhos, e chamadas heróis, lares e gênios. Eis a teologia natural proposta no prólogo. Não é o único que o faz; há muitos outros filósofos. Dela falaremos mais detidamente depois, uma vez que tenhamos dado fim, com o auxílio de Deus, ao que resta da teologia civil, no concernente aos deuses seletos.

## CAPÍTULO VII
### É razoável fazer de Jano e Término dois deuses?

Pergunto: Quem é Jano, por ele colocado no começo? Respondem: O mundo. Breve, na realidade, e clara a resposta. Por que dizem pertencer-lhe os princípios das coisas, e a outro, chamado Término, os fins? Porque, respondem, pelos princípios e pelos fins aos dois deuses consagraram dois meses, além dos outros dez, cujo princípio, até dezembro, é março: janeiro a Jano e fevereiro a Término. Por isso, dizem, celebram-se no mês de fevereiro as festas terminais, em que realizam a cerimônia da purificação, chamada Fébruo, que deu nome ao mês. Dizei-me: Pertencem ao mundo, que é Jano, os princípios das coisas e não lhe pertencem os fins, a cuja frente precisa estar outro deus? Porventura, as coisas feitas neste mundo não admitem também que nele terminem? Que significa a inconsequência de dar, de fato, meio poder a Jano e dois rostos a sua imagem? Não seria interpretação muito mais brilhante da estátua do deus dizer-se que

Jano e Término são a mesma divindade e que um rosto corresponde aos princípios e outro aos fins? O motivo é dever quem age intentar um e outro, porque em toda ação pessoal quem não põe os olhos no princípio não pode prever o fim. É necessário, precisamente, que a intenção, projetada sobre o futuro, se una à memória, porque quem se esquece do que começou não encontrará meio de terminá-lo.

Se pensassem que a vida bem-aventurada começa neste mundo e se aperfeiçoa fora dele e, por isso, atribuíssem a Jano, isto é, ao mundo, apenas o poder sobre os princípios, anteporiam, sem dúvida, Término e não o excluiriam do número dos deuses seletos. Embora, no momento, se considerem nos dois deuses os princípios e os fins das coisas temporais, dever-se-ia dar preferência a Término. Há maior alegria quando se conclui alguma coisa que quando se começa. Todo começo é repleto de inquietude, que cessa apenas quando se consegue o fim, apetecido, intentado, esperado e desejado, que leva a começá-la. O coração não canta vitória pelo que começa, mas pelo que termina.

## CAPÍTULO VIII
**Por que motivo os adoradores de Jano lhe fingiram bifronte a imagem, se também a quiseram de quatro rostos?**

Mas passemos à explicação da estátua bifronte. Dizem ter dois rostos, um adiante, atrás o outro, porque a comissura dos lábios, quando abrimos a boca, semelha de certa maneira o mundo. Por isso ao paladar os gregos chamam *ouranós*, e alguns poetas, céu. A boca humana, aberta, apresenta duas saídas, uma para fora, para os dentes, e outra para dentro, para a garganta. Eis o ponto a que chegou o mundo, graças à palavra, grega ou poética, que significa paladar! Que tem isso a ver com a alma? Com a vida eterna? Renda-se culto a Jano apenas pela saliva, posto abrirem-se sob o céu do paladar ambas as portas, uma para deglutí-la e outra para expeli-la. Existe absurdo semelhante ao de não encontrar no mundo duas portas colocadas frente a frente, uma para introduzir algo dentro e outra para deitá-lo fora? Existe absurdo maior que querer com a boca e a garganta humanas, que em nada semelham o mundo, figurar o mundo com o simulacro de Jano, por causa apenas do paladar, semelhança de que carece também Jano? Quando o forjam de quatro rostos e o chamam

Jano duplo, interpretam-no das quatro partes do mundo, como se o mundo esperasse algo de fora, como Jano por todos os quatro rostos.

Além disso, se Jano é o mundo e o mundo tem quatro partes, é falsa a efígie de Jano bifronte. E, se totalmente verdadeiro, porque sob o nome de Oriente e de Ocidente é costume entender-se o mundo todo, quando nomeamos as outras duas partes, a saber, Austro e Setentrião, alguém ousará, porventura, chamar duplo ao mundo, como chamam Jano duplo ao de quatro rostos? Não têm, na realidade, razão suficiente para nas quatro portas, abertas a quem entra e a quem sai, ver semelhança com o mundo, embora a encontrem no que dizem de Jano bifronte. Tal semelhança não se encontra, pelo menos, na boca do homem, salvo se Netuno sobreviver e oferecer-nos um peixe, em que, além da boca e da garganta, aparecem duas guelras, uma à direita e outra à esquerda. E, contudo, por tantas portas não se subtrai a semelhante vaidade, senão a alma que ouve a voz da verdade: Sou *a porta*.

## CAPÍTULO IX
### Paralelo entre o poder de Júpiter e o de Jano

1. Digam-nos quem querem que entendamos por Jove, também conhecido pelo nome de Júpiter. É, dizem, o deus de que dependem as causas de tudo quanto se faz no mundo. Imenso poder! Expressa-o Virgílio neste célebre verso: *Feliz de quem pôde conhecer as causas das coisas!* Mas por que lhe antepõem Jano? Responda-nos o penetrante e douto Varrão. *Porque sob o poder de Jano,* diz, *encontram-se os princípios e, sob o poder de Júpiter, os fins. Com razão, por conseguinte, Júpiter é considerado rei de todos. Os fins avantajam-se aos princípios, porque, embora os princípios precedam em tempo, os fins são, em dignidade, superiores.* Di-lo-ia com razão, se se tratasse de, nas coisas, distinguir a origem e o ponto culminante de seu desenvolvimento. Assim, partir é a origem de qualquer ato; chegar, o termo. Começar a aprender é o princípio; a captação da doutrina, o fim. E assim, quanto ao mais. Assim, em todas as coisas, o começo precede e o fim coroa. Mas trata-se de ponto já ventilado entre Jano e Término.

São, porém, eficientes, não efeitos, as causas atribuídas a Júpiter e torna-se de todo em todo impossível, na ordem do tempo, que as precedam os fatos ou os princípios dos fatos. A causa sempre antecede o efeito. Portanto, se pertencentes a Jano, os princípios dos fatos não são anteriores às causas eficientes, atribuídas a Júpiter. Como nada se faz sem causa, assim também nada se começa a fazer, sem causa eficiente que o preceda. Na realidade, se ao deus, sob cujo poder se encontram as causas de todas as naturezas criadas e das coisas naturais, os povos chamam Júpiter e lhe rendem culto por meio de tamanhas injúrias e tão cruéis acusações, atam-se com sacrilégio mais negro que se não o considerassem deus. Donde se deduz ser preferível chamar Júpiter a qualquer objeto digno de tão nefandas e criminosas honras a chamar deus a quem troveja e adultera, a quem dirige o mundo e resvala em semelhantes estupros, a quem tem as causas supremas de todas as naturezas e das coisas naturais e não tem as causas das ações que pratica. A razão é blasfemarem com essa suposta e vã ficção (assim se apresentou uma pedra a Saturno, que a devorou em lugar do filho).

2. Agora pergunto: Que lugar se atribui a Júpiter entre os deuses, se Jano é o mundo? Varrão definiu os deuses verdadeiros, dizendo-os alma do mundo e suas partes. Donde se segue que tudo quanto não o é, aos olhos dos pagãos, não é verdadeiro deus. A Júpiter chamariam, porventura, alma do mundo, de maneira que Jano seja seu corpo, isto é, o mundo visível. Se o dizem, não há motivo para Jano continuar sendo deus, porque o corpo do mundo não é deus, nem mesmo na opinião deles; a alma do mundo e suas partes é que são. Assim, Varrão diz de modo muito claro que, segundo ele, Deus é a alma do mundo e o próprio mundo é Deus. E, como o homem sábio, composto de alma e corpo, à alma deve o chamar-se sábio, assim também ao mundo se chama deus por causa da alma, embora também conste de alma e corpo. Em consequência, isolado, o corpo do mundo não é deus, mas o é a alma apenas ou o corpo e a alma juntos, contanto que se diga não ser deus por causa do corpo, mas por causa da alma.

Se Jano é o mundo e é deus, hão de, porventura, afirmar que, para que possa ser deus, Júpiter é parte de Jano? Costumam, antes, atribuir a Júpiter o universo inteiro. Assim se lê: *Tudo está repleto de Júpiter*. Por conseguinte, para Júpiter ser deus e, principalmente, para poder ser rei dos deuses, torna-se-lhe necessário, em absoluto, ser o mundo, para reinar sobre os outros deuses, partes suas, segundo os pagãos. Em favor de semelhante parecer, Varrão cita alguns versos de Valério Sorano, extraídos do livro escrito *Sobre o culto aos deuses.* Ei-los: *Júpiter, onipotente, progenitor dos reis, das coisas e dos deuses, progenitora dos deuses, deus único e todos os deuses.* Varrão explica-os assim: Júpiter é homem, quando emite o sêmen; mulher, quando o *recebe.* Assim, Júpiter é o mundo e todos os sêmens saem dele e nele reentram. *Por isso,* diz, *a Júpiter Sorano chamou progenitor e progenitora e, não com menor razão, disse ser, ao mesmo tempo, único e tudo, porque o mundo é uno e no uno se encontram todas as coisas.*

## CAPÍTULO X
### É razoável a distinção entre Jano e Júpiter?

Se Jano é o mundo, se o mundo é Júpiter, se ambos são o mundo, por que Jano e Júpiter são dois deuses? Por que têm templos distintos, diferentes altares, distintos ritos e dessemelhantes estátuas? Se é precisamente porque uma é a virtude dos princípios e outra a das causas, recebendo aquela o nome de Jano e esta o de Júpiter, pergunto: Se alguém tivesse sobre coisas diferentes dois poderes ou duas artes, por ser distinta a virtude de cada uma delas, por isso se diriam dois juízes ou dois artífices? De igual modo, para o Deus uno ter poder sobre os princípios e sobre as causas, temos, por isso, de pensar, necessariamente, tratar-se de dois deuses, por serem duas coisas os princípios e as causas? Se o consideram razoável e justo, digam também ser Júpiter tantos deuses quantos os sobrenomes que lhe deram por causa de seus muitos poderes. Ninguém pode duvidar serem muitas e diferentes as coisas por que lhe deram nomes. Vou citar alguns exemplos.

## CAPÍTULO XI
### Sobrenomes de Júpiter. Não fazem referência a muitos deuses, mas a um mesmo

Chamaram-no Vencedor, Invicto, Socorredor, Impulsor, Estator, Centípeda, Supinal, Tigilo, Almo, Rumino e outras muitas coisas que seria prolixo enumerar. Todos esses nomes impuseram-nos a um só deus por causas e poderes diversos. Contudo, por tantas coisas não o forçaram a ser também tantos deuses. Porque vencia tudo e porque ninguém o vencia; porque socorria os necessitados e porque tinha o poder de impelir, estar de pé, manter e derribar; porque, como verdadeira viga, sustinha e continha o mundo; porque alimentava todas as coisas e porque com as tetas, isto é, com as mamas, criava os animais, deram-lhe todos esses nomes. Entre tantas funções, como fizemos notar, há coisas grandes e coisas pequenas; todavia, um só, dizem, faz umas e outras. Tenho para mim que as causas e os princípios das coisas, porque quiseram que um só mundo fosse dois deuses, Júpiter e Jano, estão mais próximos uns dos outros que conter o mundo e dar de mamar aos animais. Contudo, por causa de duas funções tão infinitamente distantes uma da outra em virtude e em dignidade, não se viu constrangido a ser dois deuses, mas um só Júpiter, chamado por aquela Tigilo, e por esta, Rumino. Não quero acrescentar que dar de mamar aos animais mamíferos poderia ser mais conforme com a decência de Juno que com a de Júpiter, máxime sabendo que existe, ademais, a deusa Rumina, que lhe prestaria auxílio e serviço em semelhante emprego. Imagino resposta possível por parte deles. A própria Juno, replicarão, outra coisa não é senão Júpiter, segundo os seguintes versos de Valério Sorano: *Júpiter, onipotente, progenitor dos reis, das coisas e dos deuses e progenitora dos deuses.*

Por que lhe deram o nome de Rumino, se observação mais atenta descobrirá a existência da deusa Rumina? Se, com efeito, era indigno da majestade dos deuses que, em uma só espiga de trigo, um cuidasse dos nozinhos do colmo e outro dos folículos, quão mais o será que dois deuses, dos quais um é Júpiter, rei de todos eles, exerçam poder sobre coisa tão ínfima como a amamentação dos animais! Nem sequer o faz com a esposa, mas com não sei que plebeia Rumina, porque ele próprio é Rumina e, talvez, Rumino para os animais machos e Rumina para as fêmeas. Diríamos não quererem dar a Júpiter nome feminino, não fora ler-se nos citados versos: *Progenitor e progenitora.* Entre seus muitos sobrenomes li também chamar-se Pecúnia, deusa por nós encontrada entre os pequenos arrendadores de impostos a que fizemos menção no Livro Quarto. Se, todavia, homens e mulheres têm dinheiro, por que não se lhe chama Pecúnia e Pecúnio, como Rumina e Rumino; por que não?

## CAPÍTULO XII
### A Júpiter dá-se também o nome de Pecúnia

Com que brilhantismo não justificaram tal nome! Chama-se também Pecúnia, dizem, porque todas as coisas lhe pertencem. Bonita razão de nome divino! Diríamos: Aquele de quem são todas as coisas se chama vil e afrontosamente Pecúnia. Em relação a tudo quanto se contém no céu e na terra, que é o dinheiro entre as coisas que, com o nome de dinheiro, os homens possuem? Na realidade, foi a avareza que impôs semelhante nome a Júpiter, com o propósito de que a todo aquele que ama o dinheiro lhe parecesse não amar qualquer deus, mas o rei de todos os deuses. Não seria assim, caso se chamasse riqueza. Uma coisa são as riquezas; outra, o dinheiro. Chamamos ricos, sábios, justos e bons a quem carece de dinheiro ou tem pouco. São ricos em virtudes, que lhes ensinam a contentar-se com o que têm, quando se veem faltos de bens temporais. E damos o nome de pobres aos avaros, sempre anelantes e sempre em necessidade, porque é possível que tenham as maiores riquezas do mundo, mas, por muito grande que seja seu patrimônio, não podem não estar necessitados.

Ao verdadeiro Deus com razão chamamos rico, não por causa do dinheiro, mas da onipotência. Chamam-se, de igual modo, ricos os endinheirados, mas no íntimo são pobres, se cobiçosos. Chamam-se também pobres os carentes de dinheiro, mas no íntimo são ricos, se sábios. Em que estima deve o sábio ter semelhante teologia, em que o rei dos deuses tomou o nome da coisa *que jamais sábio algum desejou?* Com que facilidade, se salutarmente aprendessem algo da ciência da vida eterna, chamariam Deus ao regedor deste mundo, não por causa do dinheiro, mas por causa da sabedoria, cujo amor purifica da imunda cobiça, ou seja, do amor ao dinheiro!

## CAPÍTULO XIII
### Ao explicar-se que é Saturno ou que é Gênio, ensina-se que são um e outro o mesmo Júpiter

Para que continuarmos falando de Júpiter, a quem, talvez, virão a reduzir-se todas as demais divindades? Assim, a opinião que admite muitos deuses se desvanecerá, pois Júpiter compreenderá todos. E isso, quer os considerem partes ou poderes dele, quer virtude da alma, que julgam difundida por todas as partes deste mundo e sobre as quais se levanta o universo visível. Seu multíplice governo da natureza tornou-o digno de receber como que o nome de muitos deuses.

Que é Saturno? *É deus, diz, dos principais, sobre cujo poder e domínio se encontram todas as sementes.* Porventura, quando comenta os versos de Sorano, não nos ensina Varrão que Júpiter é o mundo e que recebe em si e emite todas as sementes? Logo, trata-se do mesmo sob cujo poder e domínio se encontram todas as sementes.

Que é Gênio? *Deus preposto; tem a virtude de gerar todas as coisas.* Que outro acreditam ter igual virtude, senão o mundo, do qual se disse: *Júpiter, progenitor e progenitora?* E, como em outro lugar diz ser Gênio a alma racional de cada homem e, por isso, ter cada qual a sua, assegurando ser deus a alma do mundo, parece dar a entender que a alma do mundo é assim como que Gênio universal. É o chamado Júpiter, porque, se todo Gênio é deus e a alma de cada homem é Gênio, segue-se ser deus a alma de cada homem. Se a absurda consequência de tal afirmativa os próprios pagãos se veem obrigados a rechaçá-la, resta chamarem própria e excelentemente Gênio ao deus a que chamam alma do mundo e, portanto, a Júpiter.

## CAPÍTULO XIV
### Ofícios de Mercúrio e Marte

Não encontraram meio de referir Mercúrio e Marte a algumas partes do mundo e às operações de Deus sobre os elementos. Eis o motivo que os moveu a pô-los à frente pelo menos das obras dos homens, fazendo-os presidir a palavra e a guerra. Se o poder de Mercúrio se estende à palavra dos deuses, senhoreia também o rei dos deuses, se é que Júpiter fala segundo seu arbítrio ou recebeu dele a faculdade de falar. Trata-se, é claro, de absurdo. Se, porém, diz-se que apenas lhe atribuem poder sobre a palavra humana, não é crível que Júpiter voluntariamente se rebaixasse a dar de mamar, não só às crianças, mas também aos animais, pelo que recebeu o nome de Rumino, e não quisesse encarregar-se da palavra, pela qual nos avantajamos às bestas. Portanto, Mercúrio é o mesmíssimo Júpiter.

Se com a palavra se quer identificar Mercúrio, se Mercúrio, repito, é a própria palavra, não é deus, segundo sua própria confissão. Tal identidade funda-se nas interpretações que dele se fazem. (Diz-se chamado Mercúrio porque *corre no meio*, assim como a palavra corre entre os homens. Por esse motivo chama-se em grego Hermes, porque palavra, ou a interpretação que se lhe dá, se diz *hermeneia*. Daí lhe vem também o presidir o comércio, porque entre vendedores e compradores a palavra serve de intermediária. As asas na cabeça e nos pés significam que a palavra voa como a ave no ar. Também lhe chamam núncio, porque por intermédio da palavra se expressam os pensamentos.) Mas, por transformarem em deuses os que não são nem demônios, dirigindo súplicas a espíritos imundos, possuem-nos os que não são deuses, mas demônios.

De igual modo, porque a Marte não puderam atribuir algum elemento ou parte do mundo, onde exercesse suas funções, fossem de que natureza fossem, disseram ser o deus da guerra. E a guerra é obra dos homens e não desejável para eles. Se a Felicidade desse perpétua paz, Marte não teria o que fazer. Oxalá fosse Marte a guerra, como é Mercúrio a palavra! Porque seria tão claro não ser deus, como não o é a guerra, que nem falsamente se chama deus.

## CAPÍTULO XV
### Algumas estrelas a que os pagãos deram os nomes dos deuses

Talvez esses deuses sejam as estrelas a que deram seus nomes, porque a uma estrela chamam Mercúrio, e a outra, Marte. Mas também existe uma, chamada Júpiter, e todavia, para eles, Júpiter é o mundo. Ali também se encontra a mais resplandecente de todas, por eles chamada Vênus, e, contudo, querem que seja, além disso, a Lua. Contendem entre si a respeito de fulgentíssima estrela, como Juno e Vênus sobre a maçã de ouro. Alguns sustentam que o Luzeiro é de Vênus; outros, que é de Juno. Mas, como de costume, Vênus vence, por serem mais numerosos os que o atribuem a Vênus. Com dificuldade se encontra quem diga o contrário. Quem não rirá às gargalhadas ao ouvir que Júpiter é o rei dos deuses e ver que sua estrela fica deste tamanhinho ante o resplendor da de Vênus? Deveria aquela superar em fulgor as demais tanto quanto em poder Júpiter supera todos. Respondem que parece assim precisamente porque o que parece mais obscuro se encontra mais acima e muito mais separado da terra.

Se a dignidade maior corresponde lugar mais elevado, por que Saturno está mais elevado que Júpiter? Acaso porque a vanidade da fábula, que de Júpiter faz rei, não pôde chegar aos astros e o que Saturno não conseguiu em seu reino, nem no Capitólio, se lhe permitiu obter no céu? Ademais, por que não atribuíram nenhuma estrela a Jano? Se é por ser o mundo e se encontrarem nele todas as estrelas, também Júpiter é o mundo e, contudo, a tem. Porventura Jano as arranjou como pôde e, por uma estrela que não tem entre os astros, obteve tantos rostos no mundo? E, se fazem de Mercúrio e de Marte partes do mundo e, por conseguinte, deuses, só por causa de suas estrelas, pois, com certeza, a palavra e a guerra não constituem partes do mundo, mas atos humanos, por que todos os signos celestes, compostos não de apenas uma estrela, mas cada qual de várias, e colocados no mais alto do éter, onde a constância do movimento assegura curso invariável às constelações, por que Áries, Touro, Câncer e Escorpião ficam privados de altares, de sacrifícios e de templos, por que não admiti-los, se não entre os deuses seletos, pelo menos entre os quase plebeus?

## CAPÍTULO XVI
### Apolo, Diana e demais deuses seletos que quiseram fossem partes do mundo

De Apolo, embora o quisessem adivinho e médico, disseram ser o Sol, para colocá-lo em alguma parte do mundo; de Diana, sua irmã, disseram, de igual sorte, ser a Lua e presidenta dos caminhos. Eis por que a fazem também virgem. Dão, além disso, flechas a ambos, porque os dois astros lançam raios do céu à terra. Desejam seja Vulcano o fogo do mundo, Netuno, o das águas do universo, e Dítis pai, ou seja, Orco, a parte terrena e mais inferior do mundo. Põem Líbero e Ceres à frente das sementes, aquele à das masculinas, esta à das femininas, ou aquele à das úmidas e esta à das secas. Tudo isso faz referência, sem dúvida, a Júpiter, ou seja, ao mundo, que se chamou progenitor e progenitora porque emite de si todas as sementes e em si as recebe todas. Tal acontece, embora queiram também que Ceres seja a grande mãe, que outra não é, conforme dizem, senão a terra e, ao mesmo tempo, também Juno. Eis por que lhe atribuem as causas segundas, embora a Júpiter se chamasse progenitor e progenitora dos deuses porque, segundo os pagãos, Júpiter é o mundo inteiro. Minerva disseram ser a parte superior do céu ou a lua, pois a puseram à frente das artes humanas, e não encontraram nem uma estrela onde colocá-la. Vesta passa por ser a maior das deusas porque é a terra, embora acreditassem dever-se-lhe atribuir o fogo mais brando do mundo, empregado nos usos ordinários dos homens, não o mais violento, como o de Vulcano. Por isso pretendem que todos esses deuses seletos sejam o mundo: uns, o mundo inteiro; outros, partes dele. O mundo todo é, por exemplo, Júpiter; partes dele, Gênio, a grande mãe, o sol e a lua ou, por melhor dizer, Apolo e Diana. Algumas vezes, um só deus é muitas coisas; outras, uma só coisa muitos deuses. Exemplo de um só deus ser muitas coisas temo-lo em Júpiter. Júpiter é tido e anunciado, primeiro como o mundo inteiro, depois como o céu apenas e, por último, é também estrela. De igual modo, Juno é senhora das causas segundas, Juno é o ar, Juno é a terra e, se vencer a Vênus, Juno é estrela. Assim também, Minerva é o éter superior e Minerva é a lua, que acreditam achar-se no limite mais inferior do éter. Exemplos de uma só coisa ser muitos deuses temo-los primeiro em Jano, que é o mundo, quando o mundo é, ao mesmo tempo, Júpiter. Dá-se a mesma coisa com Juno, que é a terra, quando a terra é também a grande mãe e o é Ceres.

## CAPÍTULO XVII
### O próprio Varrão considera ambíguas suas opiniões a respeito dos deuses

As coisas que mencionei a título de exemplo não explicam as demais; ao contrário, servem para complicá-las. Segundo a parte de que soprar o vento da erradia opinião dos gentios, saltam de cá para lá, de modo que o próprio Varrão prefere duvidar de tudo a afirmar algo. Ao finalizar o Livro Primeiro dos três últimos sobre os deuses certos, quando no livro seguinte começou a falar sobre os deuses incertos, escreveu: *Não devem censurar-me por neste livrinho considerar duvidosas as opiniões sobre os deuses. Que outro, se julgar necessário e possível, enuncie julgamento positivo. Quanto a mim, tomarei o caminho mais curto, que é pôr em dúvida tudo que afirmei no Livro Primeiro e não encaminhar por veredas de certeza o que escrever neste.* Dessa maneira deixou na dúvida não apenas esse dos deuses incertos, mas também o dos certos.

No Livro Terceiro, sobre os deuses seletos, depois de haver prolongado quanto julgou conveniente a teologia natural, agredindo as futilezas e mentirosas loucuras da teologia civil, em que não apenas não o guiava a verdade das coisas, mas pesava sobre ele a autoridade dos antepassados, diz: *Neste livro escreverei sobre os deuses públicos do povo romano, a que dedicaram templos e deram notoriedade, ornando-os com muitos signos. Mas, como observa Xenófanes Colofônio, exporei o que penso do assunto e não o que afirmo, porque opinar é de homens, saber, de Deus.* Quando vai tratar de instituições humanas, promete, cauteloso, falar de coisas não compreendidas nem arraigadas por firme crença, mas de coisas opinativas e duvidosas. Sabia que existe o mundo, que existem o céu e a terra; sabia que o céu se encontra ornado de astros esplendentes e que a terra é fértil de sementes e assim por diante. Acreditava com certa firmeza de ânimo que certa força invisível e prepotente governa e rege o maravilhoso conjunto do universo. Não podia, porém, afirmar de igual modo que Jano é o mundo ou falar de Saturno, que, sendo pai de Júpiter, veio a ser súdito do filho, e outras coisas que tais.

## CAPÍTULO XVIII
### Causa mais crivelmente inspiradora do erro do paganismo

A razão mais verossímil que se possa dar é haverem os deuses sido homens e deverem à lisonja que os fez deuses as solenidades e os ritos que soube compor segundo o espírito, o caráter, os atos e o destino de cada um deles. Insinuando-se pouco a pouco nas almas humanas, semelhantes às dos demônios e apaixonadas pelo erro, essas tradições sacrílegas espalharam-se por toda parte, abonadas pelas engenhosas mentiras dos poetas e pelas seduções dos espíritos de malícia. É mais factível e fácil que o ímpio jovem, temeroso de ser morto pelo desnaturado pai e desejoso de reinar, o expulsasse do reino, que a interpretação dada por Varrão, a saber, que Júpiter, filho, venceu a Saturno, pai, precisamente porque a causa, pertencente a Júpiter, vem antes da semente, que pertence a Saturno. Se assim fosse, nunca Saturno fora anterior a Júpiter, nem seria seu pai, porque a causa da semente precede sempre a própria semente, que jamais a engendra. Mas, quando se esforçam em honrar com interpretações naturais as fabulosas vaidades ou as façanhas dos homens, até as inteligências mais agudas se veem em tamanhos apertos, que nos obrigam a lastimar-lhes também a vaidade.

## CAPÍTULO XIX
### Interpretações em que se apoia a razão de tributar-se culto a Saturno

Contam que Saturno costumava devorar o que dele nascia, porque as sementes voltam ao lugar de que procederam. O haverem-lhe dado, em lugar de Júpiter, um torrão, para que o tragasse, significa que no começo, quer dizer, antes de descobrir-se a lavoura, os homens cobriam as sementes com as mãos. Saturno deveria chamar-se a terra, não a semente. A terra, de certo modo, devora o que engendra, quando, brotadas, as sementes tornam a ser recebidas nela. O haver-se-lhe oferecido um torrão em lugar de Júpiter, que tem a ver com que os homens cubram de terra a semente? Não é devorado como o resto o grão de semente posto no seio da terra? Disseram-no como se quem semeia a gleba lhe tirasse, depois, a semente, como aconteceu quando, oferecendo o torrão a Saturno, lhe tiraram Júpiter. Cobrindo-se de terra a semente, é mais depressa devorada. Logo, nesse sentido, Júpiter é a semente, não causa da semente, que é o que antes se dizia. Que farão, entretanto, os homens que, ao interpretarem coisas bobas, não encontram o que dizer sabiamente? Saturno traz foice, acrescenta Varrão, por causa da agricultura. É verdade que, quando reinava, a agricultura ainda não existia. Por isso dizem que seus tempos foram os primitivos, porque, segundo a explicação das fábulas inventadas pelo mesmo autor, os primeiros homens viviam das sementes espontaneamente produzidas pela terra. Acaso, perdido o cetro, empunhou a foice, a fim de no reinado do filho tornar-se laborioso obreiro quem nos primeiros tempos foi ocioso rei? Diz, a seguir, costumarem alguns imolar-lhe crianças. Assim, os cartagineses e outros imolavam-lhe também adultos, como os gauleses, pois a melhor das sementes é o gênero humano. Que necessidade temos de estender-nos nessa crudelíssima vaidade? Baste-nos recordar e ter por averiguado que semelhantes explicações não se referem ao verdadeiro Deus, natureza viva, incorpórea e imutável, a quem deve ser eternamente pedida a vida bem-aventurada; mas seus fins se encontram nas coisas corporais, temporais, mutáveis e mortais.

Quanto ao caso de Saturno haver castrado o Céu, seu pai, como vem contado nas fábulas, significa estar sob o poder de Saturno, não sob o poder do céu, a semente divina. É o que de maneira precisa se deixa entrever, dado que no céu nenhuma semente nasce. Mas eis que, se Saturno é filho do céu, é também filho de Júpiter, porque afirmam de mil e um modos ser Júpiter o céu. O que não procede da verdade, muitas vezes, sem coação alguma, destrói-se a si mesmo. Diz que se chamou *Khronos*, porque essa palavra grega significa espaço de tempo, sem o qual a semente não pode ser fecunda. Essas e outras muitas coisas dizem-se de Saturno e todas elas referem-se à semente. Se, porém, tamanho poder de Saturno fosse bastante para as sementes, para que buscar a intervenção de outros deuses, especialmente de Líbero e Líbera, isto é, Ceres? De tais divindades torna logo a dizer muitas coisas relativas à semente, como se nada houvesse dito, ao tratar de Saturno.

## CAPÍTULO XX
### Os mistérios de Ceres Eleusina

Celebram-se, entre os mistérios de Ceres, os mistérios eleusinos, que tamanha aceitação tiveram entre os atenienses. Não lhes dá interpretação alguma, salvo no concernente ao grão de trigo, inventado por Ceres, e a Prosérpina, raptada pelo deus Orco. Diz que Ceres significa a fecundidade das sementes. Havendo faltado por algum tempo e entristecendo-se a terra por causa da esterilidade, surgiu a opinião de que a filha de Ceres, ou seja, a fecundidade, que recebeu o nome de Prosérpina, de *proserpendo* (brotar), fora raptada pelo deus Orco, que a encerrou nos infernos. Tal acontecimento foi celebrado com luto público. Logo Prosérpina voltou a ver o renascimento da alegria, quando a fecundidade retornou. Eis a causa da instituição de tais solenidades. Varrão acrescenta que os mistérios eleusinos encerram muitas outras tradições, todas relativas à invenção das messes.

## CAPÍTULO XXI
### Torpeza dos sacrifícios celebrados em honra de Líbero

Envergonha-me dizer a que torpeza chegaram os mistérios de Líbero, a quem fizeram presidir as sementes líquidas e, portanto, não apenas o sumo dos frutos, entre os quais o vinho, de certo modo, ocupa o primeiro lugar, mas também o sêmen dos animais, mas não me envergonho por causa de sua arrogante estupidez, e sim porque devo continuar falando sobre eles. Eis uma das coisas que me vejo forçado a silenciar, por serem muitas: Nas encruzilhadas da Itália celebravam-se os mistérios de Líbero, diz Varrão, com tamanha libertinagem e torpeza, que em sua honra se reverenciavam as partes viris do homem. Não o faziam em segredo, caso em que seria mais verecundo, mas em público, triunfando, assim, a carnal torpeza. Durante as festividades de Líbero, o vergonhoso membro era, com grande honra, posto em cima de carros e passeado, primeiro do campo às encruzilhadas, depois pelas cercanias de Roma, onde acabava entrando.

Na cidade chamada Lavínio dedicava-se um mês inteiro às festividades de Líbero. Durante trinta dias todos usavam as palavras mais indecorosas, até que o referido membro, depois de conduzido em procissão pelas ruas, fosse repousar, enfim, em seu lugar. Ao desonesto membro era preciso que honestíssima mãe de família lhe impusesse publicamente a coroa. Desse modo se devia tornar propício o deus Líbero, para maior rendimento das colheitas. Assim devia repelir-se dos campos o feitiço, a fim de a matrona ver-se obrigada a fazer em público o que até a meretriz se deveria proibir fazer em cena, se espectadoras as matronas. Apenas uma razão fundou a crença de não ser suficiente Saturno para as sementes. E era que a alma imunda encontrasse oportunidade para multiplicar seus deuses e, desprovida, como castigo de sua imundície, do único e verdadeiro Deus e prostituída por muitos e falsos deuses, ávida de maior imundície, a semelhantes sacrilégios chamasse sacramentos e se entregasse à canalha de sujos demônios, para ser violentada e maculada.

## CAPÍTULO XXII
### Netuno, Salácia e Venília

De Netuno já era esposa a deusa Salácia, a água inferior do mar, segundo os pagãos. Para que se lhe acrescenta Venília, senão a fim de que, sem necessidade dos cultos, mas graças apenas à libido da alma prostituída, multiplicassem-se as solicitações dos demônios? Dessa nobre teologia deem-nos interpretação que nos refreie a censura: que a interpretação, todavia, seja racional. Venília, dizem, é a onda que vem à praia; Salácia, a onda que volta ao mar. Por que se fazem duas deusas, se é a mesma a onda que vem e vai? É imagem do louco apetite, que se inquieta por ter muitos deuses. Embora seja a mesma água que vai e vem, sob miserável pretexto invocam dois demônios e mais ainda se macula a alma, que vai e não torna. Conjuro-te, Varrão, conjuro-vos, leitores dos escritos de homens tão sábios, que presumis haver aprendido algo de grande, a dar-nos explicação, se não conforme com a natureza imutável e eterna que é Deus, pelo menos de acordo com a alma do mundo e suas partes, que julgais deuses verdadeiros.

É erro quase tolerável que da parte da alma do mundo que penetra o mar tenhais feito um deus, Netuno. Mas, dizei-me, a água, que vem à praia e reflui para o mar, forma duas partes do mundo ou duas partes da alma do mundo? Quem de vós estará de tal maneira fora do juízo que seja capaz de afirmá-lo? Então, por que criastes duas deusas? Não é porque a sabedoria de vossos antepassados não cuidou de confiar-vos à guarda de várias divindades, e sim de entregar-vos à horda de demônios, amiga das vaidades e da mentira? Por que semelhante explicação fez Salácia perder a parte inferior do mar, que a sujeitava ao marido? Torna-se evidente que, quando dizeis que é a onda que vai e vem, a pondes na superfície. Acaso porque se amancebou com Venília, a deusa Salácia, de zangada, expulsou o esposo das partes superiores do mar?

## CAPÍTULO XXIII
**Da Terra afirma Varrão que é deusa, pois a alma do mundo, que se considera Deus, corre também por essa parte mais inferior de seu corpo e lhe comunica sua virtude divina**

1. A terra, que vemos povoada de animais, é única; todavia, não passa de corpo imenso e é a última parte do mundo. Então, por que a querem deusa? Porque é fecunda? E por que, de preferência, não seriam deuses os homens, pois a tornam fecunda, mas pelo amanho, não pelo culto? A parte da alma do mundo, afirmam, que a penetra é que a transforma em deusa. Como se não fora mais evidente a existência da alma nos homens! Sobre isso não há dúvida. Entretanto, de maneira alguma, os homens passam por deuses. E, o que é mais de lamentar, os pagãos, com admirável e lastimoso erro, submetem-se a seres que não são deuses, mas piores do que os homens, e tributam-lhes culto e adoram-nos. É certo que, no livro citado sobre os deuses seletos, o próprio Varrão declara haver três graus de alma em toda natureza e na natureza universal.

O primeiro, que circula por todas as partes do corpo que vive e não tem sentido, mas apenas força para viver. Tal força, diz o referido autor, infiltra-se em nosso corpo, nos ossos, nas unhas e nos cabelos, do mesmo modo que no mundo as árvores se alimentam e crescem sem sentido e de certa maneira vivem. No segundo grau a alma é sensitiva e comunica a sensibilidade aos olhos, aos ouvidos, ao nariz, à boca e ao tato. O terceiro grau, ou seja, o grau supremo, é o espírito, em que domina a inteligência, nobre privilégio de que, exceto o homem, todos os animais carecem. E, como assemelha o homem a Deus, no mundo a referida parte da alma universal chama-se Deus, e no homem, Gênio. Assim, no mundo, as pedras e a terra que vemos e em que o sentido não penetra são como que os ossos, como que as unhas de Deus. São seus sentidos o Sol, a Lua e as estrelas, que sentimos e Ele também sente. O éter é seu espírito, cuja influência, ao chegar aos astros, os transforma em deuses. Tal influência, que corre pela terra, é a deusa Télus; a que se transmite ao oceano e ao mar é o deus Netuno.

2. Volte da que julga teologia natural, para aquela em que, cansado de tantos rodeios e digressões, veio descansar. Volte, repito, volte à civil. Quero nela retê-lo mais um pouco. Ainda tenho algo que dizer-lhe. Bem que poderíamos perguntar: A terra e as pedras, comparadas a nossos ossos e a nossas unhas, são, como eles, desprovidas de sentido e de inteligência? Ou será caso de conceder-lhes a inteligência porque pertencem ao homem dotado de inteligência? É, pois, menos extravagante chamar deuses, no mundo, à terra e às pedras que chamar homens aos nossos ossos e às nossas unhas? Isso talvez se deva tratar com os filósofos; no momento não me dirijo senão ao político. Pode suceder que, embora pareça haver querido erguer um pouquinho a cabeça e respirar como que o ar livre na teologia natural, certas reflexões sobre seu livro e sobre ele próprio lhe hajam sugerido as palavras precedentes, para desviar a suspeita de haverem os antigos romanos e os outros povos tributado culto inane a Télus e a Netuno.

Mas pergunto: Se a terra é uma, por que a parte da alma do mundo que a penetra não constituiu, sob o nome de Télus, uma só divindade? Se constituiu, onde estará Orco, irmão de Júpiter e de Netuno, a quem dá o nome de Dítis pai? Onde está sua esposa Prosérpina, que, de acordo com outra opinião, encaixada nos mesmos livros, não é a fecundidade da terra, mas a parte inferior? Se dizem que, ao difundir-se pela parte superior da terra, a parte da alma do mundo transforma Dítis pai em deus, e, ao difundir-se pela inferior, transforma Prosérpina em deusa, que será Télus? Tudo quanto ela era se dividiu de tal forma em duas partes e em dois deuses, que se torna impossível encontrar nem ser nem lugar para essa como que terceira, salvo se houver quem diga serem os dois deuses, Orco e Prosérpina, juntos, uma só deusa, Télus, e já não serem três deuses, mas um ou dois. Contudo, designam três, reconhecem três, a três rendem culto, com seus altares, com seus templos, com seus mistérios, com seus ídolos e seus sacerdotes e, por meio disso, com seus enganadores demônios, violadores da alma prostituída. Dizei-me, ainda, a que parte da terra desce a alma do mundo para fazer o deus Telumão? Não, responde Varrão, é uma só e mesma terra que tem duas potencialidades, a masculina, que produz a semente, a feminina, que as recebe e nutre. À potencialidade feminina dá o nome de Télus; à masculina, o de Telumão. Por que os pontífices, como o próprio autor observa, acrescentam outros dois, sacrificando, assim, a quatro divindades: Télus, Telumão, Altor e Rusor? Sobre Télus e Telumão já falamos. Mas por que a Altor? Porque da terra se alimenta tudo quanto nasce, diz Varrão. Por que a Rusor? Porque tudo voltará a ele.

## CAPÍTULO XXIV
### Sobrenomes de Télus e suas significações. Embora signos de muitas coisas, não deveriam confirmar as opiniões do politeísmo

1. Por causa da quádrupla potencialidade a terra deveria ter quatro nomes; não deveria, porém, fazer quatro deuses, do mesmo modo que há um Júpiter com tantos nomes e uma Juno com outros tantos. Em todos eles diz-se existir potencialidade múltipla, pertencente a um só deus ou a uma só deusa; mas a multidão de nomes não faz a multidão dos deuses. Assim como é verdade que, algumas vezes, as cortesãs mais vis se cansam e se envergonham da canalha que buscaram para saciar a libido, assim também a alma, envilecida e prostituída por espíritos imundos, tanto quanto se rejubila antes, depois se arrepende de multiplicar os deuses que a macularam e profanaram. O próprio Varrão parece envergonhado de semelhante canalha e quer que Télus seja uma deusa apenas. *Chama-se também,* diz, *a grande mãe. O tambor que carrega significa o orbe terrestre e as torres que lhe coroam a cabeça representam as cidades fortificadas. Os assentos que a rodeiam indicam que a deusa não se move, em se movendo todas as coisas. Os galos postos a seu serviço indicam que aqueles que carecem de semente precisam cultivar a terra, porque nela se encontram todas. Se se movem diante dela, é,* diz ainda, *para mostrar que os que cultivam a terra não podem sentar-se, pois sempre há qualquer coisa que fazer. O som dos címbalos, o retinir de ferramentas, o bater das mãos e outras coisas assim é símbolo do que se faz no campo. Esses apetrechos são de bronze, porque os antigos, antes de descobrirem o ferro, a terra lavraram com bronze.* Acrescentam, continua, *além disso, um*

*leão solto e manso, para dar a entender não existir pedaço algum de terra que, por mais estéril e silvestre, não convenha domar e lavrar.*

Depois acrescenta que o haver dado à mãe Télus muitos nomes e sobrenomes deu motivo a pensar em muitos deuses. *Creem que Télus é Ópis, porque o trabalho a melhora, mãe, por ser fecunda, magna, porque engendra a comida, Prosérpina, pois dela brotam os frutos, e Vesta, por vestir-se de ervas. Assim, reduzem, não de maneira absurda, outras deusas a essa.* Se é uma deusa apenas, na realidade, se consultada a verdade, nem ela mesma é, pergunto agora: Para que buscar muitas? Sejam de uma só tantos nomes e não haja tantas deusas quantos nomes. Mas a autoridade dos antepassados, que erraram, é deprimente e obriga o próprio Varrão a titubear, depois de havê-lo expressado. Acrescenta: *A última opinião não contradiz, em absoluto, a de nossos ancestrais, que admitiam, no caso, várias deusas.* Como é que não contradiz? É, pois, indiferente dizer que uma só deusa tem vários nomes ou que há várias deusas? Pode suceder, diz, que uma coisa seja una e nela existam muitas coisas. Admito haver muitas coisas em um homem. Mas será, por isso, também muitos homens? Admito haver muitas coisas em uma deusa apenas, mas será por isso muitas deusas? Contudo, ajuntem como queiram, multipliquem, repliquem ou impliquem.

2. Eis aí todos os mistérios de Télus e da grande mãe, de que se originam todas as referências às sementes mortais e à prática da agricultura. Eis aí a finalidade e o termo das torres, do tambor, dos galos, da convulsiva agitação de membros, dos címbalos sonoros e dos leões simbólicos. Encontra-se em qualquer dessas coisas alguma promessa de vida eterna? Porventura os galos castrados servem de modo cabal a esta deusa magna, para dar a entender que aqueles que carecem de semente precisam cultivar a terra, como se a mesma servidão não os tornasse carentes de sêmen? Será que, tributando culto à deusa, se carecem de sêmen, o adquirem, ou melhor, será que, tributando, se o têm, o perdem? Que é isso? Interpretar ou detestar? Não se atende a quanto subiu a malignidade dos demônios, que não se atreveram a prometer algo de grande a semelhantes mistérios e puderam exigir coisas tão cruéis.

Se a terra não fosse deusa, os homens, trabalhando, poriam as mãos nela, para conseguir as sementes, e não as poriam em si mesmos para, por amor a ela, perder o sêmen. Se não fosse deusa, de tal forma se tornaria fecunda por meio de mãos alheias, que não obrigaria o homem a tornar-se estéril pelas próprias. Que, nos mistérios de Líbero, honesta matrona coroasse as partes pudendas do homem, à vista da multidão, entre a qual, ruborizado e suarento, se é que resta uma pontinha de vergonha aos homens, talvez se encontrasse o marido, e que, na celebração das núpcias, mandassem a recém-casada sentar-se sobre o joelho de Priapo são coisas infinitamente mais insignificantes e mais leves que a crudelíssima torpeza ou a torpe crueldade, em que por artes demoníacas de tal modo se zomba de um e de outro sexo, que nenhum deles morre do ferimento. Ali se teme a fascinação dos campos, aqui não se teme a amputação dos membros. Ali de tal maneira se profana o pudor da recém-casada, que nem se lhe tira a fecundidade, nem a virgindade; aqui, de tal forma se lhe amputa a virilidade, que não é convertido em mulher, nem permanece homem.

## CAPÍTULO XXV
### Interpretação que a ciência dos sábios gregos encontrou para o castramento de Átis

Não menciona Átis, nem procura explicá-lo. Em memória de seu amor castrava-se o galo. Mas os doutos e sábios gregos não puderam silenciar causa tão esclarecida e santa. Diz o célebre filósofo Porfírio que Átis simboliza as flores, por causa do aspecto primaveril da terra, mais belo que nas demais estações, e que está castrado, porque a flor cai antes do fruto. Logo, não compararam a flor com o próprio homem ou com aquela semelhança de homem chamada Átis, mas com as partes viris, que em vida caíram, melhor diria, não caíram, nem as colheram, mas arrancaram. E, perdida a flor, não sobreveio fruto algum, e sim a esterilidade. Que significa esse resto de homem? Que significa o que ficou no emasculado? A que faz referência? Que interpretação dar ao caso? Seus esforços impotentes e inúteis porventura não demonstram ser preciso acreditar no que a fama tornou público a respeito do homem transformado em eunuco? Com razão evitou Varrão este ponto e não quis abordá-lo: a um homem tão sábio a questão parecia bem clara.

# CAPÍTULO XXVI
## Torpeza dos mistérios da grande mãe

Varrão não quis falar coisa alguma, tampouco, nem me recordo de havê-lo lido em qualquer lugar, sobre os efeminados consagrados à grande mãe, injuriosos para o pudor de um e outro sexo. Ainda hoje em dia, de cabelos perfumados, rosto pintado de branco, membros lânguidos e passo efeminado, andam pedindo ao povo pelas ruas e praças de Cartago e, assim, passam a vida torpemente. Faltou explicação, envergonhou-se a razão e a língua guardou silêncio. A grandeza, não da divindade, mas da velhacaria da grande mãe superou a de todos os deuses seus filhos. Trata-se de monstruosidade que faz empalidecer a de Jano. Aquele tinha deformidade apenas em efígie; esta, em seus mistérios, exibe deforme crueldade. Aquele tinha membros supérfluos, mas acrescentados à pedra; esta realmente mutila os membros humanos. Os numerosos e tamanhos estupros do próprio Júpiter não superam semelhante descaramento. Sedutor de tantas mulheres, Júpiter não desonra o céu, senão por causa de Ganimedes; a grande mãe, entretanto, com esses efeminados de profissão, manchou a terra e ultrajou os céus. Nesse gênero de crueldade obscena talvez possamos compará-la a Saturno ou mesmo dar-lhe a preferência, apesar de Saturno, segundo afirmam, haver castrado o próprio pai. Mas, nos mistérios de Saturno, aos homens lhes foi factível morrer por mãos alheias, não ser castrados pelas próprias.

Saturno devorou os filhos, conforme cantam os poetas. Deem-lhe os filósofos a interpretação que quiserem. A história diz simplesmente que os matou. E, se os cartagineses lhe sacrificavam os filhos, trata-se de usança que os romanos não admitiram. A grande mãe dos deuses, porém, introduziu eunucos nos templos romanos e conservou esse cruel costume na crença de que, extirpando a virilidade dos homens, auxiliava as forças dos romanos. Que representam, comparados com semelhante mal, os roubos de Mercúrio, a lascívia de Vênus e os estupros e as torpezas dos demais? Invocaríamos o testemunho dos próprios livros, se não os cantassem e representassem diariamente nos teatros. Que representam, com efeito, comparados com a enormidade de tamanha velhacaria, que não pertencia senão à grande mãe? Ficção de poetas, dizem. É ficção os prazeres que os deuses encontram em tais espetáculos? Admitamos ser audácia ou petulância o que os poetas escrevem ou cantam. Mas que, por mandado e extorsão dos deuses, acrescentem-se às coisas divinas e às honras que lhes prestam, que é, senão culpa dos deuses, mais ainda, confissão de demônios e decepção de miseráveis? Em todo caso, o haver a mãe dos deuses merecido culto, pela consagração dos eunucos, não é ficção de poetas, que a versificá-lo preferiram horrorizar-se. Quem há de consagrar-se aos deuses seletos, para depois da morte viver felizmente, se, consagrado a eles antes de morrer, não pode viver honestamente, submetido a superstições de tal modo feias e entregue a tão imundos demônios? Tudo isso, diz, é referente ao mundo. Veja bem. Não se referirá ao imundo? Ou há no mundo alguma coisa que não se possa referir ao mundo? Quanto a nós, porém, buscamos espírito que, firme na verdadeira religião, não adore o mundo como seu Deus, mas gabe o mundo como obra de Deus, por Deus, e, limpo da sordidez humana, chegue limpo a Deus, criador do mundo.

## CAPÍTULO XXVII
**Quimeras dos fisiólogos, que não rendem culto à verdadeira Divindade, nem rendem o culto devido à Divindade verdadeira**

1. É fato haverem os deuses seletos gozado de maior celebridade que os demais, não, porém, para esclarecer-lhes os merecimentos, mas para não ocultar-lhes os opróbrios. Em consequência, é mais crível hajam sido homens, como dizem não apenas os escritos poéticos, mas também os históricos. Assim, Virgílio: *Chegou, primeiro, Saturno, procedente do etéreo Olimpo, fugindo às armas de Júpiter e desterrado dos perdidos reinos.* Assim, os versos seguintes que fazem ao caso. Todas as circunstâncias de tal acontecimento vêm desenvolvidas na história de Evêmero, que Ênio pôs em latim. Mas, como os escritores gregos e latinos que combateram o erro discutiram suficientemente o ponto, não quero deter-me por mais tempo nele.

2. Quando me detenho a considerar as razões naturais que homens, de penetração igual à ciência, aduziram para transformar coisas humanas em coisas divinas, quanto mais as considero, menos entendo não ser possível atribuí-las senão às obras temporais e terrenas e à natureza corpórea, que, embora visível, é mutável e não é, em absoluto, o

Deus verdadeiro. Se se tratasse de símbolos de caráter religioso, seria de lamentar que não anunciassem e pregassem o verdadeiro Deus. Cumpriria, entretanto, de certo modo, admitir que não se fizessem nem ordenassem tais fealdades e torpezas. Se, porém, é crime render culto ao corpo ou à alma, ao invés de ao Deus verdadeiro, único que pode fazer a felicidade da alma em que habita, quão mais criminoso não é tributar-lhes culto de tal forma que o corpo ou a alma de quem o tributa não obtenha a salvação, nem a glória humana! Por conseguinte, com templos, com sacerdotes e com sacrifícios devidos ao Deus verdadeiro, render culto a qualquer elemento do mundo ou a qualquer espírito criado, embora não imundo, nem perverso, não é mau por serem más as coisas com que se lhes rende culto, mas por serem tais esses meios que com eles cumpre render culto somente aquele a quem se deve semelhante culto e servidão.

E, se alguém sustentar que rende culto ao verdadeiro Deus, isto é, ao Criador de toda alma e de todo corpo, com a insensatez e monstruosidade dos ídolos, com os sacrifícios de homicídios, com a coroação das partes pudendas do homem, com o lucro dos estupros, com a amputação dos membros, com a abscisão dos genitais, com a consagração dos eunucos e com as festas de jogos obscenos e impuros, não peca precisamente por tributar culto a quem não se deve, e sim porque, rendendo culto a quem se deve, não o rende como se deve. Quem, todavia, rende culto por semelhantes meios, isto é, torpes e abomináveis, e não o rende ao verdadeiro Deus, ou seja, ao Criador da alma e do corpo, mas à criatura, embora não viciosa, quer seja a alma, quer seja o corpo, quer a alma e o corpo ao mesmo tempo, peca duas vezes contra Deus. Uma porque, em lugar de render culto a Ele, o rende a quem não é Ele; outra porque o rende por esses meios, com que não deve rendê-lo a Ele, nem a outro que não seja Ele. De que modo, quer dizer, quão torpe e nefariamente o tributaram os pagãos, é óbvio. A que e a quem o tributaram não seria evidente, se não no-lo testemunhasse a história das fealdades e torpezas que, segundo confessam, ofereciam aos deuses, porque lhas exigiam por meio de ameaças. É, por conseguinte, evidente, sem rodeio de espécie alguma, que toda a teologia civil se reduz a convidar nefandos demônios e imundíssimos espíritos, com néscios e vistosos simulacros, a possuir, por meio deles, o insensato coração dos mortais.

# CAPÍTULO XXVIII
## A doutrina de Varrão sobre a teologia contradiz-se a si mesma

Que importa se esforce o doutíssimo e agudíssimo Varrão em reduzir e resumir, fazendo uso de sutil sutileza, ao céu e à terra todos os deuses? Vãos esforços! Ao tratar das femininas, isto é, das deusas, diz: *Porque, como afirmei no Livro Primeiro, quando tratei dos lugares, são dois os princípios dos deuses considerados, a saber: o céu e a terra. Eis por que alguns deuses se chamam celestes, e outros, terrestres. Como nos livros anteriores comecei pelo céu, ao falarmos de Jano, de quem uns disseram ser o céu, e outros, o mundo, assim, ao tratar das femininas, começarei por Télus.* Aqui percebo a enorme angústia em que se debate o grande filósofo. Guia-o razão verossímil, a saber: o céu age, a terra padece. Por isso, atribui àquele a virtude masculina, e a esta, a feminina. Não observa que aquele, graças a quem tantos fenômenos se produzem, é o mesmo que fez o céu e a terra. É assim que também interpreta no livro precedente os mistérios dos samotrácios e promete, com uma espécie de religiosidade, explicar coisas desconhecidas aos seus e enviar-lhes seus escritos.

Acrescenta haver ali, por muitos indícios, coligido ser uma coisa símbolo do céu, outra, da terra, e outra, dos tipos das coisas que Platão chama ideias. Quer que por terra se entenda Juno, por céu, Júpiter e por ideias, Minerva. O céu é o princípio; a terra, a matéria; as ideias, os tipos de todas as coisas. Platão, diga-se de passagem, atribui tamanho poder às ideias, que, segundo pensa, além de nada haver o céu criado conforme a seu modelo, criaram o próprio céu. Contento-me de observar que, no livro dos deuses escolhidos, Varrão perde de vista a noção das três divindades, em que, por assim dizer, tudo abrangera. Ao céu atribui os deuses; à terra, as deusas. Entre estas coloca Minerva, que antes elevara acima do próprio céu. E, para cúmulo, Netuno, divindade masculina, está no mar pertencente mais à terra que ao céu. Por fim, Dispater, em grego chamado Plutão, embora divindade masculina e irmão de ambos, é deus terrestre, segundo os gentios, senhoreia a terra superior e na terra inferior tem Prosérpina por esposa. Por que, pois, esforçam-se em referir os deuses ao céu e à terra, as deusas? Que solidez, que consistência, que sobriedade, que resolução tem semelhante teoria? Com efeito, o princípio das deusas é Télus, a mesma grande mãe, em torno de quem se arrasta a desvairada torpeza dos efeminados e dos castrados, dos eunucos e dos bailarinos. Que significa chamarem chefe dos deuses a Jano e chefe das deusas a Télus? Que dizer? O erro multiplica a primeira, o furor possui a segunda. Por que se empenham em referi-lo inutilmente ao mundo? Embora pudessem fazê-lo, nenhum homem piedoso renderia culto ao mundo, ao invés de tributá-lo ao verdadeiro Deus. Que não o podem, prova-o abertamente a verdade. Atribuam aos mortos e aos espíritos perversos semelhantes fábulas e toda a dificuldade cessará por completo.

## CAPÍTULO XXIX
### Os fisiólogos deveriam referir ao Deus uno e verdadeiro tudo quanto referiram ao mundo e a suas partes

Demo-nos, assim, conta de que tudo quanto os pagãos, baseados na teologia dos deuses, referem, através de razões físicas, ao mundo, pode-se atribuir, sem temor de opinião sacrílega, ao Deus verdadeiro, que fez o mundo, ao Criador de toda alma e de todo corpo. Quanto a nós, rendemos culto a Deus, não à terra e ao céu, duas partes de que consta o mundo, nem à alma ou às almas difundidas em quaisquer viventes, mas ao Deus que fez o céu, a terra e tudo quanto existe neles, que fez toda alma, quer a vivente, falta de sentido e de razão, quer também a senciente, quer a inteligente.

## CAPÍTULO XXX
### Distinção entre o Criador e as criaturas, com que se evita a tributação de culto a tantos deuses quantas as obras do Autor

Percorramos, pois, as obras do único e verdadeiro Deus, obras com que os pagãos fizeram para si inúmeras e falsas divindades, procurando conferir algum sentido especioso à torpeza abominável de seus mistérios. Tributamos culto ao Deus que às naturezas por Ele criadas atribuiu os princípios e os fins da subsistência e do movimento, aquele que tem nas mãos as causas das coisas, as conhece e as dispõe, aquele que criou a virtude das sementes e deu alma racional, por outro nome espírito, aos viventes que quis, aquele que concedeu o uso da palavra, comunicou, aos espíritos que lhe aprouve, o dom de predizer o futuro, prediz Ele mesmo os futuros mediante aqueles que quer e, por meio dos que lhe apraz, conjura as enfermidades, aquele que modera, quando assim cumpre corrigir e castigar o gênero humano, os princípios, a evolução e o desenlace das guerras, aquele que criou e rege o fogo, elemento com que tempera a devoradora atividade, subordinando-a à necessidade da imensa natureza, é o Criador universal e governo das águas, fez do Sol a mais resplandecente das luzes corporais e deu-lhe virtude côngrua e movimento, aquele a cujo domínio e poder não subtrai os próprios infernos, aquele que substitui as sementes e os alimentos dos mortais, tanto secos como líquidos, conforme as respectivas naturezas, reparte os frutos entre os animais e os homens, conhece e ordena as causas, não apenas as primeiras, mas também as seguintes, aquele que determinou o movimento da Lua e abre caminhos celestes e terrenos às mutações locais, aquele que inspira ao espírito humano, por Ele criado, o conhecimento das artes necessárias ao sustento da natureza e da vida, aquele que, para fomentar a propagação da prole, instituiu a conjunção dos sexos e concedeu aos clãs humanos o benefício do fogo terrestre, de que se servissem para luz e calor. Eis as coisas que o engenhoso e sábio Varrão procurou distribuir aos deuses seletos, usando de não sei que interpretações físicas, devidas às tradições ou a suas próprias conjeturas.

Ora, tal atividade pertence apenas ao Deus verdadeiro e não pertence senão a Ele, onipresente, independente de todo lugar, livre de todo laço, indivisível, imutável e enchendo o céu e a terra, não com a imensidade de seu ser, mas com a presença de sua onipotência. De tal forma governa tudo quanto criou, que às próprias criaturas abandona certa espontaneidade de movimento e de ação, porque, embora não possam existir sem Ele, não são o que Ele é. Pratica também muitas coisas por intermédio dos anjos, mas não beatifica os anjos senão por Si mesmo. Assim, apesar de, por alguma razão particular, com frequência enviar anjos aos homens, não beatifica os homens pelos anjos, mas por Si mesmo, como acontece com os anjos. Desse Deus, uno e verdadeiro, esperamos a vida eterna.

## CAPÍTULO XXXI
**Benefícios que, além da abundância geral e comum a todos os seres, Deus concede aos seguidores da verdade**

Temos, além dos benefícios que do governo da natureza, do qual já dissemos alguma coisa, derivam para os bons e para os maus, indício magnífico e privativo de seu grande amor para com os bons. Embora não possamos dar-lhe as devidas graças, porque somos, porque vivemos, porque vemos o céu e a terra, porque temos inteligência e razão, que nos permite conhecer aquele que criou todas as coisas, que corações, quantas línguas pretenderiam ser bastantes para render-lhe graças, porque não nos abandonou, carregados de pecados e oprimidos por eles, de costas voltadas para a contemplação e cegados pelo amor às trevas, ou seja, à iniquidade? Quantas, porque, encontrando-nos em tal estado, nos enviou o Verbo, seu Unigênito, para que, encarnando-se por nós, nascendo e padecendo, conhecêssemos o alto grau da estima em que Deus tem o homem e, graças ao singular sacrifício, nos limpássemos de todos os pecados, e para que, difundida pelo Espírito Santo a caridade em nosso coração e superadas todas as dificuldades, alcançássemos o descanso eterno e a inefável delícia da bem-aventurada visão?

## CAPÍTULO XXXII
**Não faltou nos tempos passados o sacramento da redenção de Cristo e sempre o anunciaram diversas significações**

Por ministério dos anjos e mediante certos signos e sacramentos congruentes com os tempos, desde o princípio do gênero humano já se pregava a quem convinha o mistério da vida eterna. Depois o povo hebreu se congregou em uma espécie de república, figura de tal sacramento. No seio do povo escolhido, certos homens, iniciados alguns, outros alheios à inteligência do que prediziam, anunciaram tudo quanto havia de suceder do advento de Cristo aos nossos dias e até aos tempos futuros. Mais tarde a nação judia se dispersou entre as gentes, para cumprimento do testemunho das Escrituras, em que se prediz a salvação eterna que há de vir em Cristo. Não apenas todas as profecias expressas em palavras, nem somente todos os preceitos contidos nas Letras Sagradas e reguladores dos costumes e da piedade, mas também os sacramentos, os sacerdócios, o tabernáculo ou o templo, os altares, os sacrifícios e qualquer outra coisa tocante à servidão devida a Deus e chamada em grego propriamente *latreia*, foram símbolo e prenúncio do que, pela vida eterna dos fiéis, acreditamos haver-se cumprido em Cristo, vemos cumprir-se e confiamos haja de cumprir-se.

## CAPÍTULO XXXIII
**Apenas a religião cristã pôde revelar a falácia dos espíritos malignos que gozam do erro dos homens**

Em consequência, somente a única religião verdadeira tornou possível revelar serem os deuses dos gentios imundíssimos demônios, ardentemente desejosos de ser considerados deuses. Para tanto, aproveitavam-se de almas defuntas ou de criaturas mundanas, gozavam, com soberba impureza, de honras divinas e de honrarias nefandas e torpes e invejavam aos espíritos humanos o converterem-se ao verdadeiro Deus. Desse cruel e tirânico jugo livra-se o homem, quando crê naquele que, para exaltar-se, lhe deu exemplo de humildade igual ao orgulho que causou a queda dos demônios. Do grêmio demoníaco fazem parte não somente os de quem já falamos bastante e outros mil e um de tal jaez dos demais povos e nações, mas também os de que estamos tratando agora, a saber, os escolhidos para o senado dos deuses, mas escolhidos, essa a verdade, pela nobreza das ruindades, não pela dignidade das virtudes.

No afã de, por meio de explicações naturais, explicar os mistérios e procurar honestar as coisas torpes, Varrão não encontra jeito de enquadrá-los e pô-los em concordância, porque as causas dos referidos mistérios não são as que imagina, ou melhor, as que quer imaginar. Se fossem, não somente essas, mas também algumas de outro gênero, embora não tivessem nada a ver com o verdadeiro Deus e com a vida eterna, que se deve buscar na religião, fosse qual fosse a razão dada sobre a natureza das coisas, mitigaria de certo modo a ofensa causada por alguma torpeza ou disparate incompreendido nos mistérios. Foi o que intentou fazer nas fábulas teatrais e nos mistérios dos templos idolátricos, quando não considerou bons os teatros por semelharem os templos, mas, por serem parecidos com os teatros, condenou os templos dos ídolos. Todo o empenho de Varrão, todavia, encaminhava-se a diminuir, com a pretensa razão das causas naturais, a repugnância causada à alma humana por tantas infâmias.

## CAPÍTULO XXXIV
### Aparecimento dos livros de Numa Pompílio que continham as causas dos mistérios. Mandou queimá-los o senado, para não se tornarem conhecidas

Contudo, segundo testemunha o próprio Varrão, as causas dos mistérios, colhidas nos livros de Numa Pompílio, não puderam ser toleradas. Julgaram-nas indignas não apenas de chegar através da leitura ao conhecimento dos religiosos, como também de ser conservadas, por escrito, na profundeza das trevas. Chegou a hora de dizer o que prometi no Livro Terceiro desta obra. Segundo se lê no livro *Sobre o culto aos deuses, escrito por Varrão, certo homem, de nome Terêncio, possuía pequena herdade ao pé do Janículo. Um vaqueiro seu, passando a charrua junto ao sepulcro de Numa Pompílio, arrancou do chão os livros em que esse rei escrevera as causas dos mistérios instituídos. Levou-os à cidade e entregou-os ao pretor. Em lhe vendo o índice, o magistrado julgou de bom alvitre confiar ao senado coisa de tanta monta. Depois de haverem lido algumas das causas da instituição dos mistérios, os senadores concordaram com o falecido rei, mas, como religiosos, decidiram que o pretor queimasse os livros.* Creia cada qual o que pensa, mais ainda, diga qualquer insigne defensor de tamanha impiedade o que lhe sugerir o louco afã de discutir. A mim me basta observar que as causas dos mistérios romanos, escritas pelo rei Pompílio, que os instituiu, cumpriu não chegassem ao conhecimento do povo, nem do senado, nem mesmo dos sacerdotes. Ilícita curiosidade iniciara Numa Pompílio nos mistérios dos demônios, que escreveu para ter, em os lendo, aonde ir buscar conselho. Mas, apesar de rei, que a ninguém temia, não se atreveu a ensiná-los, nem a fazê-los desaparecer, apagando-os ou destruindo-os por qualquer outro meio. Desse modo, o que quis que pessoa alguma soubesse, para não ensinar aos mortais coisas nefandas, e o que temeu violar, para não irritar os demônios, foi por ele sepultado em lugar, segundo lhe parecia, seguro, sem pensar que um arado pudesse aproximar-se de seu sepulcro. Por sua vez, receando condenar as religiões dos antepassados e vendo-se, por isso, obrigado a concordar com Numa, o senado julgou de tal maneira perniciosos os referidos livros, que não mandou enterrá-los de novo, não fora a curiosidade humana buscar com muito maior empenho coisa já divulgada, mas ordenou que documentos de tal modo escandalosos desaparecessem entre as chamas. Já se considerava necessária a celebração dos mistérios; seria, pois, mais tolerável o erro da cidade, ignorando-lhes as causas, que a perturbação em que, sabendo-as, ver-se-ia mergulhada.

## CAPÍTULO XXXV
### A hidromancia era o encanto de Numa, porque via algumas imagens de demônios

O mesmo Numa, a quem Deus não enviava profeta algum nem qualquer santo anjo, viu-se obrigado a praticar a hidromancia para ver na água as imagens dos deuses, ou melhor, as ilusões dos demônios, de quem ouvia o que lhe era necessário estabelecer e observar nos mistérios sagrados. Tal gênero de adivinhação, segundo Varrão, é de origem persa; usaram-no o Rei Numa e, mais tarde, o filósofo Pitágoras. Acrescenta que, quando se emprega sangue e se interrogam os infernos, chama-se em grego *nekromanteia*. Quer se chame hidromancia, quer necromancia, vem a dar no mesmo, porque em uma e outra aparece a adivinhação pelos mortos. Com que artes se fazem tais coisas? Que o digam os pagãos. Não quero dizer que semelhantes artes não era costume, antes do advento de nosso Salvador, serem proibidas pelas leis das cidades gentias nem castigadas com rigorosa pena. Não quero, torno a dizer, sustentá-lo, porque na época talvez as permitissem. Por meio delas, todavia, Pompílio aprendeu os mistérios cujas causas sepultou. Assim, receou o que aprendeu e o senado queimou os livros que continham as referidas causas. A que vem, agora, Varrão interpretando, por não sei que outras causas físicas, semelhantes mistérios? Se estivessem contidos nesses livros, com certeza não os queimariam, ou os senadores romanos de igual modo queimariam os escritos e publicações de Varrão dedicados ao pontífice César?

Por haver Numa Pompílio extraído água, quer dizer, por havê-la tirado para práticas de hidromancia, por isso se diz que teve por esposa a ninfa Egéria, como explica Varrão no livro citado. Assim costumam, com aspersões de mentiras, transformar em fábulas as façanhas. A hidromancia, pois, iniciou a curiosidade do Rei Pompílio nos mistérios, que registrou nos livros dos pontífices, e nas respectivas causas, cujo conhecimento reservou só para si. Assim fez que, escritas em separado, morressem de certo modo com ele, por haver-se preocupado tanto com subtraí-las ao conhecimento dos homens e sepultá-las. Logo, estavam consignadas ali as mais sórdidas e nocivas ambições dos demônios, suficientes para mostrar a execrabilidade de toda a teologia civil a homens que haviam recebido tamanha quantidade de coisas vergonhosas nos mistérios, ou todos não revelavam ser outra coisa senão homens mortos, de quem haviam crido quase todos os povos, desde a mais remota antiguidade, tratar-se de deuses imortais. Isso porque em tais mistérios se comjpraziam também os demônios, que imaginavam dever-se-lhes render culto, ao invés de aos próprios mortos, que certos testemunhos de enganosos milagres faziam passar por deuses.

Mas, por oculta providência de Deus, sucedeu que, reconciliados com o amigo Pompílio por intermédio das artes com que pôde praticar a hidromancia, permitiram se revelassem todas as obscuridades. Não se permitiram, contudo, aconselhar que, em morrendo, as queimasse, em lugar de enterrá-las, para não chegarem ao conhecimento de quem as pudesse desenterrar com o arado nem da pena de Varrão, graças à qual nos chegou a lembrança do acontecido, pois não podem nada além do que lhes é permitido. E a justiça de Deus, equânime e profunda, não lhes deixa poder senão sobre os que merecem ser-lhes entregues aos ultrajes ou inteiramente postos sob seu pérfido domínio. Quão nocivos e estranhos ao culto da verdadeira piedade se julgaram os referidos escritos é possível inferir de haver o senado preferido queimar o que Pompílio ocultou a temer o que temeu quem não se atreveu a fazê-lo. Aquele que nem assim quer levar vida piedosa busque por semelhantes mistérios a eterna. E quem não quer sociedade com os malignos demônios não se amedronte por causa da nociva superstição com que se lhes rende culto, mas reconheça a verdadeira religião, que os desmascara e os derrota.

# LIVRO OITAVO

*Começa a tratar do terceiro gênero de teologia, chamado natural. Aborda-se, neste livro, questão relativa aos deuses da teologia natural, a saber: Serve à consecução da vida feliz o culto a semelhantes deuses? Discute com os filósofos platônicos, que na filosofia levam a palma e são os mais próximos da verdade da fé cristã. Refuta Apuleio e alguns outros, que querem tributar culto aos demônios como a internúncios e intermediários entre os deuses e os homens. Consegue-o, pondo em relevo que também os demônios se encontram sujeitos aos vícios. Rechaça-o, ademais, porque os homens probos e prudentes repudiam e condenam as sacrílegas ficções dos poetas, os ludíbrios teatrais, os malefícios das artes mágicas e as velhacarias que produzem, coisas que, segundo se deixa entrever, são de seu agrado e prazer. Prova, em seguida, que por nenhuma razão podem os homens reconciliar-se com os deuses.*

# CAPÍTULO I
## Questão sobre a teologia natural a discutir com os filósofos mais excelentes

Torna-se necessária, agora, atenção muito mais acendrada que a precisa para solução das questões precedentes e explicação dos livros. Não cumpre discutir com quaisquer homens a chamada teologia natural. É questão a tratar com os filósofos. (Não cumpre, porque não é fabulosa ou civil, ou seja, urbana ou teatral, das quais uma alardeia as velhacarias dos deuses e outra dá acolhida aos mais velhacos desejos das divindades e, portanto, não dos deuses, mas dos malignos demônios.) O nome "filósofo", traduzido ao português, significaria "amor à sabedoria". Pois bem, se a sabedoria é Deus, por quem foram feitas todas as coisas, como demonstraram a autoridade divina e a verdade, o verdadeiro filósofo é aquele que ama Deus. Mas, como a realidade encerrada em tal nome não constitui patrimônio de todos quantos o trazem (não amam a verdadeira sabedoria todos quantos se chamam filósofos), torna-se preciso escolher, entre aqueles cujas sentenças e escritos pudemos conhecer, com quem tratar dignamente a referida questão. Não assumi o encargo de, nesta obra, refutar as inconsequentes opiniões de todos os filósofos, mas apenas as relativas à teologia. "Teologia" é a palavra grega e significa "razão ou discurso sobre a divindade". E, mesmo entre essas opiniões, não as de todos, mas as do que, concordando em que a divindade existe e cuida das coisas humanas, pensam não ser suficiente para conseguir a vida feliz, o culto a um só Deus incomutável. Por isso, dizem, é preciso render culto a muitos deuses, criados e instituídos por aquele uno. Tais filósofos, porque próximos da verdade, já transcendem o pensamento de Varrão. Varrão não pôde senão estender a teologia natural ao mundo ou à alma do mundo; estes, ao contrário, acima de toda natureza da alma, admitem Deus, que não apenas fez o mundo visível, com frequência denominado terra e céu, mas também, em absoluto, toda alma. Fez também a alma racional e intelectual, como a alma humana, bem-aventurada por participar-lhe da sua luz incomutável e incorpórea. Quem quer que o leia, por mais distraidamente que o faça, não ignora que tais filósofos se chamam platônicos, nome derivado de Platão, seu mestre. De Platão, pois, aduzirei, de modo resumido, o que me parecer necessário à presente questão, não sem antes lembrar os que o precederam no tempo e no mesmo gênero de letras.

## CAPÍTULO II
### Duas escolas filosóficas, a itálica e a jônica. Seus autores

A literatura grega, cuja língua é célebre entre todos os idiomas pagãos, apresenta duas escolas filosóficas; a itálica, cujo nome se deve à parte da Itália chamada outrora Magna Grécia, e a jônica, nascida nas regiões ainda hoje chamadas Grécia. A escola itálica tem por autor Pitágoras de Samos, que, segundo dizem, criou a palavra "filosofia". Antes eram chamados sábios os que de certo modo pareciam avantajar-se aos demais em superioridade de vida. Perguntaram-lhe, certa vez, que profissão tinha. Respondeu ser filósofo, isto é, afeiçoado à sabedoria ou seu amigo, visto parecer-lhe muito arrogante proclamar-se sábio.

O chefe da escola jônica foi Tales de Mileto, um dos sete chamados sábios. Os outros seis distinguiam-se no modo de vida e em certas práticas acomodadas ao bem-viver. Tales salientou-se como esquadrinhador da natureza das coisas e autor de escritos que lhe perpetuaram a doutrina. Tanto assim, que deixou sucessores. Tornou-se admirável em especial porque, compreendidos os números da astrologia, pôde predizer eclipses do Sol e da Lua. Pensou ser a água o princípio das coisas; dela deduziu a existência de todos os elementos do mundo, do próprio mundo e de quanto dele se origina. Contudo, à obra que, considerando o mundo, vemos de tal maneira maravilhosa, não antepôs qualquer mente divina. Sucedeu-lhe Anaximandro, seu discípulo, que mudou de opinião a respeito da natureza das coisas. Foi de parecer que as coisas não nascem de uma coisa apenas, como Tales dizia da água, mas de seus próprios princípios. Acreditou serem infinitos os princípios das coisas singulares e darem origem a inumeráveis mundos. Julgou, ademais, que tudo quanto deles se origina e os próprios mundos, ora se dissolvem, ora tornam a nascer, conforme o tempo de permanência de cada um deles. Enfim, nas revoluções do universo, não atribui parte alguma à inteligência divina. Deixou por discípulo e sucessor Anaxímenes, que ao ar infinito assinou todas as causas das coisas.

Não negou os deuses, nem os silenciou, mas acreditou não serem criadores do ar, e sim procedentes do ar. Anaxágoras, seu discípulo, sentiu ser a mente divina a criadora de tudo quanto vemos. Disse, ademais, que da matéria infinita, constante de partículas semelhantes umas às outras, fazem-se todos os gêneros singulares de coisas, segundo módulos e espécies próprias, mas sempre por obra da mente divina. Diógenes, outro discípulo de Anaxímenes, afirmou ser o ar a matéria das coisas, de que se formam todas, mas partícipe da razão divina, sem a qual nada se pode fazer dele. A Anaxágoras sucedeu o discípulo Arquelau; professou idêntica opinião sobre as partículas elementares das coisas, tanto que chegou a dizê-las dotadas de inteligência. Esta, unindo e separando os corpos eternos, isto é, as referidas partículas, produz todos os fenômenos sensíveis. Teve por discípulo Sócrates, mestre de Platão, por causa de quem me referi aos demais.

## CAPÍTULO III
### A doutrina de Sócrates

Repara em haver sido Sócrates o primeiro a dar novo rumo à filosofia toda, fazendo-a voltar-se para os costumes, pois antes dele todos puseram o máximo empenho em esquadrinhar de preferência as coisas físicas, quer dizer, as naturais. Não me parece possível, entretanto, resolver de uma penada se Sócrates, para fazê-lo, aplicou o espírito na busca de algo claro e certo, já enfastiado da obscuridade e incerteza das coisas. Isso fora necessário para a vida feliz, motivo único a que parecem dirigir-se as vigílias, o trabalho e a investigação de todos os filósofos. Trata-se, segundo penso, de problema impossível de resolver. Ou será que, de acordo com certas benévolas conjeturas, não queria, em absoluto, permitir que almas profanadas por todas as paixões da terra aspirassem às coisas divinas, ao conhecimento das causas primeiras, dependentes, segundo cria, da soberana vontade do único e verdadeiro Deus? Por isso pensava que apenas a mente purificada poderia compreendê-las. Eis a razão que o levava a julgar ser necessário instar-se na purificação da vida, mediante os bons costumes, para que a alma, aliviada das deprimentes libidos, ascendesse com força natural às coisas eternas e, com pureza de inteligência, contemplasse a natureza da luz incorpórea e incomutável, em que vivem estavelmente as causas de todas as naturezas criadas.

Consta, porém, que com admirável agilidade dialética e cortesia sutil ridicularizou e confundiu a estultícia dos ignorantes que opinavam saber algo mesmo das questões morais, fito em que parecia pôr o intento, ora confessando-se ignorante, ora dissimulando a própria ciência. Daí se originou que, concitadas vivas inimizades e condenado por causa de caluniosa acusação, deram-lhe a beber a própria morte. Mas depois a mesma cidade dos atenienses que o condenara publicamente o chorou publicamente e a indignação do povo se desencadeou contra os dois acusadores. Um deles pereceu às mãos do populacho; furtou-se o outro a pena semelhante, desterrando-se voluntariamente e para sempre. Com vida e morte de tal maneira insignes e famosas, Sócrates deixou atrás de si muitos seguidores de sua filosofia, cujo afã se dirigiu, à porfia, ao debate das questões morais, em que se trata do soberano bem capaz de tornar feliz o homem. Do que Sócrates, ao ventilar tudo, afirma e nega em discussões, sem jamais exprimir a própria opinião, cada um deles tomou o que lhe aprouve e colocou o bem final onde quis. Bem final é o termo em que se encontra a felicidade. Quanto a essa questão, porém, os socráticos dividiram-se. Coisa inaudita e difícil de crer, em se tratando de discípulos de um só mestre, alguns disseram, como Aristipo, consistir na volúpia o supremo bem, outros, como Antístenes, na virtude. Assim, uns e outros opinaram de uma e outra maneira. Enumerá-los todos seria prolixo.

## CAPÍTULO IV
### Platão, principal discípulo de Sócrates, dividiu toda a filosofia em três partes

Dos discípulos de Sócrates, não, por certo, sem merecê-lo, Platão destacou-se pelas vivas claridades da glória mais legítima e ofuscou os demais. Ateniense e de família ilustre, graças ao maravilhoso engenho, avantajava-se muito aos condiscípulos e pensava que nem sua inteligência, nem a filosofia socrática bastavam para o aperfeiçoamento da filosofia. Por isso viajou por quantas partes pôde, aonde o levassem a nobreza e a fama de aprender alguma ciência. Assim, aprendeu no Egito quanto ali sabiam e ensinavam. Em seguida, passou às regiões da Itália, onde se celebrava a fama dos pitagóricos, e compreendeu com extrema facilidade quanto florescia então na filosofia itálica, depois de ouvidos os mais eminentes mestres. E porque amava com simpatia o mestre Sócrates, fazendo-o interlocutor em quase todos os seus *Diálogos*, temperou com sua destreza dialética e suas discussões a propósito de moral o que aprendera de outros ou com o poderoso intelecto captara. Como o estudo da sabedoria consiste na ação e na contemplação, uma parte pode chamar-se ativa e outra, contemplativa. A ativa tem em mira organizar a vida, isto é, estabelecer costumes; a contemplativa pretende considerar as causas da natureza e a verdade pura.

Conta-se que Sócrates se salientou na ativa e Pitágoras se deu mais à contemplativa, mas deu-se com todas as forças da própria inteligência. Gaba-se, por isso, o aperfeiçoamento da filosofia feito por Platão, ao reunir as duas partes e dividi-la em três. Uma é a moral e diz respeito principalmente à ação; outra, a natural, compete à contemplação; a terceira, a racional, distingue o verdadeiro do falso. Embora necessária a ambas, ou seja, à ação e à contemplação, esta de modo primordial postula o conhecimento da verdade. Portanto, a divisão tripartida não se opõe à outra distinção, que se reduz a declarar consistir na ação e na contemplação todo o estudo da sabedoria. Que pensa Platão das três partes e de cada uma delas, quer dizer, onde coloca, de ciência ou crença, o fim de todas as ações, a causa de todos os seres, a luz de todas as razões? Seria, penso, demasiado longo explicá-lo em palavras e creio não dever afirmar-se com temeridade. Como procura seguir o célebre método de Sócrates, seu mestre e principal interlocutor dos *Diálogos*, de dissimular o conhecimento ou a opinião e lhe agrada semelhante costume, sucede ser difícil conhecer o parecer de Platão a respeito de problemas tão graves.

Todavia, do que se lê nele, quer do que disse como próprio, quer do que escreve e narra como dito por outros, mas parece refletir-lhe o pensamento, convém referirmos algumas coisas e inseri-las nesta obra. E isso, quer se trate de passagens favoráveis à verdadeira religião, abraçada e defendida por nossa fé, quer de trechos que a contrariem no tocante à questão da pluralidade dos deuses ou da unidade divina, em relação à vida feliz de verdade em que a morte deverá introduzir-nos. E, com efeito, os que têm a glória de haver compreendido com maior profundidade e professado com maior brilho a doutrina de Platão, verdadeiro príncipe da filosofia pagã, talvez pensem que em Deus se encontram a causa da existência, a razão da inteligência e a ordem das ações. Das três coisas entende-se que a primeira pertence à parte natural, outra, à racional, a terceira, à moral. Se, por conseguinte, o homem foi criado para atingir, pela excelência do ser, o Ser por excelência, quer dizer, o único Deus verdadeiro, soberanamente bom, sem o qual natureza alguma subsiste, nenhuma ciência instrui e nenhum costume convém, busquem-no onde tudo é segurança, contemplem-no onde tudo é certeza, amem-no onde tudo é justiça.

## CAPÍTULO V
### Sobre teologia a gente deve discutir principalmente com os platônicos, cujo pensamento deve antepor-se aos dogmas de todos os filósofos

Se Platão disse ser sábio quem imita, conhece e ama tal Deus, de cuja participação depende ser feliz, que necessidade há de discutir as outras doutrinas? Nenhuma se aproxima da nossa mais do que a doutrina de Platão. Cedam-lhe o passo não apenas a teologia fabulosa, que com as perversidades dos deuses recreia a alma dos ímpios, mas também a teologia civil, em que os impuros demônios seduzem, sob o nome de deuses, os povos entregues aos gozos terrenos. Nela quiseram considerar os erros humanos como honras divinas que lhes fossem devidas, instigando o imundo zelo de seus adoradores ao culto de seus crimes, espetáculo em que a multidão dos espetáculos é para eles espetáculo mais agradável ainda. O que os templos podem ter de honesto desaparece ante a afinidade com as infâmias do teatro, e a infâmia do teatro se torna legítima, comparada com as abominações dos templos. Ceda-lho também tudo quanto Varrão, interpretando os mistérios, disse pertinente ao céu e à terra, às sementes e às ações dos seres mortais, porque semelhantes ritos não as simbolizam, como o intérprete se esforça por insinuar. Eis a razão de a verdade não seguir quem se afana em encontrá-la. E, caso existissem, a alma racional não deveria render-lhes culto em lugar de tributá-lo a Deus, porque, de acordo com a ordem natural, encontra-se acima dessas coisas, nem deveria preferir a si, como divindades, as criaturas a quem o verdadeiro Deus a prefere. Ceda-lho tudo quanto concerne a tais mistérios e Numa Pompílio cuidou de esconder, sepultando-o consigo, e, exumado pela charrua, o senado mandou queimar.

Para não fixar em Numa o rigor de nossas suspeitas, não esqueçamos a carta em que Alexandre da Macedônia transmitia à mãe os segredos que lhe revelara certo Leão, grão-sacerdote dos mistérios egípcios, a saber, não haverem sido homens apenas os deuses inferiores, como Pico e Fauno, Eneias e Rômulo, Hércules e Esculápio, Baco, filho de Sêmele, os irmãos Tindáridas e alguns outros mortais considerados deuses, mas também os deuses dos antepassados, que Cícero, calando-lhes o nome, parece insinuar nas *Tusculanas*: Júpiter, Juno, Saturno, Vulcano, Vesta, e muitos outros que Varrão se empenha em transferir às partes ou elementos do mundo. Temeroso dos mistérios revelados, adverte Alexandre que, depois de mostrá-la à mãe, mande queimar a carta. Não cedam apenas aos filósofos platônicos, que disseram ser o Deus verdadeiro o autor dos seres, o senhor da verdade e o dispensador da felicidade, todas as coisas contidas nas duas teologias, isto é, na fabulosa e na civil, mas também cedam a homens tão grandes e tão exímios conhecedores do grande Deus os outros filósofos que, de inteligência entregue ao corpo, pensaram ser corporais os princípios da natureza.

Assim, Tales os recolocou na água; Anaxímenes, no ar; os estoicos, no fogo; os epicuristas, nos átomos, isto é, em certos corpúsculos infinitamente pequenos que não podem dividir-se nem sentir-se, e outros inúmeros filósofos cuja enumeração seria inútil e longa. Uns e outros disseram que a causa e o princípio dos seres são os corpos, quer simples, quer compostos, quer careçam de vida, quer a tenham, mas sempre corpos. Alguns deles, por exemplo, os epicuristas, acreditaram poderem as coisas vivas originar-se das não vivas. Outros atribuem exclusivamente a seres vivos, mas corpóreos, corpos geradores de corpos, o poder de produzir coisas vivas ou sem vida. Os estoicos pensaram que o fogo, ou seja, um corpo dos quatro elementos de que se compõe o mundo visível, tem vida, é sábio, criador do próprio mundo e de tudo quanto nele existe e, ademais, que o fogo é deus. Esses e os demais filósofos que se parecem com eles puderam pensar apenas o que seus corações, sujeitos aos sentidos da carne, lhes pintaram.

Em si mesmos tinham o que não viam e em si imaginavam o que haviam visto fora, embora não vissem, mas somente imaginassem. Isso, em presença de tal imaginação, já não é corpo, mas semelhança de corpo, e o que interiormente percebe a semelhança de corpo não é corpo nem imagem de corpo. O que interiormente julga da beleza ou da feiura da imagem é, sem dúvida, superior ao objeto julgado. É a inteligência humana, essência da alma racional, com certeza incorpórea. Não é, pois, nem terra, nem água, nem ar, nem fogo, quatro corpos, por outro nome, quatro elementos, de que vemos constar o mundo corpóreo. Pois bem, se nosso espírito não é corpo, como é que Deus, criador do espírito, pode ser corpo? Cedam-no, por conseguinte, também esses aos platônicos. Cedam também aqueles que se envergonharam de dizer que Deus é corpo, embora pensassem serem da mesma natureza que Ele nossos espíritos. Não os impressionou a estranha mutabilidade da alma, que é impiedade atribuí-la à natureza de Deus. Mas dizem: A natureza da alma é de si mesma imutável; o corpo é que a torna mutável. Também poderiam haver dito: A carne é de si mesma invulnerável; o corpo que a fere é que a torna vulnerável. A verdade é que coisa alguma pode mudar o imutável. Portanto, o que algum corpo é capaz de mudar pode mudá-lo alguma coisa e, por conseguinte, não pode chamar-se com propriedade incomutável.

## CAPÍTULO VI
### Parecer dos platônicos na parte da filosofia denominada física

Compreenderam os platônicos, a quem vemos, não imerecidamente, antepostos aos demais em glória e fama, que nenhum corpo é Deus. Por isso, transcenderam todos os corpos em busca de Deus. Compreenderam, além disso, que o mutável não é supremo Deus. Entenderam também que toda espécie, de qualquer modo mutável, graças à qual todo ser é o que é, seja qual for o modo e seja qual for a natureza, não pode proceder senão de quem verdadeiramente é porque é incomutavelmente. De tal princípio deduziram que o corpo do universo inteiro, suas formas, suas qualidades, seu ordenado movimento e a disposição de seus elementos, do céu à terra e quantos corpos há neles, toda vida, quer a que sustenta e nutre, como a das árvores, quer a que, além disso, sente, como a das bestas, quer a que, por cima, entende, como a dos homens, quer a que não necessita do subsídio nutritivo, mas apenas é, sente e entende, como a dos anjos, não pode proceder senão de quem simplesmente é. E isso porque para Ele não é uma coisa ser e outra viver, como se pudesse ser sem viver, nem uma viver e outra entender, como se pudesse viver sem entender, nem uma entender e outra ser feliz, como se pudesse entender e não ser feliz, e sim porque o que para Ele é viver, entender e ser feliz é para Ele ser.

Por causa da imutabilidade e simplicidade entenderam que Ele fez todas as coisas e não pôde ser feito por ninguém. Consideraram que tudo quanto existe é corpo ou é vida, que é melhor ser vida que corpo e que a espécie do corpo é sensível e a da vida, inteligível. Por isso antepuseram a espécie inteligível à sensível. Chamamos sensíveis as coisas que podem ser sentidas pela vista e pelo tato do corpo; inteligíveis, as que podem ser entendidas pela vista da inteligência. Não há beleza corporal, quer resida no estado exterior do corpo, como a figura, quer no movimento do corpo, como o canto, de que não julgue o espírito, que seria incapaz de fazê-lo, se tal espécie nele não existisse mais perfeita, sem matéria, sem ruído, sem espaço de lugar ou de tempo. Contudo, se mesmo essa forma não fosse mutável, nenhum espírito, engenhoso ou tardo, culto ou inculto, treinado ou inábil, julgaria melhor que outro a espécie sensível.

É, sem dúvida, mutável o que recebe mais e menos. Donde os homens sábios, engenhosos e treinados em semelhantes lides haverem coligido que em tais coisas não se encontra a espécie primeira, visto como lhe testemunham a mutabilidade. Vendo que os corpos e os espíritos existem com mais ou menos forma e, destituídos de toda forma, careceriam, em absoluto, de ser, perceberam dever existir algo em que se encontrasse a espécie primeira e incomutável e, portanto, incomparável. Acreditaram, com muitíssimo fundamento, encontrar-se ali o princípio dos seres, que não fora feito e pelo qual foram feitos todos os seres. Assim, o que é possível conhecer de Deus, naturalmente, os platônicos conheceram; Deus revelou-o, pois, desde a criação do mundo, os olhos da inteligência veem, no espelho das realidades visíveis, as perfeições invisíveis de Deus, seu eterno poder e sua divindade. Quanto à parte que chamam física, quer dizer, natural, é o bastante.

## CAPÍTULO VII
### A quanto ascende a excelência dos platônicos na lógica, ou seja, na filosofia racional

No tocante à ciência sobre que versa a outra parte, por eles chamada lógica, quer dizer, racional, longe de nós o pensamento de aos platônicos comparar os que aos sentidos atribuem a percepção da verdade e pensam devam medir-se, por essa regra enganadora e falsa, todas as coisas que aprendemos. Assim os epicuristas. Não se lhes comparam tampouco os estoicos, que, apaixonados pela arte de discutir, que chamam dialética, a fazem provir dos sentidos do corpo. Daí deduziam a asserção de que o espírito concebe noções, chamadas *ennóias*, a saber, noções das coisas que explicam por definições. Assim se propaga e se torna conexa a razão total do aprender e do ensinar. Estranha concepção? Como podem conciliá-la com seu adágio: Somente o sábio é formoso? Com que sentidos veem tal beleza de corpo e com que olhos da carne contemplam os encantos e o brilho da sabedoria? Mas esses filósofos, tão verdadeiramente dignos de preferência aos demais, souberam distinguir entre o que o espírito descobre e o que o sentido apreende, sem que aos sentidos nada tirassem do que podem, nem lhes atribuíssem poder que não têm. Disseram existir certa luz das inteligências que ensina todas as coisas e é o próprio Deus, por quem todas foram feitas.

## CAPÍTULO VIII
### Também na filosofia moral os platônicos levam a palma

A última parte, a moral, chamada em grego *ethiké*, trata do bem supremo. Se lhe atribuímos tudo quanto fazemos, se o apetecemos por ele mesmo e não por outro e se o conseguimos, não necessitamos buscar outra coisa que nos faça felizes. Dá-se-lhe, ainda, o nome de fim precisamente porque o resto apetecemos por ele e a ele não apetecemos senão por ele mesmo. Esse beatífico bem uns disseram que ao homem lhe vem do corpo; outros, da alma; outros ainda, de ambos. Viam que o homem constava de corpo e de alma e, por isso, acreditavam poder um ou outro ou um e outro dar-lhe o bem final que deve ser objetivo de todas as suas ações e o cúmulo de todos os seus desejos. Donde se segue que aqueles que dizem dever-se acrescentar terceiro gênero de bens, chamados extrínsecos, como a honra, a glória, o dinheiro etc., não o acrescentaram como final, quer dizer, como apetecível por ele mesmo, mas por outro. Tal gênero é bom para os bons e mau para os maus. Os que buscaram o bem do homem, quer na alma, quer no corpo, quer em ambos, acreditaram simplesmente cumprir exigi-lo do homem.

Mas pedi-lo ao corpo é pedi-lo à pior parte do homem; pedi-lo ao espírito é pedi-lo à parte melhor; pedi-lo a ambos é pedi-lo ao homem todo. Mas, onde quer que o procurem, não o procuram fora do homem. Três ordens de pesquisa que deram origem, não apenas a três escolas filosóficas, mas a inúmeras correntes e opiniões. Tanto sobre o bem do corpo, como sobre o da alma, como sobre o de ambos, cada filósofo se permitiu a opinião que quis. Cedam todos aos filósofos que disseram não ser feliz o homem que goza do corpo nem o que goza da alma, mas o que goza de Deus. E dele goza não como a alma goza do corpo ou de si mesma ou como o amigo goza do amigo, mas como os olhos gozam da luz. Se houver necessidade de aduzir algumas semelhanças em apoio da comparação, mais tarde, se Deus quiser, tentarei fazê-lo. Basta, no momento, dizer que Platão estabeleceu que o fim do bem é viver de acordo com a virtude, o que pode conseguir apenas quem conhece e imita Deus, e que tal é a única fonte de sua felicidade. Eis por que não teme dizer que filosofar é amar a Deus, cuja natureza é incorpórea. Donde se depreende que o estudioso da sabedoria (o filósofo) será feliz precisamente quando começar a gozar de Deus, embora no momento não seja feliz o que goza do que ama. Muitos, amando o que não se deve amar, são miseráveis; e mais miseráveis ainda, quando dele gozam. Contudo, ninguém é feliz, se não goza do que ama. Isso, porque os mesmos que amam as coisas que se não deve amar, não se julgam felizes, amando-as, mas gozando-as. Não é feliz, por conseguinte, quem goza do que ama e ama o verdadeiro e soberano bem? Não é o cúmulo da miséria negá-lo? Ora, o verdadeiro e soberano bem é Deus mesmo, di-lo Platão. Por isso quer que o filósofo tenha amor a Deus, pois se a felicidade é o fim da filosofia, gozar de Deus, amar a Deus é ser feliz.

## CAPÍTULO IX
### A filosofia que mais se aproxima da verdade da fé cristã

Todos os filósofos, pois, que a respeito do verdadeiro e supremo Deus pensaram ser o autor da Criação, a Luz das inteligências, o fim das ações, que dele nos vêm o princípio da natureza, a verdade da doutrina e a felicidade da vida, quer sejam justamente chamados platônicos, quer de outras escolas recebam outro nome, quer tais opiniões tenham sido professadas apenas pelos chefes da escola jônica, como Platão e os que o compreenderam bem, quer Pitágoras, seus discípulos e talvez outros as tenham difundido nas escolas italianas, quer essas verdades tenham sido conhecidas e ensinadas pelos sábios ou filósofos das nações estrangeiras, além do Atlas, na Líbia, no Egito, na Índia, na Pérsia, na Caldeia, na Cítia, nas Gálias e na Espanha, todos esses filósofos, repetimos, preferimo-los a todos os outros e confessamos que nos tocam de perto.

## CAPÍTULO X
### Excelência do cristão piedoso sobre a ciência filosófica

1. Embora o cristão, apenas versado nas letras eclesiásticas, talvez desconheça o nome dos platônicos e não saiba se na língua grega existiram duas escolas filosóficas, a jônica e a itálica, não é de tal modo leigo nas coisas humanas que não saiba professarem os filósofos o estudo da sabedoria ou a sabedoria mesma. Guarda-se, contudo, daqueles que filosofam segundo os elementos do mundo, não segundo Deus, por quem o mundo foi feito. Já o preceito apostólico o lembra ao cristão, que ouve com fidelidade o que diz: *Guardai-vos de que ninguém vos engane com filosofia e vã sedução, segundo*

*os elementos do mundo*. Para ninguém pensar serem todos iguais, ouvi o mesmo Apóstolo, que diz de alguns deles: *Visto como o que é possível conhecer de Deus naturalmente lhes é manifesto, porque Deus lho manifestou. Porque, desde a criação do mundo, os olhos da inteligência veem, no espelho das realidades visíveis, as perfeições invisíveis de Deus, seu eterno poder e sua divindade*. E à passagem em que, depois de falar aos atenienses e dizer-lhes sobre Deus coisas maravilhosas, que apenas uns poucos podem entender, a saber, que *nele vivemos, nos movemos e somos*, acrescentou: *Como disseram também alguns dos vossos*.

Na mesma passagem em que se diz que pelas coisas criadas Deus lhes manifestou as coisas invisíveis dele, para que as vissem como entendimento, nela também se diz não haverem tributado culto a Deus justamente porque as honras divinas, devidas apenas ao Uno, as renderam também a outras coisas inconvenientes: *Pois, conhecendo a Deus, não o glorificaram nem lhe deram graças como a Deus, antes se desvaneceram em seus pensamentos e se lhes obscureceu o coração. Tendo-se por sábios, tornaram-se néscios e trocaram a glória do Deus incorruptível por semelhança de figura de homem corruptível, de aves, de quadrúpedes e de serpentes*. Dá margem, em tudo isso, a que se entendam tanto os romanos como os gregos e os egípcios, que se gloriaram do nome da sabedoria. Mais tarde o discutiremos com eles. Em tudo quanto concordam conosco a respeito do Deus Uno, autor do universo, em que não apenas é incorpóreo sobre todos os corpos, mas também incorruptível sobre todas as almas, que é nosso princípio, nossa luz e nosso bem, nisso os antepomos aos demais.

2. E, embora o cristão leigo nas letras profanas não empregue, discutindo, terminologia que não aprendeu e não chame natural, como os latinos, ou física, como os gregos, à parte em que se estuda a observação da natureza, racional ou lógica àquela em que se busca o modo de conhecer a verdade e moral ou ética à que trata dos costumes e dos fins dos bens que devem ser apetecidos e dos males que devem ser evitados, nem por isso desconhece que desse Deus Uno, verdadeiro e ótimo, procedem tanto a natureza, graças à qual somos imagem sua, como a ciência, pela qual o conhecemos e nos conhecemos, como a graça, mediante a qual, unindo-nos a

Ele, somos felizes. Eis a causa que nos leva a preferi-los aos demais. Precisamente porque os demais filósofos consumiram a inteligência e o afã em buscar as causas dos seres e inquirir as regras da ciência e da vida, enquanto esses encontraram o Deus conhecido, em quem se encontra a causa do universo criado, a luz da verdade, que cumpre perceber, e a fonte da felicidade, de que nos toca aproximar os lábios. Sejam os platônicos, sejam quaisquer outros filósofos de outra nação qualquer, os que assim pensam de Deus sentem como nós. Mas agrada-nos mais dilucidar com os platônicos semelhante questão justamente porque suas letras são mais conhecidas. Com efeito, os gregos, cuja língua leva a palma entre os gentios, encarregam-se de incensá-los e torná-los populares. Levados por sua excelência ou por sua glória, os latinos preferiram-na a qualquer outra e, traduzindo-lhes as obras para nosso idioma, enobreceram-nas e aumentaram-lhes ainda mais a popularidade.

## CAPÍTULO XI
### De que meios pôde servir-se Platão para adquirir visão próxima da ciência cristã?

Alguns que conosco se encontram em comunhão da graça de Cristo se maravilham, quando ouvem ou leem haver Platão sentido de Deus coisas que veem concordarem em muito com a verdade de nossa religião. Baseados nisso, alguns pensaram que, em viagem pelo Egito, ouviu o profeta Jeremias ou em suas viagens leu as Escrituras proféticas. Para falar verdade, também inseri semelhante opinião em algumas de minhas obras. Mas, controlada com cuidado a cronologia contida na *História crônica*, cheguei à conclusão de haverem mediado cem anos, mais ou menos, entre o tempo em que Jeremias profetizou e o nascimento de Platão. Este viveu oitenta e um anos e desde sua morte até o tempo em que Ptolomeu, rei do Egito, pediu à Judeia as Escrituras proféticas dos hebreus e, por intermédio de setenta hebreus, versados também na língua grega, cuidou de traduzi-las e conservá-las, passaram quase outros sessenta. Naquela viagem, portanto, Platão nem poderia ter visto Jeremias, morto havia muito, nem ler as Escrituras que ainda não haviam sido traduzidas ao grego, língua por ele sabida.

Não excluímos a possibilidade de que, como homem muito dado ao estudo, assim como aprendeu as letras egípcias por meio de intérprete, aprendera essas, não para traduzi-las por escrito, coisa que, segundo contam, Ptolomeu conseguiu à custa de enorme paga, susceptível de assustar até mesmo o poder real, mas para aprender quanto lhe fora possível entender, conversando com intérpretes judeus a respeito de seu conteúdo. Para confirmá-lo é possível citar alguns dados. Assim, o livro do Gênesis começa: *No princípio Deus fez o céu e a terra. A terra era invisível e informe, as trevas cobriam a superfície do abismo e o Espírito de Deus era levado sobre as águas.* No *Timeu*, livro escrito por Platão sobre a constituição do mundo, lê-se que Deus, na obra da Criação, juntou primeiro a terra e o fogo. É coisa evidente que ao fogo atribui o lugar do céu. Quer dizer que tal assertiva tem certa semelhança com aquela em que se disse: *No princípio Deus fez o céu e a terra.*

A seguir diz que os dois meios que, interpostos, dão margem a que se unam os dois extremos, são a água e o ar. Daí o acreditar-se haver entendido assim o que está escrito: *O Espírito de Deus era levado sobre a água,* dando pouca atenção ao sentido que a Escritura costuma dar a "Espírito de Deus", porque também o ar se chama por outro nome espírito. É possível parecer que opino estavam mencionados na referida passagem os quatro elementos. Ademais, nada existe mais claro nas Sagradas Letras que o que Platão diz, a saber, que o que ama Deus é o filósofo. E máxime aquilo que a mim quase me induz a dar assentimento a que Platão não fosse alheio a esses livros. Eis a que me refiro: Quando se anunciou ao santo Moisés, por meio de anjo, as palavras de Deus, perguntou ao mensageiro divino qual o nome de quem o mandava libertar do Egito o povo hebreu e obteve a seguinte resposta: *Eu sou o que sou; e dirás aos filhos de Israel: O que é me enviou a vós.* Como se, em comparação com aquele que verdadeiramente é, por ser incomutável, os seres criados mutáveis não fossem. Platão reteve-o com firmeza e encareceu-o com grande esmero. E não sei se em alguma obra anterior a Platão seja possível ler algo semelhante, senão no livro em que está escrito: *Eu sou o que sou; e dirás aos filhos de Israel: O que é me enviou a vós.*

# CAPÍTULO XII
### Apesar de pensarem com acerto sobre o Deus Uno e verdadeiro, os platônicos supuseram que se deviam sacrifícios a muitos deuses

Seja qual for o lugar onde o aprendeu, quer nos livros anteriores a ele, quer, melhor ainda, como diz o Apóstolo, *porque o que é possível conhecer de Deus, naturalmente, lhes é manifesto, porque Deus lho manifestou, porque, desde a criação do mundo, os olhos da inteligência veem, no espelho das realidades visíveis, as perfeições invisíveis de Deus, seu eterno poder e sua divindade,* acho haver exposto suficientemente que não sem razão escolhi os filósofos platônicos para ventilar esse ponto de que me encarreguei. Trata-se da teologia natural e pergunta-se se convém oferecer sacrifícios, pela felicidade que seguirá à morte, a um só Deus ou a muitos. E escolhi-os precisamente porque quanto melhor pensaram do Deus Uno, Criador do céu e da terra, tanto mais gloriosos e ilustres são considerados que os restantes. O julgamento dos pósteros os antepôs aos outros. Prova-o o fato de, apesar de Aristóteles, homem de excelente engenho e inferior em estilo a Platão, de quem foi discípulo, mas superior a muitos, haver fundado a escola ou seita peripatética, assim chamada por costumarem discutir enquanto passeavam e, mesmo em vida do mestre, reunir em torno de si muitos discípulos, atraídos por sua luminosa fama, e apesar de, após a morte de Platão, seu sobrinho Espeusipo e Xenócrates, seu discípulo amado, que lhe sucederam na escola chamada acadêmica, motivo por que os sucessores se chamaram acadêmicos, os mais modernos e afamados filósofos, a quem aprouve seguir a doutrina de Platão, não quiseram chamar-se peripatéticos ou acadêmicos, mas platônicos. Entre estes gozam de grande renome os gregos Plotino, Jâmblico e Porfírio e, em uma e outra língua, ou seja, na grega e na latina, insigne platônico foi Apuleio, o Africano. Mas todos esses outros consectários e o próprio Platão foram de parecer que se deviam sacrifícios a muitos deuses.

## CAPÍTULO XIII
### Pensamento de Platão acerca dos deuses. Define-os como bons amigos das virtudes

Embora divirjam de nós em muitas questões, questões de transcendência, porque não é coisa de pouca monta e agora se questiona esse ponto, pergunto-lhes: A que deuses pensam se deva tributar culto? Aos bons? Aos maus? A uns e outros? Pensamos como Platão, que diz serem bons todos os deuses e não haver, em absoluto, nenhum deus mau. É, pois, lógico, entender que se deve render culto aos deuses bons, porque só então se presta aos deuses, porquanto, se não são bons, não são deuses. Se é assim (pois que outra coisa convém crer a respeito dos deuses?), desvanece-se a opinião que leva alguns a pensarem cumprir aplacar com sacrifícios os deuses maus, para que não nos prejudiquem, e invocar os bons para que nos ajudem. Não há deuses maus. Por conseguinte, a honra que se deve pelos sacrifícios cumpre tributá-la somente aos bons.

De que espécie são os deuses que ordenam os jogos cênicos e exigem que sejam mesclados com as coisas divinas e os exibam em sua honra? Sua violência não é indício de sua nulidade, mas essa afeição o é de sua maldade. Conhecido é o pensamento de Platão acerca dos jogos cênicos. Pensa que devem ser expulsos de sua cidade os poetas que compõem versos tão indignos da majestade e da bondade dos deuses. Que deuses serão esses que sobre os jogos cênicos contendem com o próprio Platão? Ele não tolera a infamação dos deuses com falsas velhacarias, mas os deuses mandam celebrar tais perversidades em sua honra. Na realidade, ao ordenarem a instauração dos jogos, ao pedirem coisas torpes, praticaram coisas más, pois privaram Tito Latínio do filho, lhe enviaram enfermidade, porque se recusou a cumprir-lhes a ordem, e lhe retiraram a enfermidade, depois de havê-la cumprido. E Platão pensa que, apesar de tão perversos, não devem ser temidos; mantendo, porém, inquebrantável o vigor da decisão que tomara, de Estado sabiamente constituído proscreve as sacrílegas futilidades dos poetas, em que se comprazem os deuses, cúmplices de tanta infâmia.

Labeão, como já escrevi no Livro Segundo, coloca Platão entre os semideuses. Labeão pretende que, para aplacar as divindades más, tornam-se necessários sacrifícios sangrentos, solenidades terríveis, e que as boas querem jogos e ritos próprios a despertar alegria. Por que o semideus Platão se atreve com tanta insistência a privar de tais deleites não apenas os semideuses, mas também os deuses e, por cima, os bons? Porque os considera infames! Os próprios deuses encarregam-se de refutar o pensamento de Labeão, porque no que aconteceu com Latínio se mostraram não apenas lascivos e brincalhões, mas também terríveis e cruéis. Que os platônicos nos expliquem o caso, pois, segundo a opinião do chefe da escola, pensam que todos os deuses são honestos, bons, companheiros dos sábios nas virtudes e consideram impiedade sentir de outro modo a respeito de qualquer deles. Nós temos explicação, dizem. Por conseguinte, prestemos ouvidos ao que vão dizer.

## CAPÍTULO XIV
### As almas racionais são de três gêneros: celestes nos deuses, aéreas nos demônios e terrestres nos homens. Opinião dos platônicos

1. Os animais, nos quais existe alma racional, dizem, dividem-se em três classes: deuses, homens e demônios. Os deuses ocupam a região mais elevada; os homens, a mais humilde; os demônios, a do meio. Com efeito, a mansão dos deuses é o céu; a dos homens, a terra; a dos demônios, o ar. Como é diferente a dignidade dos lugares, assim o é a das naturezas. Por isso, os deuses são melhores que os homens e os demônios; os homens são inferiores aos deuses e aos demônios. Segundo a ordem de elementos, assim a diferença de méritos. Estando na região intermediária, os demônios devem pospor-se aos deuses, a quem são inferiores em lugar, e antepor-se aos homens, acima dos quais moram. Têm de comum com os deuses a imortalidade dos corpos e com os homens as paixões da alma. Não é, pois, maravilha alguma, acrescentam os platônicos, se comprazam nas obscenidades dos jogos e nas ficções dos poetas, posto serem presa dos afetos humanos, inteiramente desconhecidos e estranhos aos deuses. Torna-se evidente que, censurando, proscrevendo as fábulas poéticas, não é aos deuses, todos bons e sublimes, mas aos demônios que Platão proíbe a voluptuosidade dos jogos cênicos.

2. Tal a opinião dos platônicos, desenvolvida, em particular, por Apuleio de Madaura, que a respeito do assunto deixou a obra intitulada *Do Deus de Sócrates*, em que discute e explica a ordem de divindades a que pertencia o espírito familiar do filósofo, amigo benévolo que, segundo corre a fama, o afastava habitualmente de toda ação que não devesse ter bom êxito. Diz bem claro e afirma com grande profusão que não se tratava de deus, mas de demônio, analisando com cuidado a opinião de Platão sobre a sublimidade dos deuses, a humildade dos homens e a medianidade dos demônios. Se é assim, como se atreveu Platão a privar, senão os deuses, a quem eximiu de todo contágio humano, pelo menos os demônios, dos prazeres da cena, desterrando da cidade os poetas, não fora por haver percebido que o espírito humano, embora agrilhoado a membros de morte, repudia as ordens dos impuros demônios, para seguir o resplendor da honestidade, e lhes detesta a imundícia? Se Platão reprovou e proibiu, por sentimento de honra, tais obscenidades, poderiam os demônios, sem infâmia, pedi-las e prescrevê-las? Logo, ou engana-se Apuleio e o deus que Sócrates teve por amigo não pertencia a tal classe de espíritos, ou contradiz-se Platão, quer honrando os demônios, quer de Estado em que reinam os bons costumes banindo-lhes os prazeres, ou Sócrates não deve ser felicitado por causa da familiaridade com o referido demônio.

O próprio Apuleio envergonhou-se tanto de semelhante amizade, que dá o título de *Do Deus de Sócrates* à laboriosa e longa dissertação a respeito da diferença entre deuses e demônios, a que devia dar o nome de *Do demônio de Sócrates*, não o de *Do Deus de Sócrates*. A utilizá-la no título preferiu empregar no corpo da obra a referida expressão. É que, a partir do momento em que a salutar doutrina iluminou as coisas humanas, têm todos ou quase todos tanto horror ao nome dos demônios, que quem quer que, antes de haver lido a obra de Apuleio, em que se enaltece a dignidade dos demônios, lesse em qualquer livro o título *Do demônio de Sócrates* não julgaria em perfeito juízo o autor. Que encontrou Apuleio de louvável nos demônios, senão a sutileza e vigor do corpo e a sublimidade do lugar em que moram? Ao falar dos costumes de todos os demônios em geral, longe de dizer bem, disse muito mal. Finalmente, depois da leitura do livro, ninguém se espanta de haverem exigido a consagração das infâmias do teatro, de, querendo passar por deuses, se comprazerem nos crimes dos deuses e de, na obscena solenidade, que excita, e na torpe crueldade, que assombra, estarem em perfeita harmonia com as próprias paixões.

## CAPÍTULO XV
### Os demônios não são superiores aos homens, quer por terem corpo aéreo, quer por habitarem regiões mais elevadas

1. Longe, pois, do espírito verdadeiramente religioso e submisso ao verdadeiro Deus imaginar-se inferior aos demônios, por terem corpo melhor. Fora assim e teria de pospor-se a muitos outros animais que se nos avantajam na viveza dos sentidos, em movimento mais leve e fácil, em força muscular e na robusta firmeza do corpo. Que homem igualará, na vista, às águias e aos abutres? Quem, no olfato, aos cães? Quem, na velocidade, às lebres, aos cervos e a todas as aves? Quem, na força, aos leões e aos elefantes? Quem, na longevidade, às serpentes, que, ao mudarem o couro, dizem que depõem a velhice e tornam à juventude? Mas, assim como, pelo entendimento e pela razão, somos superiores a todos os animais, assim também, vivendo honestamente e bem, temos de ser melhores que os demônios. Por isso a Providência Divina deu aos animais, a que somos, sem dúvida, superiores, certas vantagens corporais ensinando-nos, assim, a cultivar, de preferência ao corpo, a parte de nós mesmos que nos torna superiores aos animais e a desprezar, pela perfeição moral que nos torna superiores aos demônios, a perfeição corporal que os demônios possuem. Não devem também nossos corpos receber a imortalidade, não a imortalidade acompanhada da eternidade dos suplícios, mas a imortalidade precedida pela pureza da alma?

2. É ridículo, todavia, a gente inquietar-se tanto pela sublimidade do lugar, porque os demônios habitam no ar e o homem na terra, que pensemos serem superiores a nós. Nesse sentido, todos os pássaros se anteporiam a nós. Mas os pássaros, quando se cansam de voar, voltam à terra, quer para alimentar-se, quer para descansar, necessi-

dades de que os demônios se encontram isentos. Acaso lhes agrada que os pássaros se nos avantajem a nós e os demônios aos pássaros? Se é disparate imaginá-lo, não temos razão para pensar que, porque habitam elemento superior, os demônios sejam dignos e lhes devamos submeter o afeto da religião. Como pôde suceder que as aves aéreas não apenas não fossem preferidas a nós, terrestres, mas também nos ficassem sujeitas por causa da dignidade da alma racional existente em nós, assim se tornou possível que os demônios, embora mais aéreos, não sejam melhores que nós, terrestres, justamente por ser o ar superior à terra, mas porque os homens devem ser preferidos aos demônios exatamente por sua desesperação jamais poder comparar-se com a esperança dos homens piedosos. A própria ordem e harmonia que Platão estabelece nos quatro elementos, inserindo entre os dois extremos (a atividade do fogo e a inércia da terra) os dois meios (o ar e a água), para que, quanto o ar fica acima da água e o fogo acima do ar, tanto fique a água acima da terra, ensina-nos, na apreciação moral dos seres vivos, a não seguir a hierarquia dos elementos. O próprio Apuleio, como os demais platônicos, antepõe o homem, animal terrestre, aos animais aquáticos, apesar de Platão preferir a água à terra. Evidentemente, quando se trata de julgar o valor dos seres animados, convém a gente não apoiar-se na escala graduada dos corpos, pois alma superior pode habitar corpo inferior e corpo superior pode ser habitado por alma inferior.

## CAPÍTULO XVI
### Pensamento do platônico Apuleio sobre os costumes e atividades dos demônios

Ao falar dos costumes dos demônios, o citado platônico diz que eles são agitados por todas as tempestades das paixões humanas, irritados pelas mesmas injúrias e aplacados pelas mesmas homenagens e oferendas. Diz, ademais, que as mesmas honras os deliciam, a variedade de ritos religiosos os deleita e a menor omissão nas cerimônias do culto lhes excita o furor. Acrescenta, entre outras coisas, pertencerem-lhes as adivinhações dos áugures, dos arúspices, dos poetas e dos sonhos; atribui-lhes, ainda, os prodígios dos magos. Define-os brevemente nos seguintes termos: Os demônios são, em gênero, animais; em ânimo, passivos; em mente, racionais; em corpo, aéreos; em tempo, eternos. Das cinco coisas, as três primeiras são comuns a eles e a nós; a quarta é própria deles; a quinta, comum a eles e aos deuses. Noto, porém, que das três primeiras, comuns a eles e a nós, têm duas em comum também com os deuses. Os deuses são animais, segundo Apuleio, que, ao distribuir a cada um deles os respectivos elementos, nos colocou entre os animais terrestres, com os outros que vivem e sentem na terra; entre os aquáticos, os peixes e outros que nadam; entre os aéreos, os demônios; entre os etéreos, os deuses. Portanto, o pertencerem os demônios ao gênero dos animais não é comum apenas entre eles e os homens, mas também com os deuses e os brutos. Ter alma racional é comum aos demônios, aos deuses e aos homens. Mas a eternidade não a partilham senão com os deuses; as paixões, senão com os homens; é-lhes peculiar o corpo sutil.

Por conseguinte, para eles não é grande vantagem pertencer ao gênero animal, a que também os brutos pertencem. A razão não os eleva acima de nós, pois também somos racionais. Quanto à eternidade, é porventura algum bem, desprovida de felicidade? Mais vale felicidade no tempo que eternidade infeliz. Quanto às paixões da alma, é título de superioridade? Também somos apaixonados, o que prova nossa miséria. Quanto ao corpo sutil, em que estima a gente deve tê-lo, se a alma, seja de que natureza for, antepõe-se a todo corpo e, portanto, o culto divino, homenagem da alma, não é, em absoluto, devido ao que lhe é inferior? Se, entre as qualidades por ele atribuídas aos demônios, Apuleio enumerasse a virtude, a sabedoria, a felicidade e dissesse tratar-se de coisas eternas e comuns a eles e aos deuses, teria, sem dúvida, dito algo digno de ser desejado e tido por admirável. Nem por isso, entretanto, deveríamos adorá-los como a deuses, mas dar graças a Deus, de quem sabemos teriam recebido semelhantes dons. Quão menos dignos de honras divinas se mostram os animais aéreos, racionais para poderem ser miseráveis, passivos para serem miseráveis, eternos precisamente para serem eternamente miseráveis!

# CAPÍTULO XVII
### É digno tribute o homem culto ao espírito de cujos vícios convém se liberte?

1. Portanto, para omitir o demais e tratar apenas daquilo que, segundo Apuleio, os demônios têm de comum conosco, isto é, as paixões da alma, se todos os quatro elementos estão repletos de animais próprios: o fogo e o ar, de animais imortais, a água e a terra, de animais mortais, pergunto: Por que as almas dos demônios são agitadas pelas turbações e tempestades das paixões? Perturbação diz-se em grego *páthos*. Por isso, quanto ao ânimo, quis chamá-los passivos, porque a palavra *paixão*, derivada da grega *páthos*, significa movimento do ânimo contra a razão. Por que, pois, a alma dos demônios experimenta semelhantes agitações, desconhecidas dos brutos? Se algo similar aparece no bruto, não é perturbação, por não ser contra a razão, visto carecer dela. Nas almas humanas é loucura, é miséria, porquanto ainda não nos encontramos na bem-aventurada posse da perfeita sabedoria que nos é prometida para o fim dos tempos, uma vez livres dos grilhões de nossa mortalidade. Os deuses, dizem, encontram-se isentos de tais agitações precisamente porque são eternos e, ao mesmo tempo, felizes. Têm, afirmam os filósofos, almas racionais como nós, virgens, porém, de toda impureza. Por conseguinte, se os deuses não sofrem tais perturbações exatamente por serem animais felizes e não miseráveis e os brutos não a sofrem precisamente por não poderem ser felizes nem miseráveis, resta que os demônios, como os homens, as sofrem justamente por serem animais felizes, mas miseráveis.

2. Que ignorância, ou antes, que desatino nos faz sujeitar-nos aos demônios, pelos laços de alguma religião, se a verdadeira religião nos liberta da perversidade que nos torna semelhantes aos demônios? Porque Apuleio, que os poupa e os julga dignos de honras divinas, ele mesmo os reconhece susceptíveis de cólera e a verdadeira religião nos proíbe a cólera e até mesmo nos ordena lhe ofereçamos resistência. Os demônios deixam-se seduzir por presentes e a verdadeira religião não quer que o interesse nos presida os favores. As honras lisonjeiam os demônios e a verdadeira religião prescreve-nos permaneçamos insensíveis a elas. Os demônios odeiam alguns homens e querem bem a

outros, ódio e bem-querer que lhes sugere, não julgamento tranquilo e sábio, mas emoção apaixonada; a verdadeira religião manda que amemos até nossos próprios inimigos. Enfim, a verdadeira religião manda que deponhamos todo movimento do coração, todos os tormentos do espírito e todas as turbações e tempestades da alma que inquietam e desesperam os demônios. Qual, pois, a causa, senão a demência e o erro, de te rebaixares, adorando ser que não desejas semelhar, e de tributares culto religioso a quem não queres imitar, se o fim da religião é a gente imitar o deus a quem presta culto?

## CAPÍTULO XVIII
### Qual a religião que ensina deverem os homens, para granjear os deuses bons, usar os demônios como advogados?

Apuleio e quaisquer outros filósofos que pensem de igual modo inutilmente lhes outorgaram a honra de colocá-los nas regiões do ar, entre o céu e a terra. Assim, porque nenhum deus se mistura com o homem, coisa, segundo eles, afirmada por Platão, os demônios levam aos deuses as petições dos homens e de lá trazem aos homens as súplicas despachadas. Assim, de um lado parece inconveniente que os homens se misturem com os deuses e os deuses com os homens, mas de outro é conveniente que os demônios, mensageiros de preces e graças, misturem-se aos homens e aos deuses. Assim, o homem justo, alheio às criminosas práticas da magia, emprega como intercessores junto aos deuses aqueles que se comprazem em semelhantes crimes, quando a aversão que lhe inspiram deveria torná-lo mais digno do interesse dos deuses. Estranhos mediadores! Gostam das infâmias da cena, odiosas ao pudor, e dos sinistros segredos da magia, odiosos à inocência. Se alguém quer obter dos deuses inocência ou pudor, merecimento de nada vale, sem a intercessão de seus próprios inimigos. Em vão procuraria Apuleio justificar as fábulas dos poetas e o cinismo do teatro. Opomos a tais horrores a autoridade do mestre, a autoridade de Platão, se o pudor humano derroga a si mesmo, ao extremo de gostar de semelhantes infâmias e até mesmo de julgá-las agradáveis à divindade.

## CAPÍTULO XIX
### Impiedade da arte mágica, que se estriba no patrocínio dos espíritos malignos

Mas, para confundir os prestígios da magia, de que, em nome dos demônios, alguns homens têm a impiedade e a desgraça de gloriar-se, não quero outras testemunhas além da publicidade e da luz. E, com efeito, por que a severidade das leis os castiga com tamanho rigor, se se trata de obra dos deuses, a quem se deve culto? Ou será necessário atribuir aos cristãos as leis contra as artes mágicas? Não é testemunho prestado contra a perniciosa influência desses malefícios sobre o gênero humano os versos do grande poeta? Ei-los: *Invoco o testemunho dos deuses, querida irmã, o teu e o de tua preciosa vida, para dizer que a contragosto recorro às artes mágicas.* E aquilo que sobre as mesmas artes diz noutro lugar: *Vi-o transportar messes de um campo para outro?* Alusão manifesta à transferência das riquezas de um solo para solo estrangeiro, sob a influência de tais perniciosas e detestáveis doutrinas. E as Doze Tábuas, a mais antiga lei de Roma, não fulminam, segundo Cícero, rigorosa pena contra o autor de semelhante delito? Enfim, perante magistrados cristãos, acusaram o próprio Apuleio de magia? Se acreditasse inocentes, santas e conformes às obras do poder divino as práticas de que o acusavam, deveria não apenas confessá-las, mas também professá-las, deveria insurgir-se contra qualquer lei capaz de proibir e considerar condenável o que merece o respeito e admiração dos homens. Assim, convenceria os juízes ou, adstritos à letra de lei injusta, afogar-lhe-iam no sangue as apologias; os demônios, desejosos de retribuir tamanha magnanimidade, recompensariam dignamente o generoso abandono da vida, sacrificada à glória de suas obras. Vede nossos mártires. Quando lhes imputam como crime a religião cristã, que lhes assegura salvação e glória na eternidade, longe de repudiá-la para evitar suplício temporal, ousam confessar, professar, anunciar de maneira altiva a própria fé; por ela sabem generosamente sofrer, por ela morrem com santa segurança; quanto às leis que lhes proibiam o nome, fazem-nas enrubescer de vergonha, fazem-nas mudar.

De Platão resta-nos eloquente e longa oração, em que se justifica da imputação de magia e não quer ver-se inocente de outro modo, senão negando o que nenhum inocente pode cometer. Todas as maravilhas dos magos, que sente, com razão, devem ser condenadas, são fruto das doutrinas e obras dos demônios. Por que, pois, quer que os honrem? Por que admite como necessária para levar nossas preces aos deuses e mediação daqueles cujas obras devemos evitar, se desejamos que nossas preces cheguem ao verdadeiro Deus? Agora pergunto: Que súplicas humanas julga que os demônios levam aos deuses bons? As mágicas ou as lícitas? Se as mágicas, não querem tais; se as lícitas, não as querem por mediação de tais. Se algum pecador penitente faz oração por haver admitido algo mágico, é possível que receba o perdão por intermédio daqueles sob cujo impulso ou favor chora haver caído em culpa? Ou será que os próprios demônios, para poderem alcançar o perdão dos penitentes, primeiro fazem penitência por havê-los enganado? Até agora ninguém o disse dos demônios, porque, se assim fora, de modo algum ousariam exigir que lhes prestassem honras divinas, visto como desejariam, fazendo penitência, conseguir a graça do perdão. De um lado, soberba detestável; de outro, humildade digna de compaixão.

## CAPÍTULO XX
### Cumpre acreditar que os deuses bons se comunicam com melhor disposição com os demônios que com os homens?

Mas, dizem, causa imperiosa e urgente obriga os demônios a servirem de intermediários entre os deuses e os homens: é apresentar aos deuses as petições dos homens e trazer aos homens as concessões dos deuses. Em poucas palavras, que causa será? Que necessidade? A razão é que nenhum deus se comunica com o homem, dizem. Divina e casta santidade! Não se comunica com o homem suplicante e comunica-se com o demônio arrogante; não se comunica com o homem penitente e comunica-se com o demônio que o seduziu; não se comunica com o homem que implora a divindade e comunica-se com o demônio que a usurpa; não se comunica com o homem que pede perdão e comunica-se com o demônio que o persuade à nequícia; não se comunica com o homem que, esclarecido pelos livros dos filósofos, de Estado bem-organizado expulsa os poetas, mas comunica-se com o demônio que reclama do senado e dos pontífices a representação das infâmias teatrais; não se comunica com o homem que proíbe fingir as velhacarias dos deuses, porém comunica-se com o demônio que se compraz nas falsas perversidades dos deuses; não se comunica com o homem que castiga com leis justas os delitos dos magos, mas comunica-se com o demônio que ensina e pratica a magia; não se comunica com o homem que foge às obras do demônio e comunica-se com o demônio que fica à espreita da decepção do homem!

## CAPÍTULO XXI
**Os deuses usam os demônios como mensageiros e intérpretes e ignoram que são enganados ou querem enganá-los?**

1. Na realidade, eis o absurdo e a indignidade que tamanha necessidade implica, a saber, que dos deuses etéreos, que cuidam das coisas humanas, ocultariam-se as que os homens terrestres fazem, se não lhas anunciassem os demônios aéreos, porque o éter está longe da terra e suspenso no alto e o ar é contíguo ao éter e à terra. Admirável sabedoria! É outro o pensamento deles a respeito dos deuses, que desejam ótimos, senão o de que cuidam das coisas humanas a fim de não parecerem indignos de culto, mas, por causa da distância dos elementos, as desconhecem? O fim de tudo isso é julgar necessários os demônios e abonar o culto a tais mediadores, que das ações e das necessidades dos homens informam os deuses. Se é assim, pela proximidade do corpo o demônio é mais conhecido dos deuses bons que o homem pela bondade da alma. Deplorável necessidade, ou melhor, ridículo e detestável erro, vão protetor de vãs divindades! Se, espíritos livres dos obstáculos do corpo, os deuses podem ver-nos o espírito, necessitam, porventura, da mediação dos demônios? E, se os deuses etéreos por meio de seu próprio corpo sentem as manifestações corporais, como o rosto, a fala, os gestos e daí inferem o que lhes anunciarão os demônios, podem, acaso, ser enganados pelas mentiras dos demônios? Portanto, se a divindade dos deuses não pode ser enganada pelos demônios, não pode ignorar o que fazemos.

2. Mas, pergunto: Os demônios anunciaram aos deuses que Platão proscrevia as ficções em que os poetas punham em cena os crimes dos deuses e deles ocultaram o prazer que encontravam em tais jogos? Ou esconderam as coisas e deixaram os deuses na mais completa ignorância de todo esse assunto? Ou será que, ao mesmo tempo, lhes revelaram a religiosa sabedoria de Platão e a sacrílega alegria deles, demônios? Ou, enfim, ocultaram dos deuses o conhecimento do juízo proferido por Platão contra a ímpia licença dos poetas e, ao mesmo tempo, confessaram a cínica paixão que têm por semelhantes jogos, que tornam públicas as infâmias divinas, e não ficaram envergonhados ou temerosos? Escolham qualquer das perguntas propostas e verifiquem em qualquer delas como pensam mal dos deuses bons.

Se escolhem a primeira, têm de confessar não haver sido lícito aos deuses bons comunicar-se com Platão, quando os protegia dos ultrajes, ao passo que viviam com os demônios, quando se regozijavam com as injúrias que lhes eram dirigidas. A razão é que os deuses bons não conheciam o homem bom, afastado deles, senão por intermédio dos demônios maus, a quem, embora vizinhos, não podiam conhecer.

Se escolherem a segunda e disserem que uma coisa e outra as ocultaram os demônios, para que os deuses desconhecessem, em absoluto, tanto a religiosíssima lei de Platão como as sacrílegas alegrias dos demônios, que podem saber os deuses, utilmente, dos costumes humanos, por intermédio dos demônios, se desconhecem os decretos dados em honra dos deuses bons pelos homens bons, contra a leviandade dos demônios maus?

Se escolherem a terceira e responderem que os demônios mensageiros manifestaram aos deuses não apenas o parecer de Platão, que veda se lhes dirijam injúrias, mas também a nequícia dos demônios, que se gozam das invectivas endereçadas aos deuses, que é isso, anunciar ou insultar? Os deuses escutam ambas as coisas e conhecem-nas, de maneira que não somente não afastam de si os malignos demônios, que nada desejam e nada fazem que não seja contrário à dignidade dos deuses e à religião de Platão, mas, por cima, valendo-se da mediação desses maus vizinhos, transmitem seus favores ao virtuoso Platão. De tal modo juntou e concatenou a série dos elementos, que podem ser unidos àqueles que os culpam e a este, que os defende, não. Sabem uma coisa e outra, mas nada podem contra os pesos do ar e da terra.

Se escolherem a quarta e última, é pior que o resto. Quem tolerará que os demônios tenham anunciado aos deuses as criminosas ficções dos poetas a respeito dos deuses, os indignos ludíbrios dos teatros, seu próprio e ardentíssimo desejo disso tudo, seu próprio e delirante prazer, mas tenham calado que Platão, com gravidade filosófica, pensou que tudo isso devia ser afastado de república bem-organizada? Desse modo, veem-se os deuses bons forçados a conhecer, por intermédio de tais núncios, os males dos mais depravados, males não alheios, mas dos próprios núncios e não se lhes permite conhecer seus contrários, os bens dos filósofos, cifrando-se aqueles em injúria e estes, em honra aos deuses.

## CAPÍTULO XXII
### Obrigação de renunciar ao culto dos demônios. Contra Apuleio

Ora, como é impossível a gente deter-se em qualquer das quatro suposições, sem conceber indigna opinião a respeito dos deuses, torna-se necessário recusar todo crédito às alegações de Apuleio e dos filósofos que com ele compartiram os mesmos sentimentos acerca da intercessão dos demônios, acerca da troca de súplicas e graças a que servem de mediadores. Longe disso, trata-se de espíritos perversos, possuídos da necessidade de prejudicar, para sempre desviados da justiça, inflados de orgulho, devorados pelo ciúme, sutis forjadores de enganos. Habitam o ar, é certo, mas em castigo de inexpiável prevaricação é que, precipitados das altas regiões do céu, permanecem confinados nesse elemento, como em prisão análoga à sua própria natureza. Quer dizer que, porque o espaço do ar se estende acima da terra e das águas, têm superioridade moral sobre os homens? Não. Os homens se avantajam a eles infinitamente; e não é o corpo terrestre que lhes faz a excelência, mas a assistência do verdadeiro Deus, propícia à piedade de seu coração. Há, sem dúvida, homens indignos de participar da verdadeira religião, homens que, reduzidos a vergonhosa escravidão, estendem os punhos aos grilhões dos demônios;

a maioria, dando crédito a milagres enganadores e a mentirosas predições, acreditam-lhes a divindade. Não podendo, contudo, triunfar da refletida incredulidade de alguns, vivamente impressionados com a depravação dos demônios, estes quiseram passar, ao menos, por mediadores entre os desejos da terra e os favores do céu. Tais incrédulos, porém, convencidos da bondade dos deuses e da malignidade dos demônios, julgaram não dever deferir a estes as honras divinas, nem se atreveram, todavia, a declará-los indignos delas, por medo, principalmente, de irritar os povos que inveterada superstição sujeitara ao culto a esses espíritos malignos.

## CAPÍTULO XXIII
### Pensamento de Hermes Trismegisto sobre a idolatria e como pôde conhecer que se deviam suprimir as superstições egípcias

1. Hermes Egípcio, por alcunha Trismegisto, pensou e escreveu diversas coisas sobre os demônios. Apuleio nega, é verdade, serem deuses, mas, ao dizê-los medianeiros entre os homens e os deuses ao extremo de parecerem necessários aos homens, quando precisam de aproximar-se dos deuses, da religião dos deuses soberanos não separa seu culto. O Egípcio, contudo, afirma serem alguns deuses criaturas do Deus supremo e outros, dos homens. Quem ouve tal coisa imagina, como já dissemos, tratar-se dos ídolos, por serem obras humanas; mas Trismegisto assegura que os ídolos visíveis e tangíveis são como que o corpo dos deuses; afirma, ademais, haver neles certos espíritos, convidados, que têm poder, quer para prejudicar, quer para realizar os desejos de quem lhes tributa honras divinas e o obséquio do culto. Juntar, por meio de arte misteriosa, espíritos invisíveis a coisas visíveis da matéria corporal, para serem uma espécie de corpos animados, ídolos dedicados e sujeitos a tais espíritos, é, segundo Trismegisto, fazer deuses. Os homens, acrescenta, receberam o admirável e nobre poder de criar deuses.

Citar-lhe-ei as próprias palavras, tais quais foram traduzidas a nosso idioma. Ei-las: *Porque tratamos dos laços de sociedade e aliança formados entre os homens e os deuses, aprende a conhecer, ó Asclépio, os privilégios e o poder do homem. Assim como o*

*Senhor, ou o Pai, ou o que é supremo, Deus, em suma, é o autor dos deuses celestes, assim o homem é o autor dos deuses que se encontram nos templos, contentes da proximidade dos homens.* E pouco depois: *Desse modo, a humanidade, fiel à lembrança de sua natureza e origem, persevera na imitação da divindade. O Pai e Senhor fez à sua semelhança os deuses eternos; a humanidade fez seus deuses à semelhança do homem.* À réplica de Asclépio, seu principal interlocutor, que lhe perguntou com dúvida: *Dizes estátuas, Trismegisto?*, respondeu: *Estátuas, sim, Asclépio! Vês como tu mesmo desconfias? Estátuas, sim, animadas e cheias de vida e sentido, que fazem tantas e tais coisas. Estátuas que conhecem o futuro, predizem as coisas por sortilégios, pelos poetas, pelos sonhos e por mil e uma outras artes, produzem as enfermidades nos homens e as curam e os deixam tristes ou alegres, segundo seus merecimentos. Ignoras, porventura, Asclépio, ser o Egito imagem do céu, ou, o que é mais verdadeiro, translação ou baixamento de tudo quanto se governa e faz no céu, ou, se cumpre dizer maior verdade, ser nossa terra o templo do mundo todo? Como, entretanto, é próprio do sábio prever todas as coisas, esta não nos é permitido ignorar: Tempo virá em que hão de reconhecer haverem os egípcios inutilmente honrado a divindade com fiel culto; as cerimônias mais santas cairão no esquecimento e na vileza.*

2. Hermes detém-se longo tempo no assunto; parece predizer o tempo em que a religião cristã, em sua verdade e santidade haurindo a poderosa liberdade que destrói as mentiras da idolatria, pela graça do verdadeiro Salvador, do domínio de tais deuses, obra do homem, arrancaria o homem para devolvê-lo a Deus, de quem o homem é obra. Mas, predizendo-o, Hermes fala como homem seduzido pelos prestígios dos demônios, não pronuncia claramente o nome de cristãos. Diz, simplesmente, que desaparecerão e cairão no olvido as coisas cuja observância se conservou no Egito a semelhança do céu e, ao deplorar semelhante futuro, confere acento de profunda tristeza às palavras. Era do número daqueles de quem diz o Apóstolo que, *conhecendo Deus, não o glorificaram como Deus nem lhe deram graças, mas, ao contrário, desvaneceram-se em seus pensamentos e obscureceu-se-lhes o coração insensato. Dizendo-se sábios, torna-*

ram-se néscios e a glória, devida ao Deus incorruptível, prostituíram-na à imagem do homem corruptível* etc.

Sobre o único Deus verdadeiro, autor do mundo, diz muitas coisas, todas conformes com os ensinamentos da verdade. Não sei como pelo obscurecimento do coração se deixa arrastar a coisas como estas, a querer que os homens se submetam sempre aos deuses que ele próprio confessa tratar-se de feituras dos homens e a deplorar que semelhante prática seja suprimida no futuro. Como se houvesse algo mais infeliz que homem escravo das próprias ficções, sendo mais fácil que, rendendo culto, como a deuses, àqueles de que é autor, deixe de ser homem do que se tornarem deuses os ídolos saídos das mãos do homem. Sim, o homem, decaído da inteligência e da glória, descerá ao nível dos brutos antes que a obra do homem se eleve acima da obra de Deus, feita à semelhança de Deus, acima do homem. E é com muita justiça que o homem é abandonado por seu autor, quando é o primeiro a abandonar-se à própria obra.

3. Assim, quando Hermes, o Egípcio, deplorava a futura ruína de tantas vaidades, imposturas e sacrilégios, não o lamentava com tanta impudência quanta a imprudência com que o sabia. Não lho revelara o Espírito Santo, como acontecera com os santos profetas, que, prevendo-o, diziam com júbilo: *Se o homem fizer deuses, estes não serão deuses*. E noutro lugar: *Sucederá naquele dia, diz o Senhor: Exterminarei os nomes dos simulacros e a própria memória deles perecerá*. Quanto ao Egito em particular, eis a predição do santo profeta Isaías: *E serão apartadas de sua vista as obras feitas por mãos do Egito e seu coração vencerá neles* etc.

Da mesma estirpe eram aqueles que, certos do que se devia cumprir, rejubilaram-se quando se cumpriu: Ana e Simeão, que conheceram Jesus Cristo desde quando nasceu; Isabel, que desde a concepção o conheceu em espírito; Pedro, que, iluminado pelo Pai, exclamava: *Tu és o Cristo, Filho de Deus vivo*. Mas os espíritos que revelavam ao Egípcio a época da perdição deles eram os mesmos que, trêmulos, diziam a Nosso Senhor, durante sua vida mortal: *Por que vieste perder-nos antes do tempo?*, quer porque lhes parecesse já estar acontecendo o que esperavam para mais tarde, quer por chamarem perdição ao fato de, uma vez conhecidos, serem desdenhados pelos homens. Isso acontecia antes *do tempo*, ou seja, antes do dia do juízo, quando serão castigados com eterna condenação e com todos os homens que se lhes associam. E de conformidade com o que a religião diz, religião que não engana nem se engana, não de acordo com a religião que o Egípcio, como que agitado de cá para lá pelo vento de sua doutrina e misturando o verdadeiro com o falso, lamenta seja perecedoura, religião que mais tarde ele próprio confessa constituir profundo erro.

## CAPÍTULO XXIV
### Hermes confessa o erro dos antepassados e, contudo, deplora tenha de ser abolido

1. Depois de muitas digressões, Hermes volta ao que disse dos deuses feitos pelos homens. Eis como se exprime: *Tornemos ao homem e à razão, divino dom que faz o homem merecer o nome de animal racional. Causam menos maravilha, embora maravilhosas, as coisas ditas sobre o homem. Supera a admiração de todas as maravilhas o haver o homem podido inventar a divindade e fazê-la. O motivo é que nossos antepassados, sumidos na incredulidade e cegos por grandes erros acerca do conhecimento dos deuses, erros que os desviavam do culto e da religião divina, inventaram a arte de fazer deuses. A semelhante invenção acrescentaram misteriosa virtude, tomada da natureza dos deuses, e misturaram-nas. Vendo-se impotentes para fazer almas, evocaram a alma dos demônios ou dos anjos e ligaram-nas às imagens sagradas, aos mistérios divinos, dando, assim, aos ídolos o poder de obrar o bem e o mal.*

Não sei se os demônios, chamados em pessoa, o confessaram como o confessou Hermes. *Porque*, diz Hermes, *nossos antepassados, sumidos na incredulidade e cegos por grandes erros acerca da natureza dos deuses, erros que os desviavam do culto e da religião divina, inventaram a arte de fazer deuses*. Julgou pouco dizer *erravam* ao encontrarem a arte de fazer deuses; e não se contentou com *erravam*, tanto que aduziu: *Erravam muito*. Logo, o grande erro e a incredulidade dos que se esqueceram do culto e da religião divina deram origem à arte de fazer deuses. De tal arte funesta, que deve a origem ao erro, à incredulidade e ao esquecimento do culto e da religião divina, é que o sábio Hermes deplora a perda no tempo marcado, como se se tratasse de religião divina. Na verdade, não é a poderosa vontade de Deus que o constrange a desvelar o inveterado erro dos antepassados? Não é a violência do inferno que o leva a gemer os futuros suplícios dos demônios? Porque, enfim, se o erro, a incredulidade, a indiferença da alma humana para com o culto e a santa religião inventaram a arte de fazer deuses, deve causar-nos assombro que todas as obras dessa arte detestável, realizadas por ódio à religião divina, sejam abolidas pela religião divina, se é a verdade que repreende o erro, é a fé que confunde a incredulidade, é o amor que cura o ódio?

2. Se Hermes, sem expressar-lhe as causas, houvesse dado publicidade à invenção dos ancestrais, caber-nos-ia, por menos que a piedade nos iluminasse, ver e compreender que o homem jamais teria imaginado fazer deuses, se não estivesse extraviado da verdade, se acreditasse em coisas dignas de Deus e voltasse a alma ao culto e à verdadeira religião. Contudo, se a grande erro, à incredulidade e ao esquecimento da religião divina por parte do homem infiel e errante atribuíssemos a origem da arte de fazer deuses, seria absolutamente tolerável a desvergonha dos que resistem à verdade. Como, porém, quem admira no homem, sobre todos os demais poderes, o poder de fazer deuses, concedido pela referida arte, e lamenta a chegada do tempo em que todas essas figulinas dos demônios, instituídas pelos homens, serão derribadas por mandado das leis é o mesmo que confessa e declara as causas que levaram o homem a tal descobrimento, dizendo que os antepassados, por seus grandes erros, por sua incredulidade e por não voltarem o ânimo ao culto e à religião verdadeira, inventaram a arte de fazer deuses, que diremos, ou melhor, que faremos, senão dar ao Senhor Deus nosso quantas graças possamos, por haver desterrado semelhante culto, utilizando-se de causas contrárias às por que foi instituído?

A verdade arruinou o que o erro estabeleceu; a fé destruiu as obras da incredulidade; o retorno ao Deus santo, ao Deus de verdade, aniquilou o estabelecido pela aversão ao culto e à religião divina. E isso aconteceu não apenas no Egito, único objeto das lamentações que o espírito dos demônios inspirava a Hermes, mas em toda a terra, que canta um cântico novo, conforme as Escrituras, verdadeiramente santas e verdadeiramente proféticas, onde está escrito: *Cantai novo cântico ao Senhor, cantai ao Senhor toda a terra.* Eis o título do salmo: *Quando se edificava a casa depois do cativeiro.* Com efeito, a casa do Senhor, a Cidade de Deus, a saber, a Igreja, edifica-se em toda a terra depois do cativeiro, em que, escravos dos demônios, gemiam os homens libertados pela fé e transformados hoje em pedras vivas do divino edifício. Porque, embora autor de deuses, o homem não era menos escravo da própria obra. Adorando-os, entrava na sociedade, não de estúpidos ídolos, mas de pérfidos demônios. Que são, com efeito, os ídolos, senão objetos que, de acordo com a palavra das Escrituras, *têm olhos e não veem*, e não passam de inúteis obras-primas, desprovidas de sentimento e vida? Mas os espíritos imundos, por arte nefasta ligados a semelhantes estátuas, admitindo em sua sociedade as almas de seus adoradores, haviam-nas reduzido a miserável servidão. Por isso, diz o Apóstolo: *Sabemos que o ídolo nada é, mas o que os gentios imolam, imolam aos demônios, não a Deus. Não quero que vos torneis sócios dos demônios.*

Depois do cativeiro em que os espíritos malignos retinham os homens, edifica-se em toda a terra a casa de Deus. Daí tomou o título o salmo que diz: *Cantai novo cântico ao senhor, cantai ao Senhor toda a terra. Cantai ao Senhor e bendizei-lhe o nome. Anunciai dia a dia a salvação que nos manda. Anunciai aos gentios sua glória e a todos os povos suas maravilhas. Porque grande é o Senhor e muito digno de louvores e terrível acima de todos os deuses. Porque todos os deuses dos gentios não passam de demônios, mas o Senhor fez os céus.*

3. Conclusão: Quem previa, aflito, o advento dos tempos em que o culto aos ídolos seria abolido e que os demônios decairiam do império sobre quem os adorava, queria, por conseguinte, sob a inspiração do espírito maligno, a duração eterna do cativeiro, que deveu cessar, diz o salmista, para edificar-se a casa em toda a terra. Eis o que, gemendo, Hermes anunciava; eis o que o profeta anunciava com alegria. E, como o Espírito, que pela boca dos profetas cantava tais acontecimentos futuros, sempre triunfa, o próprio Hermes viu-se milagrosamente obrigado a confessar que as instituições, cuja ruína vindoura lhe aflige a alma, não têm por autores a razão, nem a fé, nem a piedade, mas o erro, a incredulidade, a aversão e o ódio à verdadeira religião. E, quando a homens com quem não devemos parecer o Egípcio atribui os ídolos, a que chama deuses, confessa, queira ou não, que a gente não deve adorar-lhes os ídolos, se não se parece com os mal-aventurados que os fizeram. Por

conseguinte, às almas prudentes, fiéis e religiosas proíbe semelhante culto; demonstra, ainda, que tais artesãos de divindades se prestaram a adorar, como a deuses, os que não eram deuses.

É, pois, verdade o que disse o profeta: *Se o homem fizer deuses, estes não serão deuses.* Todavia, embora chame deuses às impuras imagens, obra de mãos impuras, Hermes não adota, como o platônico Apuleio, a inconveniente e absurda opinião de dizer que os demônios, que arte misteriosa por meio dos laços de suas paixões encadeia à sua efígie material, servem de intérpretes e mediadores entre os deuses e os homens, criaturas de um só Deus, levando aos deuses as súplicas dos homens, trazendo aos homens os favores dos deuses, por ser demasiado insensato acreditar que os deuses feitos pelo homem tenham, junto aos deuses que Deus fez, mais crédito que o próprio homem feito por deus. O demônio, que a arte de homem ímpio uniu a estátua, torna-se deus para esse homem, não para todo homem. Qual, por conseguinte, o deus que o homem não faria, se não fosse incrédulo, cego e não estivesse afastado do verdadeiro Deus? Ora, se os demônios, adorados nos templos, ligados a estátuas por homens que o poder de fabricar deuses devem somente à própria impiedade, ao afastamento em que se encontram da verdadeira religião, se os demônios não intervêm, em absoluto, como mediadores entre os deuses e os homens, pois a depravação os torna indignos de tal ministério, porque os homens, seja qual for a degradação a que tenham chegado, valem incomparavelmente mais que semelhantes deuses, obra sua, segue-se que todo o seu poder não passa de poder de demônios, inimigos temíveis, amigos mais funestos ainda, porquanto sua amizade se chama perfídia. Esse poder, malfazejo ou favorável, jamais o exercitam sem permissão da justiça de Deus, impenetrável e profunda, não como mediadores entre os homens e os deuses, não por dar-lhes a amizade com os deuses semelhante poder sobre os homens. Com efeito, podem ser amigos dos deuses bons, por nós chamados santos anjos, criaturas racionais, habitantes das celestes moradas, a saber, tronos, dominações, principados, potestades, de que tão afastados se encontram pela afeição da alma quanto os vícios se encontram longe da virtude e a malignidade, da inocência?

## CAPÍTULO XXV
### Coisas comuns aos santos anjos e aos homens

Em consequência, de nenhum modo se deve aspirar, por mediação dos demônios, à benevolência e à beneficência dos deuses, ou, por melhor dizer, dos anjos bons. Isso todos devemos buscar, imitando-lhes a boa vontade, com que estamos com eles, com eles vivemos e com eles rendemos culto ao Deus a que tributam, embora não possamos vê-los com os olhos da carne. Assim, pois, não é a distância do lugar que nos separa deles, mas o merecimento da vida, fundado na dessemelhança da vontade e na mísera fragilidade de nossa natureza. Se não estamos unidos com eles, não é por habitarmos na terra em nossa condição carnal, mas por gostarmos da imundícia terrena do coração. Em recobrando saúde interior, de modo a sermos como eles, no mesmo instante nossa fé nos aproximará deles, se também acreditarmos, sob seus auspícios, que nos fará felizes aquele que os fez felizes também.

## CAPÍTULO XXVI
### A religião dos pagãos reduziu-se a adorar homens mortos

1. É de notar-se que o Egípcio, quando se lamenta de que há de vir o tempo em que o referido culto será abolido no Egito, culto que confessa instituído pelos que erram muito, pelos incrédulos e pelos que se encontram apartados do culto da religião divina, diz entre outras coisas: *Esta terra, morada santíssima de delubros e templos, estará, então, coberta de sepulcros e mortos.* Como se os homens não houvessem de morrer, caso os ídolos permanecessem de pé, ou se fosse possível dar aos mortos outro lugar senão a terra. É verdade que quanto mais corram os tempos e os dias, tanto maior número haverá de sepulcros, porque haverá maior número de mortos. Mas parece lamentar-se, isso sim, porque as memórias de nossos mártires sucederiam a seus delubros e templos. Isso quer dizer que os que lerem estas páginas com espírito perverso e contrário a nós pensarão que os gentios renderam culto aos deuses nos templos e nós o tributamos aos mortos nos sepulcros. Tamanha a cegueira dos homens ímpios, que tropeçam nas montanhas. Não querem ver as coisas que lhes fe-

rem os olhos e não advertem que em todos os escritos gentios não se encontram ou com dificuldade se encontram deuses que não hajam sido homens e não tenham, uma vez mortos, recebido honras divinas. Omito o que diz Varrão, a saber, que consideram deuses manes todos os mortos. Justifica a observação com as cerimônias e, principalmente, com os jogos fúnebres, evidente prova de divindade; jamais celebram jogos senão em honra dos deuses.

2. O próprio Hermes, de que agora tratamos, diz no mesmo livro em que, como prenúncio do futuro, chora: *Esta terra, morada santíssima de delubros e templos, estará então coberta de sepulcros e mortos.* Com essas palavras atesta não passarem de homens mortos os deuses do Egito. Depois de haver dito que seus antepassados, cegos por grandes erros acerca da natureza dos deuses incrédulos e não atendendo, em absoluto, ao culto e à religião divina, inventaram a arte de fazer deuses, acrescenta: *A semelhante invenção acrescentaram misteriosa virtude, tomada da natureza dos deuses, e misturaram-nas. Vendo-se impotentes para fazer almas, evocaram a alma dos demônios ou dos anjos e ligaram-se às imagens sagradas, aos divinos mistérios, dando, assim, aos ídolos o poder de fazer o bem e o mal.*

Logo a seguir, como que para prová-lo com exemplos, acrescenta: *Teu avô, ó Asclépio, primeiro inventor da medicina, a quem se consagrou templo no monte da Líbia, nas proximidades do litoral dos crocodilos, em que dele jaz o homem terrestre, quer dizer, o corpo. O resto da pessoa, ou melhor, a pessoa toda, se o homem consiste no sentido da vida, voltou ao céu melhorado. Sua divindade é que hoje presta auxílio aos enfermos, coisa que antes costumava prestar pela arte da medicina.* Não diz Hermes, de modo por demais claro, que certo morto é adorado como deus no próprio lugar em que se encontra sepultado? Ao afirmar o retorno de Esculápio ao céu, engana-se e engana os demais. Depois acrescenta: *Hermes, de cujo avô trago o nome, não fixou residência em cidade que tem seu nome e onde alenta e conserva todos os mortais procedentes de qualquer parte?* Hermes maior, ou seja, Mercúrio, de quem se diz neto, reside em Hermópolis, quer dizer, na cidade de seu nome. Eis, por conseguinte, dois deuses que foram homens: Esculápio e Mercúrio. Acerca de Esculápio estão acordes gregos e latinos. Muitos pensam não haver Mercúrio sido mortal; todavia, Hermes atesta ser Mercúrio seu avô. Mas este não se confunde com o outro, embora tenham o mesmo nome. A mim pouco me importa se trate de dois deuses ou de um apenas. Basta-me que este, como Esculápio, sendo homem, foi feito deus segundo o testemunho de homem de tão grande renome em sua terra, isto é, de Trismegisto, seu neto.

3. Trismegisto diz ainda que Ísis, mulher de Osíris, faz tantos benefícios, quando propícia, quantos malefícios, quando irritada. Depois, para mostrar serem do mesmo gênero todos os deuses de fabricação humana, ou antes, que os deuses não diferem, em absoluto, de tais demônios, almas dos mortos que julga unidas aos ídolos por artes de ciência mentirosa, incrédula, sacrílega, criando deuses por não poder criar almas, fala da cólera dos deuses como acaba de falar das vinganças de Ísis, e acrescenta: *As divindades da terra e do mundo entregam-se com facilidade à cólera, porque o homem as dotou de duas naturezas, as compôs de alma e de corpo. A alma é o demônio; o corpo, a estátua. Daí vem que os egípcios os chamem santos animais e cada cidade renda culto divino às almas dos que, durante a vida, se lhe consagram, lhe obedecem às leis e lhe trazem o nome.* A que vem, pois, a lastimosa queixa de Hermes quando exclama: *Esta terra, morada santíssima de delubros e templos, estará coberta de sepulcros e mortos?* Com efeito, o espírito impostor, sob cuja inspiração Hermes falava, viu-se obrigado a confessar, por sua boca, que a mesma terra do Egito já se encontrava povoada de sepulcros e mortos, a quem adorava como deuses. Hermes é órgão dos demônios, temerosos dos suplícios futuros que os esperam nas memórias dos santos mártires. Ao pé desses piedosos monumentos sofrem tortura, confessam-se e veem-se expulsos dos corpos dos possessos.

## CAPÍTULO XXVII
### De que modo honram os cristãos os seus mártires?

1. E, contudo, em honra dos mártires não temos templos, nem sacerdotes, nem solenidades, nem sacrifícios, porque não eles, mas seu Deus, é nosso Deus. Honramos-lhes, é verdade, a memória, por tratar-se de homens santos de Deus que até a morte lutaram pela verdade, para que brilhasse a verdadeira religião e se convencessem

de erro as fingidas e falsas, coisa que alguns, se antes sentiam, reprimiam com temor. Que fiel alguma vez ouviu o sacerdote que está no altar, construído sobre o corpo santo de algum mártir, para honra e culto a Deus, dizer em suas orações: Ofereço-te sacrifício, Pedro, Paulo ou Cipriano? Somente a Deus se oferece sacrifício no túmulo dos mártires, a Deus, que os fez homens e mártires e os associou à honra celestial dos santos anjos; é oferecido a fim de que por causa de suas vitórias rendamos graças ao Deus de verdade e, invocando-lhe a assistência, a comemoração de sua memória nos encorage a rivalizar com eles nas palmas e nas coroas do martírio. Assim, todo ato piedoso realizado nos túmulos dos mártires é homenagem que se lhes presta à memória e não sacrifício oferecido a mortos, como se se tratasse de deuses. Todos quantos levam alimentos aos túmulos dos mártires, costume não praticado pelos melhores cristãos e inexistente em muitas regiões, quantos o fazem, depois de orarem, os levam embora, para alimentar-se ou distribuí-los aos pobres, consideram-nos santificados pelos merecimentos dos mártires, em nome do Senhor dos mártires. Nenhum sacrifício é oferecido aos mártires onde o único sacrifício dos cristãos é imolado. Quem o ignora?

2. Não, não é, em absoluto, por meio de honras divinas, não é, em absoluto, por intermédio de crimes humanos que glorificamos nossos mártires, como os pagãos glorificam seus deuses; não temos, em absoluto, sacrifícios para eles, não se lhes votou culto de infâmia. Falarei de Ísis, mulher de Osíris, deusa egípcia, e de seus ancestrais, todos reis, conforme dizem?

Certo dia, ao oferecer-lhes sacrifício, encontrou algumas espigas de cevada; mostrou-as ao real esposo e a Mercúrio, conselheiro dele. Por isso, querem identificá-la com Ceres. Que males não praticou? Interroguem, não os poetas, mas as tradições dos livros sagrados conformes às revelações do sacerdote Leão, por Alexandre comunicadas a Olímpias, sua mãe, interroguem os monumentos, se têm vontade e tempo; vejam de que homens mortos fizeram deuses e por que façanhas de sua vida lhes compuseram o culto. Guardem-se de comparar tais deuses com nossos mártires, que para nós não são deuses. Em honra deles não instituímos sacerdotes nem sacrifícios, porque é inconveniente, ilícito e ímpio e devido somente ao Deus uno; em seus crimes e em jogos infames não procuramos divertimento em que se comprazam, como os deuses que o paganismo honra por meio da representação dos crimes que os mancharam quando homens ou lhes obnubilou a divindade, para alegria dos demônios.

Não, não seria de tal gênero o deus de Sócrates, se teve algum deus. Mas talvez algum hábil fabricador de deuses houvesse provido de um o sábio, inocente de semelhante superstição, alheio à arte culpável. Que direi ainda? Não, não é necessário, em absoluto, honrar tais espíritos para obter a vida eterna que se segue à morte. Será que alguém, por menos sensato que seja, vai continuar duvidando? Mas, responderão, todos os deuses são bons e nem todos os demônios são maus; aos bons é que, para alcançar a vida bem-aventurada, devemos render homenagem. É o que vamos dilucidar no livro seguinte.

# LIVRO NONO

*Depois de no livro precedente estabelecer a obrigação de rechaçar o culto aos demônios, baseado em que eles próprios de mil e um modos se manifestam como espíritos maus, neste Agostinho sai a campo contra quem admite distinção entre demônios bons e demônios maus. Depois de refutar a diferença, prova que o papel de mediador dos homens, para consecução da felicidade, não pode competir a demônio algum, mas somente a Cristo.*

# CAPÍTULO I
## Ponto a que chegou o debate e que resta dizer sobre a questão

Alguns adiantaram haver deuses bons e deuses maus; outros, porém, pensando melhor deles, prodigalizaram-lhes tantas honras e tantos elogios, que não se atreveram a crer existisse algum mau. Os que disseram serem bons alguns deuses e maus outros deram o nome de deuses também aos demônios, embora, mais raramente, é certo, chamassem aos deuses também demônios. Assim, afirmam haver Homero chamado demônio a Júpiter, que querem seja rei e príncipe dos demais. Os que reconhecem serem bons todos os deuses e muito mais excelentes que os homens merecidamente considerados bons, baseiam-se nas ações inegáveis dos demônios. Pensam que iguais de maneira alguma podem realizá-las os deuses, porque, segundo afirmam, são todos bons; veem-se, por isso, forçados a distinguir entre deuses e demônios.

Desse modo, qualquer coisa que com razão os desagrade em suas obras ou afetos desordenados, manifestações claras da força dos espíritos ocultos, creem ser obra dos demônios, não dos deuses. Mas opinam que, posto nenhum deus comunicar-se com os homens, torna-se necessário que os demônios sejam mediadores entre os homens e os deuses, encarregando-se de levar nossos desejos e trazê-los atendidos. Tal a opinião dos platônicos, os mais excelentes e destacados filósofos, com quem, por mais ilustres, me aprouve dilucidar a seguinte questão: Serve o culto a muitos deuses para conseguir a vida bem-aventurada que há de seguir-se à morte? Eis o motivo que me levou a examinar no livro anterior como podem os demônios, que gozam de coisas evitadas e repelidas pelos homens prudentes e bons, a saber, das ficções sacrílegas, perversas e criminosas dos poetas, não sobre um homem qualquer, mas sobre os deuses, e da violência ignominiosa e punível das artes mágicas, como podem tais demônios, dizíamos, por estarem mais próximos e serem mais amigos dos deuses, conciliar os homens e os deuses bons. Já demonstrei a absoluta impossibilidade de tal mediação.

## CAPÍTULO II
**Entre os demônios, a quem os deuses são superiores, existem alguns bons, sob cuja proteção possa a alma humana chegar à verdadeira felicidade?**

Este livro, como prometi no fim do precedente, deve resolver o debate sobre a diferença (se querem que exista), não dos deuses entre si, porquanto são bons, segundo os referidos filósofos, nem entre os deuses e os demônios (os deuses separados grandemente dos homens, e os demônios colocados entre os deuses e os homens), mas sobre a distinção entre os demônios. Será esse o tema da presente questão. Entre muitos platônicos é corrente chamar bons a determinados demônios e a outros, maus. Semelhante parecer, quer dos seguidores de Platão, quer de quaisquer outros filósofos, cumpre não passá-lo por alto, não vá alguém imaginar que deve seguir os demônios bons e – enquanto deseja e procura por meio deles, como que por medianeiros, granjear a amizade dos deuses, todos bons, segundo acredita, para poder reunir-se a eles depois da morte, enredado e iludido pelos ardis dos espíritos malignos – acabe se desviando do verdadeiro Deus, único com quem, único por quem e único em quem é feliz a alma humana, isto é, a racional e intelectual.

## CAPÍTULO III
**Atribuições que Apuleio confere aos demônios, a quem, sem subtrair-lhes o entendimento, não lhes reconhece virtude alguma**

Entre demônios bons e demônios maus que diferença existe? Brilha o platônico Apuleio em dissertação geral a respeito deles, mas, estendendo-se tanto em falar de seus corpos, silenciou as virtudes anímicas de que estariam dotados, se fossem bons. Calou a causa da felicidade deles, porém não pôde silenciar a prova da miséria deles. Confessa que a mente dos demônios, a qual os torna racionais, não apenas não se encontra imbuída nem armada de virtude contra as paixões irracionais do espírito, como, pelo contrário, como é comum às mentes néscias, também sofre a agitação das procelosas perturbações. Eis as palavras de Apuleio: *Dessa espécie de demônios costumam os poetas, não sem aspectos de verdade, fingir deuses que odeiam alguns homens e querem bem a outros. A uns prosperam e elevam; a outros, pelo contrário, contrariam e afligem. Assim, compadecem-se, indignam-se, angustiam-se, alegram-se. Padecem todas as afeições do espírito humano, impelidos pelas vagas tumultuosas da imaginação através de todos os tormentos do coração, de todas as tempestades da inteligência. Ora, todas essas turbações e borrascas são muito estranhas à tranquilidade dos deuses celestes.*

Ocorre alguma dúvida, em semelhantes palavras, de que disse que, não algumas partes inferiores dos espíritos, mas as mentes dos demônios, que os fazem animais racionais, turbam-se, como proceloso mar, agitadas pelas borrascas das paixões? Assim, não devem ser comparados com os homens sábios, que, segundo a condição desta vida, quando se veem vítimas das perturbações dos espíritos, tara inevitável da fraqueza humana, lhes oferecem resistência com imperturbabilidade da mente, não cedendo a elas, para aprovar ou cometer algo que os desvie do caminho da sabedoria e da lei da justiça. Mas os demônios, semelhantes (para não dizer piores do que os homens, precisamente por serem mais antigos e com pena justa insanáveis), semelhantes, dizíamos, aos mortais, veem-se agitados pela borrasca da mente, de conformidade com a expressão de Apuleio. E não têm em parte alguma do ânimo consistência na verdade e na virtude às quais repugnam as afeições turbulentas e desregradas.

## CAPÍTULO IV
### Perturbações que ocorrem ao ânimo. Pensamento dos peripatéticos e dos estoicos

1. Duas opiniões dividem os filósofos no que diz respeito aos movimentos da alma que os gregos chamam *páthe*, os romanos, alguns pelo menos, como Cícero, *perturbações*, outros, *afeições*, ou, mais conformemente à expressão grega, *paixões*. Tais perturbações, afeições ou paixões não deixam, segundo alguns filósofos, de atingir a alma do sábio, que as doma e submete à razão, porque reconhece a soberania do espírito, que lhes impõe justos limites. Esse o pen-

samento dos sectários de Platão e Aristóteles, discípulo de Platão e fundador da escola peripatética. Outros filósofos, como, por exemplo, os estoicos, proíbem às paixões todo acesso na alma do sábio. Mas, no tratado *Dos fins dos bens e dos males*, Cícero prova que entre os filósofos do Pórtico e os discípulos de Platão e Aristóteles a diferença é mais de palavras que de realidades.

O reparo de Cícero desata o nó da dificuldade. Segundo ele, os estoicos recusam o nome de bens às vantagens exteriores e corpóreas. Dizem que o único bem do homem reside na virtude, verdadeira arte de bem-viver, absolutamente interior. Os platônicos, sem saírem da simplicidade da linguagem comum, não recusam a semelhantes vantagens o nome de bens, embora, comparando-as com a virtude, prática habitual da justiça, não lhes tenham senão medíocre estima. Donde se segue que, de parte a parte, sobre as expressões de bens ou de vantagens, o julgamento é o mesmo; nesse ponto, os estoicos não se deleitam senão com a novidade das palavras. Tenho para mim que se discute mais com palavras que com realidades a questão assim formulada: É o sábio sujeito ou inacessível às paixões da alma? Com efeito, penso que os estoicos não sentem nada diverso dos platônicos ou dos peripatéticos no tocante à virtude das coisas, não ao som das palavras.

2. Para não prosseguir na longa série de provas, contentar-me-ei de citar decisivo fato. Nos livros intitulados *Noites áticas*, escreve Aulo Gélio, escritor elegante e dotado de vasta e profunda erudição, que certa vez navegava em companhia de célebre filósofo estoico. A embarcação, sob encolerizado céu, era batida pela violência das vagas. Diante do perigo, o filósofo treme e empalidece; não pode mesmo ocultar dos companheiros de travessia a emoção que o empolgara. Embora vivamente impressionados com a vizinhança da morte, tiveram a curiosidade de observar se a alma de filósofo era inacessível à perturbação. Finda a tempestade, retornada a segurança e com ela a palavra e a vivacidade da conversa, certo passageiro, rico asiático dado ao luxo, aproxima-se do filósofo e, em tom de brincadeira, censura-lhe a palidez e o medo, pois a ele, viajante, a morte iminente não conseguira perturbar. O estoico deu-lhe a mesma resposta dada por Aristipo, discípulo de Sócrates, a um homem dessa espécie, que, em idênticas circunstâncias, dele fazia a mesma troça:

*Que se deve temer pela alma de injustíssimo hipócrita?* Mas o caso não é o mesmo, quando se trata da alma de Aristipo. Com essa resposta tapou a boca do rico. Depois Aulo Gélio, brincadeira à parte e movido apenas pelo desejo de instruir-se, perguntou ao filósofo qual o motivo de haver sentido medo. Para satisfazer a curiosidade de homem abrasado de paixão pelo saber, tomou de um livro do estoico Epicteto, que continha os ensinamentos segundo as doutrinas de Zenão e de Crisipo, que sabemos haverem sido os príncipes dos estoicos. Segundo eles, como as imaginações da alma, chamadas fantasias, independem de nossa vontade e a colhem de surpresa, quando nascidas de circunstâncias terríveis, torna-se impossível que a alma do próprio sábio não se perturbe e permaneça inacessível às primeiras emoções do terror ou da tristeza, que inibem a função da inteligência e da razão. A suspeita do mal não entra em alma que não o aprova nem consente nele. Aprovar e consentir querem que lhe dependa da vontade e consideram diferirem entre si a alma do sábio e a do ignorante. Uma abandona-se às paixões e dá-lhes assentimento; a outra, submissa à necessidade de suportá-las, firma-se, contudo, por determinação estável e verdadeira, no discernimento racional daquilo que deve procurar ou evitar. Eis a exposição, menos elegante, porém mais breve e talvez mais clara que a de Aulo Gélio, das decisões estoicas que deve ter lido na obra de Epicteto.

3. Se é assim, não existe ou é mínima a diferença entre a opinião dos estoicos e a dos demais filósofos acerca das paixões e das perturbações da alma. Uns e outros do domínio das paixões eximem a razão e a mente do sábio. E talvez os estoicos digam que o sábio não está sujeito a elas precisamente porque não ocultam com erro algum a sabedoria, que o torna com efeito sábio, ou não a maculam. Sobrevêm ao sábio, sem que lhe perturbem a serenidade interior, nas circunstâncias chamadas vantagens ou inconvenientes, para não lhes darem o nome de males ou bens. Se, na realidade, o referido filósofo estoico estimasse em nada as coisas que o naufrágio lhe tiraria, a saber, a vida e a integridade do corpo, não teria tido tanto medo do perigo, como deixou transparecer, empalidecendo.

Não poderia sentir-se emocionado e, contudo, manter a mente fixa no pensamento de que a vida e a integridade do corpo, cuja perda a fúria da tempestade fazia temer, não eram bens susceptíveis de tornar bons os que os possuíssem, como acontece com a justiça? Dizer-se que se não devem chamar bens, mas vantagens, cumpre atribuí-lo a contenda de palavras e não a exame de realidades. Que importa se é mais exato chamá-los bens ou vantagens? Basta que o temor de ver-se privado deles intimide e faça empalidecer não menos o estoico que o peripatético, que, sob nomes diferentes, sentem coisa semelhante? Se, com risco desses bens ou vantagens, um e outro se vissem forçados a praticar algum crime ou velhacaria, de modo que não pudessem conservá-los de outro modo, assegurariam preferir perder isto, que conserva incólume e salva a natureza do corpo, a cometer aquilo, que violenta a justiça. Assim, a mente, sede de tal parecer, não permite que perturbação alguma, embora se faça sentir nas partes inferiores, prevaleça contra a razão. Ao contrário, domina-as e, não consentindo nelas, mas oferecendo-lhes resistência, faz que reine a virtude. Assim Virgílio nos pinta Eneias, quando diz: *Seu espírito permanece inabalável, as lágrimas inutilmente correm.*

## Capítulo V
### As paixões que afetam o ânimo dos cristãos não conduzem ao vício, mas exercitam a virtude

Não há necessidade de apresentar com profusão e esmero o que as divinas Escrituras, manancial da religião cristã, ensinam sobre as paixões. A Deus submetem o espírito, para que o auxilie e dirija, e as paixões ao espírito, para que as modere e refreie, de modo que se convertam aos usos da justiça. Nossa doutrina não procura saber se a alma religiosa entra em cólera, mas pergunta-lhe o porquê da cólera; não procura saber por que está triste, mas pergunta-lhe a causa da tristeza; não procura saber se anda temerosa, mas pergunta-lhe o objeto do temor. Insurgir-se contra o pecador, para corrigi-lo, afligir-se com o aflito, para consolá-lo, e temer pelo que se encontra em perigo, para que não pereça, quem, considerando-o bem, o repreenderá?

Também é costume dos estoicos culpar a misericórdia. Com quanto mais razão, porém, turbaria-se o referido filósofo estoico pela misericórdia de livrar o homem do que por medo ao naufrágio! Muito melhor, mais humanamente e de modo mais conforme com os sentimentos piedosos falou Cícero em louvor de César: *Entre todas as tuas virtudes nenhuma existe mais admirável e mais grata que tua misericórdia.* Que é a misericórdia senão certa compaixão da miséria alheia nascida em nosso coração, que, se podemos, nos força a socorrê-la? Esse movimento interior serve à razão, quando se faz a misericórdia de tal maneira que se conserva a justiça, quer quando se dá ao necessitado, quer quando se perdoa o penitente. Cícero, mestre da arte de falar, não vacilou um instante sequer em chamá-la virtude e os estoicos não se envergonham de enumerá-la entre os vícios.

Contudo, de acordo com os ensinamentos do livro de Epicteto, tão eminente estoico, segundo a doutrina de Zenão e de Crisipo, principais cabeças da escola do Pórtico, admitem semelhantes paixões na alma do sábio, que querem, por outro lado, livre de todos os vícios. Donde se segue que não as consideram vícios, quando sobrevêm ao sábio, porque nada podem contra a virtude da alma e da razão. Não há, por conseguinte, nenhuma diferença real entre os discípulos de Platão e Aristóteles e os de Zenão. Mas, como diz Cícero, é coisa velha o disputarem os gregos acerca de nomes, mais desejosos de contenda que da verdade. Não é questão interessante saber se pertence à fraqueza de nossa atual condição a susceptibilidade emocional, mesmo na prática do bem? E, por outro lado, se os santos anjos punem sem cólera os que a eterna lei de Deus lhes entrega à justiça, se assistem os miseráveis, sem compadecer-se da miséria, se do perigo livram, sem temor, aqueles a quem querem bem, embora a linguagem comum lhes atribua as afeições humanas, para exprimir certa conformidade de ação e não a fraqueza da paixão? Assim Deus, segundo as Escrituras, irrita-se; contudo, paixão alguma poderá irritá-lo. É que se exprime o efeito da vingança, não a turbulência apaixonada da alma.

## CAPÍTULO VI
### Paixões de que são objeto os demônios, segundo confissão de Apuleio, que afirma que seu auxílio favorece os homens junto aos deuses

Adiemos a questão dos santos anjos e vejamos como, de acordo com os platônicos, os demônios mediadores entre os deuses e os homens se veem vítimas das borrascas passionais. Se, de espírito livre e, por cima, dominando-as, padecessem as referidas agitações, Apuleio não nos representaria os demônios impelidos pelas vagas tumultuosas da imaginação através de todos os tormentos do coração, de todas as tempestades da alma. Esse espírito, isto é, a parte superior de sua alma, pela qual são racionais, e de onde a virtude e a sabedoria, se neles existissem, deveriam reinar, a fim de moderar as turbulentas paixões das partes inferiores; esse espírito, digo, como o confessa esse platônico, está sujeito às tormentas das paixões. Daí resulta que o espírito dos demônios é escravo da cobiça, dos temores, da cólera e de todos os outros afetos dessa natureza. Que parte, pois, lhes fica livre, e que seja capaz de sabedoria, para poderem agradar aos deuses e excitar nos homens e emulação do bem, quando seu espírito, sujeito e oprimido pelas paixões, serve-se com tanto maior ardor de toda sua inteligência natural para seduzir e enganar, quanto mais está possuído pelo desejo violento de fazer o mal?

## CAPÍTULO VII
### Segundo os platônicos, os poetas atribuíram aos deuses afetos que não convêm senão aos demônios

Dir-se-á talvez que, quando os poetas imaginam, sem se afastarem muito da verdade, que os deuses amam ou odeiam determinados homens, isso não se deve entender de todos os demônios, mas somente daqueles que, segundo Apuleio, estão sujeitos às tormentas das paixões. Mas como poderemos admitir isso, quando, ao dizê-lo, descrevia a mediação entre os deuses e os homens, não a de alguns demônios, isto é, dos maus, mas de todos, graças a seus corpos aéreos?

Eis, segundo Apuleio, a ficção dos poetas: De vários demônios fazem deuses, impõem-lhes os nomes dos deuses e a impune licença de sua imaginação reparte-os a seu falante entre os homens como protetores ou como inimigos, ao passo que os deuses se encontram infinitamente afastados de semelhantes desvarios dos demônios, quer pela sublimidade da mansão em que moram, quer pela plenitude da felicidade que gozam. Trata-se, por conseguinte, de ficção poética o chamar deuses os que não são deuses e representá-los sob nomes divinos, combatendo-se por interesses humanos que defendem, por homens de que se declaram adversários ou amigos. E acrescenta que tais ficções não se afastam muito da verdade, porque, suprimidos os nomes pertencentes aos deuses, resta fiel retrato dos demônios. Assim foi a Minerva de Homero que, em meio das discórdias dos gregos, acudiu para deter o furor de Aquiles. Essa Minerva não passa de episódio poético. A verdadeira deusa reside entre os deuses bons e felizes, nas altas regiões do éter, longe do convívio com os mortais. Mas existia certo demônio favorável aos gregos e contrário aos troianos e outro que auxiliava os troianos contra os gregos. O mesmo poeta chama-os Vênus ou Marte, deuses que não faziam tais coisas e Apuleio coloca nas celestiais moradas. Que tais demônios se combateram contra os que odiavam e em prol daqueles a quem queriam bem, segundo sua própria confissão, disseram-no os poetas, não sem alguma verdade. Disseram-no dos que o filósofo atesta flutuarem no oceano tempestuoso das paixões, sujeitos a tomar-se de amor ou de ódio, não segundo a justiça, mas com o cego furor que divide o povo em caçadores e aurigas. Qual, pois, a intenção do filósofo platônico? Não será evitar desprezo que atribuiria, não aos demônios, mas aos próprios deuses, as obras dos demônios representados sob o nome dos deuses?

## CAPÍTULO VIII
### Apuleio define os deuses celestes, os demônios aéreos e os homens terrenos

Que digo? Recusaremos séria atenção àquela definição dos demônios? Apuleio não os abrangeu a todos, sem exceção, quando os define como animais apaixonados, dotados de razão, de corpo aéreo e duração eterna? Das cinco qualidades existe, porventura, pelo menos uma que os demônios partilhem com os homens, com exclusão dos maus? Com efeito, quando, depois de haver falado dos deuses do céu, põe-se a definir os homens, para desses dois extremos, a sublimidade infinita e a infinita baixeza, elevar o discurso à região intermediária e aos demônios que a habitam, diz o seguinte: *Os homens, que habitam a terra, gozam da razão, possuem o poder da palavra, têm alma imortal e corpo perecível, espírito leviano e inquieto, órgãos grosseiros e corruptíveis, costumes diferentes, erros semelhantes, obstinada audácia, invencível esperança, atividade estéril, fortuna fugitiva, são mortais, individualmente considerados, e perpétuos em seu gênero, mutáveis nas gerações que se sucedem, de efêmera duração e tarda sabedoria, de pronta morte e lamentosa vida.* Em dizendo tantas coisas, que convêm à maioria dos homens, silenciou porventura o que sabia privativo de poucos, ao dizer de *tarda sabedoria?* Se o tivesse silenciado, de modo algum estaria completa a esmerada e diligente descrição do gênero humano. Ao encarecer a excelência dos deuses, afirmou que neles sobressai a felicidade, meta à qual pela sabedoria os homens aspiram.

Portanto, se quisesse persuadir-nos da existência de demônios bons, à descrição acrescentaria algo que nos levasse a pensar terem de comum, quer com os deuses alguma parte da felicidade, quer com os homens algo de sabedoria. Não faz, entretanto, menção de nenhum bem que dos maus distinga os bons; abstém-se, contudo, de revelar-lhes com inteira liberdade a malícia, menos por medo a ofendê-los que para não desgostar aqueles a quem se dirigia. Insinua, claramente, entretanto, às pessoas inteligentes o que é preciso pensar dos demônios, quando da bondade e beatitude dos deuses relega as paixões e suas tempestades, não admitindo de comum entre os deuses e tais espíritos senão a eternidade corporal. Inculca, de maneira manifesta, que a alma dos demônios se assemelha não aos deuses, mas aos homens, não pela posse da sabedoria que o homem pode alcançar, mas pela miséria das paixões que dominam o insensato e o mau e de que o justo e o sábio triunfam, embora de tal modo, que preferem não tê-las a vencê-las. Com efeito, se, por eternidade, que diz comum aos deuses e aos demônios, quisesse dar a entender a do espírito e não a do corpo, não excluiria os homens; filósofo platônico, acreditou, sem dúvida, na eternidade da alma humana. Não definiu assim o homem: *Ser dotado de alma imortal e órgãos perecíveis?* Se, por conseguinte, a mortalidade corporal exclui os homens da partilha da eternidade com os deuses, é à imortalidade corporal que tais demônios devem semelhante privilégio.

# CAPÍTULO IX
## Podem os homens, por intercessão dos demônios, granjear a amizade dos deuses celestes?

De que índole são os mediadores entre os homens e os deuses, mediadores por intermédio de quem os homens granjeiam a simpatia dos deuses? É possível inferi-lo de terem de comum com os homens o pior, que é o melhor no animal, ou seja, a alma, e com os deuses o melhor, que é no animal o pior, ou seja, o corpo. O animante, isto é, o animal, consta de alma e de corpo. De ambos os elementos, a alma é por certo melhor que o corpo e, embora viciosa e fraca, é melhor que o corpo mais robusto e sadio, por ser de natureza mais excelente e não pospor-se ao corpo por causa da mácula dos vícios, assim como o ouro, apesar de impuro, é mais caro que a prata e preferível ao chumbo, embora puríssimo.

Tais mediadores entre os deuses e os homens, graças a cuja intervenção o humano se une ao divino, têm de comum com os deuses o corpo eterno e com os homens os vícios do espírito. Como se a religião, pela qual querem que os homens se unam aos deuses, através dos demônios, estivesse assentada no corpo e não no espírito. Que malignidade ou, antes, que castigo fez com que os enganadores e falsos mediadores ficassem suspensos como que de cabeça para baixo, de modo a terem de comum com os superiores a parte inferior do animal, isto é, o corpo, e de comum com os inferiores a parte superior, ou seja, o espírito? E qual, para que estejam unidos com os deuses celestes na parte que obedece e sejam miseráveis com os homens terrestres na parte que ordena? O corpo, com efeito, é escravo, como diz também Salústio: *Usamos do império do espírito e mais do serviço do corpo*. E acrescentou: *O primeiro temos de comum com os deuses; o segundo, com as bestas*. Falava dos homens, que têm, como as bestas, corpo mortal. Os mediadores entre nós e os deuses, de que nos proveram os filósofos, é certo poderem dizer do espírito e do corpo: O primeiro temos de comum com os deuses; o segundo, com os homens. Mas, segundo afirmei, como que acorrentados e suspensos de cabeça para baixo, tendo de comum com os deuses bem-aventurados o corpo, escravo, e de comum com os homens miseráveis o espírito, senhor. Exalta-os a parte inferior e abate-os a superior. Donde se infere que, se alguém pensar terem de comum com os deuses a eternidade precisamente porque, à semelhança dos espíritos terrestres do corpo, morte alguma lhes separa o espírito, nem por isso se deve considerar-lhes o corpo como eterno veículo de homens de bem, mas como vínculo eterno de condenados.

## CAPÍTULO X
### Segundo o modo de pensar de Plotino, os homens são menos miseráveis no corpo mortal que os demônios no eterno

Plotino, de recente memória, avantaja-se a todos os intérpretes de Platão. Ao falar da alma humana, diz: *O Pai, por sua misericórdia, deu-lhe vínculos mortais.* A mortalidade corporal é, pois, testemunho da misericórdia do Pai para com os homens; não quis encadeá-los para sempre às misérias desta vida. Julgou indigna de semelhante clemência a iniquidade dos demônios; com todas as mal-aventuradas paixões do homem, não recebeu, como ele, corpo sujeito a morrer, mas corpo imortal. O homem, com efeito, deveria invejar a felicidade dos demônios, se partilhassem com ele a mortalidade do corpo e com os deuses a beatitude da alma. Os demônios nada teriam a invejar ao homem, se, de alma miserável, merecessem obter corpo mortal, logrando, assim, que derradeiro sentimento de piedade lhes desse aos sofrimentos ao menos o repouso da morte. Longe, porém, de serem mais felizes que os homens, de que têm todas as misérias morais, são ainda mais infelizes, pois a eternidade do corpo lhes eterniza o cativeiro. Porque não permite supor que transformação interior, progresso na ciência da sabedoria, os eleve à categoria de deuses. Não disse Apuleio de maneira muito clara ser eterna a condição dos demônios?

## CAPÍTULO XI
### Opinião dos platônicos, segundo a qual as almas dos homens depois da morte são demônios

Diz ainda, é verdade, serem demônios as almas humanas; os homens, se foram virtuosos, transformam-se em Lares; maus, tornam-se

Lêmures ou Larvas; quando não se sabe se foram bons ou maus, recebem o nome de deuses Manes. Que abismo de depravação abre semelhante crença! Quem não o vê, por menos que o considere? Por mais perversos que os homens sejam, ao pensarem que se transformam em Larvas ou em deuses Manes ficam tanto piores quanto maior o desejo que têm de praticar o mal. Acreditam, desse modo, que, depois de mortos, lhes oferecerão alguns sacrifícios e honras divinas, para convidá-los à nocividade. As Larvas, diz Apuleio, são homens transformados em demônios malfazejos. Mas aqui surge outra questão. Pretende que em grego os bem-aventurados se chamam *eudáimones*, por serem de bom espírito, ou seja, bons demônios, confirmando serem demônios as próprias almas dos homens.

## CAPÍTULO XII
### Termos contrários, que, segundo os platônicos, distinguem entre a natureza dos demônios e a dos homens

Mas agora estamos falando é dos demônios cuja natureza particular Apuleio definiu, intermediários entre os deuses e os homens, animais racionais, sujeitos a paixões, aéreos, eternos. Porque, depois de colocar entre os deuses e os homens a distância infinita que lhes separa a natureza e o lugar em que se encontram, a saber, o alto céu e a humildade da terra, assim conclui: *Tendes, por conseguinte, duas espécies de seres animados: os homens e os deuses, tão diferentes dos homens pela sublimidade do lugar, pela perpetuidade da vida e pela perfeição da natureza. Não há entre eles nenhuma comunicação próxima, por ser muito grande o intervalo do abismo que das ínfimas separa as moradas supremas. Aqui, a vida é indefectível e eterna; ali, caduca e perecível. Os espíritos dos deuses elevam-se ao ápice da beatitude; os dos homens rastejam em profunda miséria.* Eis, portanto, as três qualidades contrárias das duas naturezas extremas, a suprema e a ínfima. Reproduz os três caracteres de excelência que atribui aos deuses e opõe-lhes os três caracteres de inferioridade que assinala nos homens. Aos deuses pertencem a sublimidade do lugar, a eternidade da existência e a perfeição da natureza. Eis as oposições que o destino humano apresenta. Com a sublimidade do lugar dos deuses contrasta nossa mísera morada; com a eterna e inesgotável vitalidade, nossa vida fugitiva e frágil; com a elevação dos divinos espíritos ao cume da beatitude, a humilhação do espírito humano nas profundezas da miséria. Assim, às três perfeições divinas, a exaltação, a eternidade, a beatitude, correspondem os três termos da condição humana, a saber, a morada terrestre, o mal e a morte.

## CAPÍTULO XIII
**Como os demônios, sem serem felizes com os deuses nem miseráveis com os homens, ficam entre ambas as partes, sem comunicar-se com estes nem com aqueles**

1. Entre as duas ordens de atributos opostos que separam os homens dos deuses, como classificar os demônios? Não há, de início, dificuldade alguma quanto ao lugar, pois Apuleio lhes atribui posição intermediária. Pois, entre os dois extremos, a saber, entre o lugar supremo e o lugar ínfimo, subentende-se necessariamente o intermédio. Mas restam duas circunstâncias que requerem cuidadoso exame. São estranhas aos demônios? Ou podem ser-lhes atribuídas, como parece exigir o papel de mediadores? Ora, não poderiam ser-lhes estranhas. Se, com efeito, definimos o lugar médio dizendo que não é nem o mais alto nem o mais baixo, contudo não nos é possível dizer que os demônios, animais racionais, nem são felizes, nem infelizes, como as plantas ou os brutos desprovidos de sentimento ou de razão. Porque é necessário que a alma racional seja feliz ou infeliz. É, ainda, impossível dizer que os demônios nem são mortais, nem imortais, porque todo ser vivo vive eternamente ou acaba por morrer. E, segundo Apuleio, os demônios são eternos. Que resta, senão que, situados entre as duas naturezas extremas, tenham uma coisa das duas supremas e outra das duas ínfimas? Porque, se os dois outros atributos, quer na ordem superior, quer na ordem inferior, lhes são conferidos, perdem a posição intermediária e retombam em um ou em outro extremo. Ora, é impossível, já o demonstramos, que um e outro dos atributos lhes faltem ao mesmo tempo; torna-se necessário, pois, que tenham uma das duas partes para conservar o meio. Mas o extremo inferior não poderia dar-lhes a eternidade que não tem; tomam-na, por isso, de empréstimo ao extre-

mo superior e, para tornar-se completa a mediação, resta-lhes apenas ter do extremo inferior a miséria.

2. É privativa dos deuses sublimes, segundo os platônicos, ou eternidade feliz ou felicidade eterna; dos homens ínfimos, ou miséria mortal, ou mortalidade miserável; dos demônios mediadores, ou mísera eternidade, ou eterna miséria. Ora, as cinco qualidades que, definindo-os, Apuleio lhes atribui não provam, segundo o filósofo promete, a mediação dos demônios entre os deuses e os homens. Porque lhes atribui três qualidades de comum conosco: natureza animal, espírito racional e alma sujeita a paixões, uma só de comum com os deuses, a eternidade, e uma só que lhes é própria, a sutilidade aérea do corpo. Como poderão, pois, conservar-se no meio, se têm uma coisa em comum com os seres superiores e três com os inferiores? Quem não vê quanto se afastam do meio, como se inclinam e pendem para baixo? A mediação, contudo, poderia ser possível, estabelecendo-se que dos diversos atributos um apenas lhes é próprio, o corpo aéreo, como, quanto aos dois extremos contrários, o corpo celeste pertence aos deuses, o corpo terrestre aos homens, a todos a posse de alma e razão. Não nos diz Apuleio, falando dos deuses e dos homens: *Tendes duas espécies de seres animados?*

E os platônicos jamais apresentam os deuses, senão como espíritos racionais. Restam, por conseguinte, dois atributos: a paixão e a eternidade, o primeiro em comum com os seres de ordem inferior, o segundo com os de ordem superior. Assim, a condição dos demônios permanece intermediária e em justo equilíbrio entre a extrema exaltação e o extremo rebaixamento. Eis, portanto, o destino dos demônios: eternidade infeliz ou miséria eterna. Com efeito, o filósofo que os declara de natureza sujeita a paixões ter-lhes-ia também atribuído participação na miséria, se não se envergonhasse pelos que os adoravam. Ora, como, segundo confissão dos próprios platônicos, é a providência de Deus e não a temerária fortuna que governa o universo, a miséria dos demônios não seria, em absoluto, eterna, caso não fossem dotados de profunda malícia.

3. Se aos bem-aventurados é justo chamar *eudáimones*, não são, por conseguinte, *eudáimones* os demônios intermediários entre os deuses e os homens. Que lugar seria, com efeito, o dos bons demônios que, acima dos homens, lhes prestariam assistência e, abaixo

dos deuses, os serviriam? De fato, se eternos e bons, sem dúvida são felizes. Ora, a eterna beatitude afasta-os do meio, aproximando-os dos deuses à medida que os separa dos homens. Assim, inutilmente se procura conciliar a beatitude e a imortalidade dos demônios com a situação intermediária em que se encontram entre os deuses imortais e felizes e os homens miseráveis e mortais. Com efeito, se têm com os deuses a beatitude e a imortalidade, atributos recusados ao homem, destinado às misérias e à morte, afastá-los do homem e associá-los aos deuses não é mais exato que atribuir-lhes posição intermediária entre os deuses e o homem? Pertencer-lhes-ia o meio, se correspondessem a dois atributos, não de uma parte ou de outra, mas de uma e de outra parte. Assim, o homem é como que meio-termo entre os brutos e os anjos: os brutos, seres animados, irracionais, mortais; os anjos, seres animados, racionais, imortais; o homem, intermediário, inferior aos anjos, superior aos brutos, partilha a mortalidade com os brutos e a razão com os anjos. Em suma, é animal racional e mortal. Por conseguinte, procurando encontrar o meio-termo entre os bem-aventurados imortais e os miseráveis mortais, devemos encontrar bem-aventurado mortal ou miserável imortal.

## CAPÍTULO XIV
### Podem os homens, sendo mortais, ser felizes de felicidade verdadeira?

Os homens discutem grande problema: Pode o homem ser feliz e mortal? Alguns, considerando-lhe com humildade a condição, negam ao homem a possibilidade de ser feliz, enquanto viver para morrer. Outros, exaltando-se a si mesmos, atreveram-se a dizer que o sábio, embora mortal, pode alcançar a felicidade. Se é assim, por que não elevá-lo, antes, à categoria de mediador entre os mortais infelizes e os bem-aventurados imortais, se com estes partilham a felicidade e com aqueles a mortalidade? É fora de dúvida que, se felizes, não invejam ninguém, porque nada existe mais miserável que a inveja. E, portanto, velam quanto podem pelos miseráveis mortais, para que consigam a felicidade e possam também, depois da morte, ser imortais em companhia dos anjos e dos bem-aventurados imortais.

# CAPÍTULO XV
## Jesus Cristo, homem, mediador entre Deus e os homens

1. Se, de acordo com a opinião mais provável e mais digna de confiança, os homens são todos necessariamente infelizes, enquanto permanecem sujeitos à morte, torna-se preciso procurar mediador que não seja apenas homem, mas também Deus, e por intervenção de bem-aventurada mortalidade conduza os homens da miséria mortal à imortalidade feliz. Ora, semelhante mediador não devia ser isento da morte nem permanecer para sempre seu escravo. Fez-se mortal, sem enfraquecer a dignidade do Verbo, mas desposando a fraqueza da carne. E não permaneceu mortal na carne, porque ressurgiu dos mortos. Fruto de tal mediação é não permanecerem eternamente na morte da carne aqueles cuja libertação teve de operar. Era necessário, pois, que o mediador entre nós e Deus reunisse mortalidade passageira e beatitude permanente, a fim de ser conforme aos mortais no que passa e chamá-los do fundo da morte ao que permanece. Os anjos bons não podem, portanto, ser medianeiros entre os infelizes mortais e os bem-aventurados imortais, por serem eles próprios bem-aventurados imortais; mas os anjos maus podem, porque partilham a imortalidade com estes e a infelicidade com aqueles. Adversário deles é o bom mediador que, à imortalidade e miséria, quis opor-lhes a própria felicidade eterna. Imortais soberbos, infelizes culpados, reduz-lhes a faustosa imortalidade à impotência de seduzir e, pela humildade de sua morte e larguezas de sua beatitude, arruína-lhes o império nos corações que purifica pela fé e livra da imunda tirania dos demônios.

2. Que mediador escolherá o homem mortal e miserável, infinitamente afastado dos bem-aventurados e imortais, para alcançar a imortalidade e a bem-aventurança? Não passa de miséria o que na imortalidade dos demônios possa agradar. Já não existe o que na mortalidade de Cristo possa causar desagrado. É preciso, ali, conjurar miséria eterna; aqui, não se deve temer a morte, porque não pôde ser eterna, e deve-se amar a felicidade sempiterna. O imortal infeliz não intervém, por conseguinte, senão para fechar-nos a passagem à bem-aventurada imortalidade; o obstáculo que nos opõe é eterno, é sua própria miséria. O bem-aventurado mortal fez-se mediador e sofreu a prova mortal para dar imortalidade aos mortos (prova-o sua ressurreição) e aos infelizes a bem-aventurança que jamais se retirou dele.

Há, por conseguinte, mediador maligno que separa os amigos e bom mediador que reconcilia os inimigos. E são numerosos os mediadores que separam, porque a multidão bem-aventurada não esgota a felicidade senão em sua união com o Deus único; despojada da união, a mal-aventurada multidão de anjos maus, enxame malfazejo que, por assim dizer, zumbe em torno de nós, para desviar-nos do caminho da soberana beatitude a que nos chama, não vários mediadores, mas um só, o mesmo cuja união nos torna felizes, o Verbo de Deus, o Verbo incriado, criador de todas as coisas, a mal-aventurada multidão de anjos maus, dizíamos, constitui oposição e impedimento, não interposição e auxílio, para a felicidade, obstando-nos de certo modo a possibilidade de chegar ao único bem beatífico. Não é mediador por ser o Verbo, porque o Verbo, sumamente imortal e sumamente bem-aventurado, está longe dos míseros mortais. É mediador por ser homem, mostrando, assim, que para alcançar o bem, não apenas feliz, mas também beatífico, não é necessário buscar outros mediadores, que nos preparem os degraus, porquanto Deus, de quem emana toda beatitude, dignando-se associar-se à nossa humanidade, nos associa pelo caminho mais curto à sua divindade.

E, libertando-nos da mortalidade e da miséria, não é aos anjos que nos une para tornar-nos imortais de sua imortalidade, bem-aventurados de sua beatitude; eleva-nos à própria Trindade cuja comunhão faz a felicidade dos anjos. Assim, enquanto, para ser mediador, quer, sob o aspecto de escravo, situar-se abaixo dos anjos, permanece sempre acima dos anjos por sua natureza de Deus; Ele, que no céu é a própria vida, é na terra o caminho da vida.

## CAPÍTULO XVI
**É racional a definição dada pelos platônicos sobre os deuses celestes, ao dizer que, furtando-se aos contágios da terra, não se misturam com os homens, a quem os demônios sufragam, para granjear a amizade dos deuses?**

1. A verdade repele a opinião que o platônico Apuleio atribui a Platão: *Nenhum Deus se mistura com a humanidade,* acrescentando que o principal caráter da grandeza dos deuses é jamais serem

manchados pelo contato do homem. Os demônios, segundo confessa, mancham-se; é-lhes, pois, impossível purificar quem os mancha; tornam-se todos igualmente impuros, os demônios pelo contato dos homens, os homens pelo culto aos demônios. Se os demônios podem misturar-se com a humanidade, sem ficarem manchados, são, portanto, superiores aos próprios deuses, que não poderiam fazê-lo. Com efeito, não é soberano privilégio deles habitar, em alturas infinitas, esfera inacessível ao contato do homem? E o Deus supremo, criador de todas as coisas, por nós chamado verdadeiro Deus, é, segundo o testemunho de Platão, citado por Apuleio, *o único de quem a indigência da palavra humana não pode dar ideia, mesmo insuficiente; apenas se revela ao olhar dos sábios, quando o vigor da alma já os desprendeu, tanto quanto possível, do corpo; mas passa rápido como relâmpago que atravessa as trevas mais espessas.*

Se, por conseguinte, Deus, verdadeiramente Senhor e Mestre, às vezes se revela, rápido como relâmpago que atravessa luz pura e presente, com presença inteligível, à alma do sábio, em que não recebe mancha alguma, por que colocar os deuses tão longe, tão alto, para subtraí-los ao contato com o homem? Quê? Não basta ver os corpos celestes esparzindo pela terra luz suficiente para essas necessidades? Ora, se nosso olhar não mancha os astros, que passam, sem exceção, por deuses visíveis, manchará os demônios, embora vistos de mais perto? Mas talvez a voz, senão o olhar do homem, atente contra a pureza dos deuses, e por isso é que os demônios, intermediários, lhes transmitem a palavra humana, sem que a sublimidade de seu lugar se abaixe ou sua pureza se contamine? Falarei dos outros sentidos? Os deuses, se presentes, não poderiam ser manchados pelo olfato, porquanto os demônios, vizinhos do homem, não sofrem, em absoluto, as emanações da vida humana, pois a infecção dos cadáveres imolados nos altares não poderia atingi-los. O sentido do gosto não interessou os deuses pela necessidade de reparar a natureza mortal, porque jamais a fome os reduziu a pedir alimentos aos homens. O tato depende deles. É de certa ação de tal sentido, do contato, que se trata. Não poderiam, se quisessem, misturar-se com os homens, vê-los e serem vistos por eles, ouvi-los e serem ouvidos por eles? Qual a necessidade de tocá-los? O homem não se atreveria, sem dúvida, a alimentar semelhante desejo, satisfeito de gozar da vista, da conversação dos deuses ou dos bons demônios. E, se a curiosidade do homem alcançasse os limites de tal desejo, com que habilidade poderia tocar qualquer deus, contra a vontade dele, ou qualquer demônio quem não pode tocar sequer um pardal, se não o tem engaiolado?

2. Logo, os deuses poderiam comunicar-se corporalmente com os homens pela vista, pelas palavras e pelo ouvido. Se os demônios se comunicam assim e não se contaminam e se os deuses se contaminam, se se comunicam, digam que os demônios são incontamináveis e os deuses, contamináveis. E, se também os demônios se contaminam, que conferem eles para a futura vida feliz aos homens, a quem não podem desprender da própria contaminação, para torná-los capazes, uma vez purificados, de unir-se aos deuses incontaminados, visto como foram constituídos medianeiros entre os deuses e os homens? Se não lhes conferem tal benefício, que aproveita aos homens a benévola mediação dos demônios? Será, porventura, para que depois da morte os homens não passem aos deuses por intermédio dos demônios, mas vivam, homens e demônios, contaminados e, por isso, nem uns, nem outros felizes?

Dir-se-á que, semelhantes à esponja, retêm toda a imundícia de que purificam os amigos? Se assim é, não evitaram os deuses a vizinhança e o contato do homem, para se misturarem com a impureza dos demônios? Ou será que os deuses, sem deixar de ser puros, podem do contato humano purificar os demônios, poder que em relação ao homem lhes falta? Quem poderia conceber tais pensamentos, senão o enganado pelos enganadores demônios? Quê? O olhar mancha e, entretanto, não embaça os deuses visíveis, luzeiros do mundo, e todos os outros corpos celestes? De acordo com isso, os demônios não se encontram mais seguros da contaminação dos homens, pois, se não quiserem, não podem ser vistos. E, se mancha não o serem vistos, mas o verem, neguem que os claríssimos luzeiros do mundo, que acreditam serem deuses, veem os homens, quando projetam seus raios sobre a terra. Não se maculam seus raios difundidos por quaisquer imundícies e macular-se-iam os deuses, se se misturassem com os homens, embora o contato fosse necessário para socorrê-los? Os raios do sol e da lua tocam a terra. Têm, por isso, luz menos pura?

## CAPÍTULO XVII
## Para a consecução da vida feliz, que consiste na participação do sumo bem, o homem não necessita de mediador tal qual é o demônio, mas tal qual é Cristo

Maravilha-me muito que homens de tal maneira sábios, que pensaram que todas as coisas corporais e sensíveis devem pospor-se às incorpóreas e inteligíveis, façam, quando tratam da vida feliz, menção dos contatos corporais. Onde está, por conseguinte, o que disse Plotino: *Deve-se fugir para a caríssima pátria; lá se encontra o Pai e lá se encontram todas as coisas. Em que batel ou como se há de fugir? Tornando-se semelhante a Deus.* Se, portanto, quanto mais alguém é semelhante a Deus, tanto mais se aproxima dele, entre Ele e nós apenas se interpõe a dessemelhança. A alma do homem é tanto mais dessemelhante do ser incorpóreo, incomutável e eterno, quanto mais ávida se revela das coisas temporais e mutáveis.

A alma é necessário curá-la. E, como não existe relação alguma entre a pureza imortal reinante no céu e a baixeza rastejante na terra, torna-se necessário o mediador. Mas não há de ser tal que tenha corpo imortal semelhante ao dos seres supremos e alma enfermiça igual à dos ínfimos, porque semelhante fraqueza o levaria a invejar-nos a cura, de preferência a concorrer para ela. Torna-se necessário mediador que, unindo-se à nossa baixeza pela mortalidade do corpo, pela imortal justiça do espírito permaneça na glória da divindade, na altura infinita que não é distância, mas inalterável conformidade com o Pai, mediador, enfim, que possa prestar socorro verdadeiramente divino à obra de nossa purificação e libertação. Longe de Deus, soberana pureza, o temor de receber qualquer mancha do homem cuja forma revestiu ou dos homens entre quem, sendo homem, viveu. Não são de pouco valor as duas coisas que salutarmente nos mostrou em sua encarnação, a saber, que nem a carne pode contaminar a verdadeira divindade, nem os demônios devem ser considerados melhores que nós, por não serem de carne. Eis, segundo os termos das Santas Escrituras, o *Mediador entre Deus e os homens, Jesus Cristo, Homem,* cuja divindade, pela qual é sempre igual ao Pai, e cuja humanidade, pela qual se fez semelhante a nós, este lugar não é adequado para desenvolvê-las segundo merecem e de acordo com nossa possibilidade.

## CAPÍTULO XVIII
### A falácia dos demônios, ao prometerem com sua intercessão o caminho até Deus, tem o único objetivo de desviar os homens do caminho da verdade

Os demônios, falsos e pérfidos mediadores que em suas obras se manifestam míseros e malignos, por causa da imundície do espírito, aproveitam-se das vantagens dos lugares corporais em que moram e da ágil sutileza dos corpos, para suspender, para impedir o progresso de nossas almas e, longe de abrir-nos o caminho que leva a Deus, semeiam-no de armadilhas. É caminho falso e cheio de erros a que nos encaminham, caminho corporal em que não caminha a justiça, porque não é, em absoluto, por elevação mensurável, mas espiritual, é por semelhança incorpórea que devemos elevar-nos a Deus. E é nesse caminho corporal, disposto de acordo com a hierarquia dos elementos, que os filósofos, amigos dos demônios, colocam, entre o homem terrestre e os deuses do céu, os mediadores aéreos, persuadidos de ser atributo essencial da divindade o imenso intervalo que a preserva de todo contato humano.

Assim, segundo os referidos filósofos, ao invés de os demônios purificarem os homens, os homens mancham os demônios; os próprios deuses não poderiam escapar à contaminação, se não se refugiassem nas alturas.

Quem será tão infeliz que pense ser purificado neste caminho em que se afirma que os homens contaminam, que os demônios são contaminados e que os deuses podem sê-lo? Não dará sua preferência ao caminho em que se evitam os demônios que contaminam e no qual são purificados de sua contaminação pelo Deus incontaminável, para iniciar a companhia dos anjos incontaminados?

## CAPÍTULO XIX
### Mesmo entre os que os adoram a denominação de demônios tem sentido pejorativo

Mas, para não parecer que também disputamos sobre palavras, visto como alguns dos, por assim dizer, demonólatras, entre os quais Labeão, referem que outros chamam anjos aos que deles recebem o nome de demônios, parece-me boa a ocasião para dizer algo a respeito dos anjos bons, cuja existência os platônicos não negam, preferindo, porém, chamá-los demônios bons. Quanto a nós, o testemunho das Santas Escrituras, uma das bases de nossa fé, ensina-nos a ver anjos bons e anjos maus, porém, jamais fala de demônios bons. Em qualquer passagem das Sagradas Letras jamais se emprega tal nome; quer diga *daemones* ou *daemonia*, não designa senão os espíritos malignos. Semelhante sentido é tão geralmente adotado que, entre os próprios pagãos, apaixonados pelo culto a essa multidão de deuses e demônios, não há, em absoluto, sábio ou letrado que ouse, em elogio a seu próprio escravo, dizer: "Tens o demônio". Não cabe a menor dúvida de que todo aquele a quem o diga não entenderá senão que a pessoa que lho disse teve intenção de ofendê-lo. Existe, porventura, algo que nos force, depois de ofendermos a delicadeza de tantos ouvidos, que são todos, quase, acostumados a dar sinistra acepção a tal nome, a ver-nos constrangidos a expor o que dissemos, podendo evitar, com o simples emprego do nome de anjos, a ofensa que o nome de demônios poderia suscitar?

## CAPÍTULO XX
### Qualidade da ciência que torna soberbos os demônios

Se consultarmos os Livros Sagrados, a própria origem do nome de demônio apresenta particularidade digna de ser conhecida. Chamam-se *daimones* (demônios), por causa da ciência, pois a palavra é grega. Mas o Apóstolo, inspirado pelo Espírito Santo, disse: *A ciência infla e a caridade edifica*. Quer dizer que a ciência não é útil senão quando acompanhada pela caridade e, sem a caridade, a ciência infla o coração e o enche do vento da vanglória. Assim, os demônios têm a ciência sem a caridade; daí a ímpia soberba que os impele a usurpar ainda, quanto possível, junto de quem lhes é possível, as honras divinas e a homenagem de dependência devidas ao verdadeiro Deus. Para triunfar de semelhante soberba, que oprime o gênero humano justamente escravizado, qual o infinito poder da humildade de Deus, manifestado sob a forma de escravo, é segredo para as almas humanas infladas de fastuosa impureza, semelhantes aos demônios pelo orgulho e não pela ciência.

## CAPÍTULO XXI
## A que ponto o Senhor quis descobrir-se aos demônios

E os próprios demônios tampouco o ignoram, pois diziam ao Senhor, revestido da fraqueza da carne: *Que há entre nós e ti, Jesus de Nazaré? Vieste perder-nos antes do tempo?* Está claro em tais palavras haver neles a ciência do grande mistério e faltar-lhes a caridade. Dele temiam o castigo e não amavam nele a justiça. Ora, deu-lhes a conhecer tanto quanto Ele quis e quis tanto quanto conveio. Mas, deu-se a conhecer, não como aos santos anjos, partícipes de sua bem-aventurada eternidade, como Verbo de Deus, mas como teve de revelar-se-lhes para infundir-lhes terror. De seu tirânico domínio devia livrar de certo modo os predestinados para seu reino, para a glória eternamente verdadeira e verdadeiramente eterna. Revela-se, pois, aos demônios, não na qualidade de vida eterna e luz incontaminável que ilumina os santos, luz que brilha aos olhos da fé e purifica o coração, mas, por certos efeitos passageiros de seu poder, por certos sinais de sua presença oculta, mais sensíveis à natureza espiritual, mesmo dos espíritos malignos, que à fraqueza do homem. E, quando, julgando apropositado suprimir esses brilhantes sinais, reentra por algum tempo em segredo mais profundo, o príncipe dos demônios põe-no em dúvida e tenta-o para verificar se é o Cristo. Tenta-o, porém, quanto o Cristo lho permite, para reduzir sua humanidade às condições de modelo proposto à nossa. Mas, depois da tentação, quando os anjos o servem, como está escrito, os bons e santos anjos, diante dos quais tremem os espíritos impuros, os demônios reconhecem cada vez mais quanto é grande, vendo que à sua ordem, por desprezível que parecesse na fraqueza da carne, ninguém se atreveria a resistir.

## CAPÍTULO XXII
## Diferenças entre a ciência dos santos anjos e a dos demônios

Para os anjos bons, toda ciência de coisas temporais e corpóreas, que ensoberbece os demônios, não passa de miserável ciência, não porque a desconheçam, mas por ser-lhes cara a caridade de Deus, que os santifica. Fora de tal beleza, não somente incorpórea, mas também incomutável e inefável, em cujo santo amor ardem, todas as coisas inferiores e diferentes dela são desprezadas pelos anjos bons, que entre elas se desprezam a si mesmos, para gozarem de todo o bem neles existente, bem que é a fonte de sua bondade. E conheceram com maior certeza as coisas temporais e mutáveis precisamente porque no Verbo de Deus, por quem foi feito o mundo, contemplavam as causas primeiras das coisas, causas que às vezes aprovam, às vezes reprovam, mas sempre ordenam. Os demônios, ao contrário, na Sabedoria de Deus, não contemplam as causas eternas e de certo modo cardiais dos tempos, mas simplesmente, com experiência maior de alguns sinais ocultos a nós, alcançam ver muito mais coisas futuras que os homens. Finalmente, estes muitas vezes se enganam; os anjos, nunca. Uma coisa é conjeturar as coisas temporais pelas temporais e as mutáveis pelas mutáveis e aplicar-lhes o módulo temporal e mutável de seu querer e seu poder, coisa dentro de certos limites permitida aos demônios; outra, prever, nas leis eternas e incomutáveis de Deus, que vivem em sua Sabedoria, as mutações dos tempos e conhecer pela participação de seu Espírito o querer certíssimo e potentíssimo de Deus sobre todos os seres. Tal privilégio é concedido aos santos anjos com profundo discernimento. Gozam, pois, ao mesmo tempo, da eternidade e da beatitude; o bem que os extasia é Deus, seu criador. A vista, a eterna posse de sua divindade, mergulha-os em inesgotáveis delícias.

## CAPÍTULO XXIII
### O nome de deuses, comum, por autoridade das Divinas Escrituras, aos santos anjos e aos homens justos, aplica-se falsamente aos deuses dos gentios

1. Se os platônicos a chamá-los demônios preferem chamá-los deuses e colocá-los entre os deuses, que, segundo Platão, seu autor e seu mestre, foram feitos pelo Supremo Deus, digam o que quiserem. Não vou discutir com eles a terminologia. Se dizem serem imortais, mas criados pelo supremo Deus e felizes, não por si mesmos, mas por união com o Criador, dizem o mesmo que nós, embora os chamem de maneira diferente. Que tal é o pensamento de todos os platônicos ou dos mais célebres é possível verificar em seus livros. Mas, quanto

ao mesmo nome, quer dizer, quanto ao chamarem deuses a criaturas imortais e bem-aventuradas, apenas há ligeira discordância entre nós e eles. Em nossas Sagradas Letras está escrito: *O Deus dos deuses, o Senhor falou*, e, em outra parte: *Louvai o Deus dos deuses*. O porquê de dizer nesta outra passagem: *Terrível é sobre todos os deuses* está evidenciado logo a seguir: *Porque todos os deuses dos gentios são demônios; mas o Senhor fez os céus*. Disse, portanto: *Sobre todos os deuses*, mas *dos gentios*, isto é, sobre os que os gentios consideram deuses e são *demônios*. Por isso é *terrível*. Intimidados por esse terror, diziam a Jesus: *Vieste destruir-nos?* A passagem em que se lê: *o Deus dos deuses* não pode ser entendida assim: o Deus dos demônios. E o *Rei grande sobre todos os deuses* livre-nos Deus de interpretá-lo como Rei grande sobre todos os demônios. Aos homens, no povo de Deus, a própria Escritura dá o nome de deuses. Assim, por exemplo: *Eu disse: Deuses sois e todos filhos do Altíssimo*. Pode assim entender-se o Deus desses deuses, quando se diz *o Deus dos deuses*, e, sobre esses *deuses*, o Rei grande, quando se diz *Rei grande sobre todos os deuses*.

2. Se, contudo, nos perguntam: Se os homens se chamam deuses por estarem no povo de Deus, a que Deus fala por intermédio dos anjos ou dos homens, não são mais dignos de tal nome os imortais, que gozam da felicidade a que, adorando a Deus, os homens desejam chegar? Que responderemos? Que não inutilmente as Santas Escrituras mais expressamente chamam deuses aos homens que aos imortais e bem-aventurados, a quem nos é prometido ser iguais na ressurreição. Quer dizer, fazem-no para que a infiel fraqueza não se atreva, impressionada pela excelência de semelhantes criaturas, a procurar algum deus entre elas. É fácil evitá-lo no homem. Deveram, portanto, chamar-se mais claramente de deuses os homens no povo de Deus, para que fosse maior sua certeza, maior sua confiança em que era seu Deus aquele de quem se disse o Deus *dos deuses*. Porque, embora se chamem deuses os imortais e bem-aventurados, que se encontram nos céus, não foram denominados deuses dos deuses, isto é, dos homens constituídos no povo de Deus, a quem se disse: *Eu disse: deuses sois e todos filhos do Altíssimo*. É no que se funda o que disse o Apóstolo: *Embora haja alguns que se chamam deuses, quer no céu, quer na terra, pois há muitos deuses e senhores, para*

*nós há um Deus apenas, o Pai, de quem são todas as coisas e em quem somos, e um só Senhor, Jesus Cristo, por quem são todas as coisas e por quem somos.*

3. Não se tornam, pois, necessárias muitas averiguações sobre o nome, por tratar-se de coisa tão clara, que exclui toda e qualquer dúvida. Mas, quando entre os bem-aventurados imortais colocamos os anjos por quem Deus anuncia aos homens sua vontade, os platônicos não concordam conosco, pois atribuem tal ministério, não aos bem-aventurados imortais a que chamam deuses, mas aos demônios de que afirmam a imortalidade, não a beatitude, duplo privilégio que talvez lhes concedam, algumas vezes, como bons demônios, não como deuses. Infinita distância não protege os deuses do contato do homem? Questão de palavras, vá, lá. Mas o nome de demônios é de tal maneira odioso que devemos, em absoluto, poupá-lo aos santos anjos.

Concluamos, por conseguinte, para encerrar este livro, que os bem-aventurados imortais, mas criaturas, seja qual for o nome, não podem servir de mediadores, nem podem conduzir à felicidade eterna os infelizes mortais de quem os separa dupla diferença. Quanto aos pretensos mediadores, que da ordem superior participam pela imortalidade e da ordem inferior pela miséria, como seu infortúnio é justo castigo, não se encontram antes desejosos de roubar-nos que de conseguir-nos a felicidade que lhes falta? Os amigos dos demônios não estabelecem, por conseguinte, nenhuma razão séria que nos imponha o dever de adorar como protetores aqueles cuja perfídia devemos, pelo contrário, evitar. Quanto aos espíritos de bondade e, por isso, imortais e bem-aventurados, espíritos que os pagãos acreditavam dever honrar sob o nome de deuses e por meio de cerimônias e de sacrifícios, para obtenção da felicidade depois desta vida, sejam quais forem, seja qual for o nome que mereçam, não querem que semelhante culto se tribute a outro senão ao único Deus, princípio de seu ser, fonte de sua felicidade. Questão que, com a divina assistência, espero aprofundar no livro seguinte.

# LIVRO DÉCIMO

*Agostinho estabeleceu quererem os anjos bons que se tributem apenas a Deus, objeto de sua adoração, as honras divinas e os sacrifícios que constituem o culto de latria. Depois discute contra Porfírio o princípio e o caminho da purificação e libertação da alma.*

## CAPÍTULO I
**Os platônicos definiram também que somente Deus dá a verdadeira felicidade, tanto aos anjos como aos homens. Mas pergunta-se se os anjos, que acreditam dever-se-lhes culto por causa da felicidade, querem se sacrifique a Deus apenas ou também a si mesmos**

1. É pensamento unânime de todos quantos podem fazer uso da razão que todos os mortais querem ser felizes. Mas quem é feliz, como tornar-se feliz, eis o problema que a fraqueza humana propõe e provoca numerosas e intermináveis discussões, em que os filósofos gastaram tempo e esforços, discussões que não quero, em absoluto, relembrar e em que não quero deter-me agora. Evito as digressões inúteis. Com efeito, se o leitor se lembra do que no Livro Oitavo afirmei a respeito da escolha dos filósofos com quem se poderia discutir a questão da felicidade da vida futura, a saber, se o culto ao único verdadeiro Deus, criador dos próprios deuses, deve conduzir-nos a ela ou se é preciso ainda, para pretendê-la, adorar e servir vários deuses, não espere que o repitamos agora, pois nova leitura pode remediar esquecimento ou vir em auxílio da memória. Escolhemos os platônicos, sem dúvida os mais eminentes dos filósofos, em especial, porque, havendo reconhecido que a alma do homem, embora imortal e racional ou intelectual, não poderia, sem a participação da luz de Deus, seu autor e autor do mundo, ser feliz, negam que à felicidade a que todos os homens aspiram ninguém pode chegar, caso amor casto e puro não o una ao Deus sumamente bom, que é o Deus imutável.

Mas, como esses próprios filósofos, cedendo à vaidade dos erros populares ou, segundo a expressão do Apóstolo, *desvanecendo-se em seus pensamentos*, persuadiram-se ou pelo menos quiseram persuadir os outros da necessidade de altares para a pluralidade de deuses (alguns deles não chegam ao extremo de acreditar que honras divinas e sacrifícios são devidos aos próprios demônios?), erro que refutamos longamente, resta-nos agora examinar, discutir, na medida das forças que Deus nos der, o que é preciso acreditar a respeito dos espíritos que os platônicos chamam deuses ou bons demônios ou, conosco, anjos. Imortais e bem-aventurados espíritos, residentes nas celestes moradas, dominações, principados, potestades, que homenagens, que piedade nos pedem? Em termos mais claros, querem partilhá-las com Deus ou querem que reservemos para Deus apenas as oferendas solenes, o religioso sacrifício de nós mesmos?

2. Com efeito, tal é o culto que se deve à Divindade, ou, mais expressamente, à Deidade. Para designar semelhante culto com uma palavra apenas, visto não ocorrer-me nenhuma palavra latina adequada, onde for necessário usarei palavra grega para dizer o que quero: *latréia*. Os nossos, nas passagens em que as Santas Escrituras a empregam, traduziram-na por servidão. A servidão devida aos homens, segundo a qual manda o Apóstolo estejam os servos submetidos a seus senhores, tem outro nome em grego. *Latréia*, segundo o costume com que falaram os que nos legaram a divina palavra, sempre ou quase sempre expressa a servidão pertencente ao culto a Deus. Se se diz, por conseguinte, simplesmente culto, não parece ser o exclusivo de Deus, posto também dizermos dar culto aos homens, quando lhes prestamos a homenagem de nossa presença ou de nossa lembrança. E não apenas se refere o nome de culto aos seres a que nos submetemos com religiosa humildade, mas também às coisas que nos estão sujeitas. De tal palavra derivam, por exemplo, as seguintes: agrícola, colonos e íncolas. Aos próprios deuses não chamam celícolas por outro motivo que não o de cultivarem o céu, não por venerarem-no, mas por morarem nele. São como que colonos do céu, não à semelhança dos colonos presos ao solo nativo para cultivá-lo sob o domínio dos senhores, mas, como diz grande mestre da língua latina: *Foi cidade antiga. Ocuparam-na os colonos tírinos*. Chamo colonos de *incolere*, habitar, não de agricultura. Nesse sentido é que as cidades fundadas pelas cidades maiores, como enxames de povos, chamam-se colônias. Por isso, embora muito verdadeiro que tal palavra, em sentido próprio e íntimo, significa o culto devido a Deus, como recebe ainda outras acepções, segue-se não poder a língua latina exprimir em uma só palavra o culto devido exclusivamente a Deus.

3. Embora a palavra religião pareça significar mais particularmente o culto de Deus, com ela traduzem os nossos a grega *threskéia*; contudo, a linguagem corrente, não dos ignorantes, mas dos mais sábios, admitiu a necessidade de observar-se também a religião das alianças, das afinidades humanas e de quaisquer outros parentescos.

Tal palavra não evita a ambiguidade, quando a questão versa sobre o culto à Deidade. Não podemos dizer, com propriedade, ser a religião apenas o culto a Deus. O motivo é parecer atrevimento dar à referida palavra sentido diferente da observância do parentesco humano.

Por piedade é costume entender-se, propriamente, o culto a Deus. Os gregos chamam-na *eusébeia*. Diz-se também cortês a piedade para com os pais. O estilo vulgar estende tal nome às obras de misericórdia. Mas acredito que o motivo de tal acepção reside no fato de Deus recomendá-las de modo especial e testemunhar que lhe agradam tanto ou mais que todos os sacrifícios. A locução fez atribuir-se ao próprio Deus o nome de *piedoso*. Os gregos, todavia, nesse sentido não se servem da palavra *eusebêin*, embora *eusébeia* receba o significado popular de misericórdia. Donde resulta que em algumas passagens das Escrituras, para a distinção ficar mais clara, preferem dizer *theosébeia*, que soa como culto a Deus, a dizer *eusébeia*, que tem o significado de bom culto. Não podemos expressar com uma palavra apenas nem uma coisa, nem outra. A *latréia* grega, traduzida em latim por servidão, mas pela qual rendemos culto a Deus, ou a *threskéia* grega, que se diz em latim religião, mas a que temos para com Deus, ou a por eles chamada *theosébeia* não podemos expressá-las com uma só palavra; temos de usar de rodeio para dizer culto a Deus. Todos os cultos que essas diferentes expressões compreendem não se devem, decididamente, senão a Deus, ao verdadeiro Deus que diviniza seus servidores. Sejam quais forem, por conseguinte, os bem-aventurados imortais, habitantes das mansões celestes, se não têm amor por nós, se não desejam nossa felicidade, não merecem nossas homenagens. Se nos amam, se querem nossa felicidade, querem sem dúvida que a recebamos da mesma fonte que eles.

## CAPÍTULO II
### Pensamento do platônico Plotino sobre a iluminação soberana

Trata-se de questão em que não há, em absoluto, diferença entre nós e os célebres platônicos. Viram e deixaram consignado de mil e um modos em seus livros que os anjos se tornam felizes pela mesma razão que nós. A causa de sua felicidade é a intuição de certa luz inteligível, que para eles é Deus, é distinta deles e os ilumina para que brilhem e por sua participação sejam perfeitos e felizes. Fartas e repetidas vezes afirma Plotino, explanando o pensamento de Platão, que nem mesmo aquela que julgam alma do universo tem outro princípio de felicidade diferente da nossa. Tal princípio é luz que não é aquela a que deve seu ser e que, iluminando-a inteligivelmente, inteligivelmente brilha. Aplica às realidades incorpóreas imagem que pede de empréstimo aos resplendentes corpos da abóbada celeste. Deus é o Sol e a alma a Lua, porque, segundo eles, a presença do Sol ilumina a Lua. O grande platônico pretende que a alma racional, ou antes, a alma intelectual (porque sob tal nome compreende também as almas dos bem-aventurados imortais, que não vacila em afirmar residentes no céu) não reconhece como natureza superior à sua senão a de Deus, autor do mundo e seu autor, e que os espíritos celestes não recebem a vida feliz e a luz de inteligência e verdade senão da mesma fonte de que nos vêm. Semelhante doutrina está conforme com as seguintes palavras do Evangelho: *Houve certo homem enviado de Deus; chamava-se João. Veio como testemunha, para dar testemunho da Luz, a fim de que todos por meio dele cressem. Ele mesmo não era a Luz, mas vinha dar testemunho da Luz. Era a Luz verdadeira, que ilumina todo homem que vem a este mundo.* Tal distinção mostra claramente que a alma racional ou intelectual, como era a de João, não podia ser a Luz para si mesma, mas luzia pela participação de outra Luz verdadeira. É o que o próprio João confessa, quando, dando testemunho da Luz, declara: *De sua plenitude todos recebemos.*

## CAPÍTULO III
### O verdadeiro culto a Deus. Embora entendessem o Criador do universo, os platônicos desviaram-se desse culto, tributando-o com honras divinas aos anjos bons e aos anjos maus

1. Se, por conseguinte, os platônicos e quaisquer outros filósofos que, professando os mesmos sentimentos, glorificassem Deus, que conhecem, e lhe rendessem graças, longe de se desvanecerem em seus pensamentos, culpáveis autores ou tímidos cúmplices dos erros

populares, confessariam, sem sombra de dúvida, que pelos espíritos bem-aventurados e imortais e por nós, infelizes e mortais, para podermos ser bem-aventurados e imortais, deve ser adorado o único Deus dos deuses, que é seu Deus e o nosso.

2. A Ele devemos a servidão chamada em grego *latréia*, quer em atos exteriores, quer em nós mesmos. Todos conjuntamente e cada um de nós em particular somos seu templo. Digna-se habitar na união dos fiéis e em cada um deles. E não é maior em todos que em cada fiel, porque sua natureza ignora as modificações da extensão ou da divisão. Quando elevamos nossas almas ao céu, o coração é seu altar; seu Filho único, o sacerdote por intermédio de quem o aplacamos; imolamos-lhe vítimas sangrentas, quando combatemos até o derramamento de nosso sangue por sua verdade; queimamos perante ele o mais suave incenso, quando, em sua presença, piedosa e santa flama nos consome; oferecemos-lhe os benefícios que nos fez e nós mesmos e voltamo-nos para Ele; certas festas solenes, em dias marcados, consagram a memória de seus benefícios, para que o decurso do tempo não cause ingrato esquecimento. Imolamos-lhe a hóstia da humildade e do louvor na ara do coração e com o fogo da fervente caridade.

Para vê-lo, como pode ser visto, e para unir-nos a Ele, purificamo-nos de toda mancha de pecados e impiedades e consagramo-nos em seu nome. É a fonte de nossa felicidade, o fim de nossos desejos. Elegendo-o, ou melhor, reelegendo-o, pois o havíamos perdido por nossa negligência, reelegendo-o (daí vem o nome de religião), tendemos a Ele pelo amor, para, em chegando, descansar. Seremos felizes precisamente por sermos perfeitos com o fim. Nosso bem, sobre cujo fim os filósofos tanto disputam, não é outra coisa senão unir-nos a Ele. A alma intelectual, em abraço incorpóreo, se nos é permitido falar assim, dado a Ele, repleta-se e fecunda-se de virtudes verdadeiras. Esse bem é que nos é prescrito amar de todo o coração, de toda a alma, com todas as forças. A esse bem devemos ser conduzidos por aqueles que nos amam e conduzir os que amamos, para que, assim, cumpram-se os dois preceitos a que se reduzem a Lei e os Profetas: *Amarás o Senhor teu Deus com todo o coração, com toda a alma, com todo o espírito;* e *Amarás o próximo como a ti mesmo.*

Para que o homem aprenda a amar a si mesmo, propõe-se-lhe um fim a que refira tudo quanto faz para ser feliz. Quem ama a si mesmo outra coisa não quer senão ser feliz. Esse fim é a união com Deus. A quem sabe amar a si mesmo, quando se lhe manda amar o próximo como a si mesmo, que outra coisa se lhe manda senão, quanto esteja a seu alcance, encarecer a outrem o amor a Deus? Esse o culto a Deus, essa a verdadeira religião, essa a reta piedade, essa a servidão devida apenas a Deus. Seja qual for a excelência e virtude do poder imortal, se nos ama como a si mesmo, quer-nos submetidos, para sermos felizes, aquele a quem está submetida, razão por que é feliz. Se não rende culto a Deus, é miserável, porque se priva de Deus. Se rende culto a Deus, não quer que o rendam a ela, mas a Deus. Antes aprova e com a potencialidade de seu amor favorece o divino oráculo que diz: *Quem sacrificar a outros deuses e não apenas ao Senhor será destruído.*

## CAPÍTULO IV
### O sacrifício é devido ao Deus Uno e verdadeiro

Com efeito, sem falar agora dos outros deveres religiosos que compõem o *culto divino,* que homem ousaria pretender que o sacrifício seja devido a outro que não Deus? Enfim, quer por causa de profunda baixeza, quer por causa de perniciosa lisonja, o homem, para honrar o homem, usurpou muitas coisas do culto a Deus; e não deixam, contudo, de passar por homens aqueles a quem se defere honra, respeito religioso e algumas vezes até mesmo adoração. Que homem, entretanto, jamais sacrifica senão àquele que ele sabe, acredita ou faz Deus? Ora, o exemplo dos dois irmãos, Abel e Caim, torna evidente a antiguidade do sacrifício. Deus rejeita o do mais velho e aceita com prazer o do outro.

## CAPÍTULO V
### Sacrifícios não solicitados por Deus, que, entretanto, quis fossem observados, para significar os solicitados

Todavia, quem será insensato ao extremo de acreditar que Deus tem qualquer necessidade de nossas oferendas? O testemunho das

Escrituras repele semelhante erro. Baste-me lembrar o seguinte versículo do salmo: *Eu disse ao senhor: És meu Deus, porque não necessitas de meus bens.* Não apenas devemos crer que Deus não necessita de animal ou de qualquer outra coisa corruptível e terrena, mas nem mesmo da própria justiça do homem. Todo culto legítimo a Deus aproveita ao homem, não a Deus. Ninguém dirá que foi útil à fonte o haver bebido nela ou à luz o haver visto por seu intermédio. E, se os antigos patriarcas ofereceram a Deus sacrifícios de vítimas cruentas, sacrifícios que agora o povo de Deus lê e não faz, não devemos entender senão que por aquelas coisas se significaram estas que se operam em nós, precisamente com o propósito de que nos unamos a Deus e encaminhemos o próximo a unir-se com Ele. O sacrifício visível é sacramento do sacrifício invisível, ou seja, é sinal sagrado.

Eis por que a alma penitente a que se refere o profeta, ou o próprio profeta, invocando a clemência divina, exclama: *Se houvesses querido sacrifício, eu tê-lo-ia, sem dúvida, oferecido; mas não te deleitarás com holocaustos. Sacrifício para Deus é o espírito atribulado; Deus não despreza o coração contrito e humilhado.* Observe-se que onde disse que Deus não quer sacrifício, ali mesmo mostra que Deus quer sacrifício. Não quer sacrifício de animal sacrificado, mas o sacrifício de coração contrito. O sacrifício que Deus não quer, segundo o profeta, é figura do sacrifício que quer. Assim, pois, disse que Deus não quer sacrifícios no sentido imaginado pelos ignorantes, a saber, que os quer como que para seu deleite. Se os sacrifícios que quer, dos quais um é o coração contrito e humilhado pela dor da penitência, não quisesse fossem significados pelos sacrifícios que, segundo parece, deseja como deleitáveis, não os mandaria, com certeza, oferecer na Lei velha. Por isso deviam ser mudados em tempo oportuno e determinado, para que não os julgassem agradáveis ou aceitáveis a Deus por eles mesmos e não, antes, por serem figura desses outros. Assim diz outro salmo: *Se eu tiver fome, não te direi nada, porque meu é o mundo e tudo quanto contém. Comerei, porventura, a carne dos touros ou beberei sangue de bodes?* Quer dizer, quando eu tiver necessidade de tudo isso, não pedirei o que tenho ao alcance da mão. Depois explica o sentido de tais palavras e acrescenta: *Imola a Deus sacrifício de louvores e paga teus votos ao Altíssimo. E invoca-me no dia da tribulação; eu te livrarei e tu me glorificarás.*

E em outro profeta: *Com que coisa encontrarei o Senhor e me inclinarei ao Deus altíssimo? Encontrá-lo-ei com holocaustos? Com bezerros de um ano? Agradar-se-á o Senhor de milhares de carneiros, de dez mil bodes gordos? Darei meu primogênito por minha transgressão? O fruto de meu ventre pelo pecado de minha alma? Ele te declarou, ó homem, o que é bom. E que é que o Senhor pede de ti, senão que pratiques a justiça, ames a misericórdia e estejas preparado para caminhar com o Senhor teu Deus?* Nas palavras do profeta distinguem-se os dois sacrifícios e declara-se claramente que Deus não pede por eles mesmos os sacrifícios, figura dos sacrifícios que Deus pede. Na Epístola dirigida aos hebreus lemos: *E não vos esqueçais da beneficência e comunicação, porque de tais sacrifícios Deus se agrada.* Por isso, onde está escrito: *Quero misericórdia e não sacrifício,* não convém entender outra coisa senão o sacrifício antecipado pelo sacrifício, porque o que todos chamam sacrifício é sinal do verdadeiro sacrifício. Pois bem, a misericórdia é verdadeiro sacrifício. Eis por que se disse o que pouco antes citei: *De tais sacrifícios Deus se agrada.* Todos os preceitos divinos, lidos de muitos modos, no ministério do tabernáculo ou do templo, a respeito dos sacrifícios, tendem a significar o amor a Deus e ao próximo. *Desses dois preceitos,* como está escrito, *depende toda a Lei e os Profetas.*

## CAPÍTULO VI
### O sacrifício verdadeiro e perfeito

Por conseguinte, verdadeiro sacrifício é toda obra que praticamos para nos unirmos a Deus em santa união, quer dizer, toda obra relacionada com o supremo bem, princípio único de nossa verdadeira felicidade. Eis por que a própria misericórdia que alivia o próximo não é, em absoluto, sacrifício, se não feita por amor a Deus. Com efeito, o sacrifício, embora oferecido pelo homem, é coisa divina; os antigos latinos chamavam-no assim. E o homem consagrado pelo nome de Deus, devotado a Deus, é sacrifício, porquanto para viver para Deus morre para o mundo. Trata-se de misericórdia que cada qual pratica para consigo mesmo. Por isso, está escrito: *Tem misericórdia de tua alma, agradando a Deus.* Nosso próprio corpo, quando, por amor a Deus, o mortificamos pela temperança, quando ao pecado não entregamos os membros como armas de iniquidade, mas a Deus, como armas de justiça, nosso corpo é sacrifício, a que o Apóstolo nos exorta assim: *Conjuro-vos, pois, irmãos, pela misericórdia de Deus, a transformardes vosso corpo em hóstia viva, santa, agradável ao Senhor, a que vosso culto seja racional.*

Portanto, escravo ou instrumento da alma, o corpo, se legítimo e bom uso o relaciona com Deus, é sacrifício. Quanto mais a própria alma, quando se oferece a Ele, abrasada no fogo de seu amor, e, despojando-se da concupiscência do século, para reformar-se de acordo com o modelo imutável, lhe oferece a infinita beleza de seus próprios dons. *Não vos conformeis, em absoluto, com o século,* acrescenta o Apóstolo, *mas transformai-vos pela renovação do Espírito, procurando saber qual é a vontade de Deus, o que é bom, o que lhe é agradável, o que é perfeito.*

Assim, como as obras de misericórdia, quer para conosco mesmos, quer para com o próximo, constituem verdadeiros sacrifícios, se referidas a Deus, e como tais obras não têm outro fim senão o de livrar-nos da miséria e tornar-nos felizes da felicidade que nos assegura a posse do bem de que está escrito: *Meu bem é permanecer unido ao Senhor,* segue-se que toda a cidade do Redentor, a sociedade dos santos, é como que sacrifício universal oferecido a Deus pelo soberano pontífice, que em sua paixão se ofereceu também a si mesmo por nós, para transformar-nos em membros do chefe augusto que desceu sob a forma de escravo, forma que oferece a Deus e na qual se ofereceu. Com efeito, segundo essa forma, é mediador, sacerdote e sacrifício. Assim o Apóstolo nos exorta a fazer de nosso corpo hóstia viva, santa, agradável ao Senhor, a tributar-lhe culto racional, e de modo algum nos conformar ao século, mas a transformar-nos pelo renovamento do espírito, procurando saber qual a vontade de Deus, o que é bom, o que lhe é agradável, o que é perfeito, sacrifício que, em suma, somos nós mesmos, e acrescenta: *Pois, pela graça de Deus que me foi dada, digo a todos que se encontram entre vós que não saibam mais do que convém saber, mas saibam com temperança, conforme a medida da fé que Deus repartiu a cada qual. Porque da mesma maneira que no corpo temos muitos membros, mas nem todos os membros têm a mesma operação, assim nós, que somos muitos, somos o mesmo corpo em Cristo, mas membros uns dos outros, tendo diferentes dons, segundo a graça que nos foi dada.* Eis o sacrifício dos cristãos: *muitos um só corpo em Cristo.* Tal mistério a Igreja também o celebra assiduamente no sacramento do altar, conhecido dos fiéis, em que mostra que se oferece a si mesma na oblação que faz.

## CAPÍTULO VII
**O amor dos santos anjos reduz-se a quererem sejamos adoradores, não deles, mas do Deus Uno e verdadeiro**

Legítimos habitantes das moradas celestes, os espíritos imortais, felizes pela posse do Criador, eternos por sua eternidade, fortes de sua verdade e santos por sua graça, tocados de compassivo amor por nós, infelizes e mortais, e desejosos de partilhar conosco sua imortalidade e beatitude, não, não querem que sacrifiquemos a eles, mas àquele que sabem ser, como nós, o sacrifício. Porque somos com eles uma só Cidade de Deus, a que diz o Salmista: *Coisas gloriosas disseram-se de ti, Cidade de Deus.* Parte da cidade peregrina em nós e outra neles dá-nos alento. Da soberana cidade, onde a vontade inteligível e incomutável de Deus é a lei, da soberana cúria, em certo sentido, pois nela curam de nós, desceu a nós, por meio dos anjos, a Santa Escritura, em que lemos: *Quem sacrifica a deuses e não apenas ao Senhor será destruído.* Essa Escritura, essa lei, esses preceitos foram confirmados por tamanha quantidade de milagres, que se torna por demais claro a quem os imortais e os bem-aventurados, desejosos de que sejamos felizes como eles, querem que sacrifiquemos.

## Capítulo VIII
**Milagres que Deus se dignou dar a suas promessas para alentar a fé dos piedosos, ainda por ministério dos anjos**

Talvez fosse necessário remontar demasiado longe nos séculos passados, se eu quisesse lembrar quantos milagres atestam a veracidade das promessas que, tantos milhares de anos antes de se cumprirem, Deus faz a Abraão, quando lhe anuncia que em sua raça todas as nações serão abençoadas. Quem não admiraria que, em idade em que a fecundidade é recusada à natureza, uma mulher estéril dê um filho ao pai dos crentes; que, no sacrifício do patriarca, uma chama descida do céu corra entre as vítimas imoladas; que anjos, por ele recebidos como hóspedes mortais, lhe revelem a promessa de Deus e o celeste incêndio de Sodoma; que, no momento em que o fogo do céu vai devorar a cidade culpada, a milagrosa assistência dos anjos preserve Lot, seu sobrinho, cuja mulher, olhando para trás, no caminho que ia pô-la a salvo do perigo, é no mesmo instante transformada em estátua de sal, nos ensina por misterioso exemplo que no caminho da salvação ninguém deve lastimar o que abandona? Mas quantos prodígios, mais maravilhosos ainda, operados por Moisés para da servidão do Egito libertar o povo eleito!

Os milagres que Deus permite aos magos do faraó ou rei, tirano de Israel, apenas servem para tornar-lhes mais maravilhosa a derrota. Não operavam senão pelos encantamentos e pelos sortilégios da magia, obras favoritas dos maus anjos ou demônios; Moisés, armado de poder tanto mais temível quanto mais legítimo, em nome de Deus, Criador do céu e da terra, e por ministério dos anjos, confunde-lhes sem dificuldade as imposturas. O poder dos magos desfalece na terceira praga; dez pragas, figuras de profundos mistérios, fulminadas pela mão de Moisés, abrandam a dureza de coração do faraó e dos egípcios e arrancam-lhes a libertação do povo de Deus. Arrependem-se logo, vão-lhes no encalço, mas o mar, aberto para entregar à fuga dos hebreus passagem a pé enxuto, fecha-se de novo e engole os opressores. Que direi dos milagres que, quando o povo caminhava pelo deserto, se repetiram com estupenda divindade? Águas, que não podiam ser bebidas, perdem o amargor ao contato do lenho nelas atirado e matam a sede da multidão; para alimentá-la, cai maná do céu, com a circunstância de que todos tinham medida fixa para o recolher e o que colhiam para mais os vermes nele nascidos corrompiam, mas a quantidade recolhida em dobro no dia anterior ao sábado, pois no sábado era ilícito recolher maná, não era violada pela podridão.

Quando Israel desejava carne no deserto e parecia não haver o necessário para o abastecimento de tamanha multidão, o campo cobriu-se de aves e bem depressa o ardor do desejo se viu apagado pelo fastio da saciedade. Os inimigos acorrem e de armas na mão disputam-lhes a passagem. Moisés ora, os braços estendidos em cruz, e os inimigos são vencidos. Nenhum hebreu sucumbiu. Alguns sediciosos rebelam-se, querem separar-se da sociedade instituída por Deus mesmo, mas a terra entreabre-se e devora-os vivos, exemplo visível de suplício invisível. A rocha ferida pela vara soltou jorro de água que saciou tamanha multidão. As mortíferas picadas das serpentes, pena justíssima dos pecados, eram curadas à simples vista da serpente de bronze erguida sobre um tronco de árvore, a fim de que o povo abatido se reerguesse e a morte destruída pela morte se tornasse como que a figura da morte crucificada. E quando, mais tarde, o povo, em delírio, quer transformar em ídolo a serpente conservada, sem dúvida em memória de semelhante milagre, Ezequias, rei que servia com seu religioso poder a Deus, despedaça-a, demonstrando, assim, gloriosa piedade.

## CAPÍTULO IX
### Artes ilícitas usadas no culto aos deuses. Indecisões do platônico Porfírio sobre elas

1. Tais milagres e tantos outros que seria demasiado longo relembrar não tiveram outro objetivo senão estabelecer o culto ao verdadeiro Deus e proibir o tributado às falsas divindades. Mas operavam-se pela simplicidade da fé, pela confiança da piedade, não por sortilégios, por encantamentos de arte sacrílega, de criminosa curiosidade, chamada, ora magia, ora, por nome mais detestável, *goecia*, ou por nome menos odioso, *teurgia*. Porque querem estabelecer diferença entre semelhantes práticas e pretendem que, entre os praticantes das ciências ilícitas, uns, como, por exemplo, os que o vulgo chama de mágicos, dados à *goecia*, chamam a vingança das leis, enquanto os outros, exercendo a *teurgia*, não merecem senão elogios. Uns e outros, contudo, encontram-se igualmente agrilhoados aos pérfidos altares dos demônios usurpadores do nome de anjos.

2. Porfírio promete, como que vacilante e em discurso de certo modo vergonhoso, uma espécie de purificação da alma por meio da *teurgia*. Mas nega de maneira formal que tal arte apresente caminho de retorno a Deus. Vemo-lo, assim, flutuar, ao sabor de seus próprios pensamentos, entre os princípios da filosofia e os escolhos de curiosidade sacrílega. Ora afasta-nos de tal arte, dizendo-a pérfida, perigosa na prática, proibida pelas leis, ora parece ceder à opinião

contrária e logo a *teurgia* se torna útil para purificar a alma, senão na parte intelectual em que percebe as verdades inteligíveis, puras de todas as formas corporais, pelo menos na parte espiritual em que capta as imagens dos corpos. Pretende que esta última é, por meio de certas consagrações teúrgicas, chamadas *teletas*, apta para receber a inspiração dos espíritos e dos anjos, que à sua vista revela os deuses. As *teletas*, segundo Porfírio confessa, não contribuem, todavia, em coisa alguma, para a purificação da alma intelectual; não poderiam prepará-la para a visão de Deus, nem para a contemplação de verdade alguma. Donde podemos concluir que deuses se revelam, que visão se obtém por intermédio das consagrações teúrgicas, visão em que não se veem as coisas que verdadeiramente são. Por fim, Porfírio acrescenta que a alma racional, ou, como prefere dizer, intelectual, pode subir às regiões celestes, sem que a parte espiritual tenha sofrido qualquer purificação teúrgica, purificação que, aduz, não poderia conferir a imortalidade à alma espiritual.

Assim, embora distinga entre os anjos e os demônios, dizendo que a residência dos demônios é o ar e a dos anjos o éter ou o empíreo, embora nos aconselhe a granjear a amizade de algum demônio, que depois da morte nos eleve um pouco acima da terra, porque, segundo ele, é por outro caminho que a gente chega à celeste companhia dos anjos, dissuade-nos da sociedade dos demônios, declarando seu pensamento por meio de confissão demasiado formal, quando diz que, depois da morte, a alma atormentada tem horror ao culto aos espíritos desejosos de seduzi-la. A própria teurgia, arte conciliadora dos anjos e dos deuses, a teurgia que Porfírio recomenda, não pode negar que não trata com as potências que à alma invejam a purificação ou favorecem a malícia dos invejosos.

Sobre esse ponto refere queixa de não sei que caldeu: *Certo homem virtuoso da Caldeia,* diz, *queixa-se de que o bom êxito de seus esforços para chegar à purificação da alma tenha sido enganado pela inveja de outro iniciado que ligou as potências solenemente conjuradas e lhes agrilhoou a boa vontade. Assim, um aperta os laços que o outro não pode romper.* Donde se segue, acrescenta, ser a teurgia igual instrumento de bem e de mal, quer para os homens, quer para os deuses, e serem os deuses passíveis das perturbações anímicas que Apuleio atribui apenas aos homens e aos demônios.

Contudo, Porfírio distingue entre os deuses e os demônios pela elevação de sua morada, reproduzindo o pensamento de Platão.

## CAPÍTULO X
### A teurgia promete às almas falsa purificação por invocação dos demônios

Assim, eis outro platônico, Porfírio, mais sábio, dizem, que Apuleio, concedendo a não sei que ciência teúrgica o poder de comover e perturbar os deuses. Preces e ameaças desviaram-nos da purificação de certa alma. E foram de tal modo amedrontados pelo que pedia o mal, que quem pedia o bem não pôde, pela mesma arte teúrgica, desligá-los do temor e libertá-los para que lhe concedessem tal benefício. Quem não percebe que tudo isso não passa de invenções dos enganadores demônios, senão o misérrimo escravo deles, alheio à graça do verdadeiro Libertador? Se tal coisa se levasse a efeito entre os deuses bons, o valimento do benefício purificador da alma seria maior que o do malévolo opositor. Ou, se o homem em favor de quem se fazia parecesse indigno de purificação aos deuses justos, deveriam negá-lo, não amedrontados pelo invejoso nem, como diz Porfírio, impedidos pelo medo a mais poderoso nume, mas por livre julgamento.

É de maravilhar que o sábio caldeu, desejoso de purificar a alma por meio dos mistérios teúrgicos, não encontrasse deus superior que, infundindo-lhes terror mais forte, obrigasse os deuses, aterrorizados, a prestar-lhe o benefício pedido ou, livrando-os de todo temor, lhes permitisse fazê-lo com liberdade. Na falta de operação teúrgica que primeiro livre de funesto espanto os deuses libertadores da alma, não pode o sábio teurgo encontrar poderoso deus? Sabe a teurgia invocar um que os assombre e não conhece um que os tranquilize? Sim, encontra-se um deus que ouve o invejoso e pelo temor agrilhoa a benevolência das outras divindades, mas não se encontra algum que ouça o justo e devolva às divindades tranquilizadas o poder de fazer o bem? Admirável teurgia! Precioso segredo da purificação das almas, que à impura inveja concede mais poder para impedir o bem que crédito à vontade pura para obtê-lo! Evitemo-los e prestemos ouvidos à doutrina da salvação. Porque as imagens de anjos ou deuses, algumas, dizem, maravilhosamente belas, que os sacrílegos autores das ímpias purificações revelam (se é verdade, porém) à alma pretensamente purificada, não é satã que, de acordo com a palavra do Apóstolo, *transforma-se em anjo de luz?* É ele que, desejoso de envolver as almas nos enganadores mistérios das falsas divindades, para desviá-las do verdadeiro Deus, único capaz de purificar e curar, é ele que multiplica as ilusões e, como Proteu, *assume todas as formas*, perseguidor encarniçado, pérfido auxiliar, sempre capaz de prejudicar.

## CAPÍTULO XI
### Epístola de Porfírio ao egípcio Anebonte, em que lhe pede ser instruído na diversidade de demônios

1. Porfírio mostra mais sensatez na carta ao egípcio Anebonte, em que, à guisa de consulente e pesquisador, não somente desvela as artes sacrílegas, mas também as destrói. Insurge-se contra todos os demônios, que diz loucamente atraídos pelo espesso vapor dos sacrifícios, razão por que habitam, não o éter, mas a atmosfera sublunar e o próprio globo da lua. Não se atreve, contudo, a imputar a todos os demônios todas as imposturas, todas as malignidades, todos os absurdos que com razão o revoltam. Com efeito, a exemplo dos outros filósofos, reconhece haver demônios bons, embora, segundo confessa, o caráter geral de todos eles seja a demência. Admira-se de que, na oferenda das vítimas, haja para os deuses não apenas atrativo, mas, ainda, irresistível força que os constranja a fazer a vontade dos homens. Se o corpo e a incorporalidade estabelecem distinção entre os demônios e os deuses, como é possível, pergunta Porfírio, considerar deuses o sol e os outros astros que brilham no céu e, sem dúvida, são corpos? Se deuses, como admitir a benevolência de alguns e a malevolência de outros? Enfim, que sociedade, sendo corpóreos, os une aos incorpóreos. Pergunta ainda, com expressão de dúvida, se os adivinhos e os teurgos são dotados de alma mais poderosa ou se tal poder lhes vem de algum espírito estranho. Julga que lhes vem de fora, porquanto os magos se servem de pedras e de ervas para abrir as portas, operar ligações e outros bruxedos que tais. Donde, na opinião de Porfírio, muita gente concluiu que existem espíritos de certa ordem, que prestam ouvidos aos votos dos homens; trata-se de naturezas pérfidas, sutis, capazes de todas as metamorfoses, alternadamente deuses, demônios, almas de defuntos.

Autores de tudo quanto se produz de bem ou mal, jamais concorrem, todavia, para o bem real, que, aliás, ignoram; conselheiros malignos, inquietam, atrasam os mais zelosos seguidores da virtude; temerários e vãos, aspiram, contentes, os perfumes dos sacrifícios e da lisonja. Todos os vícios de tais espíritos, que se insinuam na alma e com mil e uma ilusões perturbam o sono ou a vigília do homem, Porfírio não os assinala com acento de convicção, mas sob a forma de dúvidas e suspeitas sugeridas por opinião alheia. Foi difícil para filósofo de tal maneira grande revelar e acusar com confiança a sociedade de demônios que qualquer velhinha cristã descobre sem dificuldade e detesta sem temor. Talvez tenha querido evitar ofender Anebonte, a quem escreve, pontífice de semelhantes mistérios, e os outros admiradores de tais obras pretensamente divinas e pertinentes ao culto aos deuses.

2. Prossegue, todavia, e expõe com as mesmas precauções certos fatos que sério exame não pode atribuir senão a poderes enganadores e malignos. Por que, depois de havê-los invocado como bons, lhes ordenam, como aos mais detestáveis, cumprir as injustas vontades do homem? Por que não são ouvidas as preces de vítima de Vênus, se favorecem com açodamento incestuosos amores? Por que impõem a seus pontífices a abstinência de carne, querendo, sem dúvida, preservá-los de toda e qualquer mancha, quando são os primeiros a embriagar-se com o odor dos sacrifícios? Por que o contato com cadáver é interdito ao iniciado, quando os mistérios não se celebram senão com cadáveres? Como, enfim, homem entregue ao vício pode ameaçar demônio, alma de morto? Que digo? Ameaçar o sol, a lua e, por intermédio de falsos temores, arrancar-lhes a verdade? Porque os ameaça de reduzir os céus a pedaços e coisas semelhantes, impossíveis para o homem, para que os deuses, como crianças imbecis, aterrorizados por essas ridículas bravatas, levem a efeito o que lhes ordenam. Certo Queremão, profundamente versado na misteriosa ciência, ou, antes, em tais sacrilégios, escreveu, de acordo com o testemunho de Porfírio, que os mistérios de Ísis e Osíris, seu marido, fundados em célebres tradições, têm invencível influência sobre a vontade dos deuses, quando o mago os ameaça de destruir-lhes o culto, divulgando-lhes os segredos, e exclama com voz terrível que, se

desobedecerem, dilacerará os membros de Osíris. Porfírio admira-se com razão de que o homem ameace com tais vaidades e insensatezes os deuses, mas não a quaisquer, e sim aos celestes, que brilham com sidérea luz, e não forçando-os sem efeito, porém com violento poder, fazendo com que, por meio desses terrores, executem o que quer. Mais ainda, sob pretexto de admirar e inquirir as causas de tais mistérios, dá a entender serem tais coisas obra dos espíritos cujo gênero descreveu mais acima, como se se tratasse de opinião alheia. Não são, como acredita, enganadores por natureza, mas por vício, que simulam ser deuses e almas dos defuntos e não simulam, como diz, ser demônios, porque realmente são.

Quanto às combinações formadas de ervas, pedras, animais, certas emissões de voz, certas figuras imaginárias ou resultantes da observação dos movimentos celestes, combinações que na terra, nas mãos do homem, transformam-se em poderes produtores de diversos efeitos, tudo isso não passa de obra de tais demônios, mistificadores das almas sujeitas a seu poder, que fazem do erro dos homens suas malignas delícias. Ou Porfírio duvida e procura a sério, assinalando, contudo, para confusão da ímpia ciência, fatos de que resulta a prova de que semelhantes bruxarias não vêm, em absoluto, de poderes que nos ajudem a conquistar a felicidade, mas de enganadores demônios, ou, para melhor julgar do filósofo, não quer opor ao egípcio, presunçoso escravo de tais erros, autoridade doutoral que o ofenda, hostilidade de contradição que o perturbe, mas, com humildade de homem desejoso de instruir-se, quer, consultando-o, levá-lo a novas reflexões e sugerir-lhe o desprezo e o horror a tantas imposturas. Enfim, já próximo do fim da carta, pede a Anebonte que lhe ensine por que caminho a sabedoria egípcia conduz à beatitude. Quanto àqueles cujo trato com os deuses se reduz a miseráveis instâncias para o encontro de escravo fugitivo, para aquisição de terra, casamento, negócio, fúteis preocupações com que importunam a Divina Providência, parece-lhe que inutilmente cultivam a sabedoria. E acrescenta: Apesar de verdadeiras suas predições sobre as demais realidades, tais deuses, de complacente familiaridade, se não têm conselho algum, nenhum preceito a dar que interesse a beatitude, não são deuses nem bons demônios; não passam de espíritos enganadores ou de invenção humana.

## CAPÍTULO XII
### Milagres que por ministério dos santos anjos o verdadeiro Deus pratica

Mas, como se operam, assim, tantos prodígios que ultrapassam todo poder humano, que se deve razoavelmente concluir, senão que semelhantes predições ou operações maravilhosas, sinal distintivo de força superior, se não se relacionam com o culto ao verdadeiro Deus, cujo amor, segundo a confissão e os numerosos testemunhos dos próprios platônicos, é o único bem e a única beatitude, não passam de ilusões dos espíritos malignos, armadilhas e seduções que a verdadeira piedade deve conjurar? Quanto aos milagres, sejam quais forem, operados pelos anjos ou por qualquer outro modo, se se destinam a glorificar o culto da religião do verdadeiro Deus, princípio único da vida bem-aventurada, devem ser atribuídos aos espíritos que nos amam com verdadeira caridade, é preciso acreditar ser o próprio Deus quem neles e por eles opera. Não demos atenção, por conseguinte, a homens que ao Deus invisível recusam a faculdade de operar milagres visíveis, pois, segundo eles mesmos, é o autor do mundo, cuja visibilidade não poderiam negar. Nada de maravilhoso acontece neste mundo que não esteja abaixo da maravilha do mundo, obra de Deus; mas, como o próprio artífice, o segredo de sua operação é incompreensível ao homem. Embora o permanente milagre da natureza visível tenha, a nossos olhos acostumados a vê-lo, perdido algo do valor, a inteligência que seriamente o considera acha-o superior aos milagres mais extraordinários e mais raros.

Com efeito, de todos os milagres de que o homem é instrumento, o maior milagre é o próprio homem. Por isso, Deus, que fez o céu e a terra visíveis, não se digna operar maravilhas visíveis, no céu e na terra, para ao culto a seu ser invisível elevar a alma ainda entregue ao visível; mas o lugar, mas o tempo em que opera, eis o segredo de sua eterna sabedoria, que ordena o futuro como se já fosse presente. Imutável no tempo, move as coisas do tempo; não conhece o que se deve fazer, porque para Ele já está feito; não apenas ouve, mas prevê a prece. E quando seus próprios anjos escutam o homem, é Ele quem o escuta neles como em seu verdadeiro templo, em seu templo espiritual; e os santos são também esse templo. Enfim, dita no tempo as ordens emanadas de sua lei eterna.

## CAPÍTULO XIII
### Deus, invisível, às vezes se mostrou visível, não tal qual é, mas de acordo com a capacidade de quem o vê

Não nos admiremos de que Deus, embora invisível, segundo as Escrituras, tenha com frequência aparecido visivelmente aos patriarcas. O som que o pensamento concebido no segredo da inteligência produz fora não é o próprio pensamento; assim também a forma sob a qual se manifestou Deus, invisível por natureza, é qualquer outra coisa, menos Deus. Contudo, é Ele que, sob tal forma, se deixa ver, como é o pensamento que no som da voz se faz ouvir. Os patriarcas não ignoram que, sob a aparência corporal que não é Ele, Deus, invisível, se lhes revela aos olhos. Fala a Moisés, Moisés fala-lhe; diz-lhe Moisés, todavia: *Se achei graça a teus olhos, mostra-me a ti mesmo, para eu ter certeza de ver-te*. Como a lei de Deus deve ser dada não a um homem apenas, não a reduzido número de sábios, mas a toda uma nação, a povo imenso, a voz terrível dos anjos publica-a e espantosos prodígios realizam-se na montanha em que um homem apenas a recebe em presença da trêmula multidão. Israel não crê em Moisés, como Lacedemônia acredita em Licurgo, porque recebeu de Júpiter ou de Apolo as leis de que é autor. Torna-se necessário que o estabelecimento da lei, que impõe ao povo eleito a adoração de um só Deus, seja assinalado por tantos sinais miraculosos e terríveis quantos apraza à Divina Providência produzir aos olhos do povo hebreu, para ensinar-lhe que aqui mesmo a criatura é instrumento do Criador.

## CAPÍTULO XIV
### Ao Deus único se deve culto não apenas pelos benefícios eternos, mas também pelos temporais, porque todas as coisas subsistem e pendem de sua Providência

Como a educação individual, a educação legítima do gênero humano, representado pelo povo de Deus, passou por certos períodos ou épocas sucessivas, para elevar-se do tempo à eternidade e do visível ao invisível; e, mesmo quando as divinas promessas anunciavam apenas recompensas sensíveis, a adoração de um só

Deus lhe era ordenada, a fim de ensinar à alma humana que por esses bens mesmos, frágeis como a vida, não deve dirigir-se senão a seu Criador e Senhor. Com efeito, todo bem que o homem ou o anjo pode fazer ao homem depende do único Onipotente; quem não estiver de acordo é insensato. Em discussão a respeito da Providência, Plotino prova, pela beleza das flores e das folhas, que, das alturas da Divindade, beleza inteligível e imutável, a Providência se estende a esses ínfimos objetos da criação terrestre, frágeis e passageiras criaturas que, segundo ele, não poderiam oferecer tal harmoniosa proporção de formas, se não as pedissem de empréstimo à forma inteligível e imutável, princípio de toda perfeição. Nosso Senhor Jesus Cristo ministra o mesmo ensino quando diz: *Olhai os lírios dos campos; não trabalham nem fiam. Declaro-vos, contudo, que nem mesmo Salomão, em toda a sua glória, jamais se vestiu como qualquer deles. Se Deus assim enfeita a erva do campo, que hoje é e amanhã será lançada no forno, não vos vestirá muito mais a vós, homens de mesquinha fé.*

É, por conseguinte, justo que, presa por sua debilidade às coisas da terra e do tempo, aos bens que deseja como necessários às necessidades desta vida fugidia, bens desprezíveis, se comparados com os tesouros da vida eterna, a alma humana se acostume a esperá-los apenas do verdadeiro Deus, a fim de que o desejo de possuí-los não a desvie daquele a quem não pode possuir, senão evitando-os com desprezo.

## CAPÍTULO XV
### Ministério dos anjos, instrumentos da Providência de Deus

Prouve, assim, à Divina Providência impor ao curso dos tempos ordem tal que a lei, como já declarei e está escrito nos Atos dos Apóstolos, lei que ordenava o culto ao único e verdadeiro Deus, fosse publicada por intermédio dos anjos. Admirável acontecimento em que a pessoa do próprio Deus aparece visivelmente, se não em sua própria substância, sempre invisível aos olhos mortais, pelo menos por certos sinais sensíveis, que as criaturas fiéis ao Criador transmitem, em que se ouve exprimir-se, na linguagem humana e pela intermitência sucessiva das sílabas, aquele cuja palavra é espírito, inteligência, eternidade, palavra sem começo e sem fim, palavra ouvida em toda a pureza, não pelos ouvidos do corpo, mas do espírito, por intermédio de seus ministros, enviados que gozam de sua verdade imutável, no seio de eterna beatitude, palavra que lhes comunica de maneira inefável as ordens que devem transmitir à ordem aparente e sensível, ordens que executam sem demora e facilmente. Ora, a lei foi dada segundo a disposição dos tempos. Não enuncia, a princípio, senão promessas de bens temporais, figuras dos eternos mistérios encerrados em solenidades visíveis, que todo o povo celebra, mas reduzido número de homens compreende. Mas todas as palavras, todas as cerimônias estão acordes em pregar claramente o culto a um só Deus. Esse Deus, quem é? É aquele que criou o céu, a terra, toda alma e todo espírito distinto dele próprio. É o Criador e todos os seres saíram de suas mãos; e para serem, para subsistirem, têm necessidade de quem os fez.

## CAPÍTULO XVI
**Para alcançarmos a vida feliz, devemos acreditar nos anjos que exigem se lhes renda culto com honras divinas ou nos que mandam servir com santa religião não a si mesmos, mas ao Deus Uno?**

1. Em que anjos, por conseguinte, devemos acreditar, a fim de alcançarmos a vida eterna e bem-aventurada? Naqueles que para si mesmos reclamam culto religioso e pedem aos mortais honras divinas e sacrifícios? Ou naqueles que referem tais honras ao Criador do universo e querem que a verdadeira piedade as tribute ao único Deus verdadeiro, cuja visão lhes faz a beatitude, prometendo-nos que fará também a nossa? Com efeito, a visão de Deus é de beleza tão sublime e digna de tanto amor, que sem ela o homem, apesar de cumulado de todos os bens, não passa de ser muito infeliz. Declara-o Plotino sem hesitar. Assim, como os anjos nos convidam, por meio de sinais extraordinários, uns a honrar o Deus único, outros a honrá-los pelo culto de latria, com a diferença, porém, de que os primeiros proíbem o culto a estes e estes não se atrevem a proibir o culto ao Deus dos primeiros, em quem devemos acreditar?

Respondei, platônicos; respondei, filósofos, respondei, teurgos, ou melhor, periurgos, porque tal nome quadra melhor a todos os artesãos de malefícios, respondei, enfim, ó homens, se ainda vos resta algum sentimento de vossa natureza racional, respondei-me se se deve sacrificar aos deuses ou anjos que pedem o sacrifício em seu próprio nome ou ao único Deus que vos mostram aqueles que ao mesmo tempo proíbem honrar os outros e honrar a si mesmos. E, quando de parte a parte não se fizesse, em absoluto, outro milagre, quando tudo se reduzisse à ordem dada por uns, à proibição feita por outros, isso bastaria à piedade para distinguir entre o que procede do fasto da soberba e o que procede da verdadeira religião. Direi mais: mesmo que os usurpadores dos direitos divinos operassem, sozinhos, prodígios para surpreender as almas humanas e os espíritos fiéis não se dignassem por algum milagre visível abonar sua autoridade, deveria sua autoridade ser anteposta, não pelo sentido do corpo, mas pela razão da mente; mas, quando Deus permite que os espíritos imortais, indiferentes à sua própria glória e desejosos da dele, autorizem, por milagres maiores, mais certos, mais brilhantes, os oráculos de sua verdade, para poupar aos corações débeis o perigo da apostasia, a que os arrastariam, graças a certas ilusões sensíveis, os demônios sedutores que rivalizam com a glória divina, quem será tão insensato que com alegria de coração recuse abraçar a verdade, que lhe propõe à admiração as mais espantosas maravilhas?

2. Vou dizer algumas palavras a respeito dos prodígios dos deuses do paganismo registados pela história. Não falo dos estranhos efeitos de causas naturais desconhecidas que a Divina Providência contudo tem estabelecidas e determinadas, fenômenos estranhos que de tempos em tempos aparecem: partos monstruosos de animais, acidentes inusitados no céu e na terra, flagelos ou simples ameaças, que o culto aos demônios, a dar-se crédito às imposturas, tem o poder de conjurar e de expiar. Falo dos prodígios em que se lhes reconhece evidentemente o poder: as imagens dos deuses Penates, que o fugitivo Eneias trouxe de Troia e passam por si mesmas de um lugar para outro; a pedra que Tarquínio corta com sua navalha; a serpente de Epidauro, fiel companheira de viagem de Esculápio, quando se dirigiu a Roma; o navio que transportava o ídolo da grande deusa frígia, cuja imobilidade resiste aos esforços conjugados dos

homens e dos bois, mas cede à frágil mão de uma mulher, à simples tração de sua cinta, para dar testemunho de sua castidade; a vestal, acusada de impureza, que se justifica pela prova do crivo em que permanece a água por ela tirada do Tibre.

Tais prodígios e tantos outros podem ser comparados, em virtude e grandeza, àqueles de que o povo de Deus foi testemunha? Ousaria alguém identificá-los com as obras de magia ou teurgia proibidas e punidas pela lei dos próprios povos que adoraram infames deuses, obra, na maioria, de ilusão e mentira, em que se trata, por exemplo, de fazer a lua descer, para que, diz o poeta Lucano, de mais perto derrame sua espuma sobre as ervas? E, embora vários de tais prodígios pareçam igualar alguns dos milagres legítimos, o objetivo que os distingue estabelece a incomparável excelência dos nossos. Alguns são operados no interesse da pluralidade de deuses, tão menos dignos de nossos sacrifícios quanto com maiores instâncias os reclamam; os outros não têm por fim senão a glória do único Deus verdadeiro, que nos mostra, pelo testemunho de suas Escrituras e mais tarde pela abolição dos ritos cruentos, não ter necessidade de tais oferendas. Se, por conseguinte, existem anjos que reivindicam para si mesmos o sacrifício, deve-se a eles preferir os que o pedem para o único Deus verdadeiro, o Deus criador de todas as coisas a quem servem.

Assim, mostram-nos os anjos fiéis com que sincero amor nos amam; com efeito, não é à sua própria dominação que querem submeter-nos, mas ao poderio daquele que são felizes de contemplar, soberana beatitude a que desejam cheguemos também e de que não se apartam. Se existem anjos que querem que se sacrifique, não a um Deus apenas, mas a vários, não a eles mesmos, mas aos deuses de que são os anjos, deve-se ainda preferir a eles os anjos do Deus dos deuses, que ordenam sacrificar a Ele apenas e proíbem sacrificar a qualquer outro, quando de outra parte ninguém proíbe sacrificar ao Deus Uno, que nos recomendam. Ora, se os espíritos que para eles mesmos exigem o sacrifício não são anjos bons nem anjos de deuses bons, que proteção mais poderosa é possível invocar contra eles que a do Deus Uno que os bons anjos servem, anjos que nos ordenam não sacrificarmos senão aquele de quem nós mesmos devemos ser o sacrifício?

# CAPÍTULO XVII
## A arca do Testamento. Milagres divinamente realizados para encarecer a autoridade da lei e de suas promessas

Por isso é que a lei de Deus, promulgada por ministério dos anjos, lei que ordena o culto ao único Deus dos deuses, com exclusão de qualquer outro, ficava depositada na arca do testemunho. Tal expressão dá a entender de modo bem claro que Deus, a quem se rendia culto exterior, embora do fundo da arca desse suas respostas e manifestasse seu poder, por meio de certos sinais sensíveis, não conhece limites nem clausura; procediam do interior da arca, mas davam testemunho de sua vontade. A própria lei estava escrita em tábuas de pedra e encerrada na arca. No tempo em que o povo errava no deserto, os sacerdotes carregavam-na respeitosamente com o Tabernáculo, também chamado Tabernáculo do testemunho. O sinal que lhe servia de guia era, durante o dia, coluna de nuvem e, durante a noite, coluna de fogo. Quando a nuvem caminhava, os hebreus seguiam-na; quando se detinha, acampavam.

Mas, além dos prodígios, além das vozes saídas do interior da arca, outros grandes milagres deram testemunho da lei. À entrada da terra prometida, quando a arca atravessa o Jordão, o rio detém as águas a montante, enquanto as águas a jusante continuam correndo para abrir-lhe passagem e ao povo que a segue. A primeira cidade que encontram, inimiga e idólatra, vê diante da arca, passeada sete vezes em torno de seu recinto, suas muralhas tombarem, sem assalto, sem aríete. Mais tarde, depois do estabelecimento dos hebreus na terra prometida, quando a arca, em castigo dos pecados do povo, permanece em poder dos inimigos, é colocada com veneração no templo do Deus honrado acima de todos os outros e encerrada com o ídolo; no dia seguinte, abrem o templo e encontram o ídolo por terra e vergonhosamente despedaçado. Assombrados por diversos prodígios e impressionados por praga ainda mais vergonhosa, devolvem ao povo de Israel a arca do divino testemunho.

Ora, como se operou a devolução? Colocaram a arca em cima de um carro a que atrelaram duas novilhas, de que haviam separado os bezerros, e, para verificarem se o poder de Deus estava com eles, deixaram-nas ir em liberdade. Sem guia, sem carreiro, vão em direção dos hebreus; surdas aos mugidos dos esfomeados bezerros, conduzem aos adoradores dos divinos mistérios a arca misteriosa. Fatos sem dúvida insignificantes para Deus, mas, para os homens, repletos de ensinamentos e salutares assombros. Os filósofos, em especial os platônicos, mais sábios que os outros, veem na múltipla beleza, que reveste os corpos animados e até a erva dos campos, a prova de providência atenta aos objetos ínfimos da natureza. Mais divinos, entretanto, revelam-se os testemunhos dados em favor de religião que proíbe sacrificar a qualquer criatura do céu, da terra ou dos infernos, a nenhum outro poder senão a Deus mesmo, cujo amor é, com exclusividade, a beatitude de quem o ama, religião que, anunciando o fim dos sacrifícios prescritos e sua reforma por meio de sacerdote melhor, mostra, contudo, que Deus não tem necessidade de tais sacrifícios, sombras e figuras de sacrifícios mais perfeitos, que semelhantes honras, inúteis a sua glória, não têm outro objetivo senão o de ligar-nos a Ele por meio dos ardentes laços do amor, pela homenagem de culto fiel, homenagem indiferente à sua felicidade, princípio único da nossa.

## CAPÍTULO XVIII
### Contra os que negam fé aos livros eclesiásticos com que Deus instruiu seu povo

Milagres falsos!, dir-se-á. A tradição mentiu! Quem quer que fale assim, quem quer, que pretenda que, quanto a tal ordem de acontecimentos, nenhuma tradição é digna de fé, pode igualmente pretender que não existe, em absoluto, Deus que se interesse pela ordem temporal. Com efeito, os deuses do paganismo também não fundaram seu culto, atesta-o a história profana, senão sobre fatos miraculosos, mais próprios a excitar o espanto dos homens que a merecer-lhes o reconhecimento. Não tomei a peito, nesta obra, cujo Livro Décimo temos em mãos, refutar quem quer que negue qualquer poder divino ou qualquer providência, e sim confutar todo aquele que a nosso Deus, fundador da santa e gloriosa cidade, preferem seus próprios deuses, ignorantes de que nosso é também o invisível e imutável fundador do mundo visível e mutável e o verdadeiro dispensador da eterna felicidade, que não é de modo algum o gozo de suas criaturas, mas o dom de si mesmo.

Não disse o veracíssimo profeta: *Meu bem é permanecer unido a Deus?* É, sabemo-lo, questão discutida pelos filósofos a do bem final a que se devem referir todos os deveres. E não diz o profeta: Meu bem é possuir imensas riquezas, meu bem é revestir a púrpura, brilhar pelo resplendor do cetro e do diadema, ou, como certos filósofos não se envergonharam de dizer, meu bem é a volúpia corporal, ou, segundo a opinião mais nobre de filósofos pouco mais sábios, meu bem é a virtude de minha alma. *Meu bem,* diz o Salmista, *é permanecer unido a Deus.* Eis o que aprendeu daquele cujo culto, com exclusão de qualquer outro, os santos anjos lhe ordenaram, ordem confirmada por milagres. Ele mesmo tornara-se o sacrifício de Deus, por quem ardia em flama espiritual e de quem cobiçava, em transportes de santo desejo, o casto e inefável abraço. Ora, se os pagãos, seja qual for seu pensamento a respeito dos deuses por eles adorados, confiados na história, acreditam nos milagres atribuídos a semelhantes deuses, nos testemunhos da magia ou de ciência a seus olhos mais legítima, a teurgia, por que se recusam a crer em nossos milagres, atestados pelas Santas Letras, cuja autoridade é tanto maior quanto maior sobre todos os outros é Deus, a quem, com exclusividade, mandam sacrificar?

## CAPÍTULO XIX
### Fundamento do sacrifício visível que, segundo a verdadeira religião, deve-se oferecer a Deus, único, verdadeiro e invisível

Pretender que os sacrifícios visíveis são devidos aos outros deuses e que a Deus, invisível, pertencem os sacrifícios invisíveis (ao maior os maiores, ao mais excelente os mais excelentes, como, por exemplo, as homenagens de alma pura e de vontade boa), é ignorar que os sacrifícios visíveis são para os invisíveis o que a palavra é para a realidade que ela exprime. A prece e os louvores constituem expressão da oferenda interior; saibamos, pois, quando sacrificamos, que apenas a Ele pertence o sacrifício visível, de que devemos ser, no segredo de nossos corações, o sacrifício invisível. Então é que obtemos o favor dos anjos, contentes de nosso piedoso contentamento, a assistência das virtudes superiores de que a santidade faz o poder. Mas, quando queremos oferecer nossas homenagens aos espíritos fiéis, estamos certos de desagradá-los; se junto ao homem desempenham missão sensível, proíbem-nos abertamente adorá-los.

As Santas Letras oferecem-nos exemplos disso. Alguns acreditaram dever tributar aos anjos, pela adoração ou pelo sacrifício, as honras devidas a Deus; mas os próprios anjos repelem-no e mandam adorar o único Deus que sabem legitimamente adorável. Os santos imitam os anjos. Paulo e Barnabé, por haverem operado maravilhosa cura em Licaônia, são considerados deuses e os habitantes querem imolar-lhes vítimas. Porém, sua profunda humildade repele tal homenagem e ambos anunciam a esses povos o Deus em quem devem crer. E, em sua soberba, os espíritos de mentira não reclamam para si mesmos semelhante culto, senão porque o sabem devido, em caráter exclusivo, ao verdadeiro Deus. De fato, não é, como Porfírio e outros acreditaram, o odor das vítimas, mas as honras divinas, que tais demônios amam. Os perfumes dos sacrifícios não lhes faltam onde queiram; se quisessem mais, não poderiam dá-los a si mesmos? Os espíritos que se arrogam a Divindade não se comprazem no vapor de carne queimada, mas no perfume de alma suplicante, que se deixa seduzir e dominar. Aspiram a fechar-lhe, assim, o caminho do céu, pois o homem não pode ser o sacrifício do verdadeiro Deus, enquanto a qualquer outro oferece sacrifício ímpio.

## CAPÍTULO XX
**Supremo e verdadeiro sacrifício efetuado pelo Mediador entre Deus e os homens**

Daí procede o verdadeiro mediador, o homem Jesus Cristo, feito mediador entre Deus e os homens ao tomar a forma de escravo. Na forma de Deus recebe o sacrifício com o Pai, com quem é Deus Uno; na forma de escravo preferiu ser sacrifício a recebê-lo, a fim de ninguém pensar que se deve oferecer sacrifícios a qualquer criatura. Por isso, é Ele o sacerdote, Ele o ofertante e Ele a oblação. Ele quis que de semelhante realidade fosse sacramento cotidiano o sacrifício da Igreja, de quem Ele é a cabeça e que se oferece a si mesma por intermédio dele. Os antigos sacrifícios dos santos eram sinais múltiplos e variados do verdadeiro sacrifício, figurado por muitos, do mesmo modo que a mesma realidade se expressa com muitas palavras, para encarecê-la mais e sem fastio. Todos os falsos sacrifícios desapareceram ante o verdadeiro e supremo sacrifício.

## CAPÍTULO XXI
### Modo do poder dado aos demônios para glorificar os santos pela tolerância para com as paixões. Os santos venceram os espíritos aéreos, não aplacando-os, mas permanecendo fiéis a Deus

Mas, em certos tempos previstos e determinados, os demônios receberam, por permissão divina, o poder de excitar o ódio de seus escravos contra a Cidade de Deus e de afligi-la com crueldade, de receber os sacrifícios, de exigi-los e até mesmo de arrancá-los pela violência das perseguições. Trata-se, todavia, de provação que, longe de ser funesta à Igreja, lhe é, pelo contrário, de proveito para completar o número dos mártires, cidadãos da cidade divina, onde cingem coroa tão mais resplandecente quanto mais generosamente lutaram contra a impiedade, luta levada à efusão de seu sangue! Se a linguagem da Igreja permitisse, poderíamos chamá-los, empregando nome mais glorioso, nossos heróis, nome que parece derivar do de Juno, em grego Hera; donde vem que um de seus filhos, não sei qual, é nas fábulas helênicas chamado Heros. A fábula tem certo sentido místico; Juno representa o céu, morada, segundo quer, dos heróis. Com esse nome, de certa dignidade, chamam as almas dos defuntos. Mas nossos mártires chamar-se-iam heróis, se o uso da linguagem eclesiástica o permitisse. Não porque têm no ar sociedade com os demônios, mas porque venceram os demônios, quer dizer, as potestades aéreas. Vencendo-os, seja qual for o significado que se dê à fábula, venceram a própria Juno, que os poetas, não sem razão, representam inimiga da virtude e invejosa das almas valorosas que aspiram ao céu.

Virgílio, entretanto, torna infelizmente a cair sob o triste poder dos demônios, quando, depois de pôr na boca de Juno esta confissão: *Eneias é meu vencedor!*, faz Heleno dar ao chefe troiano este pretenso conselho de piedade: *Eleva a Juno, de todo o teu coração, as fórmulas sagradas e triunfa dessa dominadora rainha, à força de dádivas e súplicas.* Segundo tal opinião, diz Porfírio, embora não de acordo com seu pensamento, mas com o de outros, que o deus bom, ou gênio, nunca vem em socorro do homem, se o mau não foi, antes, conjurado. Assim, segundo seu modo de pensar, as divindades más são mais poderosas que as boas, pois as boas só podem prestar assistência ao homem, se as más, aplacadas, consentirem. Os maus podem prejudicar, porque para eles nada representa a resistência dos bons.

Não é esse o caminho da religião verdadeira e santa. Não é assim que nossos mártires triunfam de Juno e das potestades do ar, invejosas das santas almas. Não é, em absoluto, por meio de oferendas suplicantes, mas por virtudes divinas, que nossos heróis sobrepujam Hera. Cipião teria merecido mais a alcunha de Africano, se, ao invés de reduzir a África pelas armas, a houvesse pacificado por meio de presentes?

## CAPÍTULO XXII
### Donde lhes vem aos santos o poder contra os demônios e donde a verdadeira purificação do coração?

É pela virtude da verdadeira piedade que os homens de Deus combatem a potestade do ar, inimiga da piedade; não a expulsam, aplacando-a, mas exorcizando-a; repelem-lhe os encarniçados assaltos, não implorando-lhe, mas implorando contra ela a intercessão de Deus. Com efeito, a potestade do ar não pode vencer, não pode dominar senão graças à cumplicidade. É, por conseguinte, vencida em nome daquele que se revestiu da natureza humana e venceu sem pecado, a fim de que nele, sacerdote e sacrifício, todo pecado fosse remetido. É o mediador entre Deus e os homens, Jesus Cristo, homem e nosso Redentor, que nos reconcilia com Deus. De fato, apenas o pecado nos separa de Deus; nesta vida, não é nossa virtude, mas sua divina misericórdia que nos purifica, não é nosso poder, mas sua clemência infinita. E, com efeito, o pouco de força de que nos apropriamos é apenas dom de sua bondade. Qual não seria nossa presunção, apesar da miséria de nossos farrapos carnais, se até o momento de depô-los não vivêssemos sob o perdão? É, pois, pelo mediador que a graça nos veio, a fim de que, manchados na carne de pecado, a semelhança da carne de pecado nos apagasse as manchas. É a graça de Deus, testemunho de sua imensa misericórdia, que nesta vida nos conduz pela fé e depois da morte nos eleva, pela clara visão da verdade imutável, à plenitude da perfeição perfeita.

## CAPÍTULO XXIII
### Princípios em que, segundo os platônicos, baseia-se a purificação da alma

Diz Porfírio haverem os oráculos divinos respondido não sermos purificados pelas teletas do sol e da lua. Com isso pretende dar a entender que o homem não pode ser purificado pelas teletas de deus algum. Que teletas purificarão, se não purificam as do sol e as da lua, considerados como os principais deuses celestes? Acrescentou, por fim, haver o mesmo oráculo declarado que os princípios podem purificar. Ao dizer que as teletas do sol e da lua não purificam, pretendeu não acreditassem que as de qualquer outra obscura divindade da plebe dos deuses servisse para purificar. Ora, como platônico, que entende por princípios? Sabemo-lo. Fala em Deus Pai e em Deus Filho, que em grego se chama intelecto ou entendimento do Pai. Do Espírito Santo, nada fala ou fala vagamente. Qual, com efeito, entre o Pai e o Filho, o intermediário que Porfírio parece indicar? Não o compreendo. De fato, se quisesse falar, como Plotino, da terceira substância principal da alma intelectual, não a designaria como intermediária entre o Pai e o Filho. Plotino coloca a alma intelectual depois do entendimento do Pai; ora, o intermediário não pode figurar depois, mas entre Porfírio exprime-se, por conseguinte, como pode, ou, antes, como quer, para dizer o que dizemos, a saber, que o Espírito Santo não é apenas o Espírito do Pai ou do Filho, mas do Pai e do Filho. A linguagem dos filósofos é muito livre; tratando das mais difíceis questões, pouco se importam com a justa susceptibilidade dos ouvidos religiosos. Quanto a nós, devemos falar de conformidade com certas regras, pois a licença da linguagem bem depressa ocasionaria a temeridade das opiniões.

# CAPÍTULO XXIV
## Princípio uno e verdadeiro, único que purifica e renova a natureza humana

Assim, quando falamos de Deus, não falamos de dois ou três princípios, como não nos é permitido dizer dois ou três deuses, embora reconheçamos que cada uma das três pessoas divinas é Deus, sem dizer, todavia, como os hereges sabelianos, ser o Pai o mesmo que o Filho e o Espírito Santo o mesmo que o Pai e o Filho; dizemos, ao contrário, que o Pai é o Pai do Filho, o Filho é o Filho do Pai e o Espírito Santo é o Espírito do Pai e do Filho, mas não é nem o Pai, nem o Filho. Por conseguinte, o princípio único, não os princípios, como dizem os platônicos, purifica o homem. Mas, sujeito a invejosas potestades, de que se envergonha, mas não se atreve a atacar com inteira liberdade, Porfírio não quer reconhecer em Nosso Senhor Jesus Cristo o princípio cuja encarnação nos purifica. Despreza-o na carne de que se reveste para o sacrifício expiatório, mistério profundo, inacessível à soberba que a humildade do verdadeiro e bom mediador arruína, mediador que, sujeito, como eles, à mortalidade, mostra-se aos mortais, enquanto, orgulhosos da própria imortalidade, os mediadores de insolência e mentira prometem assistência derrisória aos infelizes mortais. O mediador de verdade mostra-nos que só o pecado é mal, não a natureza ou a substância da carne. A alma do homem pode assumir essa carne sem pecado, revesti-la, depô-la na morte e melhorá-la na ressurreição. Mostrou que a própria morte, embora castigo do pecado, que Ele sem pecado pagou por nós, não deve ser evitada, pecando, mas, se possível, deve ser suportada por amor à justiça. Pode livrar-nos dos pecados, morrendo, porque não morreu por seu pecado. O referido platônico nele não reconhece de modo algum o princípio; caso contrário, nele reconheceria a purificação.

Com efeito, não é a carne o princípio, nem o é a alma do homem, mas o Verbo criador de todas as coisas. Logo, a carne não purifica por si mesma, mas pelo Verbo, que a tomou quando o *Verbo se fez carne e habitou entre nós*. Falando da obrigação de comer-lhe misticamente a carne, quando, ofendidos, os que não entenderam se retiravam, dizendo: *Duras palavras! Quem poderá ouvi-las?*, respondeu aos que permaneceram junto dele: *É o Espírito que vivifica; a carne para nada serve*. Em consequência, o princípio, uma vez que tomou a alma e a carne, purifica a alma dos crentes. Por isso, aos judeus, que lhe perguntavam quem era, respondeu ser o princípio. Carnais, fracos, sujeitos ao pecado e envoltos nas trevas da ignorância, não poderíamos compreendê-lo, se Cristo não nos limpasse e curasse, pelo que éramos e pelo que não éramos. Éramos homens, porém não éramos justos. Em sua encarnação estava a natureza humana, mas justa e sem pecado. Eis o mediador que nos estendeu a mão, para retirar-nos do abismo de nossa queda, eis a raça preparada pelo ministério dos anjos promulgadores da Lei antiga, que ordenava o culto a um só Deus e prometia o advento do divino mediador.

## CAPÍTULO XXV
### Todos os santos, quer no tempo da Lei, quer nos primeiros séculos, foram justificados no sacramento e na fé em Cristo

Pela fé no mistério do advento de Cristo puderam os antigos justos, vivendo piedosamente, ser purificados. E isso não apenas nos tempos anteriores à lei dada ao povo hebreu (porque lho revelou Deus mesmo ou seus anjos), mas também nos tempos da Lei, embora o véu das promessas carnais ocultasse a promessa dos bens espirituais. Eis por que se chama Velho Testamento. É o tempo dos profetas, cuja voz, como a dos anjos, anuncia a salvação vindoura. Do número de tais profetas é aquele que, no tocante ao soberano bem do homem, proferiu este oráculo divino: *Meu bem é permanecer unido a Deus*. O salmo de que foi tirado distingue de modo bem claro entre um e outro Testamento, entre o Velho e o Novo. As promessas terrestres e carnais, em que abundavam os ímpios, fazem o profeta dizer que seus pés vacilaram, que seus joelhos fraquejaram, como se houvesse abraçado em vão o serviço do Senhor, ao ver a felicidade, que esperava dele, passar aos ímpios que o desprezam. Acrescenta que tal problema o preocupou muito, mas em vão, até o momento em que, entrado no santuário de Deus, viu o próprio erro e o fim daqueles cuja felicidade invejava. Viu-os cair do alto de sua glória, desaparecer e perecer por causa de suas iniquidades. Toda aquela felicidade temporal desapareceu como sonho que deixa o homem, quando desperta, no mesmo instante privado das enganadoras alegrias que sonhava.

E como, cá embaixo, na cidade terrestre, estavam inflados da própria grandeza, diz: *Senhor, em tua cidade reduzirás a nada sua imagem.* Mostrando, todavia, que para ele fora bom não esperar semelhantes prosperidades senão da liberalidade do único e verdadeiro Deus, soberano Senhor de todas as coisas, afirma: *Tornei-me verdadeiro animal diante de ti; contudo, não deixei de estar contigo.* *Como animal*, desprovido, pois, de inteligência, pois de vós eu não deveria esperar senão o que não posso ter de comum com os ímpios e não a estéril abundância que, prodigada aos que se recusavam a servir-vos, me levaram a crer que eu vos tinha inutilmente servido. Todavia, *não deixei de estar contigo*, porque o desejo de semelhantes bens não desviou, em absoluto, para os outros deuses minha homenagem. Por isso, prossegue: *Tomaste-me pela mão direita, conduziste-me segundo a tua vontade e recebeste-me com glória.* Como se não pertencessem à mão esquerda os bens cujo gozo, concedido aos ímpios, causaram-lhe tamanho esmorecimento. Exclama: *Que há para mim no céu? E, fora de ti, que desejei na terra?* Repreende a si mesmo e com justiça se desagradou, porque, tendo tão grande bem no céu (coisa que entendeu mais tarde), de Deus esperou na terra bem transitório, frágil e felicidade de certo modo de barro. *Desfaleceu minha carne*, diz, e *meu coração, Deus de meu coração.* Certo que com desfalecimento bom, do inferior para o superior. Assim se diz em outro salmo: *Deseja e desfalece minha alma pelos átrios do Senhor.* E em outro: *Desfalece minha alma pela tua salvação.*

Contudo, havendo recordado o desfalecimento do coração e da carne, não acrescentou: Deus de meu coração e de minha carne, mas apenas: *Deus de meu coração.* O coração é que purifica a alma. Por isso diz o Senhor: *Limpai o de dentro e o que está fora será limpo.* Chama a Deus sua parte, não a algo dele, mas a Ele mesmo. *Deus de meu coração*, diz, *e minha parte, Deus, para sempre.* O motivo é que, entre as muitas coisas que os homens escolhem, lhe agradou o que deve ser escolhido. *Porque eis que todos quantos se afastam de ti pereceram. Acabaste com todo aquele que fornica, deixando-te*, quer dizer, com todo aquele que quer ser lupanar de muitos deuses. Agora vem o que motivou a exposição dos outros versículos do salmo: *Meu bem é permanecer unido a Deus*, não afastar-me, não ser violado por muitos.

A união será perfeita, quando em nós nada mais houver que deva ser livrado. Logo tem realização o que segue: *Pôr em Deus minha esperança. Pois a esperança que se vê não é esperança. Quem espera o que já vê?*, pergunta o Apóstolo. *E se esperamos o que não vemos, por paciência o esperamos.* Fundados em tal esperança, façamos o que prescrevem os preceitos seguintes do salmo e sejamos, segundo nosso módulo, anjos de Deus, quer dizer, seus núncios, anunciando-lhe a vontade e louvando-lhe a glória e a graça. Por isso é que depois de dizer: *Pôr em Deus minha esperança*, acrescenta: *Para anunciar teus louvores às portas da filha de Sião*. Trata-se da gloriosíssima Cidade de Deus, cidade que conhece o Deus uno e lhe rende culto, cidade anunciada pelos santos anjos, que nos convidam à sua sociedade e quiseram ser cidadãos dela.

Aos anjos não agrada que lhes rendamos culto como se fossem nossos deuses; agrada-lhes, isso sim, que com eles o rendamos a seu Deus e nosso. Agrada-lhes, ademais, que não lhes sacrifiquemos, porém que com eles sejamos sacrifício de Deus. A ninguém que, deposta a maligna obstinação, o considere, lhe ocorre duvidar de que todos os imortais bem-aventurados, que não nos invejam (se nos invejassem, não seriam bem-aventurados), mas, pelo contrário, nos amam, para que sejamos felizes com eles, nos favorecem mais e nos auxiliam mais, quando com eles rendemos culto ao Deus Uno, Pai, Filho e Espírito Santo, do que se com sacrifícios o tributássemos a eles próprios.

## CAPÍTULO XXVI
### Inconstância de Porfírio, indeciso entre confessar o verdadeiro Deus e o culto aos demônios

Não sei, mas parece-me que Porfírio se envergonhava de seus amigos, os teurgos. No caso não lhe faltavam, em absoluto, luzes, porém não tinha a liberdade de defender suas convicções íntimas. Dizia, com efeito, haver anjos que desceram até nós para iniciar os teurgos na ciência divina e haver outros que vieram revelar-nos a vontade do Pai e as sublimes profundezas de sua providência. É de acreditar-se, por conseguinte, que os anjos encarregados de tão sublime ministério queiram submeter-nos a outros que não aquele cuja vontade nos revelam? Dá-nos, assim, o filósofo platônico o excelente conselho de imitá-los, ao invés de invocá-los. Portanto, não devemos recear, não sacrificando a eles, ofender os imortais e bem-aventurados servidores de Deus. O que sabem devido apenas a Deus, uno e verdadeiro, cuja união é a fonte de sua felicidade, não querem, por certo, que o tributem a eles, nem por figura alguma que o represente, nem pela realidade significada pelos mistérios; deixam tal demência à soberba desventura dos demônios. E quanto não se afasta deles a piedosa fidelidade, que não é feliz senão pela divina união! Sinceros amigos, longe de se arrogarem o domínio sobre nós, é à partilha de sua felicidade que nos convidam, ao amor daquele sob cujo pacífico domínio devemos associar-nos a essa felicidade. Tremes ainda, ó filósofo, e não ousas, contra as potestades inimigas das verdadeiras virtudes e dos benefícios do verdadeiro Deus, dar rédea solta à tua língua; já não conseguiste distinguir entre os anjos que anunciam a vontade do Pai e os que, atraídos por não sei que arte, descem até os teurgos. Por que, pois, honras semelhantes anjos, ao extremo de dizeres que revelam a ciência divina? Que coisas divinas anunciam os que não anunciam a vontade do Pai? Quer dizer, são aqueles que o invejoso ligou com preces sagradas para que não realizassem a purificação da alma. E não puderam, como tu mesmo dizes, ser desamarrados pelo bom, que desejava purificá-los e devolvê-los a seu poder. Ainda duvidas de que se trata de malignos demônios? Ou será que finges ignorá-lo, porque não queres ofender os teurgos, de quem, enganado por tua curiosidade, aprendeste, com grande benefício, essas artes ocas e nocivas? Tal potestade, ou melhor, invejosa demência, escrava e não senhora das almas invejosas, ousas elevá-la, acima da atmosfera, até o céu, dar-lhe lugar entre vossos deuses celestes e imprimir na fronte dos próprios astros semelhante marca de infâmia?

## CAPÍTULO XXVII
### A impiedade de Porfírio transcende até mesmo o erro de Apuleio

Quão mais humano e mais tolerável não é o erro de Apuleio, sectário, como tu, de Platão. Afirmou serem os demônios, que habitam sob a esfera lunar, agitados pelas violentas e tempestuosas paixões da alma, honrando-os, é certo, mas como quem quer sem querer. Mas os deuses superiores do céu, residentes nos espaços etéreos, quer os visíveis, cuja luminosa claridade via, como o sol, a lua e demais estrelas, quer os invisíveis, imaginados, separou-os quanto pôde da mácula de semelhantes perturbações.

Aprendeste, não de Platão, mas dos mestres caldeus, a exaltar os vícios humanos até às culminâncias etéreas ou empíreas do mundo e até ao firmamento celeste, a fim de que vossos deuses pudessem anunciar coisas divinas aos teurgos. Contudo, colocas-te, por tua vida inteiramente intelectual, acima de tal ciência; como filósofo, acreditas não ter necessidade alguma de semelhantes purificações teúrgicas, que, entretanto, impões aos outros, para pagares essa espécie de salário a teus mestres, porque os que não podem ser filósofos os atrais a purificações que confessas inúteis para ti, como capaz de coisas superiores. Em outros termos, intentas que os que não conseguem alcançar o valor da filosofia, árdua em demasia e reservada para reduzido número, busquem por meio de ti os teurgos, que os purificarão, não na alma intelectual, mas, pelo menos, na espiritual. Abres, assim, à multidão essas escolas secretas e ilícitas, enquanto a escola de Platão lhe permanece fechada.

Porque os demônios que querem passar por deuses do éter, demônios impuros de que te fazes pregador e núncio, fizeram-te magníficas promessas; asseguram-te que as almas purificadas pela arte teúrgica em seu ser espiritual, não podendo, é certo, retornar ao Pai, residirão, pelo menos, nas regiões etéreas, em companhia dos deuses celestes. Extravagâncias odiosas aos numerosos discípulos do Cristo, cujo advento liberta da dominação dos demônios. Nele os fiéis encontram a misericordiosa purificação da alma, do espírito e do corpo. Eis por que se revestiu de todo o homem, menos do pecado, para do pecado curar todo homem. Oxalá o hajas conhecido também e te hajas entregue a Ele, para seres curado com maior segurança, antes que à tua virtude humana, frágil e enfermiça ou à tua nociva curiosidade! Oxalá não te enganasse a ti, a quem vossos oráculos, como tu mesmo escreves, confessaram o Santo e o Imortal! A Ele se referia o célebre poeta, poeticamente, é verdade, porque era uma alusão velada a um outro, mas pura verdade se o referires a Ele: *Sob teus auspícios, se restam ainda alguns vestígios de nosso crime, apagados para sempre, libertarão a terra de perpétuo terror.*

Com efeito, seja qual for o progresso da humanidade nos caminhos da justiça, se o crime desaparece, nossa fragilidade mortal conserva vestígios que apenas podem ser apagados pela mão do Salvador, designado por esses versos. Porque, no começo de sua égloga, Virgílio nos dá a entender que não fala de si mesmo: *Chegou a última idade, anunciada pela sibila de Cumas.* É, por conseguinte, às profecias da Sibila que empresta seus cantos. Mas os teurgos, ou, antes, os demônios, sob a figura dos deuses, longe de purificar a alma humana, maculam-na, ao contrário, pelas mentiras de seus fantasmas, pela impostura de suas evocações. Como poderiam, sendo espíritos impuros, purificar o espírito do homem? Não é sua própria impureza que os sujeita aos sortilégios de invejoso e os obriga, ou por temor, ou também por inveja, a recusar o benefício ilusório que pareciam desejosos de conceder? Mas basta-nos tua confissão; basta que a purificação teúrgica seja incapaz de purificar a alma intelectual e, purificando a alma espiritual, seja incapaz de conferir-lhe a imortalidade.

Ora, Jesus Cristo promete a vida eterna. Eis por que, para vossa grande indignação, por certo, ó filósofos, mas também para vosso profundo assombro, o mundo acorre a Ele. Não podes negar, Porfírio, que a ciência teúrgica não passa de ilusão e que os que a seguem exploram a ignorância e a cegueira. Não ignoras que é erro indubitável dirigir sacrifícios e preces aos anjos e às potestades demoníacas. Entretanto, desejoso de não haver dispensado trabalho inútil a semelhantes estudos, tu nos envias aos teurgos, para que purifiquem a alma espiritual dos que não vivem segundo a vida intelectual!

## CAPÍTULO XXVIII
### Que convencimentos cegaram Porfírio, cegueira que não lhe permitiu conhecer a verdadeira sabedoria, Cristo?

Assim, precipitas os homens em erro evidente. Não te envergonhas de tal crime e fazes profissão de amar a sabedoria e a virtude! Se lhe tivesses amor sincero e fiel, conhecerias Jesus Cristo, virtude e sabedoria de Deus, e ciência vã não teria provocado contra sua humildade salutar a revolta de teu orgulho. Confessas, entretanto, que, mesmo sem os mistérios teúrgicos, sem as teletas, laboriosos objetos de teus vãos estudos, a parte espiritual da alma só pode ser purificada pela virtude da continência. Algumas vezes dizes, ainda, que as teletas não poderiam elevar a alma depois da morte. Ei-las, por conseguinte, inúteis, depois desta vida, mesmo para a parte espiritual da alma! Dizes e redizes tudo isso, todavia, com complacência. Qual é teu intento, senão o de parecer sábio em tais matérias, agradar os espíritos curiosos dessas ciências ilícitas ou inspirar-lhes a curiosidade por elas? Mas tens razão de declará-las perigosas, quer na prática, quer por causa da proibição das leis. Praza a Deus que seus miseráveis partidários te ouçam e se retirem, ou antes, que não se aproximem de modo algum de semelhantes abismos! Asseguras, pelo menos, não haver teletas para libertar da ignorância e dos vícios a que a ignorância conduz, e que o único libertador é o entendimento do Pai, *patrikón noun*, iniciado no segredo de sua vontade. E não crês que Jesus Cristo seja tal entendimento! Tu o desprezas por causa do corpo recebido de mulher, pelo opróbrio de sua cruz e, desdenhando essa profunda abjeção, és capaz de ferir a sabedoria excelsa das coisas superiores!

Mas Ele cumpre o que os santos profetas predisseram dele: *Aniquilarei a sabedoria dos sábios, rejeitarei a prudência dos prudentes.* Ora, a sabedoria que neles aniquila não é a ciência, a sabedoria que lhes deu, mas a que se arrogam e não vem dele. Por isso, citado esse testemunho profético, o Apóstolo acrescenta: *Onde está o sábio? Onde o escriba? Onde o esquadrinhador deste mundo? Deus não convenceu de loucura o saber deste século? E assim, porque na sabedoria de Deus o mundo não conheceu Deus, pela sabedoria prouve a Deus salvar os que nele cressem, pela loucura da pregação. Os judeus pedem milagres e os gregos buscam sabedoria, mas nós pregamos a Cristo crucificado, que é escândalo para os judeus e loucura para os gentios; mas aos que foram chamados, tanto judeus como gregos, pregamos Cristo, virtude de Deus e sabedoria de Deus; pois o que parece louco em Deus é mais sábio que os homens. E o fraco em Deus é mais forte que os homens.* Eis a loucura, eis a fraqueza que os sábios e os fortes como por própria virtude desprezam. Eis a graça que cura os enfermos, não os que alardeiam com soberba sua falsa felicidade, mas os que confessam com humildade sua verdadeira miséria.

## CAPÍTULO XXIX
### A impiedade dos platônicos envergonha-se de confessar a encarnação de nosso Senhor Jesus Cristo

1. Reconheces, é certo, o Pai e seu Filho, a quem chamas intelecto paterno ou mente, e, no meio de ambos, aquele a quem, pensamos, chamas Espírito Santo, três deuses, portanto, segundo vosso modo de falar. Aqui, embora useis palavras pouco exatas, vedes de algum modo e como por certas sombras de tênue imaginação aonde vossos passos devem encaminhar-se. Não quereis, porém, conhecer a encarnação do Filho imutável de Deus, pela qual somos salvos, para podermos chegar ao que cremos ou de algum modo entendemos. Entrevedes, em certo sentido, embora de longe, embora com visão entenebrecida, a pátria em que se deve morar não caminhais, porém, pelo caminho que a ela conduz. Admites a graça, posto dizeres que a poucos se concedeu chegar a Deus pela virtude da inteligência. Não dizes: "Agradou a poucos" ou "Quiseram poucos", mas, ao contrário, ao dizeres que se concedeu a poucos, sem dúvida confessas a graça de Deus, não a suficiência do homem. Usas mais abertamente essa palavra onde, comentando o pensamento de Platão, afirmas que nesta vida é impossível que o homem alcance a perfeição da sabedoria, porém que àquele que vive segundo o entendimento tudo quanto lhe falta pode ser completado, depois da vida corporal, pela providência de Deus e sua graça. Oh! se houvesses conhecido a graça de Deus por Jesus Cristo, Senhor nosso, e podido ver que em sua encarnação, pela qual tomou a alma e o corpo do homem, é o supremo exemplo da graça!

Que farei, entretanto? Sei que inutilmente falo a defunto, isso, porém, no que se refere a ti; no tocante àqueles que te superestimam e te amam, quer por certo amor à sabedoria, quer por curiosidade pelas artes que não deverias ter ensinado, ou melhor, aos que me dirijo, apostrofando-te, talvez não falemos em vão. A graça de Deus não poderia ser mais gratuitamente encarecida que inspirando a seu Filho único o revestir-se do homem, permanecendo imutavelmente em si, e o dar aos homens a esperança de seu amor por meio do homem pelo qual os homens chegassem a Ele. Tão longe dos mortais estava o imortal, dos mutáveis o imutável, dos pecadores o justo, dos infelizes o feliz! E, naturalmente, fixou a meta de nossos desejos, ser imortais e felizes, permanecendo Ele bem-aventurado e assumindo o mortal, e, para dar-nos o que amamos, ensinou-nos, padecendo, a desprezar o que tememos.

2. Mas, para prestar aquiescência a semelhante verdade, era preciso humildade, que muito dificilmente pode pelo livre convencimento dobrar-vos a cerviz. Que há de incrível, sobretudo para vós, que pensais essas coisas, que há de incrível, quando se diz haver Deus tomado alma humana e corpo? Atribuís, é certo, tanta virtude à alma intelectual, que é alma humana, que a dizeis capaz de fazer-se consubstancial com a mente paterna, que chamais Filho de Deus. É, pois, incrível que uma alma intelectual qualquer haja sido tomada, de modo inefável e singular, para a salvação de muitos? Que o corpo se une à alma para formar e constituir o homem total e completo, conhecemo-lo todos. Testemunha-o nossa própria natureza. Sem tal convicção da experiência, parecer-nos-ia bem mais difícil acreditar. Seria mais fácil admitir a união do humano com o divino, do mutável com o imutável (seria a união de espírito com espírito, ou, para usar as palavras que costumais usar, do incorpóreo com o incorpóreo), do que a união do corpo com o incorpóreo.

Causa-vos estranheza, porventura, o inusitado parto de virgem? Nem mesmo isso deve ofender-vos; digo mais, deve conduzir-vos a aceitar a piedade, porque o admirável nasce admiravelmente. Ou será que o corpo deposto pela morte e mudado para melhor graças à ressurreição, já incorruptível, não arrastou o mortal ao soberano? Talvez vos recuseis a crê-lo, ao verdes que Porfírio, nos mesmos livros de que já citei algumas coisas e versam *Sobre o retorno da alma,* manda com tanta insistência evitar todo corpo, para que a alma possa permanecer feliz com Deus. Quem assim pensava deveria, antes, ser corrigido, sobretudo pensando com ele coisas tão incríveis sobre a alma deste mundo visível e desta mole corpórea tão imensa. Dizeis que o mundo é animal felicíssimo e ao mesmo tempo o quereis eterno. Di-lo Platão. Como, pois, se a alma, para ser feliz, há de evitar todo corpo, a alma do mundo não será desligada de seu corpo nem jamais carecerá de felicidade? Que o sol e todos os demais astros são corpos, não apenas o admitis em todos os vossos livros, coisa que todos os homens não duvidam em ver e dizer, mas também, por ciência, segundo vós, mais elevada, dizeis serem animais felicíssimos e de corpos eternos. Por que, quando vos pregam a fé cristã, vos esqueceis ou fingis ignorar o que costumais discutir ou ensinar? Que outra razão há para não quererdes ser cristãos, pelas opiniões que vós mesmos combateis, senão haver Cristo vindo em humildade e serdes soberbos? Quais serão os corpos futuros dos santos na ressurreição, é questão que pode ser debatida, com maior escrúpulo, entre os mais versados nas Escrituras cristãs. Todavia, que serão eternos, não o pomos em dúvida, nem que serão tais qual foi o de Cristo em sua ressurreição.

Contudo, sejam como forem, apregoamo-los incorruptíveis e imortais e dizemos que não impedirão de maneira alguma a contemplação, pela qual a alma se fixa em Deus. Dizeis, por vosso turno, que nas moradas celestes há corpos imortais de imortalmente bem-aventurados. Por que, para sermos felizes, opinais se deva evitar todo corpo, com o fim exclusivo de parecer-vos razoável fugir à fé cristã? Por que, pergunto mais uma vez, senão porque Cristo é humilde e vós, soberbos? Será por vos envergonhardes de ser corrigidos. Tal vício é privativo dos soberbos.

Quer dizer que os homens doutos se envergonham de se transformarem de discípulos de Platão em discípulos de Cristo, que por seu Espírito ensinou o pescador João a sentir e a dizer: *No princípio era o Verbo, e o Verbo estava com Deus, e o Verbo era Deus. Ele estava no princípio em Deus. Todas as coisas foram feitas por Ele, e sem Ele nada, do que foi feito, se fez. Tudo quanto foi feito era vida nele, e a vida era a luz dos homens. E a luz nas trevas resplandece, mas as trevas não a compreenderam.* O princípio desse Evangelho, intitulado *segundo João*, certo platônico, como costumávamos ouvir da boca do santo ancião Simpliciano, mais tarde bispo da Igreja de Milão, dizia dever ser escrito com letras de ouro e pregado por todas as igrejas nos lugares mais destacados. Mas Deus, verdadeiro Mestre, foi considerado vil pelos soberbos precisamente porque o *Verbo se fez carne e habitou entre nós*. Desse modo, sendo pouco para os infelizes o enfermar, orgulhavam-se da própria enfermidade e envergonhavam-se do médico que poderia curá-los. Funesta vergonha que, longe de mantê-los de pé, os arrasta à queda mais terrível.

## CAPÍTULO XXX
### Que refuta e em que dissente Porfírio do pensamento platônico?

Se se julga indigno emendar algo depois de Platão, por que Porfírio corrigiu alguns pontos, não de pouca monta? É certíssimo haver Platão escrito que depois da morte as almas humanas baixavam até mesmo aos corpos dos animais. Plotino, mestre de Porfírio, também sustentou semelhante modo de pensar. Contudo, com razão desagradou a Porfírio. Acreditou que as almas dos homens tornavam, não aos corpos que haviam deixado, mas aos corpos de outros homens. Envergonhou-se de acreditar que certa mãe, transformada em mula, servisse de montaria ao filho. E não se envergonhou de crer que, remoçada, pudesse casar-se com ele. Quão mais decoroso é acreditar que as almas retornam uma vez aos próprios corpos que acreditar que retornam muitas e a diversos corpos! É o que ensinaram os santos anjos, é o que disseram os profetas, inspirados pelo Espírito de Deus, é o que predisseram daquele a quem os núncios precursores anunciaram ser o Salvador que havia de vir, foi o que, enfim, os apóstolos pregaram ao orbe da terra com o Evangelho.

Contudo, como já declarei, Porfírio corrigiu em grande parte tal opinião. E chegou a pensar que as almas humanas somente podem tornar aos homens, não hesitando coisa alguma em derrocar os cárceres dos animais. Acrescenta haver Deus dado a alma ao mundo precisamente para que, conhecendo os males da matéria, recorresse ao Pai e não fosse, algumas vezes, retida pela mancha do contágio de tais seres. Nisso, embora pense algo censurável (porque a alma é, antes, dada ao corpo para praticar o bem; se não praticasse o mal, o mal ser-lhe-ia desconhecido), corrigiu a opinião de outros platônicos e não em coisa de pouca transcendência. Confessou que a alma, limpa de todos os males e unida com Deus, já não haveria de padecer os males deste mundo.

Porfírio destruiu, assim, o dogma platônico da perpétua passagem das almas da morte à vida e da vida à morte. E demonstrou a falsidade do que parece haver afirmado o platônico Virgílio, a saber, que as almas purificadas, enviadas aos campos elísios (nome que a fábula dá às delícias dos bem-aventurados), são convidadas às margens do Rio Letes, isto é, ao esquecimento do passado: *Diz-lhes o deus que, posto já haverem perdido toda recordação, podem ver outra vez a abóbada celeste e dispor-se a entrar em cárceres humanos.* Semelhante doutrina desagradou com razão a Porfírio. Na realidade, é loucura acreditar que da vida, que não pode ser feliz se não lhe é certíssima a eternidade, as almas desejem cair nos corpos corruptíveis e de lá voltar a eles, como se a suprema purificação lhes inspirasse o desejo de manchar-se de novo. Se a purificação perfeita faz com que se esqueçam de todos os males e o esquecimento dos males opera o desejo do corpo, onde hão de tornar a implicar-se males, é fora de dúvida que a suprema felicidade é a causa da infelicidade, a perfeição da sabedoria é a causa da ignorância e a purificação suprema é a causa da imundície.

Não será feliz a alma pela verdade todo o tempo que permaneça ali, onde convém ser enganada para ser feliz. Não será feliz, se insegura. E, para estar segura, pensará, erradamente, que sempre será feliz. Como gozará da verdade aquele para quem a causa do gozo é a falsidade? Viu-o Porfírio e disse que a alma, assim purificada, retorna ao Pai, para não ser retida alguma vez, manchada pelo contágio dos males. Falsamente, pois, alguns platônicos julgaram necessário o círculo vicioso em que as almas se afastam dos males e regressam a eles. Embora isso fosse verdadeiro, de que serviria sabê-lo? Talvez por isto os platônicos se atreveram a antepor-se a nós, porque não sabemos nesta vida o que não haverão de saber, purificados e muito sábios, na outra, melhor, crendo assim falsamente que hão de ser felizes. Se é absurdo e tolice dizê-lo, é indubitável que se deve preferir o pensamento de Porfírio ao deles, inventores dos circuitos das almas em eterna alternativa de felicidade e de infelicidade. Se é assim, então o platônico dissente de Platão para coisa melhor, eis que viu o que Platão não viu, nem se furta à correção depois de tal mestre, mas ao homem prefere a verdade.

## CAPÍTULO XXXI
### Contra o argumento com que os platônicos afirmam ser a alma humana coeterna com Deus

Por que não havemos de crer na Divindade, quanto a essas coisas que escapam à investigação minuciosa do engenho humano, que diz não ser a alma coeterna com Deus, mas criada, porque não existia? Aos platônicos parecia causa suficiente, para não crê-lo, aduzir que não pode ser eterno depois senão o que antes sempre existiu. E isso apesar de que, na obra escrita por Platão, intitulada *Do mundo*, em que fala do mundo e dos deuses feitos no mundo por Deus, afirma-se que estes começaram a ser e a ter princípio, porém não hão de ter fim, pois, graças à potentíssima vontade do Criador, hão de permanecer para sempre.

Contudo, acharam maneira de entendê-lo, dizendo não aludir a princípio de tempo, mas de substituição. Assim *como se o pé, dizem, estivesse sempre, desde a eternidade, no pó, debaixo dele estaria sempre a pegada que ninguém duvidaria haver sido feita pelo que pisou nem seria anterior a ele, embora feita por ele, assim também o mundo e os deuses nele criados sempre existiram, existindo sempre quem os fez e sendo, contudo, feitos*. Se a alma sempre existiu, havemos de dizer que também sua miséria sempre existiu? Portanto, se nela existe algo que não é eterno e começou a existir no tempo, por que não poderia suceder que a alma antes inexistente começasse a existir no tempo? Ademais, sua felicidade sem medida e sem fim, depois de experimentar os males desta vida, começou, como ele próprio confessa, no tempo e, todavia, sempre existirá, sem antes haver existido. Toda a argumentação, destinada a estabelecer que nada pode existir sem fim, salvo o que não tem princípio de tempo, cai por terra, uma vez encontrada a felicidade da alma, que, tendo origem de tempo, não terá fim. Por conseguinte, ceda a fraqueza humana à autoridade divina e acreditemos, quanto à verdadeira religião, nos felizes e imortais que não pedem para si as honras que sabem devidas a seu Deus, que é também nosso. Não nos mandam sacrificar senão aquele de quem com eles, como fartas vezes declarei e deve ser fartamente repetido, devemos ser o sacrifício. Tal sacrifício há de oferecê-lo o sacerdote que, por nós, se dignou fazer-se sacrifício, até à morte, no homem de que se vestiu e segundo o qual quis ser também sacerdote.

## CAPÍTULO XXXII
### O caminho universal para a libertação da alma. Por não saber buscá-lo, Porfírio não deu com ele. Somente a graça cristã o descobriu

1. Essa é a religião cristã, que contém o caminho universal para a libertação da alma, porque por nenhum, senão por ele, pode ver-se livre. Esse o caminho, até certo ponto real, que conduz ao reino cuja grandeza não vacila ao capricho dos tempos, mas repousa nas sólidas bases da eternidade. Quando, no Livro Primeiro *Sobre o retorno da alma*, já quase no fim, Porfírio diz que ainda não encontrou seita alguma que contenha a senda universal para a libertação da alma, que não achou semelhante senda nem na filosofia mais verdadeira, nem nos costumes e doutrina dos indianos, nem na indução dos caldeus, nem em qualquer outro caminho, e nem teve notícia de tal caminho por meio do conhecimento histórico, está sem dúvida confessando existir algum, embora ainda não lhe tenha chegado ao conhecimento. Assim, não o satisfazia o que com tanto esmero aprendera a respeito da libertação da alma e lhe parecia, ou melhor, parecia a outros, que o conheciam e professavam.

Quando afirma que nem mesmo da filosofia mais verdadeira teve conhecimento de seita que contenha o caminho universal para a libertação da alma, parece-me demonstrar, à evidência, que a filosofia em que filosofou não era a mais verdadeira ou não continha a referida senda. Como pode, é claro, ser a mais verdadeira, se não contém semelhante senda? Pois que outra senda universal existe para a libertação da alma, senão a que livra todas as almas e, sem ela, nenhuma se livra? Quando acrescenta: *Nem nos costumes e doutrina dos indianos, nem na indução dos caldeus, nem em qualquer outro caminho*, atesta com voz inconfundível que nem o que aprendera dos indianos, nem o que aprendera dos caldeus continha a senda universal para a libertação da alma. É certo não haver podido silenciar que dos caldeus tomou os oráculos divinos, de que continuamente faz menção. Que senda universal para a libertação da alma quis dar a entender, senda que a ciência histórica ainda não lhe levara ao conhecimento e não recebera ainda nem da filosofia mais verdadeira, nem da doutrina dos povos que se tinham na conta de profundos conhecedores das coisas divinas? Tal estimação provinha de haver prevalecido neles a curiosidade de conhecer e tributar culto a quaisquer anjos. Que senda universal será essa, senão a concedida por Deus, não a seu povo em particular, mas a todos os povos do universo?

Porfírio, grande espírito, não duvida da existência de tal caminho. Não acredita que a Divina Providência tenha podido deixar o gênero humano sem esse caminho universal para a libertação da alma. Não lhe nega a existência; diz apenas que tamanho bem e tão estimável auxílio não o recebera ainda, ainda não lhe chegara ao conhecimento. Não é de maravilhar. Porfírio vivia enredado nas coisas humanas, quando a senda universal, que não é outra senão a religião cristã, permitia que a combatessem os adoradores de ídolos e demônios e os reis da terra. Essa permissão tinha por finalidade reafirmar e consagrar o número dos mártires, isto é, das testemunhas da verdade, que haviam de pôr em evidência que todos os males corporais devem ser tolerados pela fé da piedade e por encarecimento da verdade. Via-o Porfírio e pensava que, por causa de tais perseguições, o caminho havia de bem depressa desaparecer e, portanto, não se tratava da senda universal para a libertação da alma. Não entendia que o que o abalava e temia padecer em sua escolha pertencia, antes, à sua confirmação e a mais vigoroso encarecimento.

2. Essa a senda universal para a libertação da alma, ou seja, a pela misericórdia divina concedida a todos os povos. Porque seu conhecimento já tenha chegado a uns e ainda não tenha chegado a outros, ninguém pôde nem poderá perguntar: Por que tão cedo? Por que tão tarde? Porque o espírito humano não pode penetrar no pensamento daquele que envia. Percebeu-o Porfírio, ao dizer que não recebera ainda essa graça de Deus, que tal caminho ainda não lhe chegara ao conhecimento. E não pensou não fosse verdadeiro, porque ainda não o recebera ou porque não lhe chegara ao conhecimento. Essa, repito, a senda universal para a libertação dos crentes. Sobre ela, o fiel Abraão recebeu o oráculo divino: *Em tua descendência serão abençoadas todas as gentes.* Caldeu de nascimento, para que possa colher os frutos de tais promessas e dele se propague

a descendência pelos anjos disposta em mãos do mediador, em que se revela a senda universal da libertação da alma, universal porque concedida a todas as gentes, Abraão recebe ordem de sair de sua terra, de sua parentela, da casa de seu pai

Então, livre, primeiro, das superstições caldaicas, adora Deus, verdadeiro e único e acredita santamente na promessa. Sim, é a senda universal de que o santo profeta diz: *Deus tenha misericórdia de nós e nos abençoe; faça resplandecer seu rosto sobre nós. Para que conheçamos na terra teu caminho e em todas as gentes tua salvação.* Por isso, tanto tempo mais tarde, tomando carne da linhagem de Abraão, disse de si o Salvador: *Eu sou o caminho, a verdade e a vida.* Essa a senda universal de que tanto tempo antes se profetizou: *Nos últimos dias será manifesto o monte da casa do Senhor, preparado no cimo dos montes, e será elevado por cima dos outeiros. E virão a ele todas as gentes e entrarão nele muitos povos, que dirão: Vinde, subamos ao monte do senhor, à casa de Jacó, e nos anunciarão seu caminho e entraremos nele, porque de Sião sairá a lei e a palavra do Senhor de Jerusalém.*

Essa a senda, que não é de uma nação apenas, mas de todas as nações. E a lei e a palavra do Senhor não permanecerão em Sião e em Jerusalém, mas dali sairão para expandir-se por todo o orbe. Por isso o Mediador disse a seus discípulos, hesitantes depois da ressurreição: *Convinha se cumprisse o que de mim está escrito na Lei e nos profetas e nos salmos. Abriu-lhes, então, o entendimento, para que compreendessem as Escrituras, e disse lhes: Porque era mister que Cristo padecesse, ressuscitasse e em seu nome se pregasse a remissão de pecados em todas as nações, a começar de Jerusalém.*

Essa, em poucas palavras, a senda universal para a libertação da alma, significada pelos santos anjos e pelos santos profetas, primeiro nos poucos homens que encontraram, onde puderam, a graça de Deus, principalmente no povo hebreu. Esta, de certo modo sua república consagrada, era em profecia e prelúdio a Cidade de Deus, que havia de congregar todos os povos. Significaram-na pelo tabernáculo e pelo templo, pelo sacerdócio e pelos sacrifícios, e predisseram-na com palavras, algumas manifestas e na maioria místicas. O Mediador, já presente em carne, e seus bem-aventurados apóstolos, revelando a graça do Novo Testamento, indicaram mais abertamente o que em tempos passados se figurou algo mais ocultamente, de acordo com a distribuição de idades na humanidade. Esta, como prouve à sabedoria de Deus ordená-la, confirmou-a por meio de sinais e obras maravilhosas. Anteriormente já fiz menção de algumas. Não apareceram apenas visões angélicas nem apenas se ouviram palavras de ministros celestiais; pelo contrário, além disso, os homens de Deus, que operavam em nome de singela piedade, dos corpos e dos sentidos dos homens expulsavam os espíritos imundos e sanavam as deformidades e enfermidades corporais. Os ferozes animais da terra e da água, as aves do céu, as árvores, os elementos e os astros cumpriram as determinações divinas, renderam-se os infernos e os mortos ressuscitaram. Não falo dos milagres próprios e singulares do Salvador, em especial o de seu nascimento e o da ressurreição. No primeiro revelou-nos o mistério da virgindade materna; no segundo, deu-nos exemplo dos que, enfim, ressuscitarão.

Essa senda purifica o homem e prepara o mortal para a imortalidade de todas as suas partes constitutivas. E para que ninguém buscasse uma purificação para a parte a que Porfírio chama intelectual, outra para a que chama espiritual e outra para o corpo, precisamente para isso o veracíssimo e poderosíssimo Purificador e Salvador assumiu o homem todo. Fora de tal senda, que nunca faltou à humanidade, tanto quando se prenunciava vindoura como quando se anunciava realizada, ninguém se livrou, ninguém se livra e ninguém se livrará.

3. Diz-nos Porfírio ainda não haver-lhe chegado notícia, pelo conhecimento histórico, da senda universal para a libertação da alma. Mas pergunto: Pode haver história mais ilustre que essa, que obteve o zênite da autoridade em todo o mundo, ou mais fiel, que narre de tal maneira o passado, que também conta o futuro? De tais coisas, muitas já as vemos cumpridas; quanto às restantes, esperamos, sem duvidar, que se cumprirão. Não pode Porfírio ou quaisquer platônicos desprezar a adivinhação e predição das coisas terrenas, mesmo na referida senda e pertinentes a esta vida mortal. Fazem-no, merecidamente e com razão, em outros vaticínios e adivinhações de quaisquer modos e artes. Negam que tais coisas exijam grandeza humana ou que delas se deva fazer grande cabedal. E fazem bem. Porque ou se fazem por

pressentimento de causas inferiores, como pela medicina se prognosticam com sintomas anteriores muitas coisas que hão de suceder na enfermidade, ou os imundos demônios prenunciam a disposição dos acontecimentos, direito que de certo modo se arrogam, a fim de a certas ações congruentes dirigir a mente e a cupidez dos pecadores e a matéria ínfima da fragilidade humana.

Não cuidavam os homens santos, que caminhavam pela senda universal para a libertação da alma, de profetizar como grandes semelhantes coisas. Isso não lhes escapava e muitas vezes o predisseram para fundar a fé que não haviam podido infundir aos sentidos dos mortais nem conduzi-los com pressurosa facilidade a experimentá-la. Havia outras coisas verdadeiramente grandes e divinas, que, quanto se lhes permitia, conhecia a vontade de Deus, as anunciavam futuras. O advento de Cristo em carne, o que nele tão claramente se aperfeiçoou e o que se cumpriu em seu nome, a penitência dos homens e a conversão das vontades a Deus, a remissão dos pecados, a graça da justificação, a fé dos piedosos e a multidão dos que em todo o orbe creem na verdadeira Divindade, a supressão do culto aos ídolos e aos demônios, a provação da tentação, a purificação dos fiéis e sua libertação definitiva do mal, o dia do juízo, a ressurreição dos mortos, a condenação eterna da sociedade dos ímpios e o reino eterno da gloriosíssima Cidade de Deus, que imortalmente goza de sua presença, estão preditas e prometidas nas Escrituras. São tantas as coisas que já vemos cumpridas, que confiamos com piedosa confiança que há de chegar a hora de se cumprirem as demais. Quantos não acreditam na infalível retidão da senda universal para a libertação da alma, senda que culmina na visão de Deus e na união eterna com Ele, apesar dos claros testemunhos das Escrituras, em que se pregam e se afirmam, e, portanto, não as entendem, podem combatê-las, mas devem renunciar à esperança de destruí-las.

4. Por esse motivo, nestes dez livros, embora menos do que a intenção de alguns esperava de mim, satisfiz o desejo de outros, com o auxílio do verdadeiro Deus e Senhor, refutando as contradições dos ímpios, que ao Fundador da Cidade Santa, sobre a qual nos propusemos dissertar, preferem seus deuses. Dos dez livros, os cinco primeiros escrevi-os contra aqueles que pensam que, pelos bens desta vida, deve-se prestar culto aos deuses; os cinco últimos, contra os

que acham que se deve culto a eles pela vida que seguirá à morte. A seguir, como prometi no Livro Primeiro, direi, com auxílio de Deus, o que julgar conveniente dizer sobre a origem, o desenvolvimento e os fins das duas cidades, que, como também já declarei, o século nos apresenta misturadas e confundidas.

# COLEÇÃO PENSAMENTO HUMANO

- *A caminho da linguagem*, Martin Heidegger
- *A Cidade de Deus (Parte I; Livros I a X)*, Santo Agostinho
- *A Cidade de Deus (Parte II; Livros XI a XXIII)*, Santo Agostinho
- *As obras do amor*, Søren Aabye Kierkegaard
- *Confissões*, Santo Agostinho
- *Crítica da razão pura*, Immanuel Kant
- *Da reviravolta dos valores*, Max Scheler
- *Enéada II – A organização do cosmo*, Plotino
- *Ensaios e conferências*, Martin Heidegger
- *Fenomenologia da vida religiosa*, Martin Heidegger
- *Fenomenologia do espírito*, Georg Wilhelm Friedrich Hegel
- *Hermenêutica: arte e técnica da interpretação*, Friedrich D.E. Schleiermacher
- *Investigações filosóficas*, Ludwig Wittgenstein
- *Manifesto do Partido Comunista*, Karl Marx e Friedrich Engels
- *Parmênides*, Martin Heidegger
- *Ser e tempo*, Martin Heidegger
- *Ser e verdade*, Martin Heidegger
- *Verdade e método: traços fundamentais de uma hermenêutica filosófica (Volume I)*, Hans-Georg Gadamer
- *Verdade e método: complementos e índice* - Vol. II, Hans-Georg Gadamer
- *O conceito de angústia*, Søren Aabye Kierkegaard
- *Pós-escrito às migalhas filosóficas* – Vol. I, Søren Aabye Kierkegaard
- *Metafísica dos costumes* – Immanuel Kant
- *Do eterno no homem* – Max Scheler
- *Pós-escrito às migalhas filosóficas* – Vol. II, Søren Aabye Kierkegaard
- *Crítica da faculdade de julgar*, Immanuel Kant
- *Ciência da Lógica – 1. A Doutrina do Ser*, Georg Wilhelm Friedrich Hegel
- *Ciência da Lógica – 2. A Doutrina da Essência*, Georg Wilhelm Friedrich Hegel
- *Crítica da razão prática*, Immanuel Kant
- *Ciência da Lógica – 3. A Doutrina do Conceito*, Georg Wilhelm Friedrich Hegel
- *Lições sobre a Doutrina Filosófica da Religião*, Immanuel Kant
- *Leviatã*, Thomas Hobbes
- *À paz perpétua – Um projeto filosófico*, Immanuel Kant

## CULTURAL

Administração
Antropologia
Biografias
Comunicação
Dinâmicas e Jogos
Ecologia e Meio Ambiente
Educação e Pedagogia
Filosofia
História
Letras e Literatura
Obras de referência
Política
Psicologia
Saúde e Nutrição
Serviço Social e Trabalho
Sociologia

## CATEQUÉTICO PASTORAL

**Catequese**
  Geral
  Crisma
  Primeira Eucaristia

**Pastoral**
  Geral
  Sacramental
  Familiar
  Social
  Ensino Religioso Escolar

## TEOLÓGICO ESPIRITUAL

Biografias
Devocionários
Espiritualidade e Mística
Espiritualidade Mariana
Franciscanismo
Autoconhecimento
Liturgia
Obras de referência
Sagrada Escritura e Livros Apócrifos

**Teologia**
  Bíblica
  Histórica
  Prática
  Sistemática

## VOZES NOBILIS

Uma linha editorial especial, com importantes autores, alto valor agregado e qualidade superior.

## REVISTAS

Concilium
Estudos Bíblicos
Grande Sinal
REB (Revista Eclesiástica Brasileira)

## VOZES DE BOLSO

Obras clássicas de Ciências Humanas em formato de bolso.

## PRODUTOS SAZONAIS

Folhinha do Sagrado Coração de Jesus
Calendário de mesa do Sagrado Coração de Jesus
Agenda do Sagrado Coração de Jesus
Almanaque Santo Antônio
Agendinha
Diário Vozes
Meditações para o dia a dia
Encontro diário com Deus
Guia Litúrgico

CADASTRE-SE
www.vozes.com.br

**EDITORA VOZES LTDA.**
Rua Frei Luís, 100 – Centro – Cep 25689-900 – Petrópolis, RJ
Tel.: (24) 2233-9000 – Fax: (24) 2231-4676 – E-mail: vendas@vozes.com.br

UNIDADES NO BRASIL: Belo Horizonte, MG – Brasília, DF – Campinas, SP – Cuiabá, MT
Curitiba, PR – Fortaleza, CE – Goiânia, GO – Juiz de Fora, MG
Manaus, AM – Petrópolis, RJ – Porto Alegre, RS – Recife, PE – Rio de Janeiro, RJ
Salvador, BA – São Paulo, SP